JN109048

| 重要事項の整理 | ➡ | 演習問題 トライ | ➡ | 実践問題 章末問題 |

重要語句の穴埋めで、「公共、政治・経済」で出題される内容を教科書の分野(単元)ごとに確認できます。

過去問を「問い」ごとに分解し、分野(単元)別に並べた「トライ」と、リード文つきの大問からなる「章末問題」で構成しました。できるだけ最近の良問から選定しており、無駄なく問題演習ができます。また、グラフや図表に関する問題も豊富に掲載し、あらゆるパターンの問題を攻略できるようにしました。

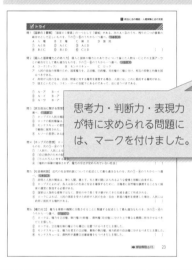

思考力・判断力・表現力が特に求められる問題には、マークを付けました。

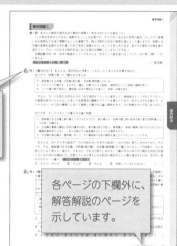

各ページの下欄外に、解答解説のページを示しています。

WEB 「プラスウェブ」で、共通テスト○×問題とオリジナル資料読解問題を配信!

紙面にある二次元コードをスマートフォンやタブレットで読み込むことで、オリジナルコンテンツを収録したサイト「プラスウェブ」にアクセスすることができます。

➡オリジナルコンテンツは、過去問の選択肢の正誤を問う○×問題と、出題傾向をふまえたオリジナルの資料読解問題を収録しています。

https://dg-w.jp/b/fb00001

＊利用にあたっては、一般に通信料が発生いたします。
＊本書の発行終了とともに当サイトを閉鎖することがあります。

大学入学共通テスト 資料読解問題 解法のテクニック

〔例題1〕　　　　　　　　　　　　　　　　試作問題（公・政）28

　生徒X、生徒Y、生徒Zは、「政治・経済」の授業において、「ヨーロッパにおける人の移動と、それが日本に問いかけていること」をテーマにして、先生Tの助言の下、研究発表と討論を行うことになった。

　まず先生Tが、ヨーロッパにおける人の移動に関連して、欧州連合（EU）加盟国の人口に関わる資料を配布した。次の**資料1**は、EU加盟国の市民権をもつがEU域内の他国に移り住んでいる20～64歳の人口の、市民権をもつ国の居住人口に対する比率（2020年時点）の上位10か国を示し、**資料2**は、2014年と2020年とを比較したときのEU加盟国の居住人口増加率の上位5か国・下位5か国を示している。

資料1

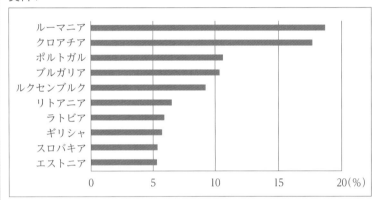

資料2

上　位	マルタ	ルクセンブルク	アイルランド	スウェーデン	キプロス
5か国	15.7%	11.8%	6.6%	6.3%	4.4%
下　位	リトアニア	ラトビア	クロアチア	ブルガリア	ルーマニア
5か国	−4.9%	−4.9%	−4.7%	−4.2%	−3.4%

（出所）　**資料1**、**資料2**ともに、EU統計局（Eurostat）Webページにより作成。

　生徒Zは、EU加盟国の法定最低賃金に関する**資料3**を新たにみつけ、**資料1**、**資料2**も踏まえて、EU域内における人の移動について推察した。このときの推察について述べた後のア～ウの記述のうち、**適当でないもの**はどれか。当てはまるものを**すべて**選び、その組合せとして最も適当なものを、後の①～⑦のうちから一つ選べ。

資料3　EU加盟国の法定最低月額賃金（単位：ユーロ）（2021年下半期平均）

上　位	ルクセンブルク	アイルランド	オランダ	ベルギー	ドイツ
5か国	2,202	1,724	1,701	1,626	1,585
下　位	ブルガリア	ルーマニア	ハンガリー	ラトビア	クロアチア
5か国	332	467	476	500	567

（出所）　EU統計局Webページにより作成。

1 問題の特徴

複数資料読解型

　資料を正確に読み取ることに加えて、複数の資料から読み取った事実に対して論理的に妥当な関連づけを行い、解釈を加えることができるか、という論理的思考力を問う問題である。

ポイント

　なぜ、経済統合に伴って人の移動が起こるのだろうか。理由の一つとして、より高い賃金を求める労働者が移動するため、というものがあるが、それだけではない。記述**イ**のルクセンブルクのように、賃金が高くても海外に移住する人が多い国もある。賃金格差による人口移動といった一つの答えを暗記するのではなく、複数の資料を組みあわせて、論理的に考察することが必要である。

　複数の資料の読み取り問題はこれまでにも出題されてきたが、読み取ったことを組みあわせて影響や因果関係を推論することができるような、論理的思考力が求められている。

➡ 解答解説 p.2

ア　ラトビアは、EU 域内の他国に移り住んでいる人口の比率は高いが、居住人口増加率と最低賃金は EU 加盟国の中で下位にある。よって、EU に加盟したことで EU 域内での人の移動が大幅に自由化され、EU 域内の他国での就労などを目的とした移住が EU 加盟後に増加したと推察できる。

イ　ルクセンブルクは、EU 域内の他国に移り住んでいる人口の比率と居住人口増加率が高く、最低賃金は EU 加盟国の中で上位にある。よって、EU 域内の他国からの移住が増加する一方で、EU の原加盟国であることから経済統合が深化して EU 域内の他国への移住も増加したと推察できる。

ウ　ブルガリアは、EU 域内の他国に移り住んでいる人口の比率は高いが、居住人口増加率と最低賃金は EU 加盟国の中で下位にある。よって、EU 加盟により EU 域内での人の移動は大幅に自由化されたが、EU 域内の他国での就労などを目的とした移住は EU 加盟後に減少したと推察できる。

① ア　　　　② イ　　　　③ ウ
④ アとイ　　⑤ アとウ　　⑥ イとウ　　⑦ アとイとウ

[　　]

〔例題 2〕　　　　　　　　　　　　　試作問題（公・政）13

　最高裁判所の仕組みに関心をもった生徒 X は、裁判所法を調べ、最高裁判所の違憲審査権の行使に関する部分について次のメモを作成した。なお、メモには、表記を改めた箇所やふりがなを振った箇所がある。メモから読み取れる、最高裁判所における裁判に関する記述として最も適当なものを、後の①～④のうちから一つ選べ。

メモ

第9条第1項　最高裁判所は、大法廷又は小法廷で審理及び裁判をする。
第10条　事件を大法廷又は小法廷のいずれで取り扱うかについては、最高裁判所の定めるところによる。但し、左の場合においては、小法廷では裁判をすることができない。
　一　当事者の主張に基いて、法律、命令、規則又は処分が憲法に適合するかしないかを判断するとき。（意見が前に大法廷でした、その法律、命令、規則又は処分が憲法に適合するとの裁判と同じであるときを除く。）
　二　前号の場合を除いて、法律、命令、規則又は処分が憲法に適合しないと認めるとき。
　三　憲法その他の法令の解釈適用について、意見が前に最高裁判所のした裁判に反するとき。

① 法律が憲法に適合しないとの裁判は、最高裁判所の定めるところに反しない限り、小法廷において行うことができる。
② 法律が憲法に適合しないとの裁判は、それが当事者の主張に基くか否かにかかわらず、小法廷において行うことはできない。
③ 法律が憲法に適合するとの裁判は、その意見が前に大法廷で行った裁判と異なるときであっても、小法廷において行うことができる。
④ 法律が憲法に適合するとの裁判は、その意見が前に大法廷で行った裁判と同一である場合には、大法廷において行うことはできない。[　　]

2 問題の特徴

法的文章読解型
　法律の条文や判例などの文章資料について、適切な読み取り方ができるかを問う問題である。

ポイント

　共通テストでは、法律の条文や判例の文章がそのまま資料として示されることが増えており、法特有の文章の読み取りが求められるようになっている。
　法の世界には、人によって解釈がぶれないように、文章の書き方や読み方についての厳格なルールがある。「～することができる」ということばと、「～しなくてはいけない」ということばは日常会話では同じような意味で使われていることも多いが、正確には異なる意味を示すものである。判例の学習などを通じて、法的な文章の読み方に慣れておくとよいだろう。

➡ 解答解説 p.2

〔例題3〕　　　　　　　　　　　　　　　試作問題（公・政）6

　生徒Xたちは、日本とヨーロッパの OECD 加盟国について、次の図1・図2を示しながら「日本は出産・子育て支援策として、保育サービスなどの『現物給付』の充実を図る必要がある。」という提案を行うことにし、事前に他のグループに説明したところ、後のア〜エのような意見が他の生徒からあった。

　ア〜エのうち図1・図2を正しく読み取った上での意見の組合せとして最も適当なものを、後の①〜⑥のうちから一つ選べ。

図1　「現金給付」対 GDP 比と合計特殊出生率

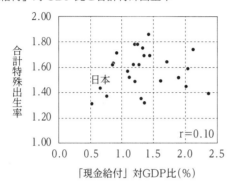

図2　「現物給付」対 GDP 比と合計特殊出生率

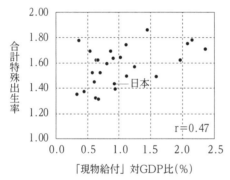

（注）「現金給付」対 GDP 比及び「現物給付」対 GDP 比とは、家族関係政府支出「現金給付」及び「現物給付」の支出額のGDPに対する比率を表す。rは相関係数を示す。
（出所）図1・図2とも*OECD.Stat*（"OECD"Webページ）の2017年の統計により作成。

ア　日本よりも合計特殊出生率が低いすべての国は、「現金給付」対 GDP 比が日本より低いため、「現金給付」より「現物給付」の充実に重点を置く提案に賛同する。

イ　「現金給付」対 GDP 比と合計特殊出生率には強い相関があるため、「現物給付」より「現金給付」の充実に重点を置くべきである。

ウ　「現物給付」対 GDP 比が日本より低くても合計特殊出生率が1.60を超える国々があるため、「現物給付」の充実を提案する前に諸外国の状況を調査してはどうか。

エ　「現物給付」対 GDP 比と合計特殊出生率との因果関係は示されていないため、「現物給付」の充実を提案するためには別の資料も準備した方がよい。

①　アとイ　　　②　アとウ　　　③　アとエ
④　イとウ　　　⑤　イとエ　　　⑥　ウとエ　　　　　　　［　　　］

3 問題の特徴

統計資料読み取り型

　「数学」で学習する「統計」を理解した上で、資料を読み取ることができるかを問う問題である。

ポイント

　統計資料を活用する上で気をつけなければならないのが、誤った統計の使い方をしていないかということである。相関係数が高いということは、必ず因果関係があるという意味ではない。数字を一人歩きさせず、元のデータを慎重に解釈する必要がある、というメッセージを感じる問題である。
　「数学」の授業では、仮説検定の活用を学習する。社会的な課題に取り組む上で、適切に統計の知識を活用することが求められているといえよう。

➡ 解答解説 p.2

生徒Bは模擬政府の財務大臣として、次年度の国の財政について次の表のような予算案を作成し、模擬国会に提出して審議してもらうことにした。生徒Cは議員として、この予算案について質問した。このとき、法や制度、予算や税の仕組み、社会状況などについては、最近の日本を例とすることにした。生徒Cの質問と生徒Bの答弁との組合せのうち、質問もしくは答弁のいずれか、または両方が、誤った理解に基づいてなされているものはどれか。後の①～④のうちから一つ選べ。

(単位：億円)

歳入				歳出	
租税・印紙収入	所得税	195,290	19.0%	皇室費	116
	法人税	120,650	11.8%	国会	1,285
	相続税	23,410	2.3%	裁判所	3,266
	消費税	217,190	21.2%	会計検査院	171
	関税	9,460	0.9%	内閣および内閣府	42,369
	その他の税	58,700	5.7%	総務省	167,692
	印紙収入	10,430	1.0%	法務省	8,206
その他の諸収入		60,613	5.9%	外務省	7,120
公債	公債金	71,100	6.9%	財務省	251,579
	特例公債金	254,462	24.8%	文部科学省	54,152
前年度剰余金		5,274	0.5%	厚生労働省	330,366
歳入合計		1,026,580	100.0%	農林水産省	22,170
今年度末の公債残高(見込み)：約1,038兆円				経済産業省	12,435
				国土交通省	68,983
※四捨五入により、合計は全項目の総計と一致しない。				環境省	3,537
				防衛省	53,133
				歳出合計	1,026,580

(出所) 財務省Webページ掲載の令和2年度当初予算を参考に作成。

① 質問 歳入に占める公債の割合が3割を超えている。この金額は決して小さくはない。この公債の償還(返済)や利子の支払いは、将来の世代に負担を求めることになるという意見があるが、そうした将来の負担について、政府はどのようにみているのか。

   答弁 確かにそういう意見はありますが、現在の歳出が公債の償還や利払いについての将来の負担を軽減する可能性もあるという見解もありますので、現時点ではそうした負担の増減について断定することはできません。政府としては、次年度に必要と判断される歳出のために、公債を利用する歳入案を作成しました。

② 質問 歳入に占める関税の割合が極めて小さい。しかし、多くの輸入品が国民生活のあらゆるところで使われていることを踏まえると、関税の割合はもっと大きくなるとみることができるのではないか。

   答弁 現在、農産物など一部の品目を除き、多くの輸入品に関税は課されていません。これは、自由貿易を推進するという国際的な合意を我が国も受け入れているからです。したがって、関税を新たに課したり関税率を引き上げたりして、歳入に占める関税の割合を増やすのは難しいと判断されます。

➡ 解答解説 p.2～3

3

---

4 問題の特徴

知識・資料連結活用型

知識・理解を確かめるとともに、資料を正確に読み取って知識と関連づけ、解釈することができるかを問う問題である。

ポイント

資料から読み取れる数値を、知識・理解に基づいて適切に解釈できるかどうかが問われている。公債の割合といった資料に表れている事実は、知識に基づいて適切に解釈されてはじめて意味をもつ。どのように資料を活用すべきかという示唆を含む資料読解の問題であると同時に、知識をどのように役立てるべきかということを示している問題でもある。

巻頭特集

③ **質問** 歳出のうち、厚生労働省の予算配分額が歳出全体の3割超になっているが、その主な要因は何か。

答弁 厚生労働省は年金や医療を所管していますが、高齢化が進んでいることや医療の高度化などによって、政府が負担しなければならない年金給付や医療費が増えています。また、関連する社会保障支出も多額に上っているために、このような予算額となりました。

④ **質問** 内閣が作成し国会に提出したこの予算案には、裁判所の予算が組み込まれている。ということは、予算を通じて行政が司法をコントロールしていることになる。「三権分立」に基づき、裁判所の予算については、裁判所自身が作成して国会に提出するべきではないか。

答弁 日本国憲法には予算の作成について定めはありませんが、内閣が作成したものだとしても、裁判所の予算の執行については「三権分立」が前提となります。裁判所自身が予算を作成し国会に提出するとなると、迅速な裁判が妨げられて国民生活にさまざまな影響がもたらされるとの懸念から、裁判所の予算も内閣が作成し国会に提出することになっています。　　　　[　　]

資料読解問題の演習

問1 生徒Wが、「近年では情報技術がどんどん発達しているし、それが日本経済を大きく変化させていそうだよね。」と発言すると、先生Tは、「そのとおりですね。しかし経済の中にはさまざまな産業があり、情報化の影響の表れ方は産業によってかなり差があると思いますよ。データを調べてみてはどうですか。」とアドバイスした。それを受けてW、生徒X、生徒Y、生徒Zの4人のグループは、近年における産業ごとの変化を示すデータを集め、それをもとに考察と議論を行った。

　次の**表1・2**は、日本の農林水産業、製造業、サービス業のそれぞれについて、1994年と2019年の実質付加価値と就業者数のデータをまとめたものである。表1・2の内容を踏まえて、後の**会話文**中の空欄　ア　に当てはまる記述として最も適当なものを、後の①～④のうちから一つ選べ。**試作問題（公・政）22**

表1　産業別実質付加価値

	1994年（億円）	2019年（億円）	1994年から2019年にかけての変化率（%）
農林水産業	76,358	48,833	−36.0
製造業	846,691	1,179,232	39.3
サービス業	2,983,294	3,720,865	24.7

表2　産業別就業者数

	1994年（万人）	2019年（万人）	1994年から2019年にかけての変化率（%）
農林水産業	486	260	−46.5
製造業	1,411	1,081	−23.4
サービス業	3,904	4,841	24.0

（出所）　表1、表2ともに、内閣府経済社会総合研究所『2019年度国民経済計算（2015年基準・2008SNA）』（内閣府経済社会総合研究所Webページ）により作成。

T：産業構造の変化を捉える上では、それぞれの産業でどれぐらいの生産が行われているかという実質付加価値の面と、それぞれの産業でどれぐらいの人が働いているかという就業者数の面の、双方をみることが重要です。表1と表2から、どのようなことが読み取れますか？

W：1994年から2019年にかけては情報化が大きく進んだと思いますが、情報通信業を含むサービス業は、実質付加価値でみても、就業者数でみても、この25年間で増加していますね。情報化の進展とともに、サービス業の比重がますます高まっていることが読み取れます。

T：そうですね。また情報技術は、生産にも影響を与えた可能性があります。実質付加価値を就業者数で割ると、「その産業で一人の人がどれぐらいの付加価値を生産しているか」を示す一人当たり労働生産性という指標が得られます。この25年間における各産業の一人当たり労働生産性の変化について、どのようなことがわかりますか？

X：表1と表2を見比べると、□ア□ということがいえるのではないでしょうか。

T：そのとおりです。つまり日本において情報技術が一人当たり労働生産性にどのような影響を与えたかは、産業ごとにかなり違っていた可能性がありますね。こうした違いがなぜ引き起こされるのかについても、考えてみると良いですよ。

① 農林水産業と製造業はともに就業者数の1994年から2019年にかけての変化率がマイナスであるが、一人当たり労働生産性の1994年から2019年にかけての変化率を比べると、農林水産業の方が製造業よりも大きな率で上昇している

② 製造業とサービス業はともに1994年から2019年にかけて実質付加価値が増加しているが、一人当たり労働生産性の1994年から2019年にかけての変化率を比べると、製造業の方がサービス業よりも大きな率で上昇している

③ 1994年から2019年にかけて一人当たり労働生産性はすべての産業において上昇しているが、最も大きな率で上昇しているのはサービス業である

④ 1994年から2019年にかけて一人当たり労働生産性はすべての産業において低下しているが、最も大きな率で低下しているのは農林水産業である　　　　　　　　　　[　　]

問2　生徒Yは、日本、イギリス、スウェーデン、ドイツの4か国の雇用慣行を比較して考えてみた。次の表は、これら4か国の雇用慣行を数値で表したものであり、表中のA～Dは、それぞれ、これら4か国のいずれかを示している。なお、表中の(ア)は勤続年数1～5年の賃金を100としたときに賃金が勤続年数に応じてどのぐらい変化するかを、(イ)は年齢階層別の平均勤続年数を、(ウ)は数値が大きくなるほど賃金交渉を主導する主体が企業別組合から産業別組合へ移ることを意味する「賃金交渉の集権度」を、それぞれ表している。表と後の説明文1～3とを参考にして、A～Dが示す国の組合せとして最も適当なものを、後の①～⑧のうちから一つ選べ。 試作問題(公・政)16

		A	B	C	D
(ア)賃金水準	勤続年数10～14年	140.1	127.9	118.0	110.9
	勤続年数15～19年	148.8	142.8	126.8	111.8
	勤続年数20～29年	159.6	170.0	132.2	106.8
(イ)勤続年数	年齢階層25～54歳	9.4	11.5	7.6	7.1
	年齢階層55～64歳	19.2	19.6	13.8	17.1
(ウ)賃金交渉の集権度		3	1	1	3

(注)　賃金水準と賃金交渉の集権度の単位は指数である。日本の賃金水準のみ勤続年数1年以上5年未満の賃金を100とする指数である。また、すべてのデータは、2014年から2019年にかけてのいずれかの年のものである。

(出所)　独立行政法人労働政策研究・研修機構『データブック国際労働比較2019』、OECD/AIAS ICTWSS Database により作成。

説明文1　同一労働同一賃金が浸透しているとされるスウェーデンでは、他国に比べて、賃金水準が勤続年数とは独立に決まっている。

説明文2　労働市場の流動性が高いことなどを背景に、イギリスの平均勤続年数はどの年齢階層においても日本より短くなっている。

説明文3　ドイツおよびスウェーデンは、賃金交渉の集権度の面で、日本とは異なっている。

➡ 解答解説 p.3～4

①	A	ドイツ	B	日本	C	イギリス	D	スウェーデン
②	A	日本	B	イギリス	C	スウェーデン	D	ドイツ
③	A	イギリス	B	スウェーデン	C	ドイツ	D	日本
④	A	スウェーデン	B	ドイツ	C	日本	D	イギリス
⑤	A	イギリス	B	日本	C	ドイツ	D	スウェーデン
⑥	A	日本	B	ドイツ	C	スウェーデン	D	イギリス
⑦	A	ドイツ	B	スウェーデン	C	イギリス	D	日本
⑧	A	スウェーデン	B	イギリス	C	日本	D	ドイツ

[　]

問3　「公共」の授業で、「SDGs(持続可能な開発目標)」から課題を選び、グループで探究学習を行うことになった。このことに関して後の問い((1)、(2))に答えよ。　サンプル問題 3 - 1・2

図　SDGs の17の目標

　　SDGs は、図に示される17の国際的な目標と各目標について設定された169のターゲットからなり、2015年に161か国が参加した国連サミットにおいて全会一致で採択された。

Ⅰ　生徒Aのグループは、SDGs の目標6「安全な水とトイレを世界中に」を探究学習のテーマに選び、次の資料1 ～ 4 を参考にして、水資源に関する国内外の問題について考えた。

資料1　世界各国の降水量と一人当たり水資源賦存量

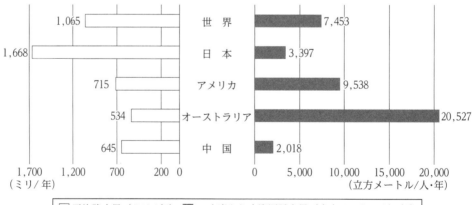

（注）　水資源賦存量とは〈(降水量－蒸発散量)×当該地域の面積〉で求められる値で、理論上最大限利用可能な水資源の量を表す。なお、ここで示されているデータはAQUASTATの2016年11月時点公表のデータを基に国土交通省水資源部が作成したもので、水資源賦存量の算出にあたって、平均降水量を用いている。
（出所）　国土交通省『平成28年版日本の水資源の現況』により作成。

資料2　1kg生産するのに必要な水の量(ℓ)

牛肉　20,600　　チーズ　3,200　　米　3,700　　大豆　2,500

（出所）　環境省Webページにより作成。

資料3　日本全国の水使用量と米の生産量

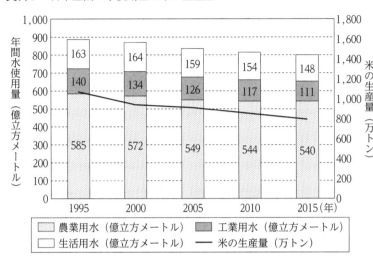

（出所）　国土交通省『令和2年版日本の水資源の現況』と農林水産省『作物統計』により作成。

資料4　2018年農産物の国内生産量と輸入量

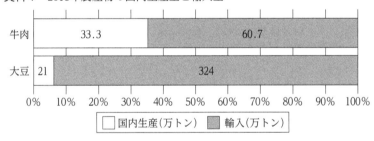

（出所）　農畜産業振興機構「牛肉需給表」、農林水産省「食料需給表」、「農林水産物輸出入概況」により作成。

(1)　資料1～4から読み取れる内容として**適当でないもの**を、次の①～④のうちから一つ選べ。
　①　日本は降水量に恵まれるが、一人当たり水資源賦存量は世界平均以下である。
　②　2015年の日本全国の水使用量は日本の水資源賦存量の半分を上回っている。
　③　大量の水を消費する米の生産量と農業用水の使用量とは相関関係がある。
　④　日本は牛肉の輸入によって原産国に水の消費を肩代わりしてもらっている。　　　　　　[　　]

Ⅱ　生徒Bのグループは、SDGsの目標4「質の高い教育をみんなに」を探究学習の課題に選び、目標10「人や国の不平等をなくそう」と関連させて、日本を含むOECD加盟国における経済的不平等などが教育に及ぼす影響について考えた。そして、経済的不平等に関する資料を収集するなかで、所得の格差に関する興味深い指標を見つけたので、次の【指標の説明メモ】にしたがって、先進国とされるG7各国に関する資料1・2を作成した。

巻頭特集

【指標の説明メモ】
● 「貧困ライン」とは、全ての世帯の所得額の中央値の2分の1の所得額を指すものとして定義される。全ての世帯の所得額の中央値とは、全ての世帯の所得額を最低所得額(所得ゼロ)から最高所得額まで順に一列に並べたときに、ちょうど真ん中に位置する所得額である。
● 「貧困層」とは、貧困ラインを下回る所得額の世帯に属している人々である。
● 「貧困率」とは、貧困ライン以下の世帯に属している人々が人口に占める割合である。資料1は、全人口を、0〜17歳、18〜65歳、66歳以上の三つの年齢階級に分け、各年齢階級の貧困率と、全人口の貧困率とを示したものである。なお、複数の国の間で同じ年齢階級の貧困率が等しい場合でも、その階級の貧困層の所得水準は国ごとに異なる可能性がある。
● 「貧困ギャップ」とは、貧困の深刻さを表す指標であり、貧困ライン以下の世帯の平均所得額が、貧困ラインからどの程度下回っているかを示す。資料2は、18〜65歳の世帯におけるG7各国の貧困ギャップである。
(注)　これらの指標の説明は、OECDの説明に基づいて作成されたものであり、一般的な定義と異なることがある。

資料1　年齢階級別貧困率

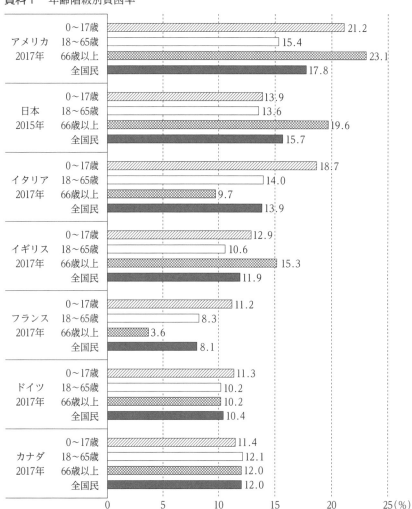

資料2　貧困ギャップ（18〜65歳）

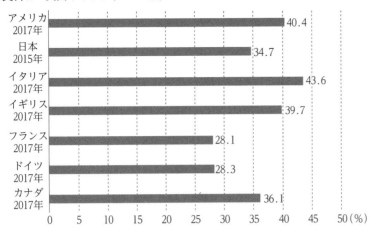

（出所）　資料1、資料2ともに
OECD Webページ（OECD Data, 2020）により作成。

（2）　【指標の説明メモ】にしたがって**資料1・2**を見たとき、それらから読み取り、推論できる事柄として最も適当なものを、次の①〜④のうちから一つ選べ。

①　ドイツとフランスとを比べると、それぞれの国の18〜65歳のすべての人口における所得格差はドイツの方が大きい。

②　7か国のうち、18〜65歳の人口の貧困層における所得格差が最も大きいのはアメリカである。

③　現在の状態が将来も続くと仮定したとき、「66歳以上で、貧困層に陥らずに生活できる可能性のある人々の割合が最も高い」と期待される国はフランスである。

④　カナダとイギリスの全国民の貧困率は12%前後でほぼ同じなので、両国の全人口における貧困ラインの額もほぼ同じである。　　　　　　　　　　　　　　　　　　　　　　　　　　　　　　　　［　　］

問4　生徒**A**のクラスでは、次の事例をもとに、合意形成のあり方について考えることにした。後の問い（(1)〜(3)）に答えよ。 サンプル問題2-3

事例

　　町の中心部の渋滞を解消するために、新しい道路を建設する。ルートの候補として、ルート1〜ルート3の三つがある。このうちどのルートを採用するかを**V**〜**Z**の5人で決定する。次の表は、ルート1〜ルート3のそれぞれを採用した場合における5人の幸福度を数値で表したものである。数値が大きいほど幸福度が高く、数値がマイナスのものは、耐えられないほどの苦痛を受けることを示している。また、多数決で決定をする際には、その者にとって数値が一番大きなルートに賛成することとする。

	V	W	X	Y	Z
ルート1	5	8	1	4	1
ルート2	1	3	7	3	6
ルート3	4	7	6	−1	5

（1）　まず、次の**決定方法**①〜③の中から、あなたが取るべきだと考える決定方法を一つ選びマークせよ。なお、①〜③のいずれを選んでも、後の(2)、(3)の問いについては、それぞれに対応する適当な選択肢がある。

決定方法

①　5人の幸福度の総和ができるだけ大きくなる決定を行う。

②　5人の多数決により決定を行う。

③　「耐えられないほどの苦痛を受ける」者が生じない範囲で、5人の幸福度の総和ができるだけ大きくなる決定を行う。　　　　　　　　　　　　　　　　　　　　　　　　　　　　　　　　　　　　［　　］

(2) (1)で選んだ決定方法を取るべき根拠として最も適当なものを、次の①～③のうちから一つ選べ。

① 社会で決定を行う際であっても、少数者の人権を尊重するべきである。

② 社会で決定を行う際には、最大多数の最大幸福をもたらす選択をとるべきである。

③ 社会で決定を行う際には、多くの人の意見に従うのが望ましいので、単純に賛成の数で決定するべきである。 [   ]

(3) (1)で選んだ決定方法を用いた場合に選ばれるルートとして正しいものを、次の①～③のうちから一つ選べ。

① ルート1   ② ルート2   ③ ルート3 [   ]

問5 生徒Xは、第二次世界大戦後の日本経済の歩みを調べ、次のア～ウのグラフを作成した。これらは、それぞれ1970年代、1990年代、2010年代のいずれかの消費者物価指数の変化率（対前年比）と完全失業率との推移を示したものである。グラフの横軸は「年」を表し、10年間について1年ごとの目盛り間隔となっている。このとき、これらを年代の古いものから順に並べたものとして正しいものを、後の①～⑥のうちから一つ選べ。 試作問題（公・政）15

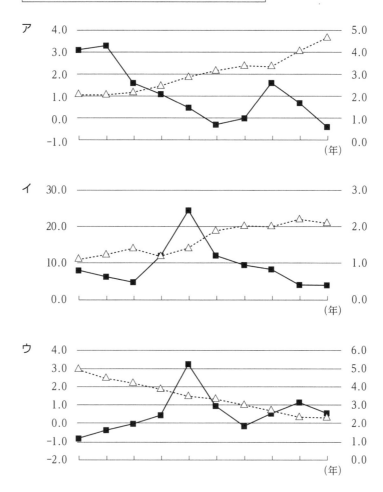

（出所） ア～ウは、いずれも総務省統計局Webページにより作成。

① ア→イ→ウ   ② ア→ウ→イ   ③ イ→ア→ウ
④ イ→ウ→ア   ⑤ ウ→ア→イ   ⑥ ウ→イ→ア [   ]

問6　生徒Aは、政治参加の歴史について調べ、日本の国政選挙における有権者の割合の推移を次の図のようにまとめた。図中の □X□ ～ □Z□ は有権者の資格要件（一部）の種類を示し、ア～キには □X□ ～ □Z□ について設定された資格要件を示す語句が入る。また、図下の西暦年は、有権者の資格要件が制定または改正された年を示している。図中の □X□ ～ □Z□ に入るものの組合せとして最も適当なものを、後の①～⑥のうちから一つ選べ。サンプル問題2-1

X	ア		イ
Y	ウ	エ	
Z	オ		カ	キ
全人口に対する有権者の割合(%)	1.1 (1890年)	2.2 (1902年)	5.5 (1920年)	20.0 (1928年)	48.7 (1946年)	83.6 (2016年)

過去　1889年　1900年　1919年　1925年　1945年　2015年　現在

（注）　図中の「全人口に対する有権者の割合(%)」は、資格要件が制定または改正された後、直近の国政選挙（括弧内の年に執行された衆議院議員総選挙または参議院議員通常選挙）のものであり、小数点第二位を四捨五入している。なお、人口の計測方法は時代によって異なる。

（出所）　総務省「総務省 MIC MONTHLY MAGAZINE No.179」、総務省「目で見る投票率」、総務省統計局「人口推計」（総務省・総務省統計局Webページ）により作成。

①　X―納税額（直接国税）　　　Y―性別　　　　　　　Z―年齢
②　X―納税額（直接国税）　　　Y―年齢　　　　　　　Z―性別
③　X―性別　　　　　　　　　　Y―納税額（直接国税）　Z―年齢
④　X―性別　　　　　　　　　　Y―年齢　　　　　　　Z―納税額（直接国税）
⑤　X―年齢　　　　　　　　　　Y―納税額（直接国税）　Z―性別
⑥　X―年齢　　　　　　　　　　Y―性別　　　　　　　Z―納税額（直接国税）　　　　　[　　]

問7　一票の格差について、生徒Xは、1980年以降の衆議院議員総選挙における最大格差を調べ、その結果をまとめた次の表2を作成した。表2で示されている内容に関する記述として最も適当なものを、後の①～④のうちから一つ選べ。試作問題（公・政）11

表2

総選挙の実施年	1980年	1983年	1986年	1990年	1993年	1996年
一票の格差	3.94	4.40	2.92	3.18	2.82	2.31
総選挙の実施年	2000年	2005年	2009年	2012年	2014年	2017年
一票の格差	2.47	2.17	2.30	2.43	2.13	1.98

（出所）　裁判所Webページにより作成。

①　中選挙区制の下で実施された総選挙では、いずれも一票の格差が4.00を超えることはなかった。
②　小選挙区比例代表並立制の導入以降の総選挙では、いずれも一票の格差は2.50を下回っている。
③　2000年以降の総選挙に関して、最高裁判所が一票の格差を違憲状態と判断したことはなかった。
④　1980年の総選挙に比べて2017年の総選挙は投票率が高かったため、一票の格差も小さくなっている。

[　　]

オリジナル資料読解問題

　「プラスウェブ」では、本書オリジナルの資料読解問題を配信しています。右の二次元コードをスマートフォンやタブレットで読みこむことで、「プラスウェブ」にアクセスできます。

1 公共的な空間をつくる私たち

● 青年期を生きる私たち

(1) 青年期……人間のライフサイクルのなかで、子どもからおとなへと成長を遂げる時期。近代以前は、通過儀礼(イニシエーション)によって、おとなとして社会の構成員になった時代もあった。現代では、青年期のはじまりが低年齢化する(発達加速現象)とともに、青年期は延長傾向

第二の誕生	身近なおとなから自立しようとする自我の目覚めを意味する。フランスの思想家 ❶[　　　　　]が著書『エミール』のなかで用いたことば
❷[　　　　　　　] (境界人、周辺人)	青年期の人間は子どもとおとなの両面の心理的特性をもつ存在であるとした、ドイツの心理学者❸[　　　　　]のことば
❹[　　　　　　]	青年期は社会的な責任や義務を猶予される時期であることを意味する、アメリカの心理学者❺[　　　　　]のことば

(2) 欲求と自己形成

①❻[　　　　　　]の欲求階層説……人間の欲求を5つに分け、生理的欲求などの基礎的欲求が満たされた後に、自己実現の欲求などのより高次の欲求があらわれる

②防衛機制……オーストリアの精神科医フロイトが命名した、無意識に欲求不満(フラストレーション)を解消しようとする心のはたらき。自分の行動を正当化しようとする❼[　　　　]など

● 人間の多様性と共通性／キャリア形成と自己実現

(1) 人間の多様性と共通性

①多様性(ダイバーシティ)……性や年齢、障害の有無などに関わらず、個人として尊重されること

②❽[　　　　　　　]……すべての文化は固有の価値をもっており、優劣は存在しないという考え方。自民族中心主義(エスノセントリズム)を克服し、互いの文化を尊重しあう多文化主義(マルチカルチュラリズム)へ向かう必要がある

(2) キャリア形成と自己実現

・キャリアデザイン……職業生活を核とした自らの人生設計を行うこと

● 日本の伝統と文化／日本の伝統的なものの考え方

(1) 日本古来の精神

①❾[　　　　　　　]……自然界のあらゆる事物や現象に精霊が宿っているという考え方

②清き明き心(清明心)……古代の日本人が尊んだ嘘や偽りのない心のあり方

(2) 仏教の受容と展開

①飛鳥時代に仏教が伝来し、聖徳太子が仏教の精神を盛り込んだ憲法十七条を制定

②鎮護国家……仏教の力で国家の安寧秩序の実現をめざす　③神仏習合……諸仏と日本の神の融合

④鎌倉仏教……誰にでもできる易行を特徴とし、武士や民衆の間に広がる

(3) 儒学の受容と展開

①❿[　　　　　]……林羅山らによって江戸時代の秩序を形成する理論が展開

②⓫[　　　　]……伊藤仁斎や荻生徂徠のように、『論語』などの原典に回帰しようとする動き

③国学……儒学の展開に影響を受け、本居宣長のように日本古来の精神性を探究する動きが広がる

(4) 西洋思想の受容と日本

①和魂洋才……東洋の伝統的な精神を尊重しつつ、西洋の知識・科学技術を受け入れようとする考え方

②⓬[　　　　]……一人ひとりが合理的精神を身につけ、近代的な独立国家をめざすべきと主張

(5) 西洋思想に挑む

①西田幾多郎……主客が未分化の状態である純粋経験にこそ、真実があると考えた

②和辻哲郎……人間は社会性と個人性という両面をもつ間柄的存在であると主張

● 私たちの生活と宗教

三大世界宗教	キリスト教	イスラーム	仏教
創始者	⓭[　　　　]	⓮[　　　　]	⓯[　　　　　　　]
教えと特徴	・神の愛(⓰[　　　　]) ・隣人愛の実践	・唯一神アッラーを信仰 ・六信・五行(信仰項目と実践)	・四諦の体得、縁起の法 ・八正道の実践

解答 ❶ルソー　❷マージナルマン　❸レヴィン　❹モラトリアム　❺エリクソン　❻マズロー　❼合理化　❽文化相対主義　❾アニミズム　❿朱子学　⓫古学　⓬福沢諭吉　⓭イエス　⓮ムハンマド　⓯ゴータマ＝シッダッタ(ブッダ)　⓰アガペー

☑ トライ

問1 【青年期】 ルソーの著書『エミール』において、子どもから大人へと移行する青年の時期についての説明として最も適当なものを、次の①～④のうちから一つ選べ。 現社22追試 3

① この時期を、大人としての責任や義務が猶予され、自由に様々なことを試みながら自立の準備をする「心理・社会的なモラトリアム」の期間と捉えた。

② この時期にある人を、子ども集団にも大人集団にも所属しながらどちらにも安定した帰属意識をもてない「境界人（マージナル・マン）」と呼んだ。

③ この時期を、存在するために生まれた一回目の誕生に対して、生きるために生まれる「第二の誕生」と捉えた。

④ この時期にみられる、親や大人の保護や監督から離れて心理的に独立する過程を「心理的離乳」と呼んだ。 [　　]

問2 【欲求と自己】 欲求に関する記述として最も適当なものを、次の①～④のうちから一つ選べ。 現社22追試 1

① 同時に満たすことのできない二つ以上の欲求の間で揺れ動く心理状態を、コンプレックスという。

② 欲求が満たされないことで生起する嫌な感情や記憶を、無意識に抑え込んで忘れようとする心的作用を抑圧という。

③ 飢えや渇きを解消したいという欲求や、排せつや睡眠の欲求のような、生まれながらにして備わっている欲求を社会的欲求という。

④ 欲求が満たされないことでもたらされる不快な緊張状態を、フラストレーション・トレランスという。 [　　]

問3 【防衛機制】 「防衛機制」の例として適当でないものを、次の①～④のうちから一つ選べ。 現社22本試11

① 頑固なためにアルバイト先の先輩との関係がうまくいかない者が、先輩の頑固さを指摘し、相手のせいにしてしまう。

② 失恋による満たされない気持ちを抱えた者が、楽曲の制作に精力を傾けることで、人気アーティストとして活躍するようになる。

③ 勉強方法が原因で思うように成績が伸びない者が、先生に相談してアドバイスをもらい、勉強のやり方を変える。

④ 友人の度重なる失礼な態度に腹を立てている者が、その友人と話すときに、気持ちとは裏腹に、思わず過度に親切な対応をしてしまう。 [　　]

問4 【職業生活の意義】 職業をめぐる日本の法制度や状況に関する記述として最も適当なものを、次の①～④のうちから一つ選べ。 現社15本試 1

① 人権の一つとして保障される職業選択の自由は、経済の自由（経済活動の自由）には含まれない。

② ニートには、ふだん収入を伴う仕事をしていないが、職業訓練中である者も含まれるとされる。

③ インターンシップは、大学生などが一定期間、企業等で就業体験することで職業意識を高めていくことを目的の一つとして実施されている。

④ 働く障害者や、働くことを希望する障害者への支援として、一定以上の雇用率で障害者を雇用することを企業等に求める法律は、制定されていない。 [　　]

問5 【多様性と共通性】 偏見や差別に関する記述として最も適当なものを、次の①～④のうちから一つ選べ。 現社20本試23改

① 異なる言語や宗教などの背景をもつ人や集団が互いを尊重することを目指す理念は、エスノセントリズムと呼ばれる。

② 日本の最高裁判所においては、企業が女性の定年退職年齢を男性のそれよりも低く設定していることが違法と判断されたことはない。

③ 障害者雇用促進法は、企業に対して、一定の割合以上の障害者を雇用することを義務づけていない。

④ 社会的に不利な立場にあるとされる人を優先的に雇用するなどの優遇措置を採ることは、ポジティブ（アファーマティブ）・アクションと呼ばれる。 [　　]

公共の扉

問6 【日本の伝統的な文化・思想】 日本の伝統的な文化や思想に関する記述として最も適当なものを、次の①～④のうちから一つ選べ。 現社18本試25

① 古代の日本において尊ばれた、神や他人を欺かず偽ることのない心のありようを、漢意という。

② 古代の日本において見られた、自然物や自然現象すべてに精霊が宿るとする信仰を、神仏習合という。

③ 伊藤仁斎は、朱子学よりも古い儒教の原典を吟味し、それを否定することで、「誠」を論じた。

④ 和辻哲郎は、季節風の影響を受けるモンスーン地域に位置する日本の文化的な特徴について、受容的・忍従的な精神性を有するものとして説明した。 [　　]

問7 【日本の伝統的なものの考え方】 次の資料は、道元が食事の前に唱えるようにしていた五つの言葉の現代語訳と、それを読んで生徒が作成したメモである。資料を読み、 X ・ Y に入る記述の組合せとして最も適当なものを、後の①～⑥のうちから一つ選べ。 サンプル問題1-1改

現代語訳

> 一つ、目前の食事にはどれだけ多くの手数がかかっているかを考えます。
> 二つ、自分がこの食物を食べるのにふさわしい者であるかを考えます。
> 三つ、迷いの心や過ちから離れるためには貪りをなくすことが大切なので、食事にあたっても貪りを起こさないようにします。
> 四つ、食事は薬のようなもので、体の健康を保つためのものだと自覚し、貪らないようにします。
> 五つ、仏道を成就するためにこの食事を受け取ることを自覚します。 (道元『赴粥飯法』より)

メモ

> この五つの言葉は、道元が日本に紹介したものだ。第一の言葉は、 X の考え方に基づいている。つまり、自分の目の前の食事は、多くの人の手によって、今、ここにある。皆が手をかけてくれた物だから「もったいない」し、食事作りに携わってくれた人や食材そのものに感謝と敬意を込めて「いただく」という謙譲語を使う。「ごちそうさま」は「御馳走様」と書き、食事を用意するために奔走してくれた人への感謝を示す。
>
> また、第二、第五の言葉から道元が、食とは、 Y て仏道を成就する営みを支えるためのものであり、自分自身が食を受けるに値するかどうかを省みるべきだと考えていたことが、第三、第四の言葉からは、食は、あくまでも体を健康に保つためのものであり貪るべきではないと考えていたことが分かる。
>
> こうした道元の食に対する姿勢は、感謝しつつ命を頂くというような日本人の食に対する意識の形成にも影響を与えている。

① X すべては諸原因や諸条件が関係し合って成立するという縁起
　 Y 題目をとなえ

② X すべては諸原因や諸条件が関係し合って成立するという縁起
　 Y もっぱら念仏し

③ X すべては諸原因や諸条件が関係し合って成立するという縁起
　 Y ひたすら坐禅し

④ X 自分の肉体も含めすべては生じては滅びていくという諸行無常
　 Y 題目をとなえ

⑤ X 自分の肉体も含めすべては生じては滅びていくという諸行無常
　 Y もっぱら念仏し

⑥ X 自分の肉体も含めすべては生じては滅びていくという諸行無常
　 Y ひたすら坐禅し [　　]

問8 【世界の宗教】 各国の社会において信仰されている宗教に関する記述として最も適当なものを、次の①～④のうちから一つ選べ。 現社17追試7

① 神道において信仰される八百万の神は、事物や現象などすべての自然物に宿る霊的存在を統合した人格神である。

② イスラーム教における五行には、信仰告白・礼拝・喜捨がいずれも含まれている。

③ キリスト教において救世主とされるイエスは、十戒の啓示を神から授かり、人々は神の戒めである律法を遵守すべきであると説いた。

④ 仏教を開いたゴータマ＝ブッダは、人の生における苦の原因の一つとして、縁起の法に無知な状態を意味する涅槃があると説いた。 [　　]

公共の扉

2 公共的な空間における人間としてのあり方 生き方／公共的な空間における基本的原理

重要事項の整理

● **公共的な空間における人間としてのあり方生き方**

Ⅰ 「結果」と「義務」の考え方
(1) 「結果」を重視する考え方……行為の結果である個人や社会全体の幸福を重視する考え方 → **功利主義**
(2) 「義務」を重視する考え方……行為の動機となる公正などの義務を重視する考え方 → **義務論**

Ⅱ 功利主義の考え方
(1) ベンサム……量的功利主義：快楽の量を重視し、「❶[　　　　　　　　　　　　]」の実現をめざす
(2) ミル
　①質的功利主義：快楽には質的な違いがあるとして、快楽の量よりも快楽の質を重視
　②他者危害の原則：他者に危害をおよぼさない限りにおいて、個人の自由が最大限尊重されるべき

Ⅲ 義務論の考え方
❷[　　　　　　]……誰もが無条件に従うべき**道徳法則**があると考え、**仮言命法**(もし…ならば～せよ)ではなく、
　　　　　　　　　 定言命法(いついかなる時も～せよ)を重視

Ⅳ 古代ギリシャの思想
(1) ソクラテス……❸[　　　　　　]（自らの無知を自覚すること）を説き、**問答法**による対話を行った
(2) プラトン……事物の真実の姿（❹[　　　　]）は、理性が想い起こす世界にあると説いた（❹[　　　]論）
(3) アリストテレス……**知性的徳**：学習によって身につく、思考・判断する能力
　　　　　　　　　　　　倫理的徳：習慣や経験によって身につく、**中庸(メソテース)**に基づいて適切に行動
　　　　　　　　　　　　する能力。性格的徳ともいう

Ⅴ 中国思想
(1) ❺[　　　　]……近親者への親愛の情である**仁**を重視。仁は、親子や兄弟の間の情愛である孝悌から出発
　　　　　　　　　した人間のまごころ(忠)や思いやり(恕)を意味する
(2) 孟子……❻[　　　　　　]に基づき、**四端**という善の素質を育てることを説いた
(3) 荀子……❼[　　　　　　]に基づき、**礼**(社会規範)の教育によって悪である本性を矯正することを説いた
(4) 老荘思想……老子と荘子を祖とし、**無為自然**(あるがままに自然にまかせて生きること)を説いた

Ⅵ 生命倫理
(1) 臓器移植……2009年の❽[　　　　　　]の改正により、本人の生前の拒否の意思表示がない場合に限っ
　　　　　　　　て家族の同意のみで臓器提供が可能となり、15歳未満の臓器移植や親族への優先提供も可能となった
(2) 生命工学(バイオテクノロジー)と生命倫理
　①再生医療……ＥＳ細胞(胚性幹細胞)やｉＰＳ細胞(人工多能性幹細胞)などの万能細胞の研究が進展
　②出生前診断と着床前診断……人工妊娠中絶における命の選別の是非
　③尊厳死・安楽死……❾[　　　　　　](生命の尊厳)を重視する考え方
　　　　　　　　　　　⇔❿[　　　　　　](人生の質)を重視する考え方

● **公共的な空間における基本的原理**

Ⅰ 実存主義
(1) ⓫[　　　　　　　　]……「**主体的真理**」を見いだすことの重要性を主張
(2) ⓬[　　　　　　]……「**力への意志**」を見いだし、創造的に生きる超人としての生き方を説いた
(3) ヤスパース……死・苦悩・争い・罪責という⓭[　　　　　　]に直面し、人間は実存に目覚めると説いた
(4) ハイデガー……自分が「死への存在」であることを自覚することで、自己の存在を問うあり方(現存在)
　　　　　　　　　へとたどり着き、自分らしい生き方を取り戻すことができると説いた
(5) サルトル……自己拘束と社会参加(⓮[　　　　　　　　])の実現をめざす重要性を説いた

Ⅱ 20世紀のヒューマニズム
(1) ⓯[　　　　　　　　　]……「**生命への畏敬**」を説き、あらゆる生命を尊重することを主張した
(2) ガンディー……徹底した非暴力や不殺生(アヒンサー)の思想のもと、インドの独立を指導した
(3) ⓰[　　　　　　]……「死を待つ人の家」を運営し、貧民や病人に対する奉仕活動に尽力

Ⅲ 男女共同参画
ボーヴォワールや平塚らいてうによる、社会の中でつくられる女らしさや女性への抑圧に対する批判

解答 ❶最大多数の最大幸福 ❷カント ❸無知の知 ❹イデア ❺孔子 ❻性善説 ❼性悪説 ❽臓器移植法 ❾ＳＯＬ
❿ＱＯＬ ⓫キルケゴール ⓬ニーチェ ⓭限界状況 ⓮アンガージュマン ⓯シュヴァイツァー ⓰マザー＝テレサ

公共の扉

☑**トライ**

問1【人間の尊厳】 人間の尊厳についての考え方や思想に関する次の記述ア・イと、それぞれに関係の深い人物A～Cとの組合せとして最も適当なものを、下の①～⑥のうちから一つ選べ。 現社19本試10
ア　人間は「目的」として扱われなければならず、「手段」としてのみ扱ってはならないと述べた。
イ　個人の自由は、他者に危害を加えない限り、最大限尊重されるべきであると唱えた。
A　カント
B　アーレント
C　J.S.ミル

①　アーA　イーB　　②　アーA　イーC　　③　アーB　イーA
④　アーB　イーC　　⑤　アーC　イーA　　⑥　アーC　イーB　　　［　　］

問2【古代ギリシャの思想】 古代ギリシャの思想に関して、次の記述ア・イと、それらと関係の深い人物A～Cとの組合せとして最も適当なものを、下の①～⑥のうちから一つ選べ。 現社20本試14
ア　知を愛し探し求めること(哲学)の出発点として、「無知の知」の自覚を説いた。
イ　ポリス的動物である人間の行為のあり方や基準として、徳が必要であることを説いた。
A　ピタゴラス
B　アリストテレス
C　ソクラテス

①　アーA　イーB　　②　アーA　イーC　　③　アーB　イーA
④　アーB　イーC　　⑤　アーC　イーA　　⑥　アーC　イーB　　　［　　］

問3【古代ギリシャ・近代西洋の科学的思考】 知識や思考方法に関する記述として最も適当なものを、次の①～④のうちから一つ選べ。 現社15本試2
①　ソクラテスは、善などについて完全には知っていないということの自覚が、真の知識への出発点であると主張した。
②　アリストテレスは、人間は考える葦であり、思考することのうちに人間の尊厳があると主張した。
③　観察や実験によって得られた様々な事実を基にして、それらに共通する一般的法則を見いだす思考方法は、弁証法と呼ばれる。
④　近代において、人間は自分たちのために自然を利用できる存在であるという人間中心主義の考え方が衰退したので、科学技術が発達したとされる。　　　　　　　　　　　　　　　　　　　　　　　　　［　　］

思判表 **問4【科学的思考法】** 科学的思考法に関する次の記述A・Bと、それを唱えた人物名a・b、推論の例ア・イの組合せのなかから、演繹法を説明する組合せとして最も適当なものを、次の①～⑧のうちから一つ選べ。
現社14追試26
A　だれもが疑うことのできないことから出発し、推論と論証を積み重ねて、新しい知識を発見していく思考法。
B　観察や実験によって得られた個々の事実から共通性を見いだして、一般的法則を導く思考法。
a　ベーコン
b　デカルト
ア　参議院議員は、30歳以上であると定められている。Wさんは、参議院議員である。したがって、「Wさんは、30歳以上である」と考える。
イ　政党Xは、ウェブサイトを開設している。政党Yは、ウェブサイトを開設している。政党Zは、ウェブサイトを開設している。したがって、「すべての政党は、ウェブサイトを開設している」と考える。

①　A－a－ア　　②　A－a－イ　　③　A－b－ア　　④　A－b－イ
⑤　B－a－ア　　⑥　B－a－イ　　⑦　B－b－ア　　⑧　B－b－イ　　　［　　］

問5 **【生命倫理】** 身体や医療をめぐる理念や状況に関する記述として**適当でないもの**を、次の①〜④のうちから一つ選べ。 現社20追試25

① 脊髄損傷患者を対象に、iPS細胞(人工多能性幹細胞)を用いた臨床研究を開始する計画が、日本ではすでに了承されている。

② 医師が医療を行う際に十分な説明を行い、患者がその内容に事前に同意することは、インフォームド・コンセントと呼ばれる。

③ 遺伝情報の解析結果などに基づく個々人に合ったオーダーメイド医療(テーラーメイド医療)に関する研究が、日本では始まっている。

④ 遺伝的特徴に基づく差別の禁止などが盛り込まれた「ヒトゲノムと人権に関する世界宣言」が、国連総会で採択されている。 [　]

問6 **【生命倫理と生命工学】** バイオテクノロジーをめぐる日本の法制度や医療分野への実用化の状況に関する記述として最も適当なものを、次の①〜④のうちから一つ選べ。 現社19追試16

① 遺伝子組み換え作物を食品に使用する際に、その表示を行うことは、法律上の義務ではない。

② 遺伝子組み換え作物の使用による、生物の多様性への悪影響を防止するための法律は、制定されていない。

③ ES細胞(胚性幹細胞)の作成には、受精卵使用などをめぐる生命倫理上の問題はないとされている。

④ iPS細胞(人工多能性幹細胞)由来の細胞については、すでに患者に移植する手術が開始されている。 [　]

問7 **【自由と幸福】** 自由や幸福の追求に関する記述として最も適当なものを、次の①〜④のうちから一つ選べ。 現社18追試35

① フーコーは、道徳の主体としての人間を人格と呼び、互いの人格を目的として尊重し合う社会を「目的の国(目的の王国)」と名づけた。

② ホルクハイマーは、生まれつき裕福な人々は、貧者の状況を改善するという条件の下でのみ、自らの利益を獲得できるという正義の原理を主張した。

③ アドルノは、個人の自由への規制は、他者に危害が及ぶのを防ぐ場合に限られるという原則を主張した。

④ ベンサムは、最も多くの人に最も大きな幸福をもたらす行為が善であるとし、立法などの基準にすべきと主張した。 [　]

問8 **【実存主義】** 人の社会性に対する考え方に関する記述として**適当でないもの**を、次の①〜④のうちから一つ選べ。 現社19本試14

① ヤスパースは、他者の他者性は「顔」として現れ、自己には、この「顔」による他者の問いかけに応答する責任があると説いた。

② リースマンは、他人の考えや行動を自分の行動基準として、周囲に同調しようとする人々の傾向を、「他人指向型」と呼んだ。

③ ハイデッガーは、人間は、死を避けることができない「死への存在」であることに気付くことによって、自己の本来的な生き方を取り戻すことができるとした。

④ ハーバーマスは、「コミュニケーション的行為」により、人々が対等な立場で自由に討議し、合意に至ることのできる、近代的理性の可能性を追求しようとした。 [　]

問9 **【生命の尊重と平和】** 生命の尊重および平和に対する考え方に関する記述として**適当でないもの**を、次の①〜④のうちから一つ選べ。 現社15追試19

① ガンディーは、インドにおける独立運動に際して、アヒンサーを徹底して実践することを提唱した。

② シュヴァイツァーは、すべての生命あるものを敬い、大切にする「生命への畏敬」の倫理を説いた。

③ マザー・テレサは、愛と奉仕の精神に基づき、貧困や病気で苦しむ人々の支援を行い、生命の尊さを説いた。

④ カントは、その著書『社会契約論』のなかで、集団安全保障の考え方を提唱した。 [　]

問10【アリストテレスによる正義の分類】　生徒Xたちは、人口減少の要因やその対策を考察するための資料を収集・分析する中で、人口減少の主要因は少子化だと考え、出産・子育て支援策について検討した。次の生徒Xたちのメモ中の　A　・　B　に当てはまるものの組合せとして最も適当なものを、後の①〜⑥のうちから一つ選べ。　試作問題(地・歴・公)公共13改

生徒Xたちのメモ

> 　出産や子育ては、保護者となる世代に個人的な負担として重くのしかかってきた。
> 　日本では、1972年に児童手当法が施行され、保護者に対し、児童手当が支給されている。児童手当法はその後の改定の過程で、支給対象年齢が拡大され、現在は子どもの年齢や出生順位によって金額に重みがつけられている。ただし、児童手当の支給には保護者の所得制限がある(注)。一般的に給与などは、各人の能力や功績に比例して決められる、すなわちアリストテレスが言う　A　的正義に基づいていることが少なくない。一方、児童手当の所得制限では、収入が高ければ逆に支給が抑えられている。
> 　児童手当などの日本の出産・子育て支援策としての社会給付は、社会が子育てに責任をもち、子育てを支えるという考え方を反映していると考えられる。アリストテレスは、法を守り、共同体の善を実現する　B　的正義を提唱している。
> 　これからの日本では、どのような出産・子育て支援策が考えられるだろうか。
> (注)　児童手当の支給は2024年10月に所得制限が撤廃される予定である。

① 　A―配分　B―調整　　② 　A―配分　B―全体　　③ 　A―全体　B―配分
④ 　A―全体　B―調整　　⑤ 　A―調整　B―全体　　⑥ 　A―調整　B―配分　　　　　[　]

問11【結果と義務の考え方①】　生徒Aは、授業で発表する内容について生徒Bと話し合った。次の生徒A・Bの会話文とメモを読み、　X　〜　Z　に入るものの組合せとして最も適当なものを、後の①〜⑧のうちから一つ選べ。　サンプル問題1-3

会話文

A：私が調べた「フードドライブ」という活動は、私たち消費者が過剰に購入したことなどが原因で、これまで、まだ食べられるにもかかわらず、捨てられるほかなかった食品を、必要とする社会福祉施設等に届けることで、食品ロスという社会問題を解決に向かわせることにもなる取組みだと思ったよ。食品を簡単に捨てたりすることもよくないね。

B：もったいないというAさんの気持ちはよく分かるけれど、異なる意見もあるんじゃないかな。例えば、　X　の考え方に当てはめると、購入した食品をそのまま捨ててしまうことも、購入した人の自由であって、捨てないように強制することはできないと思うよ。

A：確かに、そうかもしれないね。何が正しい行為か、発表前にもう一度よく考えておく必要がありそうだね。

B：そうそう、この間、正しい行為とは何かについてのとても興味深い講演会を聞いたよ。

A：どんな内容だったか教えてくれる。

B：講演を聞きながらメモをとったからこれを見て。

> メモ　正しい行為に関する三つの考え方
> 　ア　善意や愛をもった徳の高い人がその状況に置かれた場合に、その人柄にふさわしく為すであろうと思われる行為のことである。
> 　イ　その行為の結果としてなるべく多くの人をできるだけ幸福にすることができる行為のことである。
> 　ウ　その行為が、誰にとってもいかなる場合でも為すものであろうと考えた上で為すのが正しい行為である。

A：なるほど。例えば、必要とする人がいるのに食品を捨ててしまうことが、社会全体の損失になると考えて、「フードドライブ」に取り組むとするならば、メモのア〜ウのうちの　Y　の考え方に当てはまるだろうね。また例えば、食べ物に対して感謝の心を持つことが基本的には大切であると考えて、食品ロスをやめようとするならば、　Z　の考え方に基づいているってことだよね。この三つの考え方は、いろいろな場面に応用できそうだね。

① 　X―所有権絶対の原則　　Y―ア　Z―イ　　② 　X―所有権絶対の原則　　Y―イ　Z―ア
③ 　X―所有権絶対の原則　　Y―イ　Z―ウ　　④ 　X―所有権絶対の原則　　Y―ウ　Z―ア
⑤ 　X―契約自由の原則　　Y―ア　Z―イ　　⑥ 　X―契約自由の原則　　Y―ア　Z―ウ
⑦ 　X―契約自由の原則　　Y―イ　Z―ア　　⑧ 　X―契約自由の原則　　Y―ウ　Z―イ　　[　]

思判表 問12【結果と義務の考え方②】 次の生徒Xと生徒Yの会話文を読み、Y2～Y5のうち、行為の動機となる公正さからその行為が正しいかどうかを判断する考え方Aと、結果や効果から行為が正しいかどうかを判断する考え方Bとに分けたとき、考え方Bに当てはまるものの組合せとして最も適当なものを、後の①～⑥のうちから一つ選べ。なお、問題の都合上、XとYの各発言には番号を振っている。 試作問題(地・歴・公)公共9改

X1：ロードプライシングという施策を知っているかな。

Y1：聞いたことがあるよ。例えば、渋滞しそうな時間帯やルートの料金を高く設定したり、利用者数を増やしたい時間帯やルートの料金を低く設定したりする方法などが採られる取組みのことだよね。

X2：そうだね。この施策が実際に導入されたらどうなると思うかな。

Y2：高い料金を支払ってでも利用することに価値があると思えば、より多くの料金を支払ってもいいと思うだろう。一方で、それだけの高い料金を払いたくない人は、料金の高い時間帯やルートの使用を控えるだろう。こうして需要側で調整がなされることで、渋滞の解消につながるのではないかな。

X3：本当にいいことばかりかな。

Y3：どうしても有料道路を使わなくてはならないとき、所持しているお金が少ないと使えないのであれば、公共財としての道路のあり方としてどうだろうか。

X4：では、どんなときでも渋滞が起こらないように、最大限に予算を投じて道路を整備するべきなのかな。

Y4：それもおかしいかな。お金や資源には限りがあるのだから、他の事業や制度の整備のためにお金や資源を効率的に配分する施策を行うべきだよね。

X5：では、大勢の人の満足を第一に考えるという施策はどうなのかな。

Y5：そう言われると悩むな。少数の人にも配慮するべきだと思う。

① Y2とY3 ② Y2とY4 ③ Y2とY5
④ Y3とY4 ⑤ Y3とY5 ⑥ Y4とY5   [   ]

思判表 問13【動機説】 次の生徒Xと生徒Yの会話文について、下のア～エの考えのうち、Y3の発言にある「この思想を唱える哲学者」の考えとして最も適当なものを、後の①～④のうちから一つ選べ。なお、説明の都合上、XとYの各発言には番号を振っている。 試作問題(地・歴・公)公共1改

X1：2021年に開催されたオリンピック・パラリンピックは「多様性」がテーマの一つだったね。「違いを認め合おう」とメッセージを発信していた。人種や民族、文化、性別、宗教、地域、障害の有無等の違いを認め合おうということだね。

Y1：様々な「違い」が強調されるんだけど、それぞれが「同じ」尊厳ある人間だという共通性については、あまり強調しない。

X2：でも、人間はそれぞれの地域に固有の文化や伝統の中に生まれ落ち、その文化や伝統を糧にして育つ。だから人も社会も文化も違っていて多様なんだよね。

Y2：一方で、人間が生まれながらにもつとされる自然権や基本的人権といった権利が、多様な人間の共通性の基盤ともなっている。自然法を起点にして各種の法を捉えるという思想もある。

X3：その思想に近いものは、ほかにもあるのかな。

Y3：例えば、行為の善さは行為の結果にあるのではなく、多様な人々に共通している人格を尊重しようとする意志の自由にあるという思想が挙げられる。この思想を唱える哲学者は、すべての人には地表を共同で所有する権利があるのだから、どんな人にも外国を「訪問する権利」があると言っている。

ア 人間は自分で自分のあり方を選択していく自由な存在であると同時に、自分の選択の結果に対して責任を負う存在でもある。個人の選択は社会全体のあり方にも影響を与えるので、社会への参加、すなわち「アンガジュマン」を通して個人は社会に対して責任を負う、という考え

イ 人間はこの世界では不完全で有限だが、この世界に生まれる以前、魂は、完全で永遠の「イデア」の世界にあったので、この世界においても、魂は、イデアへの憧れをもっている。その憧れが哲学の精神であり、統治者がこの精神をもつことによって、理想的ですぐれた国家が実現できる、という考え

ウ 人間は各々個別の共同体で育ち、共同体内で認められることで自己を形成する。それゆえ、個人にとっての善と共同体にとっての善とは切り離すことができず、各共同体内で共有される「共通善(公共善)」とのつながりによって、個人の幸福で充実した生は実現する、という考え

エ 人間は自己を目的として生きており、どんな相手をも手段としてのみ利用してはならない。この道徳法則に従うことを義務として自らを律する人々が形成する社会を普遍的な理念とするべきであり、「永遠平和」を実現するためには、この理念を国際社会にも拡大すべき、という考え

① ア ② イ ③ ウ ④ エ   [   ]

➡ 解答解説 p.10～11

19

章末問題①

第1問　高校生のヤマダさんとサトウさんは、近隣の市にある劇場に演劇を見に行き、帰り道に将来の目標について話し合った。次の会話文を読み、後の問い（問1〜7）に答えよ。

ヤマダ：面白かったね。私たちと同世代の_a_青年が、年齢も職業も異なるタイプの役を上手に演じていてすごかった。

サトウ：本当だね。近くの市でこんなに素敵な演劇を見ることができて良かったよ。

ヤマダ：サトウさんと演劇を何度か見に行くうちに、人間の_b_欲求や_c_葛藤に興味をもつようになって、大学に入ったら心理学の勉強をしたいと思っているんだ。

サトウ：そうなんだ。私は、_d_社会と人間との関わりに興味をもったよ。_e_人間の共同性のあり方や、共同体における_f_自由で自律した個人のあり方について深く考えてみたい。そしていつかは劇団の主宰者の方のように、_g_地域や社会に貢献することができて生きがいを感じる働き方ができたらいいな。

現社23本試・第2問

(一部改題)

問1【青年期の特徴】　下線部_a_に関して、青年期の特徴を説明した記述として最も適当なものを、次の①〜④のうちから一つ選べ。　現社23本試 8

① 青年期の初め頃において、身体が性的に成熟し大人になっていくことは、第一次性徴と呼ばれる。

② エリクソンは、青年が自分であることに確信がもてず、多様な自己を統合できないでいる混乱した状態を、モラトリアムと呼んだ。

③ 青年が、親や年長者の価値観を拒否したり、社会的権威に抗したりすることは、第一反抗期と呼ばれる。

④ レヴィンは、子ども集団にも大人集団にも属しながら、どちらの集団にも所属意識をもてない青年を境界人（マージナル・マン）と呼んだ。　　　　　　　　　　　　　　　　　　　　[　　]

問2【欲求階層説】　下線部_b_に関して、次のA〜Cは、マズローが人間のもつ欲求について説明した記述の一部である。マズローの欲求階層説を、低次から高次までの五つの欲求が積み重なるものと考えたとき、A〜Cの記述は低次から何番目の欲求に該当するか。その組合せとして最も適当なものを、後の①〜⑨のうちから一つ選べ。　現社23本試14

A　人は、全般に、人々との愛情に満ちた関係に飢えているのであり、すなわち所属する集団や家族においても居場所を切望しているのであり、この目標達成のために一所懸命、努力することになる。

B　音楽家は音楽をつくり、美術家は絵を描き、詩人は詩を書いていなければならない。人は、自分がなりうるものにならなければならない。人は、自分自身の本性に忠実でなければならない。

C　この欲求が社会的場面で緊急に必要となるのは、法律や秩序や社会的権威が現実に脅かされる時である。無秩序や虚無主義の脅威がある場合にも、大部分の人では、他の欲求よりこの欲求が優勢になる。

①	A	2番目	B	3番目	C	4番目	②	A	2番目	B	4番目	C	3番目
③	A	2番目	B	4番目	C	5番目	④	A	3番目	B	4番目	C	2番目
⑤	A	3番目	B	5番目	C	2番目	⑥	A	3番目	B	5番目	C	4番目
⑦	A	4番目	B	2番目	C	3番目	⑧	A	4番目	B	5番目	C	2番目
⑨	A	5番目	B	3番目	C	4番目							

[　　]

問3【葛藤】　下線部_c_に関して、心理学者レヴィンは、葛藤を「接近−接近」、「回避−回避」、「接近−回避」の三つの型に分類した。このうち「接近−回避」の型の例として最も適当なものを、次の①〜④のうちから一つ選べ。　現社19本試16

① 友人と一緒に勉強できる地元の大学へ進学したいという気持ちはあるが、一人でアメリカの大学に進学して国際関係の勉強もしたい。

② 大学入試のための受験勉強をしたくないが、勉強をしないで志望校に不合格になるのも嫌だ。

③ テニスが好きなのでテニスクラブに入部したいが、練習が厳しそうなので入部自体を見送ることも考えている。

④ 友人から誘われた一泊旅行に行きたいが、旅行中に地元で開催される、好きな歌手のコンサートに行きたい気持ちもある。　　　　　　　　　　　　　　　　　　　　　　　　　　　[　　]

問4【社会と人間の関わり】 下線部dに関連して、社会と人間の関わりに関する次の記述X・Yの正誤の組合せとして最も適当なものを、後の①～④のうちから一つ選べ。 現社22本試 8

X　アリストテレスは、人間は本性的に「社会的（ポリス的）動物」であると表現した。
Y　佐久間象山は、他者を愛し敬う心としての「孝」を宇宙万物の根本原理と捉え、すべての人がその実践をすべきであると主張した。

① X－正　Y－正
② X－正　Y－誤
③ X－誤　Y－正
④ X－誤　Y－誤　　　　　　　　　　　　　　　　　［　　］

問5【共同性の構築】 下線部eに関連して、新たな共同性を構築する際に重要となる文化の異なる人々との対話や共生のあり方に関する記述として最も適当なものを、次の①～④のうちから一つ選べ。 現社22本試21
① キング牧師は、アメリカ合衆国において、人種差別撤廃のための公民権運動を指導し、平等な社会を希求した。
② マララ・ユスフザイは、南アフリカ共和国で行われてきたアパルトヘイトの撤廃運動を指導し、和解や協調を進めた。
③ フーコーは、いわゆる未開社会の「野生の思考」が、西洋的思考と比べて劣ったものでないことを、思考の背後にある無意識的な構造から説明した。
④ リースマンは、「対話的理性」に基づいて自由な討議やコミュニケーション的行為を行うことで、合意の形成ができることを追究した。　　　　　　　　　　　　　　　　　　　　　　　　　　　　　　　　　　　　　［　　］

問6【生命倫理】 下線部fに関連して、医療に関する自己決定に関する次の語句A～Cと、それらに対応する記述ア～ウの組合せとして最も適当なものを、後の①～⑥のうちから一つ選べ。 現社22本試22

A　インフォームド・コンセント
B　リプロダクティブ・ヘルス／ライツ
C　リヴィング・ウィル

ア　医師が専門的知見に基づいて病状や治療内容を患者に説明し、患者自身が同意した上で治療を選択すること。
イ　患者が将来、自身の意思を表明できなくなったときのために、延命治療を含む死のあり方に関する意向を、あらかじめ文書により表明しておくこと。
ウ　子どもを産むか産まないか、産むとしたらいつ、何人産むのかといった性や生殖に関する事柄を、女性が自ら決定すること。

① A－ア　B－イ　C－ウ
② A－ア　B－ウ　C－イ
③ A－イ　B－ア　C－ウ
④ A－イ　B－ウ　C－ア
⑤ A－ウ　B－ア　C－イ
⑥ A－ウ　B－イ　C－ア　　　　　　　　　　　　　　　　　［　　］

問7【社会参加】 下線部gに関して、社会参加に関する記述として最も適当なものを、次の①～④のうちから一つ選べ。 現社23本試12
① ハイデッガーは、「人間は自由の刑に処せられている」という言葉を用いて、個人の自由な決断が社会に対する責任を伴うものであると説いた。
② アーレントは、人間にとって他者と共同体を営む活動が重要であるとし、「古代ギリシャのポリス」をモデルにした公共性の意義について論じた。
③ シュヴァイツァーは、他者に愛と憐れみをもたないことを最大の不幸とし、「死を待つ人の家」を運営して奉仕活動を行った。
④ レヴィナスは、近代人が自由のもたらす孤独感や無力感に耐えられず、かえって自分を導く権威に服従することを「自由からの逃走」と表現した。　　　　　　　　　　　　　　　　　　　　　　　　［　　］

公共の扉

❶ 政治と法の機能／人権保障と法の支配

重要事項の整理

● 政治と社会

(1) 政治……社会の利害対立を調整する活動：アリストテレス「人間は社会的(ポリス的)動物である」

(2) 政治と国家……国家の 3 要素

　　①領域……領土・領海・領空 ➡ 領海は基線から❶[　　　]海里、排他的経済水域は基線から200海里以内

　　②国民……国家を構成する人々

　　③主権……フランスの思想家ボーダンが『国家論』で主権の概念を提唱 ➡ 絶対主義を擁護

　　　　　　現代では、①国家権力そのもの(統治権)、②国家の意思を最終的に決定する最高決定権、

　　　　　　③対外的な最高独立性、の 3 つの意味がある

(3) 法……社会規範の一種 ➡ 日本国憲法のような成文法と、判例法や慣習法といった❷[　　　　]がある

● 民主主義の展開

(1) 16～17世紀－イギリス・フランスにおける絶対主義……❸[　　　　　]説によって正当化される

　　　　　　　　　　　　　↑打倒　　　　　　↑批判

　　17～18世紀―――ブルジョアジーによる市民革命…………社会契約説が理論的根拠となる

(2) 社会契約説の思想

思想家	ホッブズ	❹[　　　]	ルソー
著書	『❺[　　　　　　]』	『市民政府二論(統治二論)』	『❻[　　　　]』
自然状態	❼[　　　　　　　　　　]	自由・平等・独立・平和の状態	自由・平等・独立・平和の状態
自然権	自己保存の権利	生命・自由・財産の権利	自由・平等の権利
思想	自然権を国家の統治者に譲渡することで自然状態を回避→絶対主義を擁護	政府が人民の自然権を保障できない場合、人民は❽[　　　]権(革命権)をもつ	❾[　　　　]に基づく政府の設立、間接民主制を否定し、❿[　　　　]を主張

(3) 権力分立論……権力の抑制と均衡を図る

　　①ロック……立法権と執行権(行政権)を分離し、立法権の優位を主張

　　②モンテスキュー……立法権、執行権、司法権の⓫[　　　　](『法の精神』)

(4) 市民革命と人権宣言

　　自然法思想……人間は生まれながらに自由で平等であり、たとえ国家といえども個人のこのような権利

　　　　　　　　　を侵すことはできない、という思想

　　法の支配………自然法による支配：「国王は何人の下にも立つことはない。しかし、神と法の下にある」

　　　　　　　　　(エドワード＝コークが国王ジェームズ 1 世をいさめるために使った⓬[　　　　　]のことば)

　　※19世紀のドイツで発達した法治主義は、行政権は法律に従って行使されるべきという考え方

イギリス	中世……マグナ・カルタ(1215年)、コモン・ロー(慣習法)の確立 権利請願(1628年)……エドワード＝コークが起草➡ピューリタン革命(1642～49年) 名誉革命(1688～89年)→⓭[　　　　](1689年)
アメリカ	アメリカ独立革命(1775～83年)→バージニア権利章典(1776年)、アメリカ独立宣言(1776年) リンカーンの演説……「人民の、人民による、人民のための政治」(1863年)
フランス	フランス革命(1789～99年)→⓮[　　　　　　　](1789年)

(5) 自由権から社会権へ：ドイツのワイマール憲法(1919年制定)……はじめて社会権を広範に規定

● 人権の国際的保障

(1) 世界人権宣言(1948年採択)……F＝ローズベルトの⓯[　　　　　]の理念を反映

　　↓条約化　　　　　　　　　・自由権だけでなく社会権も規定(法的拘束力なし)

(2) ⓰[　　　　　　](1966年採択)……世界人権宣言に法的拘束力をもたせる

　　・A規約(社会権規約)とB規約(自由権規約)および選択議定書から構成

　　　※B規約の第二選択議定書は死刑廃止条約ともいわれる

　　・日本は1979年にA規約とB規約を批准(A規約は一部留保)したが、選択議定書は批准していない

(3) さまざまな人権条約……ジェノサイド条約(1948年採択、日本は未批准)、人種差別撤廃条約(1965年採択)、女子差別撤廃条約(1979年採択)、子どもの権利条約(1989年採択)、障害者権利条約(2006年採択)

解答　❶12　❷不文法　❸王権神授　❹ロック　❺リバイアサン　❻社会契約論　❼万人の万人に対する闘争　❽抵抗　❾一般意思　❿直接民主制　⓫三権分立　⓬ブラクトン　⓭権利章典　⓮フランス人権宣言　⓯ 4 つの自由　⓰国際人権規約

国内政治

☑トライ

問1 【国家の3要素】「国家の3要素」の一つとして「領域」がある。次のA～Dのうち、残りの二つの要素の組合せとして正しいものを、下の①～⑥のうちから一つ選べ。 15本試36
A 人 権　　　B 主 権　　　C 領 主　　　　D 国 民
① AとB　　　② AとC　　　③ AとD
④ BとC　　　⑤ BとD　　　⑥ CとD　　　　　　　　　　　　　　　　　[　　　]

問2 【個人と国家権力とのあり方】 個人と国家の権力とのあり方について論じた人物A～Cとその主張ア～ウとの組合せとして最も適当なものを、下の①～⑥のうちから一つ選べ。 13追試30
A コーク(クック)　　　B モンテスキュー　　　C ロック
ア 人民の自由の保障のため、国家権力を、立法権、行政権、司法権の三権に分け、相互の抑制と均衡を図るべきである。
イ 政府が人民の生命、自由、財産に対する権利を侵害する場合、人民には、これに抵抗する権利がある。
ウ 国王といえども、コモン・ローの支配下にあるのであって、法に従うべきである。

① A－ア　　B－イ　　C－ウ　　　　② A－ア　　B－ウ　　C－イ
③ A－イ　　B－ア　　C－ウ　　　　④ A－イ　　B－ウ　　C－ア
⑤ A－ウ　　B－ア　　C－イ　　　　⑥ A－ウ　　B－イ　　C－ア　　　　[　　　]

問3 【民主政治に関する思想】 民主政治に関連する記述として最も適当なものを、次の①～④のうちから一つ選べ。 11追試2
① ホッブズの人民主権論は、近代ヨーロッパの市民革命を基礎づけた。
② ロックの抵抗権論は、自然権の否定に基づいている。
③ モンテスキューの思想にある三権分立の主張は、後にアメリカの大統領制よりもイギリスの議院内閣制で厳格に採用された。
④ ルソーの思想にある直接民主制の主張は、人民が代表者を選出することを批判している。　　　[　　　]

問4 【ホッブズの思想】 ホッブズは自然状態を　ア　と表現した。　ア　に当てはまる一節として最も適当なものを、次の①～④のうちから一つ選べ。 15本試1
① 「人民の、人民による、人民のための政治」
② 「自己保存のための配慮が他人の保存にとって最も害の少ない状態」
③ 「万人の万人に対する闘争」
④ 「権利の保障が確保されず、権力の分立が定められていない社会」　　　[　　　]

問5 【社会契約説】 近代の社会契約説についての記述として最も適当なものを、次の①～④のうちから一つ選べ。 12本試26
① 政府と人民の関係は、神と人間、親と子、夫と妻の間にみられるような愛情と信頼に由来する。
② ホッブズによれば、各人は自らの生命と安全を確保するために、主権者に自然権を譲渡することなく国家の運営に参加する必要がある。
③ 国家は人為的な産物ではなく、歴史の中で長く受け継がれてきた伝統を通じて形成される。
④ ロックによれば、人民の信託を受けた政府が人民の生命・自由・財産の権利を侵害した場合、人民には政府に抵抗する権利がある。　　　[　　　]

問6 【権力分立】 権力を複数の機関に分散させることに関連する記述として最も適当なものを、次の①～④のうちから一つ選べ。 10追試12
① ロックは、権力を立法権、執行権(行政権)、裁判権(司法権)に分けた上で異なる機関に担当させるべきだと主張した。
② ロックは、立法権を執行権よりも優位に位置づけるべきだと主張した。
③ モンテスキューは、権力を君主の立法権、貴族の執行権、地方政府の自治権に分けるべきだと主張した。
④ モンテスキューは、裁判所が違憲立法審査権をもつべきだと主張した。　　　[　　　]

➡ 解答解説 p.13

国内政治

問7【法の支配の発展】　法の支配に関連する記述として最も適当なものを、次の①～④のうちから一つ選べ。
07本試14

① コーク(クック)は、コモン・ローの伝統を重視し、国王といえども法に従わなくてはならないと主張した。
② ボーダンは、国王の絶対的支配を否定し、権力分立に基づく国家権力の抑制の必要を説いた。
③ マグナ・カルタは、国民の平等な権利を認め、統治者が法に拘束される法の支配の思想を示した。
④ 英米における法の支配は、ドイツで発達した法治主義と比べ、成文法重視の思想であった。　　　[　　]

問8【フランス人権宣言①】　1789年のフランス人権宣言で自然権と位置付けられた権利として最も適当なものを、次の①～④のうちから一つ選べ。07本試12
① 請願権　　　② 選挙権　　　③ 団体交渉権　　　④ 所有権　　　　　　　　　　　[　　]

問9【近代民主主義の基本原理】　17世紀から18世紀にかけての権利章典や憲法に示された基本原理についての記述として適当でないものを、次の①～④のうちから一つ選べ。05追試20
① すべての権力は国民に存し、国民にその淵源を有するとしている。
② 国民に幸福と安寧をもたらさない政府は、国民が改良し、改変し、あるいは廃止することができるとして、革命を正当化している。
③ 国家の立法権、行政権および司法権は、相互に分離され、区別されなければならないとしている。
④ 資本家と地主の階級を打倒し、プロレタリアートの独裁を宣言している。　　　　　[　　]

問10【人権の国際的保障①】　人権の国際的保障についての記述として最も適当なものを、次の①～④のうちから一つ選べ。09追試17
① 国連憲章では、人権の尊重に向けた国際協力の推進が謳われている。
② 国際人権規約上の権利を侵害されたとする個人は、国際司法裁判所に直接訴えを提起することができる。
③ 国際人権規約には、批准にあたって国内的理由から条件や留保を付けることができない。
④ 世界人権宣言には、社会権の保障に関する規定は存在しない。　　　　　　　　　[　　]

問11【国際人権規約】　国際人権規約についての記述として最も適当なものを、次の①～④のうちから一つ選べ。
18追試23
① 人類が達成すべき人権保障の共通基準を示した国際人権規約を基礎として、世界人権宣言が採択されている。
② 世界人権宣言とは異なり、国際人権規約には法的拘束力がある。
③ 国際人権規約には、自由権を中心とした規約と参政権を中心とした規約との二つが存在する。
④ 日本は留保を付すことなく、国際人権規約を批准している。　　　　　　　　　　[　　]

問12【人権条約に対する日本の取組み】　それぞれの条約に対する日本の取組みに関する記述として誤っているものを、次の①～④のうちから一つ選べ。05追試22
① 二つの国際人権規約を批准する際に、それらの権利をすべて認めたのではなく、いくつかの条項について留保している。
② 女性差別撤廃条約を批准するに先立って、男女雇用機会均等法の制定など、国内法の整備を行った。
③ 子どもの権利条約を批准したが、未成年者保護の観点から、成人と異なった取扱いを行うことは認められている。
④ 死刑廃止条約(自由権規約第2選択議定書)の批准により、長年にわたって維持してきた死刑制度を廃止した。　　　　　　　　　　　　　　　　　　　　　　　　　　　　　　　　　　　[　　]

問13【日本が加入している人権条約①】　国際社会においてはさまざまな条約によって、人権保障の内容や基準の設定が行われてきた。人権条約のうち、日本が加入しているものとして誤っているものを、次の①～④のうちから一つ選べ。15本試34
① 死刑廃止条約(市民的及び政治的権利に関する国際規約の第2選択議定書)
② 国際人権A規約(経済的、社会的及び文化的権利に関する国際規約)
③ 女子差別撤廃条約(女子に対するあらゆる形態の差別の撤廃に関する条約)
④ 人種差別撤廃条約(あらゆる形態の人種差別の撤廃に関する国際条約)　　　　　[　　]

国内政治

問14【支配の正当性】「主権は、政治権力の一部であり、国家は政治的支配の一つといえますね。」という講師の話を聴きながら、生徒 X は、「政治・経済」の授業で学習したマックス・ウェーバーの話を思い出していた。それをまとめたのが、次のノートである。ノートの空欄 ア ～ ウ には支配の正当性(正統性)に関する類型が、空欄 エ ～ カ には各類型についての説明の一部が、それぞれ入る。空欄 ア ・ オ に入る語句の組合せとして正しいものを、後の①～⑥のうちから一つ選べ。 22追試 2

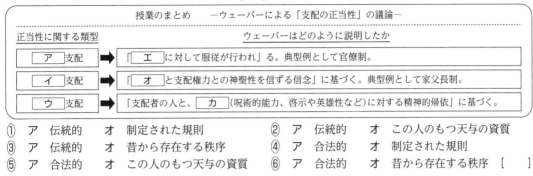

授業のまとめ　　―ウェーバーによる「支配の正当性」の議論―	
正当性に関する類型	ウェーバーはどのように説明したか
ア 支配 ➡	「 エ に対して服従が行われ」る。典型例として官僚制。
イ 支配 ➡	「 オ と支配権力との神聖性を信ずる信念」に基づく。典型例として家父長制。
ウ 支配 ➡	「支配者の人と、 カ (呪術的能力、啓示や英雄性など)に対する精神的帰依」に基づく。

① ア 伝統的　オ 制定された規則　　② ア 伝統的　オ この人のもつ天与の資質
③ ア 伝統的　オ 昔から存在する秩序　④ ア 合法的　オ 制定された規則
⑤ ア 合法的　オ この人のもつ天与の資質　⑥ ア 合法的　オ 昔から存在する秩序 [　　]

問15【法の分類】 社会法に分類される内容をもつ法律として正しいものを、次の①～④のうちから一つ選べ。 16追試14

① 刑事裁判における手続について定めた法律
② 予算と財政の基本について定めた法律
③ 最低賃金について定めた法律
④ 婚姻の条件について定めた法律 [　　]

問16【主権の意味】 主権には複数の意味があるが、その説明A～Cとその具体例ア～ウとの組合せとして正しいものを、下の①～⑥のうちから一つ選べ。 08本試21

A 国家の統治権
B 国家権力の最高・独立性
C 国家の政治のあり方を最終的に決定する最高の権力
ア 「主権の存する日本国民の総意」(日本国憲法第 1 条)
イ 「すべての加盟国の主権平等の原則」(国連憲章第 2 条)
ウ 「日本国ノ主権ハ本州、北海道、九州及四国…(中略)…ニ局限セラルヘシ」(ポツダム宣言第 8 項)

① A―ア　B―イ　C―ウ　　② A―ア　B―ウ　C―イ
③ A―イ　B―ア　C―ウ　　④ A―イ　B―ウ　C―ア
⑤ A―ウ　B―ア　C―イ　　⑥ A―ウ　B―イ　C―ア [　　]

問17【自然権の特性】 自然権の特性として、固有性、不可侵性、普遍性が指摘される。こうした自然権の考え方に基づいて制定された最初の成文憲法が、1776年のバージニア権利章典である。この章典の次の一節を読んで、下線の引かれた表現A～Cと、それに対応する特性との組合せとして正しいものを、下の①～⑥のうちから一つ選べ。 09追試12

　　　Aすべて人は生来ひとしく自由かつ独立しており、一定の B生来の権利を有するものである。これらの権利は人民が社会を組織するに当り、 Cいかなる契約によっても、人民の子孫からこれを〔あらかじめ〕奪うことのできないものである。

(出典) 高木八尺・末延三次・宮沢俊義編『人権宣言集』(1957年)

① A 固有性　B 不可侵性　C 普遍性
② A 固有性　B 普遍性　C 不可侵性
③ A 不可侵性　B 固有性　C 普遍性
④ A 不可侵性　B 普遍性　C 固有性
⑤ A 普遍性　B 固有性　C 不可侵性
⑥ A 普遍性　B 不可侵性　C 固有性 [　　]

問18【法の支配】 法の支配の説明として正しいものを、次の①～④のうちから一つ選べ。 18本試 5
① 法は、それに違反した場合に、刑罰など国家権力による制裁を伴う点に特徴があるとする考え方である。
② 法は、主権者である国王や権力者が出す命令であって、国民はこれに従わなければならないとする考え方である。
③ 議会の制定した法に基づいて行政が行われなければならないという、形式面を重視する考え方である。
④ 個人の権利を守るため、国王や権力者といえども法に従わなければならないとする考え方である。

[　　]

問19【法の支配の実現】 差別が政治権力を通じてなされることを防ぐためには、「法の支配」を確立する必要がある。「法の支配」の実現を図る手法として有効であるとは**言えないもの**を、次の①～④のうちから一つ選べ。 13本試34
① 違憲立法審査制度の導入によって、議会が制定した法律を裁判所が無効と判断できるようにする。
② 議会の委任によって、ある思想や行動が合法か違法かを法務大臣が判断できるようにする。
③ 人権条約に加入し、国が新たな人権保障の義務を負うことにする。
④ 憲法改正の手続を、通常の法律を改正する手続よりも厳格にする。

[　　]

問20【「憲法」の意味】 憲法という概念は、「まとまった法典」という意味をはじめ、いくつかの意味で用いられる。次の記述A～Cに含まれる「憲法」は、それぞれア～ウのいずれの意味で用いられているか。その組合せとして正しいものを、下の①～⑥のうちから一つ選べ。 05本試 9
A 権利の保障が確保されず、権力の分立が規定されないすべての社会は、憲法をもつものでない。
B イギリスは、憲法をもっていない。
C 日本の国会法、内閣法、裁判所法は、憲法の一部を構成する。
ア 国家の統治機構の基本を定めた法
イ 立憲主義理念に基づいて定められた国家の基礎法
ウ 「憲法」という名前をもつ成文の法典

①	A－ア	B－イ	C－ウ	②	A－ア　B－ウ　C－イ	
③	A－イ	B－ア	C－ウ	④	A－イ　B－ウ　C－ア	
⑤	A－ウ	B－ア	C－イ	⑥	A－ウ　B－イ　C－ア	

[　　]

問21【ルソーの思想】 ルソーのことばとして最も適当なものを、次の①～④のうちから一つ選べ。 13本試17
① 国王は君臨すれども統治せず。　② 地方自治は民主主義の学校である。
③ 人民の人民による人民のための政治。　④ イギリス人が自由なのは議員を選挙する間だけだ。 [　　]

問22【マグナ・カルタ】 マグナ・カルタについての記述として最も適当なものを、次の①～④のうちから一つ選べ。 05本試 1
① 13世紀イギリスにおける、国王とバロン(諸侯)らとの封建的契約である。
② 16世紀フランスにおける、国王が信仰の自由を保障した勅令である。
③ 17世紀ドイツで、三十年戦争直後に結ばれた条約である。
④ 19世紀アメリカで、南北戦争中に出された宣言である。

[　　]

問23【国家の権力のあり方】 次の文章は、国家の権力のあり方について書かれたものからの抜粋である。この著書の名称として正しいものを、下の①～④のうちから一つ選べ。 18追試 9

　同一人、または同一の執政官団体の掌中に立法権と執行権が結合されているときには、自由はない。なぜなら、同じ君主あるいは同じ元老院が暴政的な法律を定め、それを暴政的に執行するおそれがありうるからである。
　裁判権が、立法権と執行権から分離されていないときにもまた、自由はない。もしそれが、立法権に結合されていれば、市民の生命と自由を支配する権力は恣意的であろう。なぜならば、裁判官が立法者なのだから。もしそれが執行権に結合されていれば、裁判官は圧制者の力をもちうることになろう。
(資料) 井上幸治責任編集『世界の名著　28』

① 『統治二論』　② 『国家論』　③ 『法の精神』　④ 『戦争と平和の法』 [　　]

問24【フランス人権宣言②】 1789年のフランス人権宣言で自然権と位置づけられた権利として正しいものを、次の①〜④のうちから一つ選べ。 `15追試31`
① 団結権　　② 生存権　　③ 圧制に抵抗する権利　　④ 選挙で投票する権利　　[　　]

問25【民主主義の歴史】 民主主義の歴史の上で重要な憲法・宣言A〜Cと、その文言ア〜ウとの組合せとして正しいものを、下の①〜⑥のうちから一つ選べ。 `10本試12`
A　アメリカ独立宣言　　　　B　フランス人権宣言　　　C　ワイマール憲法
ア　「経済生活の秩序は、すべての人に、人たるに値する生存を保障することを目ざす、正義の諸原則に適合するものでなければならない。」
イ　「すべての人は平等に造られ、造物主によって一定の奪うことのできない権利を与えられ、その中には生命、自由および幸福の追求が含まれる。」
ウ　「権利の保障が確保されず、権力の分立が定められていないすべての社会は、憲法をもたない。」
（資料）　樋口陽一・吉田善明編『解説世界憲法集第4版』
① A−ア　　B−イ　　C−ウ　　　　② A−ア　　B−ウ　　C−イ
③ A−イ　　B−ア　　C−ウ　　　　④ A−イ　　B−ウ　　C−ア
⑤ A−ウ　　B−ア　　C−イ　　　　⑥ A−ウ　　B−イ　　C−ア　　　　[　　]

問26【人権の国際的保障②】 国際的な人権保障を定めた文書についての記述として正しいものを、次の①〜④のうちから一つ選べ。 `07本試2`
① 世界人権宣言は、個人の具体的な権利を規定し、国家を法的に拘束する文書である。
② 国際人権規約は、西欧諸国の意向を反映し、社会権の規定を除外した文書である。
③ 子どもの権利条約は、子どもの福祉と発達のための社会・生活条件の改善を主な目的として採択された。
④ 人種差別撤廃条約は、ジェノサイド（集団殺害）の禁止を主な目的として採択された。　　　　[　　]

問27【人権の国際的保障③】 人権に関する主要な国際条約や宣言についての記述として正しいものを、次の①〜④のうちから一つ選べ。 `13追試31`
① 世界人権宣言は、基本的人権の尊重を目的として、すべての国が達成すべき目標を定めたものである。
② 国際人権規約は、社会権規約（A規約）と自由権規約（B規約）からなり、締約国はそれぞれの規約に定める個々の権利について留保できない。
③ 日本は、女性差別撤廃条約（女子差別撤廃条約）を批准したが、国籍法の父系主義を父母両系主義に改正することは留保した。
④ 子どもの権利条約（児童の権利条約）は、就学前の児童の保護を目的とした条約であり、就学している児童は対象としていない。　　　　[　　]

問28【人権の国際的保障④】 人権を国際的に保障することを目的とした文書に関する記述として正しいものを、次の①〜④のうちから一つ選べ。 `16本試24`
① 子どもの権利条約（児童の権利条約）は、小学校に就学している児童の権利保護を目的とするものであり、中学校や高校に就学している生徒は対象外とされている。
② 世界人権宣言は、すべての国が実現すべき共通の人権基準を定めたものであり、国を法的に拘束する効力を有する。
③ 日本は、市民的及び政治的権利に関する国際規約（B規約）を批准しているが、権利を侵害された個人が国際機関に通報できる制度を定めた選択議定書は批准していない。
④ 日本は、障害者の人権や基本的自由を保護することなどを定めた障害者権利条約を批准していない。　　　　[　　]

問29【日本が加入している人権条約②】 人権の普遍的保障の基礎として、さまざまな条約や宣言で、人権の内容や基準の設定が行われてきた。日本が批准または加入していない人権条約はどれか。正しいものを次の①〜④のうちから一つ選べ。 `10追試24`
① 児童の権利に関する条約（子どもの権利条約）
② あらゆる形態の人種差別の撤廃に関する国際条約（人種差別撤廃条約）
③ 経済的、社会的及び文化的権利に関する国際規約（社会権規約）
④ 集団殺害罪の防止及び処罰に関する条約（ジェノサイド条約）。　　　　[　　]

❷ 議会制民主主義と世界の政治体制

重要事項の整理

● 議会制民主主義

(1) 選挙権の拡大……市民革命後のヨーロッパにおける議会政治：ブルジョアジーを中心とする制限選挙
  → 19世紀イギリスの❶[　　　　　　　　　　]……労働者による選挙権要求運動
  → 19世紀後半〜20世紀前半に普通選挙権が拡大 → 大衆民主主義

(2) 直接民主制……国民が直接政治に参加するしくみ
  【例】古代アテネの民会やスイスの一部の州の州民集会、アメリカの❷[　　　　　　　　　　]など

(3) ❸[　　　　　　　]制……国民が選んだ代表者による政治。議会制民主主義や代議制民主主義ともいう

● 議院内閣制

(1) イギリスで発達。❹[　　　　]が議会の信任に基づいて存立する制度。ドイツやイタリアのように大統領
  が存在していても、実質的な政治権力を内閣がもっている場合は議院内閣制である

(2) イギリスの議院内閣制
  ①議会は上院(❺[　　　　]院)と下院(庶民院)の二院制、下院優越の原則
    ・上院は国王が任命(任期、定員不定)
    ・下院は国民による直接選挙で選出(任期5年、定員650名)
    ・2009年❻[　　　　　　]の設置 → 上院から司法権が分離
  ②下院で多数派となった政党の党首は国王から❼[　　　　]に任命され、内閣を組織
    → 内閣は下院に対して連帯責任を負う
  ③下院が内閣❽[　　　　]を決議した場合 → 内閣は下院を❾[　　　　]するか総辞職しなければならない
  ④不文憲法 → 裁判所は❿[　　　　　　]権をもたない

● 大統領制

(1) アメリカで発達。国民から選出された⓫[　　　　　　]が行政府の長となって政治を行う
  → ⓫[　　　　　　]が議会から独立して権限を行使……議院内閣制より権力分立が徹底している

(2) アメリカの大統領制
  ①連邦議会……上院と下院の二院制で、両院は対等の関係
    ・上院は各州から2名ずつ選出、任期は6年、下院は各州から合計435名選出、任期は⓬[　　]年
    ・大統領に対する❽[　　　　]決議権なし。上院は⓭[　　　　　]によって大統領を解任できる
  ②大統領……国民が選んだ大統領選挙人により選出(間接選挙)。大統領の任期は4年で⓮[　　　]禁止
    ・議会の❾[　　　　]権なし。
    ・議会が成立させた法案への⓯[　　　]権や、議会に⓰[　　　]を送付する権限をもつ

● 社会主義国の政治体制

(1) ⓱[　　　　　]制(民主集中)制……⓲[　　　　　　]による一党独裁

(2) ソ連……ゴルバチョフによる⓳[　　　　　　　　]制(改革) → 共産党独裁体制の崩壊

(3) 中国……現在でも⓱[　　　　]制が継続、全国人民代表大会(全人代)にすべての権限が集中
    → 天安門事件(1989年)……民主化運動を鎮圧
    ※社会主義市場経済：改革開放政策(1978年〜)、私有財産権を憲法で保障(2004年)

● その他の国の政治体制

(1) フランス……大統領制(半大統領制ともいわれる)
  ①大統領……任期5年で三選禁止。国民による直接選挙で選出
  ②内閣……大統領が任命した首相が組織
  ③議会……上院と下院の二院制(上院は間接選挙、下院は直接選挙)

(2) ドイツ……議院内閣制(大統領は政治上の実質的な権限をもたない)
  ①大統領……任期5年で三選禁止。議員から構成される連邦会議で選出
  ②内閣……連邦議会(下院)によって選任された首相が組織
  ③議会……連邦議会(下院)と連邦参議院(上院)の二院制

(3) ロシア……大統領制
  ①大統領……任期は6年で連続での三選は禁止。国民による直接選挙で選出
  ②内閣……大統領によって任命された首相と閣僚によって構成　③議会……上院と下院の二院制

> 冷戦期のアジア諸国などでは、独裁政権によって経済開発が進められる一方、国民の人権は制限されてきた。このような独裁体制を開発独裁という。現在でも、ミャンマーでは軍部の権限が強く、タイでは軍部によるクーデターが起きやすい。

解答　❶チャーチスト運動　❷タウンミーティング　❸間接民主　❹内閣　❺貴族　❻最高裁判所　❼首相　❽不信任　❾解散　❿違憲法令審査　⓫大統領　⓬2　⓭弾劾裁判　⓮三選　⓯拒否　⓰教書　⓱権力集中　⓲共産党　⓳ペレストロイカ

☑ トライ

問1【各国の立法府と行政府との関係】 各国の立法府と行政府との関係についての記述として**誤っているもの**を、次の①〜④のうちから一つ選べ。 12本試30

① アメリカでは、大統領は下院の解散権を有する。
② イギリスでは、原則として下院の多数党の党首が首相となる。
③ フランスでは、大統領制と議院内閣制とをあわせた形態を採用している。
④ ドイツでは、大統領には政治の実権がなく議院内閣制を採用している。 [　]

問2【各国の政治体制】 政治体制は、国によって大きく異なっている。各国の政治体制についての記述として正しいものを、次の①〜④のうちから一つ選べ。 09追試18

① アメリカには、大統領職はあるが、首相職はない。
② ドイツには、大統領職はないが、首相職はある。
③ イギリスには、大統領職と首相職がある。
④ フランスには、大統領職も首相職もない。 [　]

問3【各国の選挙制度】 選挙についての記述として**誤っているもの**を、次の①〜④のうちから一つ選べ。 12本試37改

① 日本の衆議院議員は、比例代表選挙においては全国を11に分けたブロックごとに有権者によって選出される。
② 中国の国家元首に相当する国家主席は、18歳以上の有権者による直接選挙で選出される。
③ アメリカの大統領は、大統領を選出する大統領選挙人を18歳以上の有権者が選ぶ間接選挙によって選出される。
④ イギリスの下院議員は、18歳以上の有権者による小選挙区制の選挙で選出される。 [　]

問4【アメリカの大統領制】 アメリカの大統領制の現状についての記述として正しいものを、次の①〜④のうちから一つ選べ。 07追試16

① 大統領は、直接選挙で選出される。
② 大統領には、多選に関する制限はない。
③ 大統領が法案拒否権をもつ一方で、連邦議会は不信任決議により大統領を解任することができる。
④ 大統領によって任免される各省長官は、連邦議会議員との兼職を認められていない。 [　]

問5【各国の権力分立】 各国の権力分立のあり方の記述として**誤っているもの**を、次の①〜④のうちから一つ選べ。 06本試11改

① 第二次世界大戦前の日本では、外見上は権力分立制がとられていたが、究極的には、天皇が統治権を総攬するものとされていた。
② イギリスでは、かつては議会の上院が最高裁判所の役割を兼ねていたが、現在では最高裁判所が設置され、上院から司法権が分離されている。
③ アメリカでは、権力分立が厳格に貫かれており、大統領は議会に法律案を提出することも、議会の可決した法律案を拒否することもできない。
④ 旧ソ連では、権力分立とは異なる考え方に基づいて、全人民を代表する合議体にすべての権力を集中させる仕組みをとっていた。 [　]

問6【アジアの民主化】 アジアにおける民主化の動向についての説明として正しいものを、次の①〜④のうちから一つ選べ。 07本試15

① 中国では、天安門事件の後に民主化が進み、国家主席の直接選挙制が導入された。
② ミャンマーでは、アウン・サン・スー・チーらを中心に、軍事政権を批判する民主化運動が展開された。
③ 台湾では、民進党の一党支配が終わり、複数政党制に基づく議院内閣制が定着した。
④ インドネシアでは、スハルトの民主化政策の一環として、州の主権を基礎とする連邦国家体制が導入された。 [　]

問7【各国の政治制度】次の国名A～Cとその国の政治制度に関する記述ア～ウとの組合せとして正しいものを、下の①～⑥のうちから一つ選べ。 16追試19

A　アメリカ　　　　　　　　B　イギリス　　　　　　　　C　フランス

ア　大統領と首相が併存する制度をとる。国民の直接選挙によって選出される大統領が、議会(下院)の解散権など広範な権限を有している。

イ　原則として議会(下院)で多数を占める政党の党首が首相に選ばれる。議会が内閣を信任しない場合、内閣は総辞職するか議会を解散する。

ウ　行政権を担当する大統領と立法府を担当する議会は、それぞれ強い独立性をもつ。大統領は議会の解散権や法案の提出権を有しない。

① A－ア　　B－イ　　C－ウ　　　　② A－ア　　B－ウ　　C－イ
③ A－イ　　B－ア　　C－ウ　　　　④ A－イ　　B－ウ　　C－ア
⑤ A－ウ　　B－ア　　C－イ　　　　⑥ A－ウ　　B－イ　　C－ア　　　　[　　]

問8【アメリカとイギリスの政治制度】二院制を採用しているアメリカとイギリスの上院・下院の議員についての説明A～Cと、両国の各院ア～エとの組合せとして正しいものを、下の①～⑧のうちから一つ選べ。 11本試11

A　国民による直接選挙で各州2名ずつ選出される。
B　終身任期の者がいる。
C　国民による直接選挙で選出されるが、解散で職を失うことがある。

ア　アメリカ連邦議会の上院　　　　　　イ　アメリカ連邦議会の下院
ウ　イギリス議会の上院　　　　　　　　エ　イギリス議会の下院

① A－ア　　B－ウ　　C－イ　　　　② A－ア　　B－ウ　　C－エ
③ A－ア　　B－エ　　C－イ　　　　④ A－ア　　B－エ　　C－ウ
⑤ A－イ　　B－ウ　　C－ア　　　　⑥ A－イ　　B－ウ　　C－エ
⑦ A－イ　　B－エ　　C－ア　　　　⑧ A－イ　　B－エ　　C－ウ　　　　[　　]

問9【さまざまな政治体制①】政治体制について二つの次元で類型化を試みる理論に接した生徒Yは、その理論を参考にいくつかの国のある時期の政治体制の特徴を比較し、次の図中に位置づけてみた。図中のa～cのそれぞれには、下の政治体制ア～ウのいずれかが当てはまる。その組合せとして最も適当なものを、下の①～⑥のうちから一つ選べ。 21本試第1日程13

i．包括性(参加)：選挙権がどれだけの人々に認められているか(右にいくほど、多くの人々に認められている)。

ii．自由化(公的異議申立て)：選挙権を認められている人々が、抑圧なく自由に政府に反対したり抵抗したりできる(上にいくほど、抑圧なく自由にできる)。

ア　日本国憲法下の日本の政治体制
イ　チャーティスト運動の時期のイギリスの政治体制
ウ　ゴルバチョフ政権より前のソ連の政治体制

① a－ア　　b－イ　　c－ウ　　　　② a－ア　　b－ウ　　c－イ
③ a－イ　　b－ア　　c－ウ　　　　④ a－イ　　b－ウ　　c－ア
⑤ a－ウ　　b－ア　　c－イ　　　　⑥ a－ウ　　b－イ　　c－ア　　　　[　　]

問10【各国の政府と議会との関係】政府と議会の多数派との関係についての記述として正しいものを、次の①～④のうちから一つ選べ。 08追試8

① 日本では、衆議院第一党以外から首相が選出されたことがある。
② アメリカでは、大統領を連邦議会第一党から選出する憲法の規定がある。
③ イギリスでは、労働党を中心とする連立政権が続いている。
④ ドイツでは、二大政党のいずれかによる単独政権が続いている。　　　　[　　]

問11【さまざまな政治体制②】 政治体制を次の**表**中のA～Dのように分類した場合、Aに該当する政治体制を採用している国のグループとして最も適当なものを、下の①～④のうちから一つ選べ。 13本試36

	議院内閣制	大統領制
連邦国家	A	B
単一国家	C	D

(注) ここでいう「単一国家」とは、中央政府に統治権が集中する国家を指す。また、「連邦国家」とは、複数の国家(支分国)が結合して成立した国家を指す。「連邦国家」は、国家の一部を構成する支分国が、州などのかたちで広範な統治権をもつ点などにおいて、「単一国家」と異なる。

① 日本・イタリア   ② アメリカ・ブラジル   ③ カナダ・ドイツ   ④ 韓国・フィリピン

[　]

問12【世界のデモ】 次の図は世界でデモが起きた国のいくつかを示したものである。図中の国A～Cと説明ア～ウとの組合せとして最も適当なものを、下の①～⑥のうちから一つ選べ。 13本試20

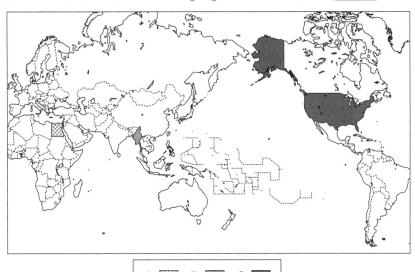

A ▨   B ▥   C ■

ア 軍事政権の下、1988年に民主化を求めるデモが起き、多数の逮捕者が出た。その後、2010年に20年ぶりに行われた総選挙を経て選出された大統領により、これらの逮捕者の多くが釈放された。

イ 2011年に、大統領退陣や経済改革などを求める大規模デモが起きた。その結果、30年にわたり政権を独占してきた大統領が辞任した。

ウ 2011年に、金融の中心地で、経済格差の是正や雇用の確保を求めるデモが始まり、全国各地に拡大していった。

① A－ア　　B－イ　　C－ウ　　　② A－ア　　B－ウ　　C－イ
③ A－イ　　B－ア　　C－ウ　　　④ A－イ　　B－ウ　　C－ア
⑤ A－ウ　　B－ア　　C－イ　　　⑥ A－ウ　　B－イ　　C－ア　　　[　]

問13【開発独裁体制】 開発独裁についての記述として**誤っているもの**を、次の①～④のうちから一つ選べ。 13追試34

① 革命や軍事クーデターによって政権に就いた例が少なくなかった。
② 多くの場合、工業化のために外国資本を積極的に導入した。
③ 東南アジアでは、このような体制がとられた国はなかった。
④ 国民の自由な政治活動や政府批判が制限されることが多かった。

[　]

➡ 解答解説 p.17

❸ 日本国憲法の基本原理／平和主義と自衛隊

● 大日本帝国憲法の特徴

(1) ❶[　　　　]憲法……君主が定めた憲法 ⇔ 民定憲法……国民が定めた憲法【例】日本国憲法
　　└天皇主権(第1条)、天皇は統治権の❷[　　　　]者(第4条)、陸海軍の統帥権などの天皇大権
(2) 国民の権利……❸[　　　　]の権利として法律の留保の範囲内
(3) 議会は天皇の❹[　　　　]機関、内閣は天皇の❺[　　　　]機関、裁判所は天皇の名において裁判をおこなう

● 日本国憲法の成立

1945年	❻[　　　　　　　]宣言の受諾……軍
8.14	国主義の排除、民主主義的傾向の復活、基本的人権の保障を求める →大日本帝国憲法の改正の必要性
10.27	憲法問題調査委員会を設置
1946年 2. 8	日本政府は保守的な内容の憲法改正要綱(松本案)をGHQに提出 →マッカーサーはこれを拒否
2.13	GHQが憲法改正案(マッカーサー草案)を作成、政府に交付
3. 6	政府、憲法改正草案要綱を発表
4.10	日本で初めて女性参政権が認められた衆議院議員総選挙が実施
6.20	帝国議会に憲法改正案を提出→生存権の規定を追加するなどの修正
11. 3	日本国憲法公布→翌年5月3日施行

● 日本国憲法の特徴

(1) 国民主権……「主権が国民に存することを宣言」(前文)
　→ ❼[　　　　]天皇制:「天皇は、この憲法の定める国事に関する行為のみを行い、国政に関する権能を有しない」(第4条)

　> 国事行為……内閣総理大臣の任命、最高裁判所長官の任命、憲法改正・法律・政令・条約の公布、国会の召集、衆議院の解散など

(2) 基本的人権の尊重……「国民は、すべての基本的人権の享有を妨げられない。」(第11条)
　→ 「現在及び将来の国民に対し、侵すことのできない永久の権利として信託されたもの」(第97条)
(3) 平和主義……第二次世界大戦の反省に立って、平和の追求を宣言し、平和のうちに生存する権利(平和的生存権)を確認(前文) → 戦争の放棄、戦力の不保持、❽[　　　　]の否認(第9条)

● 憲法の最高法規性と憲法改正手続

(1) 憲法の最高法規性……憲法に反する法律や命令などは無効(第98条)
(2) 憲法改正手続……衆参両議院の総議員の❾[　　　　]以上で国民に発議
　→ 国民投票で過半数の賛成 → 天皇が国民の名で公布(第96条)
　※❿[　　　　]憲法……改正の手続を法律の制定よりも厳しく定めている ⇔ 軟性憲法【例】イギリス
(3) 国民投票法(2007年成立)……憲法調査会を廃止して⓫[　　　　]会を設置
　※2014年の改正によって、国民投票における18歳以上の投票権を保障

● 平和主義と自衛隊

(1) 自衛隊の発足……1950年、朝鮮戦争勃発 → ⓬[　　　　　　]の創設 → 1951年、サンフランシスコ平和条約と⓭[　　　　　　　]の調印 → 1952年、⓮[　　　　]の発足 → 1954年、自衛隊の発足
(2) ⓯[　　　　]の行使……従来の政府解釈では憲法違反 → 2014年、限定的な行使が可能に
(3) シビリアン・コントロール(文民統制)……自衛隊の最高指揮権は文民がもつ
　→ 内閣総理大臣が自衛隊の最高指揮権をもつ
　・内閣に⓰[　　　　　　]](日本版NSC)を設置
(4) 非核三原則……核兵器を「もたず、つくらず、もちこませず」
(5) 在日米軍と基地問題……1951年、⓭[　　　　　　　]を締結 → 在日米軍の駐留
　→ 1960年、⓭[　　　　　　]改正(新安保条約)……共同防衛義務と事前協議制を実現
(6) 自衛隊の関連法……自衛隊法、重要影響事態法、事態対処法、国民保護法など
(7) 自衛隊の海外派遣……⓱[　　　]協力法(1992年成立) → カンボジアなど
　※テロ対策特別措置法 → インド洋　イラク復興支援特別措置法 → イラク　海賊対処法 → ソマリア沖
(8) 自衛隊・日米安保条約をめぐる憲法論争
　①日米安保条約に関する裁判……⓲[　　　]事件
　②自衛隊に関する裁判……恵庭事件、長沼ナイキ基地訴訟、百里基地訴訟など
　※⓳[　　　]論……高度な政治性を有する問題は司法審査の対象から除外すべきとする理論
　→ ⓲[　　　]事件最高裁判決、長沼ナイキ基地訴訟第2審、百里基地訴訟第1審で用いられた

解答　❶欽定 ❷総攬 ❸臣民 ❹協賛 ❺輔弼 ❻ポツダム ❼象徴 ❽交戦権 ❾3分の2 ❿硬性 ⓫憲法審査
⓬警察予備隊 ⓭日米安全保障条約 ⓮保安隊 ⓯集団的自衛権 ⓰国家安全保障会議 ⓱PKO ⓲砂川 ⓳統治行為

☑️ トライ

問1 【権力分立の原則】 権力の集中と濫用を防ぐために、近代民主国家では、国家の権力を分散させる原則が採用されている。日本国憲法が採用している制度のうち、この原則にかなうとは**言えないもの**を、次の①〜④のうちから一つ選べ。 09追試11
① 二院制　　　② 三権分立　　　③ 多数決　　　④ 地方自治　　　　　　　　　　[　　]

問2 【日本国憲法の制定過程と基本原理】 日本国憲法の制定過程や基本原理に関する記述として正しいものを、次の①〜④のうちから一つ選べ。 17本試5
① 日本国憲法によって列挙された基本的人権は、法律の範囲内において保障されている。
② 日本国憲法は、君主である天皇が国民に授ける民定憲法という形で制定された。
③ 日本国憲法は、憲法問題調査委員会の起草した憲法改正案(松本案)を、帝国議会が修正して成立した。
④ 日本国憲法における天皇は、国政に関する権能を有しておらず、内閣の助言と承認に基づいて国事行為を行う。　　　　　　　　　　　　　　　　　　　　　　　　　　　　　　　　　　　[　　]

問3 【国民主権】 国民主権を具体化している日本の制度についての記述として正しいものを、次の①〜④のうちから一つ選べ。 14本試25
① 日本国憲法は間接民主制を採用しているので、国民が、国民投票によって直接に国政上の決定を行うことはできない。
② 地方自治体において住民投票を実施する際には、個別に法律の制定が必要であり、地方自治体が独自の判断で実施することはできない。
③ 選挙運動の一環として、候補者による有権者の住居への戸別訪問が認められている。
④ 国民審査において、国民は最高裁判所の裁判官を罷免することが認められている。　　[　　]

問4 【憲法改正手続①】 日本国憲法の改正に関する記述として正しいものを、次の①〜④のうちから一つ選べ。 20本試11
① 衆参各議院は、それぞれの総議員の3分の2以上の賛成が得られた場合、単独で憲法改正を発議し、国民投票にかけることができる。
② 日本国憲法の改正に関する国民投票は、特別の国民投票、または国会の定める選挙の際に行われる国民投票のいずれかによる。
③ 国会法の改正によって、満18歳以上の国民が、日本国憲法の改正に関する国民投票権を有することになった。
④ 日本国憲法の改正は、最終的に、内閣総理大臣によって国民の名で公布される。　　[　　]

問5 【日米安全保障条約①】 日米安全保障条約についての記述として**誤っているもの**を、次の①〜④のうちから一つ選べ。 14本試30
① 砂川事件において、最高裁判所はこの条約が憲法に違反すると判断した。
② 当初の条約を、現行条約である「新安保条約」(日米相互協力及び安全保障条約)へ改定する際には、安保闘争と呼ばれる反対運動が起こった。
③ 現行条約では、日本の領域内において日本、アメリカの一方に対する武力攻撃が発生した場合、日米両国が共同で対処すると規定されている。
④ 日本による在日米軍駐留経費の負担は、「思いやり予算」と呼ばれている。　　　　[　　]

問6 【ＰＫＯへの自衛隊の参加】 PKO(国連平和維持活動)への自衛隊の参加についての説明として最も適当なものを、次の①〜④のうちから一つ選べ。 15追試8
① PKO協力法の制定により、PKOへの自衛隊の参加が可能になった。
② テロ対策特別措置法の制定により、PKOへの自衛隊の参加が可能になった。
③ イラク復興支援特別措置法に基づき、PKOとして自衛隊がイラクに派遣された。
④ 海賊対処法に基づき、PKOとして自衛隊がソマリア沖に派遣された。　　　　　　[　　]

国内政治

問7【帝国議会と国会】　次のA〜Cのうち、明治憲法下の帝国議会には当てはまらず、日本国憲法下の国会に当てはまるものはどれか。最も適当なものを、下の①〜⑦のうちから一つ選べ。　14本試27

A　両議院に公選制が採用されている。
B　勅令に関する規定を有する。
C　内閣総理大臣を指名する。

① A　　　　　② B　　　　　③ C　　　　　④ AとB
⑤ AとC　　　⑥ BとC　　　⑦ AとBとC　　　　　　　　　　　　　　　　[　　]

問8【明治憲法と日本国憲法①】　日本国憲法と明治憲法(大日本帝国憲法)との比較についての記述として**適当でないもの**を、次の①〜④のうちから一つ選べ。　12本試1
① 明治憲法の下では貴族院議員は臣民による制限選挙で選ばれたが、日本国憲法の下では参議院議員は普通選挙で選ばれる。
② 明治憲法は軍隊の保持や天皇が宣戦する権限を認めていたが、日本国憲法は戦力の不保持や戦争の放棄などの平和主義を掲げている。
③ 日本国憲法の下では主権は国民にあるとの考えがとられているが、明治憲法の下では主権は天皇にあるとされた。
④ 日本国憲法は法律によっても侵すことのできない権利として基本的人権を保障しているが、明治憲法は法律の範囲内でのみ臣民の権利を認めた。　　　　　　　　　　　　　　　　　　[　　]

問9【明治憲法と日本国憲法②】　次の記述A〜Cのうち、大日本帝国憲法下の制度には当てはまらず、かつ日本国憲法下の制度に当てはまるものとして正しいものはどれか。正しい記述をすべて選び、その組合せとして最も適当なものを、下の①〜⑦のうちから一つ選べ。　19本試23
A　天皇の地位は主権の存する国民の総意に基づく。
B　衆議院議員が選挙で選出される。
C　内閣の規定が憲法におかれる。
① A　　　　　② B　　　　　③ C　　　　　④ AとB
⑤ AとC　　　⑥ BとC　　　⑦ AとBとC　　　　　　　　　　　　　　　　[　　]

問10【天皇制】　天皇についての記述として正しいものを、次の①〜④のうちから一つ選べ。　14本試24
① 明治憲法下では、天皇は陸海軍の最高指揮権である統帥権を有していたが、その行使には議会の承認決議が必要とされた。
② 明治憲法下では、天皇機関説が唱えられていたが、昭和期にその提唱者の著書の発売が禁止された。
③ 日本国憲法は、皇位は世襲のものであって男系男子に継承されることを、明文で定めている。
④ 日本国憲法は、国会の指名に基づいて天皇が行う内閣総理大臣の任命に際して、不適格な人物については天皇が任命を拒否できることを定めている。　　　　　　　　　　　　　　　　　[　　]

問11【憲法の最高法規性】　憲法は国の最高法規であるという原則を定めた日本国憲法の規定はどれか。正しいものを、次の①〜④のうちから一つ選べ。　16追試6
① 国会は、国権の最高機関であって唯一の立法機関である。
② 内閣総理大臣その他の国務大臣は、文民でなければならない。
③ 憲法に反する法律、命令、詔勅および国務に関するその他の行為は、効力を有しない。
④ 地方自治体の組織および運営に関する事項は、地方自治の本旨に基づいて、法律で定める。　　[　　]

問12【日本国憲法の統治規定】　日本国憲法が規定する統治についての記述として**適当でないもの**を、次の①〜④のうちから一つ選べ。　07本試11
① 天皇は、内閣総理大臣を任命する。
② 内閣は、最高裁判所長官を指名する。
③ 裁判官は、独立して職権を行使することができる。
④ 国会は、国務大臣を弾劾することができる。　　　　　　　　　　　　　　　　[　　]

問13【国民主権の実状】 日本における国民主権の実状についての記述として最も適当なものを、次の①〜④の
うちから一つ選べ。 06本試13
① 日本国憲法は間接民主制を採用しているので、国民が、国民投票によって直接に国政の意思決定を行う
　仕組みはない。
② 地方自治体において住民投票を実施する際には、その都度、法律の根拠が必要であり、地方自治体が独
　自の判断で実施する仕組みはない。
③ 最高裁判所は、選挙の際の戸別訪問禁止は、選挙の自由と公正を確保するために必要であり、憲法に違
　反しないと判決した。
④ 最高裁判所は、衆議院議員選挙について、小選挙区と比例区との重複立候補は選挙への民意の反映を損
　なうので、憲法に違反すると判決した。　　　　　　　　　　　　　　　　　　　　　　[　　]

問14【国民主権の原理】 日本国憲法における国民主権の原理を示す内容とは**言えないもの**を、次の①〜④のう
ちから一つ選べ。 07本試13
① 憲法改正は、国民の承認を経なければならない。
② 国会は、国権の最高機関である。
③ 内閣総理大臣は、文民でなければならない。
④ 公務員を選定することは、国民固有の権利である。　　　　　　　　　　　　　　　　[　　]

問15【基本的人権の尊重】 日本における憲法上の権利とそれに関連する記述として**適当でないもの**を、次の①
〜④のうちから一つ選べ。 現社21本試第2日程9
① 財産権は、公共の福祉による制限を受けない権利である。
② 大学における学問の自由を保障するため、大学の自治が認められている。
③ 憲法で保障されている生存権の理念に基づいて、必要な保護を行うとともに、自立を助長することを目
　的として、生活保護法が制定されている。
④ 表現の自由は、自由なコミュニケーションを保障するための権利であると同時に、民主主義の実現に
　とっても重要な権利であるとされる。　　　　　　　　　　　　　　　　　　　　　　[　　]

問16【憲法と法律】 憲法は、国民の権利・義務に関すること以外にも多くの事項を法律によって規定すべきも
のとしており、法律によって規定しなければならない事項を法律事項という。法律事項とは**言えないもの**を、
次の①〜④のうちから一つ選べ。 07追試11
① 天皇の国事行為の委任　　　② 衆参両議院の議員の定数
③ 閣議の定足数　　　　　　　④ 裁判官の定年　　　　　　　　　　　　　　　　　　[　　]

問17【民主政治の制度】 民主政治に関連する日本の制度についての記述として最も適当なものを、次の①〜④
のうちから一つ選べ。 09本試12
① 憲法改正のためには、国会の発議した憲法改正案が、国民投票の3分の2以上の賛成で承認されなけれ
　ばならない。
② 国民には、衆参両院の議員、地方自治体の長と議会の議員を、秘密投票で選出することが保障されてい
　る。
③ 国民には、最高裁判所の裁判官を、その任命後初めて行われる衆議院議員総選挙または参議院議員通常
　選挙の際に、審査することが保障されている。
④ 内閣総理大臣を国民が直接選出できるようにするには、憲法の改正は不要だが、法律で定めなければな
　らない。　　　　　　　　　　　　　　　　　　　　　　　　　　　　　　　　　　　[　　]

問18【憲法改正をめぐる動き】 憲法改正をめぐる日本の政治の動きについての記述として正しいものを、次の
①〜④のうちから一つ選べ。 11追試11改
① 日本国憲法施行後、政権与党が憲法改正を主張したことはない。
② 衆参両院に設置された憲法調査会が、各々調査報告書を提出してきた。
③ 憲法改正の国民投票を行うために必要な手続を定める法律は、いまだ制定されていない。
④ 国会は、環境権を明文で保障することを内容とする憲法改正案を発議したことがある。　[　　]

国内政治

問19【憲法改正手続②】　次の A ～ D は、日本国憲法の改正のために必要な手続を述べたものである。これらを手続の順序に従って並べたとき、**3 番目**にくるものとして正しいものを、下の①～④のうちから一つ選べ。　15追試36

A　各議院の総議員の 3 分の 2 以上の賛成で、国会が改正を発議する。
B　天皇が国民の名で憲法改正を公布する。
C　国会議員が改正原案を国会に提出する。
D　国民投票での過半数の賛成で、国民が憲法改正を承認する。

①　A　　　　②　B　　　　③　C　　　　④　D　　　　　　　　　　　　　　　　［　　］

問20【憲法改正手続③】　憲法改正手続に関連する現行の制度についての記述として正しいものを、次の①～④のうちから一つ選べ。　10追試13
①　憲法改正の発議は、衆参各議院の総議員の 3 分の 2 以上の賛成によって国会が行わなければならない。
②　憲法改正の国民投票が有効となるには、満18歳以上の国民の 5 割を超える投票率が必要である。
③　憲法改正の承認には、国民投票で有効投票数の 3 分の 2 を超える賛成が必要である。
④　国民の 3 分の 1 以上の署名に基づく請求があった場合、国会は憲法改正を発議するかどうかの審議を行わなければならない。　　　　　　　　　　　　　　　　　　　　　　　　　　　　　　　　　［　　］

問21【憲法改正手続④】　間接民主制を補完すべく、現在の日本において、直接民主制の手法が一部取り入れられている。そうした例の一つである憲法改正手続に関する記述として正しいものを、次の①～④のうちから一つ選べ。　17本試23
①　憲法改正に関する国民投票法は、日本国憲法と同時に制定された。
②　憲法改正に関する国民投票法は、投票年齢を満20歳以上に引き下げた。
③　憲法改正の承認には、国民投票において、その過半数の賛成が必要とされている。
④　憲法改正の発議には、衆参両議院において、それぞれ総議員の 4 分の 3 以上の賛成が必要とされている。　　　［　　］

問22【自衛隊】　朝鮮戦争をきっかけに設けられた警察予備隊は、後に自衛隊へと改組された。自衛隊についての記述として正しいものを、次の①～④のうちから一つ選べ。　14本試 1
①　最高裁判所は、百里基地訴訟において、自衛隊は日本国憲法第 9 条で禁止される「戦力」に該当せず合憲であるとの判断を明らかにしている。
②　自衛隊のイラクへの派遣は、PKO 協力法(国連平和維持活動協力法)に基づき行われた。
③　ガイドライン関連法によると、自衛隊は、いわゆる周辺事態の際にアメリカ軍の後方支援を行うこととされている。
④　防衛庁が防衛省へと移行したことに伴い、自衛隊の最高指揮監督権が内閣総理大臣から防衛大臣に委譲された。　　　［　　］

問23【自衛隊と裁判】　自衛隊について争われた裁判の例として**誤っているもの**を、次の①～④のうちから一つ選べ。　08本試23
①　恵庭事件　　　②　砂川事件　　　③　長沼ナイキ基地訴訟　　　④　百里基地訴訟　　　［　　］

問24【日米安全保障条約②】　安全保障を確保するため、日本はアメリカとの間に日米安全保障条約(日米相互協力及び安全保障条約)を締結している。この条約に関連する記述として**誤っているもの**を、次の①～④のうちから一つ選べ。　12追試 4
①　日本国内におけるアメリカ軍の駐留経費や法的地位については、日米地位協定(在日米軍の地位に関する日米協定)で別に定めている。
②　日本またはアメリカの領域への武力攻撃が発生した場合、両国は共同して防衛する義務を負う。
③　日本は、アメリカが日本国内において軍隊を駐留させ、基地(施設および区域)を使用する権利を認めた。
④　日本は、周辺事態法などのガイドライン関連法を成立させ、日本の周辺地域においても自衛隊がアメリカ軍の後方地域支援を行うことを可能にした。　　　　　　　　　　　　　　　　　　　　　　　　　　［　　］

問25【日本の安全保障】 日本の安全保障に関する記述として正しいものを、次の①～④のうちから一つ選べ。
11追試15

① 人道復興支援活動を行うことなどを目的としてイラクへの自衛隊の派遣が検討されたが、派遣は見送られた。

② 北朝鮮による核実験をうけて、日本は非核三原則の放棄を宣言した。

③ 最高裁判所は、日米安全保障条約が憲法に反すると判断したことはない。

④ 国務大臣は原則として文民でなければならないが、防衛大臣に関しては必ずしも文民である必要はない。

[　　]

問26【日本の国連への協力】 国連の活動への日本の参加・協力についての説明として最も適当なものを、次の①～④のうちから一つ選べ。 06追試23

① PKO協力法(国際連合平和維持活動等に対する協力に関する法律)の制定により、自衛隊が国際平和協力業務を行うことが可能になった。

② 日米安保条約(日本国とアメリカ合衆国との間の相互協力及び安全保障条約)の改正により、国連PKOへの自衛隊の参加が可能になった。

③ ソマリア復興支援のために、自衛隊が派遣された。

④ ボスニア・ヘルツェゴビナ復興支援のために、自衛隊が派遣された。

[　　]

問27【日本の安全保障政策①】 自国の安全保障のために定められた法制度の例である次のA～Cと、それらの内容についての記述ア～ウとの組合せとして正しいものを、下の①～⑥のうちから一つ選べ。 15追試 9

A 新日米安全保障条約(日本国とアメリカ合衆国との間の相互協力及び安全保障条約)(1960年)

B 新ガイドライン(新日米防衛協力のための指針)(1997年)

C 有事関連 7 法(2004年)

ア 日本への武力攻撃時における、国民の保護や米軍の行動の円滑化などについて定めた。

イ 日本の施政の下にある領域における、日米どちらかへの武力攻撃に対して、日米が共同で防衛することを定めた。

ウ 日本周辺地域における日本の平和および安全に重要な影響を与える事態(周辺事態)での日米間の協力推進を定めた。

① A－ア　　B－イ　　C－ウ　　　② A－ア　　B－ウ　　C－イ
③ A－イ　　B－ア　　C－ウ　　　④ A－イ　　B－ウ　　C－ア
⑤ A－ウ　　B－ア　　C－イ　　　⑥ A－ウ　　B－イ　　C－ア

[　　]

問28【日本の安全保障政策②】 日本の安全保障や外交政策に関する記述として**適当でないもの**を、次の①～④のうちから一つ選べ。 現社14本試35

① 日本国憲法の解釈上、日本が個別的自衛権を行使することができるとの公式見解を、日本政府は示している。

② 日本が集団的自衛権を行使できるとの公式見解を、日本政府は、国際連合(国連)加盟時から示してきた。

③ 湾岸戦争の発生を受けて、国連平和維持活動(PKO)への日本の協力をめぐる議論が高まり、PKO協力法が成立している。

④ アメリカでの同時多発テロ事件の発生を受けて、日本では、テロ対策特別措置法が成立した。 [　　]

問29【日本の安全保障政策③】 日本の安全保障に関連する記述として最も適当なものを、次の①～④のうちから一つ選べ。 19本試19

① 日米相互協力及び安全保障条約(新安保条約)の成立によって、自衛隊が創設された。

② 日本は、在日米軍の駐留経費を負担していない。

③ 国の一般会計予算に占める防衛関係費の割合は、2パーセントを下回っている。

④ 日本政府は、憲法第9条が保持を禁じている「戦力」は自衛のための必要最小限度を超える実力であるとしている。

[　　]

❹ 基本的人権の保障と新しい人権

● 基本的人権の性質／平等権　※違は最高裁での違憲判決を示す。

(1) 基本的人権の性質……①固有性、②不可侵性、③普遍性、という特徴がある

(2) 法の下の平等：形式的平等(機会の平等)と実質的平等(結果の平等)

> **私人間効力**：憲法の規定は、法律を通して間接的に私人間に適用されるという間接適用説が通説

　　判例 **違** 尊属殺重罰規定違憲判決(1973年)：1995年の刑法改正で該当条項を削除

　　違 婚外子相続差別訴訟(2013年) → 民法を改正

被差別部落	同和対策審議会答申→同和対策事業特別措置法→地域改善対策特別措置法
女性	・❶[　　　　　　　　　]法(1985年)：女子差別撤廃条約の批准に先立って成立 ・男女共同参画社会基本法(1999年)　・DV防止法(2001年)　・選択的夫婦別姓をめぐる問題
障害者	・障害者基本法(1970年成立、2004年改正) ・❷[　　　　　　　　　]法(2013年)：障害者権利条約の批准に先立って成立
ハンセン病	ハンセン病国家賠償請求訴訟(2001年)で、国が過去の隔離政策に対する責任を認める
アイヌ民族	・国会で「アイヌ民族を先住民族とすることを求める決議」を採択(2008年) ・アイヌ文化振興法(1997年)に代わり、❸[　　　　　　　　　]法(2019年)が成立
外国人	・特に、在日韓国・朝鮮人に対する差別は根強く残っている ・国籍取得をめぐる訴訟　**判例** **違** 国籍取得制限規定違憲判決(2008年)→国籍法を改正

● 自由権……国家からの自由(18、19世紀的権利)

(1) 精神的自由

　①思想・良心の自由：**判例** 三菱樹脂訴訟(特定の思想を理由とした企業の採用拒否)

　②❹[　　　]の自由：政教分離をめぐる訴訟……**判例** 津地鎮祭訴訟、**違** 愛媛玉ぐし料訴訟(1997年)

　③集会・結社・❺[　　　]の自由、検閲の禁止、通信の秘密の保障

　　：**判例** チャタレイ事件(わいせつ文書の出版と表現の自由)・家永教科書裁判(検閲と教科書検定)

　④❻[　　　]の自由：**判例** 東大ポポロ事件(大学の自治と警察活動)

(2) 人身の自由……法定手続きの保障

　①罪刑法定主義・無罪推定の原則・「疑わしきは被告人の利益に」・遡及処罰の禁止・一事不再理

　②❼[　　　]主義……裁判官の発する❼[　　　]によらなければ逮捕されない

　③刑事被告人の権利……国選弁護人制度・自白強要の禁止・❽[　　　]権(供述を拒否できる権利)

　④再審……死刑判決を受けた人が再審で冤罪となった事件：免田事件、財田川事件、松山事件、島田事件

(3) 経済的自由……「二重の基準」により、❾[　　　]の福祉の制限を受けやすい

　①居住・移転及び❿[　　　]選択の自由：営業の自由を含む　**判例** **違** 薬事法距離制限違憲判決(1975年)

　②⓫[　　　]権の保障：**判例** **違** 森林法共有林分割制限規定違憲判決(1987年)

● 社会権……国家による自由(20世紀的権利)

(1) ⓬[　　　]権…「健康で文化的な最低限度の生活を営む権利」(第25条)

　　判例 朝日訴訟や堀木訴訟：⓭[　　　　　]説……生存権の実現は国の裁量に任されるという説

(2) 教育を受ける権利……義務教育の無償

(3) 労働基本権……勤労権と労働三権(団結権、⓮[　　　　　]権、団体行動権〔争議権〕)

● 基本的人権を確保するための権利／新しい人権／国民の義務

(1) 請求権……請願権、損害賠償請求権(国家賠償請求権)、裁判を受ける権利、刑事補償請求権

(2) 参政権……公務員の選定・罷免の権利、最高裁判所裁判官の⓯[　　　　　]、憲法改正の国民投票

(3) 新しい人権…憲法に明文規定がないため、⓰[　　　]権(第13条)や生存権(第25条)を根拠とする

　①⓱[　　　]権……生活環境の悪化に対応。⓱[　　　]権を認めた最高裁判例はない

　②知る権利：**判例** 外務省公電漏えい事件(取材の自由と国家機密)

　　・⓲[　　　　　]法(1999年)……行政機関の保有する情報の開示手続きを規定(知る権利は明記されず)

　③⓳[　　　　　]の権利：**判例** 『宴のあと』事件、『石に泳ぐ魚』事件

　　・個人情報保護法(2003年)……行政機関や民間企業による個人情報の適切な利用・管理などを規定

　④アクセス権(反論権)　⑤自己決定権

(4) 国民の義務……①子女に普通教育を受けさせる義務、②勤労の義務、③納税の義務

(5) ❾[　　　]の福祉：二重の基準：経済の自由は精神の自由よりも広く制限を受ける

解答 ❶男女雇用機会均等　❷障害者差別解消　❸アイヌ施策推進　❹信教　❺表現　❻学問　❼令状　❽黙秘　❾公共　❿職業　⓫財産　⓬生存　⓭プログラム規定　⓮団体交渉　⓯国民審査　⓰幸福追求　⓱環境　⓲情報公開　⓳プライバシー

国内政治

☑トライ

問1【基本的人権の分類】 日本国憲法が保障する基本的人権は、さまざまな観点から分類することができる。一つの分類のあり方について述べた次の文章中の空欄 ア ～ ウ に当てはまる語句の組合せとして最も適当なものを、下の①～⑥のうちから一つ選べ。 18本試3

　日本国憲法が保障する基本的人権には、さまざまなものがある。その中には、表現の自由や ア のように、人の活動に対する国家の干渉を排除する権利である自由権がある。また、 イ や教育を受ける権利のように、人間に値する生活をすべての人に保障するための積極的な施策を国家に対して要求する権利である社会権がある。さらに、これらの基本的人権を現実のものとして確保するための権利として、裁判を受ける権利や ウ をあげることができる。

① ア　生存権　　　　　　イ　財産権　　　　　　　ウ　国家賠償請求権
② ア　生存権　　　　　　イ　国家賠償請求権　　　ウ　財産権
③ ア　財産権　　　　　　イ　生存権　　　　　　　ウ　国家賠償請求権
④ ア　財産権　　　　　　イ　国家賠償請求権　　　ウ　生存権
⑤ ア　国家賠償請求権　　イ　生存権　　　　　　　ウ　財産権
⑥ ア　国家賠償請求権　　イ　財産権　　　　　　　ウ　生存権　　　　　　　[　　]

問2【個人の権利・自由】 個人の権利や自由についての記述として正しいものを、次の①～④のうちから一つ選べ。 10追試11
① 日本国憲法は、学問の自由などの精神の自由を明文で保障している。
② 日本国憲法は、犯罪被害者が公判に参加する権利を明文で保障している。
③ 明治憲法は、法律の留保なしに表現の自由を保障していた。
④ 明治憲法は、教育を受ける権利などの社会権を保障していた。　　　　　　[　　]

問3【法の下の平等と違憲判決①】 次のA～Cのうち、最高裁判所が不合理な差別であるとして違憲や違法の判断を下したことがあるものとして正しいものを、下の①～⑦のうちから一つ選べ。 12追試32
A　結婚していない日本人父と外国人母との間に生まれた子について、認知のほかに父母の結婚を届出による日本国籍の取得の要件とする国籍法の規定
B　尊属殺人について普通殺人の場合よりも著しく重い刑を定める刑法の規定
C　女性であることのみを理由として、男性よりも低い年齢を定年とする企業の就業規則

① A　　　　② B　　　　③ C　　　　　④ AとB
⑤ BとC　　⑥ AとC　　⑦ AとBとC　　　　　　　　　　　　　　　　　[　　]

問4【マイノリティの権利保障】 マイノリティの人々が受けることのある差別や不利益を解消するための法律・条約に関する記述として誤っているものを、次の①～④のうちから一つ選べ。 12本試29
① アイヌ民族を差別的に取り扱ってきた法律を廃止してアイヌ文化振興法が制定されたが、アイヌ民族の先住民族としての権利は明記されなかった。
② 障害者雇用促進法は国・地方公共団体が障害者を雇用する義務を定めているが、企業の雇用義務については明記されなかった。
③ 部落差別問題に関して、同和地区住民への市民的権利と自由の完全な保障を求めた審議会答申に基づき、同和対策事業特別措置法が制定された。
④ 人種差別問題に関して、国際的な人権保障の一環として、国際連合で人種差別撤廃条約が採択された。
　　　　　　　　　　　　　　　　　　　　　　　　　　　　　　　　　　　　[　　]

問5【法の下の平等と違憲判決②】 嫡出でない子の相続分を嫡出である子の2分の1とする ア の規定について、最高裁判所は1995年の合憲判断を2013年に違憲と変更し、現在、この規定は削除されている。 ア に当てはまる法律の名称として正しいものを、次の①～④のうちから一つ選べ。 15本試17改
① 刑　法　　② 民　法　　③ 財政法　　④ 国籍法　　　　　　　　　　　[　　]

問6 【国家からの自由】 国家からの自由に含まれる権利として正しいものを、次の①～④のうちから一つ選べ。
08追試 2
① 請願権　　　② 選挙権　　　③ 平等権　　　④ 黙秘権　　　　　　　　　　　　　[　　]

問7 【表現の自由】 表現の自由に関連する記述として正しいものを、次の①～④のうちから一つ選べ。
15本試19
① 表現の自由のほかに、通信の秘密が、憲法に規定されている。
② 報道の自由とプライバシーの権利とは、衝突することはない。
③ 知る権利が、情報公開法上、明文で保障されている。
④ 最高裁では、出版の差止めが認められたことはない。　　　　　　　　　　　　　[　　]

問8 【政教分離をめぐる違憲審査】 最高裁判所の判例に関する次の記述ア～ウのうち、正しいものはどれか。当てはまる記述をすべて選び、その組合せとして最も適当なものを、後の①～⑦のうちから一つ選べ。
22本試 3
ア　津地鎮祭訴訟の最高裁判決では、市が体育館の起工に際して神社神道固有の祭式にのっとり地鎮祭を行ったことは、憲法が禁止する宗教的活動にあたるとされた。
イ　愛媛玉ぐし料訴訟の最高裁判決では、県が神社に対して公金から玉ぐし料を支出したことは、憲法が禁止する公金の支出にあたるとされた。
ウ　空知太神社訴訟の最高裁判決では、市が神社に市有地を無償で使用させていたことは、憲法が禁止する宗教団体に対する特権の付与にあたるとされた。

① ア　　　　　② イ　　　　　③ ウ　　　　　④ アとイ
⑤ アとウ　　　⑥ イとウ　　　⑦ アとイとウ　　　　　　　　　　　　　　　　　[　　]

問9 【経済的自由①】 経済的自由についての記述として誤っているものを、次の①～④のうちから一つ選べ。
13追試24
① フランス人権宣言は、個人の所有権を、古来の伝統を根拠に保障される自然権の一つとする。
② 日本国憲法による職業選択の自由の保障には、選択した職業を実際に行う自由の保障も含まれる。
③ 資本主義経済は、所有権の保障を含む私有財産制を、その特徴の一つとする。
④ 日本国憲法による財産権の保障には、公共のために個人の財産が収用された場合にはその損失の補償を受けることができるという内容も含まれる。　　　　　　　　　　　　　　　[　　]

問10 【社会権①】 人権は、自由権、社会権、参政権などに分けることができる。社会権についての記述として正しいものを、次の①～④のうちから一つ選べ。 15本試20
① 不当に長く抑留された後の自白は、証拠とすることができない。
② 選挙権が国民固有の権利として保障されている。
③ 健康で文化的な最低限度の生活を営む権利が保障されている。
④ 思想および良心の自由は、侵害することができない。　　　　　　　　　　　　[　　]

問11 【社会権を実現するための施策】 社会権A～Cとそれを実現するために日本で行われている具体的な施策ア～ウとの組合せとして最も適当なものを、下の①～⑥のうちから一つ選べ。 12本試10
A　勤労権　　　B　生存権　　　C　団結権
ア　労働組合員であることを理由に労働者を解雇することを、不当労働行為として法律で禁止する。
イ　公共職業安定所(ハローワーク)を設置し、求職者に職業を紹介することを法律で定める。
ウ　生活に困窮する者に対して、公費を財源に厚生労働大臣が定める基準に基づき扶助を行うことを法律で定める。

① A－ア　　B－イ　　C－ウ　　　　② A－ア　　B－ウ　　C－イ
③ A－イ　　B－ア　　C－ウ　　　　④ A－イ　　B－ウ　　C－ア
⑤ A－ウ　　B－ア　　C－イ　　　　⑥ A－ウ　　B－イ　　C－ア　　　[　　]

問12【教育に関する日本の制度】 教育について、日本の制度に関する記述として正しいものを、次の①〜④のうちから一つ選べ。 15本試 4

① 国は、特定の宗教のための宗教教育を行うことができる。
② 義務教育は、無償とすることが憲法に定められている。
③ 都道府県の議会は、教育委員会の委員を任命する権限を有する。
④ 教科書の検定制度は、最高裁判所において違憲だと判断されている。 [ ]

問13【参政権①】 日本における参政権の保障に関する記述として最も適当なものを、次の①〜④のうちから一つ選べ。 13本試21

① 最高裁判所は、在外邦人(外国に居住する日本国民)による国政選挙権の行使を比例代表選挙に限定する公職選挙法の規定を、違憲と判断した。
② 日本国憲法は、憲法改正の条件として国民投票による過半数の賛成のみをあげており、国会による憲法改正の発議には条件を設けていない。
③ 男女共同参画社会基本法の施行に伴い、衆議院議員の議席は男女同数とされた。
④ 普通選挙を明文で保障する日本国憲法の施行に伴い、すべての成年者に選挙権を与える衆議院議員選挙が初めて実施された。 [ ]

問14【情報公開に関する日本の制度】 情報公開について、日本の制度の記述として**適当でない**ものを、次の①〜④のうちから一つ選べ。 13本試19

① 国民は、情報公開法に基づき、国の行政機関が保有する行政文書に記載された個人情報の開示・訂正を求めることができる。
② 行政文書の開示請求をした者は、開示請求に対する不開示などの決定に不服がある場合、その決定を裁判所で争うことができる。
③ 情報公開制度は、国による導入に先駆けて、まず地方自治体によって導入された。
④ 情報公開制度は、国民には政府などに対して情報の開示を求める「知る権利」があるとの主張を背景として、導入された。 [ ]

問15【新しい人権】 基本的人権などさまざまな権利の保障をめぐる日本の現状についての記述として最も適当なものを、次の①〜④のうちから一つ選べ。 11本試 8

① 経済および産業の発展を図るために特許権などの知的財産権の付与を行う行政機関は、設置されていない。
② 最高裁判所が環境権を認めていないため、公害被害を受けた市民の損害賠償請求は認められていない。
③ 情報公開法は、プライバシーの権利を積極的に実現することを目的として制定されている。
④ 公務員の違法な権限行使により損害を受けた者は、国または地方公共団体に対して損害賠償を請求することができる。 [ ]

問16【公共の福祉】 基本的人権と公共の福祉についての記述として最も適当なものを、次の①〜④のうちから一つ選べ。 06追試14

① 日本では、明治憲法によって、基本的人権は公共の福祉に優先するものとされた。
② 日本国憲法では、経済的自由について、精神的自由よりも広く公共の福祉に基づく制限を受けるものとされた。
③ フランスでは、ワイマール憲法の影響を受けた「人および市民の権利宣言」によって、基本的人権と公共の福祉との相互補完的関係が規定された。
④ ドイツのナチス政権では、基本的人権は公共の福祉に優先すべきものとされた。 [ ]

問17【国民の責務】 国民の責務について、日本国憲法が明文で定めていることとして正しいものを、次の①〜④のうちから一つ選べ。 15追試34

① 国民は、将来の国民のために、自然環境の維持および保全に努めなければならない。
② 国民は、憲法が保障する自由と権利を、不断の努力によって保持しなければならない。
③ 国民は、勤労の権利を有し、勤労者として団結する義務を負う。
④ 国民は、教育を受ける権利を有し、普通教育を受ける義務を負う。 [ ]

問18【人権侵害に対する法制度】　いじめやセクシュアル・ハラスメント(セクハラ)に対応するための、日本の法制度やその運用についての説明として最も適当なものを、次の①～④のうちから一つ選べ。 08本試 7

① 企業における上司の部下に対する命令は、それが業務上のものであると認められる限りは、人権侵害としてのいじめにはならない。

② 企業がセクハラの防止に努めることは、法律上の義務ではなく、社会的マナーの一環として要請されている。

③ 企業は、従業員が上司のいじめによって精神的に打撃を受けた場合には、その従業員に対して損害賠償責任を負うことがある。

④ セクハラが違法行為と認められた場合でも、加害者は、損害賠償責任を負うだけであって刑事罰を受けることはない。　　　　　　　　　　　　　　　　　　　　　　　　　　　　　　[　　]

問19【社会の多様性と人権保障】　社会の多様性に対応して様々な人権保障の広がりがみられる。それらを背景として、整備されてきた日本の法制度に関する記述として**適当でないもの**を、次の①～④のうちから一つ選べ。 現社21本試第 1 日程25

① 男女共同参画社会基本法は、男女間の格差改善の機会を提供する積極的改善措置について定めている。

② 日本以外の国や地域の出身者とその子孫に対する不当な差別的言動を解消するための取組みについて定めた法律が、制定されている。

③ 障害者基本法の制定によって、国や地方自治体、企業は、一定割合の障害者雇用が原則として義務づけられている。

④ 育児・介護休業法によれば、男性が育児・介護休業を取得することが認められている。　　　[　　]

問20【男女平等に関する法制度】　男女平等に関連して、日本の法制度の説明として**誤っているもの**を、次の①～④のうちから一つ選べ。 07追試22

① 日本国憲法は、個人の尊厳と両性の本質的平等を規定し、それに対応して、民法の親族および相続に関する規定が改正された。

② 民法は、夫婦は婚姻の際に夫または妻の氏を称すると規定していたが、夫婦別姓を認めるために改正された。

③ 男女共同参画社会基本法は、男女が対等な立場で社会参画すると規定し、それに対応して、国の審議会などで女性委員の割合が高められた。

④ 男女雇用機会均等法は、男女の均等な雇用機会と待遇の確保について努力目標を規定していたが、差別的取扱いを禁止する規定に改正された。　　　　　　　　　　　　　　　　　　　[　　]

問21【外国人の権利保障①】　外国人に関する現在の日本の制度や状況についての記述として**誤っているもの**を、次の①～④のうちから一つ選べ。 11本試23

① 日本を訪れる外国人観光客を倍増させようとする政策の流れのなかで、観光庁が設置された。

② 衆議院議員選挙での選挙権を定住外国人に認めることができるように、公職選挙法が改正された。

③ 日本政府は、経済連携協定(EPA)に基づいて協定相手国から看護師・介護福祉士の候補者を受け入れた。

④ 一般行政職の公務員採用試験において、一部の地方公共団体は受験要件としての国籍条項を外した。

　　　　　　　　　　　　　　　　　　　　　　　　　　　　　　　　　　　　　[　　]

問22【外国人の権利保障②】　外国人に関連する日本の現在の状況についての次の記述A～Cのうち、正しいものはどれか。当てはまる記述をすべて選び、その組合せとして最も適当なものを、下の①～⑦のうちから一つ選べ。 20本試14

A　外国人も、中央省庁の行政文書に関して、情報公開法に基づいて開示を請求することができる。

B　最高裁判所は、永住資格を有する在日外国人には、地方参政権が憲法上保障されていると判断した。

C　地方公務員採用試験に関して、日本国籍を受験条件としない地方公共団体もある。

① A　　　　　② B　　　　　③ C　　　　　④ AとB
⑤ AとC　　　⑥ BとC　　　⑦ AとBとC　　　　　　　　　　　[　　]

問23【ポジティブ・アクション】 平等について、原則として、すべての人々を一律、画一的に取り扱うことを意味するとの考え方がある。また、そのような意味にとどまることなく、現実の状況に着眼した上で、積極的な機会の提供を通じて、社会的な格差を是正しようとする意味もあるとの考え方がある。後者の考え方に沿った事例として最も適当なものを、次の①～④のうちから一つ選べ。 15本試22

①　法律において、男女同一賃金の原則を定めること。

②　大学入試の合否判定において、受験者の性別を考慮しないこと。

③　民間企業の定年において、女性の定年を男性よりも低い年齢とする就業規則を定めた企業に対して、法律で罰を科すこと。

④　女性教員が少ない大学の教員採用において、応募者の能力が同等の場合、女性を優先的に採用するという規定を定めること。　　　　　　　　　　　　　　　　　　　　　　　　　　　　　　　　　　　　　　　[　　]

問24【権利の拡大と救済】 次のA～Dは、権利の拡大および救済のための制度をめぐり、日本で取り組まれた出来事についての記述である。これらの出来事を古い順に並べたとき、3番目にくるものとして正しいものを、下の①～④のうちから一つ選べ。 15本試18

A　障害に基づく差別の禁止や障害者の社会参加の促進を定める「障害者の権利に関する条約」が批准された。

B　すべての児童に対して、「ひとしくその生活を保障され、愛護されなければならない」と定めた児童福祉法が制定された。

C　アイヌの人々の文化の振興と伝統に関する知識の普及を目的とするアイヌ文化振興法が制定された。

D　特定の公害の被害者に対して、国による補償を定めた公害健康被害補償法が制定された。

①　A　　　②　B　　　③　C　　　④　D　　　　　　　　　　　　　　　　　　　[　　]

問25【基本的人権の保障】 日本における基本的人権の保障についての記述として最も適当なものを、次の①～④のうちから一つ選べ。 05本試12

①　未成年者は、国会の制定した法律が基本的人権を不当に侵害していると考えた場合、その法律の改正や廃止を国会に請願することができる。

②　未成年者は、自分が訴訟当事者となった場合、その裁判で適用される法律が自分の基本的人権を不当に侵害していると主張できない。

③　国会の各議院の議長は、審議中の法案が基本的人権を不当に侵害するおそれがある場合、最高裁判所に判決を求めることができる。

④　下級裁判所の裁判官は、最高裁判所がある法律について基本的人権を不当に侵害していないと判断している場合、その法律を違憲と判決できない。　　　　　　　　　　　　　　　　　　　　　　　　　　　　　[　　]

思判表 問26【自由の概念】 自由は消極的自由と積極的自由の二つの概念に区別されるという考えがある。消極的自由とは、他人や政府によって干渉されない個人的な活動領域が確保されていること（他者による干渉の不在）である。積極的自由とは、個人ないし集団が自らの活動を自己以外の人物や権力者ではなく自己自身で支配すること（自己支配、自己実現）である。この考えに立ったとき、次の文章中の　ア　～　エ　には消極的自由と積極的自由のどちらが入るか。その組合せとして最も適当なものを、下の①～④のうちから一つ選べ。 12本試25

　　民主的な社会においては、人々は自分たちの社会のあり方について議論し決定する、あるいはその過程に参加することができるが、このことによって実現されるのは　ア　である。それに対して、非民主的な社会においても、権力者が人々の私生活に介入していなければ、論理的には　イ　が維持されているとみなされうる。

　　また、ある集団内で、人々の信じる価値は個人によって異なり、相互に対立することもあるが、その違いを尊重しあう場合には、　ウ　の方が重視されている。それに対して、人々が集団として内面の価値や目的を共有すべきであり、かつその目的が民主的に決定されるならば、集団の構成員すべてにその目的の追求を強制することも、　エ　の名の下に正当化されうる。

①　ア・ウ―消極的自由　　イ・エ―積極的自由　　②　ア・エ―消極的自由　　イ・ウ―積極的自由

③　イ・ウ―消極的自由　　ア・エ―積極的自由　　④　イ・エ―消極的自由　　ア・ウ―積極的自由

[　　]

問27【人権規定の私人間効力】 憲法は国家と私人との関係を規定するものであるから、人権の制限は、第一次的には国・地方自治体と私人との関係で問題となるが、私人相互の関係でも問題となることがある。人権の制限の例のうちで、私人相互の関係で問題となっているものとして最も適当なものを、次の①～④のうちから一つ選べ。 14追試25

① たばこ会社の製造するたばこのパッケージに、喫煙が健康を損なうおそれがある旨の記載をしなければならないと、法律で定められた。

② 市の設置・運営する市民会館に、市民団体から利用申込みがあったが、市長を批判する集会の開催であるとして申込みを拒否された。

③ 県立高校の校則において、担任は生徒の持ち物検査を、随時行うことができると規定された。

④ 出版社の発行する週刊誌において、犯罪事件の被疑者の子どもの私生活に関する記事を、無断で掲載された。　　　　　　　　　　　　　　　　　　　　　　　　　　[　　]

問28【自由権の保障】 日本における自由権の保障をめぐる記述として正しいものを、次の①～④のうちから一つ選べ。 17本試21

① 最高裁判所は、三菱樹脂事件で、学生運動にかかわった経歴を隠したことを理由とする本採用の拒否を違憲と判断した。

② 日本国憲法が保障する経済活動の自由は、公共の福祉との関係で制約に服することはない。

③ 最高裁判所は、津地鎮祭訴訟で、公共施設を建設する際に行われた地鎮祭の費用を地方自治体が支出したことについて違憲と判断した。

④ 日本国憲法が保障する表現の自由は、他人の権利との関係で制約に服することがある。　　[　　]

問29【表現の自由】 表現の自由に関連する記述として最も適当なものを、次の①～④のうちから一つ選べ。 09本試11

① 表現の自由には、楽曲を演奏する自由は含まれない。

② 表現の自由には、報道機関の報道の自由も含まれる。

③ 検閲の禁止は、一度刊行した出版物の再発行を禁じるものである。

④ 通信の秘密は、電信・電話による通信の内容を対象としていない。　　　　　　　　　[　　]

問30【表現の自由をめぐる事件】 表現の自由が争われた事件名Ａ～Ｃと、事件で表現の自由と対立した利益ア～ウとの組合せとして正しいものを、下の①～⑥のうちから一つ選べ。 08本試17

Ａ　『宴のあと』事件
Ｂ　外務省公電漏洩事件
Ｃ　『チャタレイ夫人の恋人』事件

ア　国家機密　　　　イ　性道徳　　　　ウ　プライバシー

① Ａ―ア　　Ｂ―イ　　Ｃ―ウ　　　　② Ａ―ア　　Ｂ―ウ　　Ｃ―イ
③ Ａ―イ　　Ｂ―ア　　Ｃ―ウ　　　　④ Ａ―イ　　Ｂ―ウ　　Ｃ―ア
⑤ Ａ―ウ　　Ｂ―ア　　Ｃ―イ　　　　⑥ Ａ―ウ　　Ｂ―イ　　Ｃ―ア　　　　　　[　　]

問31【検閲】 憲法によって禁止されている検閲に当たる事例とは**言えない**ものを、次の①～④のうちから一つ選べ。 06追試13

① 他人のプライバシーを害する不当な内容の新聞記事が発行される前に、特別の行政委員会が審査して削除する。

② 政府の政策を批判する内容のウェブページがインターネット上に公開される前に、行政機関が審査して削除する。

③ 住民生活に影響する内容の地方自治体の計画案がその広報紙に掲載される前に、地方議会が閲覧して内容の変更を求める。

④ 性風俗を害する内容の小説や図画が市販される前に、警察が閲覧して内容の変更を求める。　　[　　]

問32【さまざまな自由】 各国憲法はさまざまな自由を保障している。次の文A～Cは、それぞれア～ウのいずれの自由権にかかわるものか。その組合せとして正しいものを、下の①～⑥のうちから一つ選べ。
06追試12

A 混乱や管理上の支障が生じる可能性がない限り、地方自治体は、市民会館や公会堂などの公共施設の使用を許可しなければならない。

B 自己の信念に基づいて兵役を拒んだ者を、代替措置を講ずることなく処罰することは許されない。

C パントマイムや絵画のような言語や文字によらない芸術活動も、メッセージを伝達しているから、その自由は保護されている。

　ア　良心の自由　　　イ　言論の自由　　　ウ　集会の自由
① A－ア　　B－イ　　C－ウ　　　　② A－ア　　B－ウ　　C－イ
③ A－イ　　B－ア　　C－ウ　　　　④ A－イ　　B－ウ　　C－ア
⑤ A－ウ　　B－ア　　C－イ　　　　⑥ A－ウ　　B－イ　　C－ア　　　　[　　]

問33【基本的人権】 生徒Wは、ある大学のオープンキャンパスで、「公法と私法」という講義に参加した。講義では、法の意義、公法と私法の違い、公法と私法それぞれに属する各法の性格などが扱われた。

　次の**資料1**と**資料2**は、講義内で配付された、1973年の最高裁判所の判決文の一部である。**資料1**の理解をもとに、**資料2**の空欄に語句を入れた場合、空欄　ア　・　イ　に当てはまる語句の組合せとして最も適当なものを、次の①～④のうちから一つ選べ。なお、資料には、括弧と括弧内の表現を補うなど、表記を改めた箇所がある。21本試第1日程8改

資料1　　　　　　　　　　　　　　　　　　　　　　　　　（出所）最高裁判所民事判例集27巻11号

> （憲法第14条の平等および憲法第19条の思想良心の自由の規定は）その他の自由権的基本権の保障規定と同じく、国または公共団体の統治行動に対して個人の基本的な自由と平等を保障する目的に出たもので、もっぱら国または公共団体と個人との関係を規律するものであり、私人相互の関係を直接規律することを予定するものではない。

資料2　　　　　　　　　　　　　　　　　　　　　　　　　（出所）最高裁判所民事判例集27巻11号

> 　ア　的支配関係においては、個人の基本的な自由や平等に対する具体的な侵害またはそのおそれがあり，その態様、程度が社会的に許容しうる限度を超えるときは、これに対する立法措置によってその是正を図ることが可能であるし、また、場合によっては、　イ　に対する一般的制限規定である民法1条、90条や不法行為に関する諸規定等の適切な運用によって、一面で　イ　の原則を尊重しながら、他面で社会的許容性の限度を超える侵害に対し基本的な自由や平等の利益を保護し、その間の適切な調整を図る方途も存するのである。

① ア　公　　イ　団体自治　　　　② ア　公　　イ　私的自治
③ ア　私　　イ　団体自治　　　　④ ア　私　　イ　私的自治　　　　[　　]

問34【身体の自由】 日本における身体の自由についての記述として**誤っている**ものを、次の①～④のうちから一つ選べ。15追試32改

① 何人も、現行犯で逮捕される場合を除き、検察官が発する令状によらなければ逮捕されない。
② 何人も、実行の時に犯罪でなかった行為について、その後に制定された法律によって処罰されない。
③ 何人も、法律の定める手続によらなければ、生命や自由を奪われることも刑罰を科せられることもない。
④ 何人も、自己に不利益な唯一の証拠が本人の自白である場合には、有罪とされることも刑罰を科せられることもない。　　　　[　　]

問35【刑事手続①】 日本国憲法は、A「適正な手続によらなければ刑罰を科すことはできないということ」と、B「どのような行為が犯罪を構成しそれに対してどのような刑罰が科されるかはあらかじめ法律で定められていなければならないという罪刑法定主義」とを要請する。刑事手続に関する日本国憲法の条文である次の①～④を、A、Bの要請のいずれか一方に分類した場合に、Bに分類されるものとして最も適当なものを、次の①～④のうちから一つ選べ。12追試29

① 何人も、理由を直ちに告げられ、且つ、直ちに弁護人に依頼する権利を与へられなければ、抑留又は拘禁されない。
② 公務員による拷問……は、絶対にこれを禁ずる。
③ 何人も、自己に不利益な供述を強要されない。
④ 何人も、実行の時に適法であつた行為……については、刑事上の責任を問はれない。　　　　[　　]

問36【刑事手続②】 刑事手続に関する多くの規定が保障する内容についての記述として**誤っているもの**を、次の①～④のうちから一つ選べ。 05本試 2 改

① 被告人は、同一犯罪で重ねて刑事責任を問われることはなく、また、事後に制定された法律で処罰されない権利が保障されている。

② 拘禁された後に無罪の判決を受けた人は、国に対して刑事補償を請求することができる。

③ 捜査機関は、現行犯逮捕をした場合には、速やかに、法務大臣に対して令状を求めなければならない。

④ 裁判所は、刑事裁判において、公平かつ迅速な公開裁判をしなければならず、とくに判決は必ず公開法廷で言い渡さなければならない。　　　　　　　　　　　　　　　　　　　　　　　　　　　　　[　　]

問37【刑事手続③】 刑事手続についての記述として**正しいもの**を、次の①～④のうちから一つ選べ。 14追試27

① 被疑者の取調べは、憲法上、録音・録画が義務づけられている。

② 検察官の強制による被疑者の自白も、裁判上の証拠として認められる。

③ 最高刑が死刑である殺人罪については、時効が廃止されている。

④ 現行犯逮捕の場合にも、憲法上、令状が必要とされる。　　　　　　　　　　　　　　　　　[　　]

問38【刑事手続④】 刑事裁判に適用される原則についての記述として**誤っているもの**を、次の①～④のうちから一つ選べ。 10本試18

① 裁判によって無罪が確定するまで、被告人は無罪であると推定されることはない。

② ある犯罪についてひとたび判決が確定したときは、再びその行為を同じ罪状で処罰することはできない。

③ 犯罪事実の有無が明らかでないときには、裁判官は、被告人に無罪を言い渡さなければならない。

④ これまで犯罪でなかった行為は、後で法律を定めてその行為を犯罪としても、さかのぼって処罰されない。　　　　　　　　　　　　　　　　　　　　　　　　　　　　　　　　　　　　　　[　　]

国内政治

問39【経済的自由②】 日本国憲法における経済的自由にかかわる規定についての説明として**誤っているもの**を、次の①～④のうちから一つ選べ。 08追試 1

① 日本国憲法は、営業の自由を明記している。

② 日本国憲法は、経済的自由に対して公共の福祉による制限を明記している。

③ 日本国憲法には、財産権の内容は法律で定めるとの規定がある。

④ 日本国憲法には、私有財産の収用には正当な補償が必要との規定がある。　　　　　　　　　[　　]

問40【経済的自由の規制】 経済的自由の規制にはさまざまなものがある。その分類の一つとして、国民の生命・健康に対する侵害を防止することを目的とし、夜警国家においては中心的と考えられた規制（消極目的規制）と、社会的・経済的弱者を保護することを目的とし、福祉国家においてその重要性が強調されるようになった規制（積極目的規制）とが区別されることがある。次のA～Cの規制のうち、積極目的規制に該当するものはどれか。最も適当なものを、下の①～⑦のうちから一つ選べ。 13追試25

A　零細経営者が多いたばこ小売店の営業の継続を図るため、既存のたばこ店の近隣には新たなたばこ店の開業を認めないという規制

B　公衆浴場の経営を安定させてその確保を図り、自家風呂をもたない人々が利用できるようにするため、既存の公衆浴場の近隣には新たな浴場の開業を認めないという規制

C　不良医薬品の供給により生じうる危険を防止するため、既存の薬局の近隣には新たな薬局の開業を認めないという規制

① A　　　　　② B　　　　　③ C　　　　　④ AとB

⑤ AとC　　　⑥ BとC　　　⑦ AとBとC　　　　　　　　　　　　　　　　　　　　　[　　]

問41【財産権の保障】 日本における財産権の保障についての記述として**誤っているもの**を、次の①～④のうちから一つ選べ。 14追試34改

① 海賊版の映像や音楽については、個人で使用するためのダウンロードが刑事罰の対象とされている。

② 知的財産に関する事件については、これを専門的に取り扱う知的財産高等裁判所が設置されている。

③ 憲法は、財産権の内容が、公共の福祉に適合するように法律で定められることを規定している。

④ 憲法は、すべての国民が最低限度の財産を所有できるよう、国がそのために必要な政策を行うことを規定している。　　　　　　　　　　　　　　　　　　　　　　　　　　　　　　　　　　[　　]

問42【社会保障制度に関する日本の法制度】 社会保障制度に関連する日本の法制度についての記述として最も適当なものを、次の①〜④のうちから一つ選べ。 13本試 1

① 朝日訴訟では、憲法上の生存権の規定は個々の国民に対して具体的な権利を保障したものであるとの最高裁判決が下されている。

② 堀木訴訟では、障害福祉年金と児童扶養手当の併給を禁止した法規定は違憲とはいえないとの最高裁判決が下されている。

③ 明治期に、社会主義運動などの抑圧を意図した治安警察法の制定と同時に、世界初の社会保険制度が導入された。

④ 世界恐慌をうけ、公的扶助制度と社会保険制度を内容とし、世界で初めて「社会保障」という言葉を用いた法律が制定された。 [   ]

問43【社会権②】 日本における社会権の保障についての記述として**誤っているもの**を、次の①〜④のうちから一つ選べ。 13追試27

① 生存権は、新しい人権として環境権が主張される際に、その根拠の一つとなっている。

② 教育を受ける権利は、児童・生徒が公立学校において、自らの信仰する宗教の教義の教育を受ける権利を含んでいる。

③ 勤労権は、職業安定法、雇用対策法などの法律によって、実質的な保障が図られている。

④ 団体交渉権は、国家公務員および地方公務員については、民間企業の労働者よりも制限されている。 [   ]

問44【社会権③】 日本国憲法が保障する社会権についての記述として**誤っているもの**を、次の①〜④のうちから一つ選べ。 08追試 6

① 最高裁判所は、朝日訴訟において、生存権を定めた規定は直接個々の国民に対して具体的な権利を与えたものではないとした。

② 最高裁判所は、堀木訴訟において、障害福祉年金と児童扶養手当との併給禁止を違憲ではないとした。

③ 勤労の権利とは、働く意思のある者が、希望の職業に就くことを国家に請求する権利のことである。

④ 労働三権とは、団結権、団体交渉権および団体行動権を総称したものである。 [   ]

問45【福祉国家としての日本の現状】 福祉国家としての日本の現状の記述として最も適当なものを、次の①〜④のうちから一つ選べ。 06本試14

① 健康で文化的な最低限度の生活を営むことのできない者は、法律の根拠がなくても、直接憲法に基づいて国に生活保護を請求することができる。

② 義務教育においては、国民に、授業料を徴収しない教育の機会が保障されているだけでなく、教科書もまた無償で配布される。

③ 勤労は、権利であるとともに義務でもあるので、国が必要と認める場合には、国民を強制的に徴用することができる。

④ 公務員も勤労者であるから、労働基本権の保障を受け、その一つである争議権もしばしば合法的に行使される。 [   ]

問46【参政権②】 日本における参政権についての記述として最も適当なものを、次の①〜④のうちから一つ選べ。 09本試18

① 地方自治体の長については、憲法上、その地方自治体の住民による直接選挙が保障されている。

② 衆議院議員選挙では、永住資格を有する在日外国人も選挙権をもつ。

③ 参議院議員選挙では、成年の国民が被選挙権をもつ。

④ 条約の批准については、憲法上、成年の国民による国民投票が保障されている。 [   ]

問47【環境権】 生活環境の悪化への裁判所の対応についての記述として最も適当なものを、次の①〜④のうちから一つ選べ。 10本試 6

① 裁判所は、日照侵害に基づく損害賠償請求を認めていない。

② 最高裁判所は、環境権を憲法上の権利と認めていない。

③ 道路公害訴訟では、国の責任を認めた判決はない。

④ 空港公害訴訟では、飛行の差止めを認めた判決はない。 [   ]

国内政治

➡ 解答解説 p.26

問48【日本における環境保護】　日本における環境保護についての法制度や裁判の記述として正しいものを、次の①〜④のうちから一つ選べ。 14本試4
① 最高裁判所は、環境権を「新しい人権」の一つとして認めている。
② 公害の原因となる行為の差止めを認めた判決は、存在しない。
③ 公害防止のために国の法律による規制が行われており、公害防止条例を制定した地方自治体は、存在しない。
④ 開発が環境に及ぼす影響を事前に調査、評価し、環境保全への適切な配慮を確保するため、環境アセスメント法（環境影響評価法）が制定されている。　　　　　　　　　　　　　　[　　]

問49【プライバシーの権利①】　個人情報保護関連5法やその根拠であるプライバシーの権利についての記述として正しいものを、次の①〜④のうちから一つ選べ。 14追試35
① 個人情報保護法（個人情報の保護に関する法律）では、個人情報に関する請求権が定められていない。
② いずれの法律も民間の事業者が保有する個人情報を対象とするものであり、行政機関が保有する個人情報は対象とされていない。
③ 個人は自らについての情報をコントロールできるという内容のプライバシーの権利が、憲法上の幸福追求権などを根拠に主張されている。
④ 裁判所が民間事業者の保有する個人情報の削除を最初に認めた事件として、「宴のあと」事件がある。　　　　　　　　　　　　　　　　　　　　　　　　　　　[　　]

問50【個人情報保護に関する法制度①】　個人情報保護のための、日本の法制度についての記述として最も適当なものを、次の①〜④のうちから一つ選べ。 08本試6
① 個人は、企業に対して、自分の個人情報の開示・訂正・削除を請求することができる。
② 企業は、業務上の必要性の有無を問わず、従業員の個人情報を第三者に渡すことができる。
③ 企業は、顧客の同意があっても、その個人情報を事業のために利用することはできない。
④ 個人は、国のすべての行政機関に対して、自分の個人情報の開示・訂正・削除を請求することはできない。　　　　　　　　　　　　　　　　　　　　　　　　　　[　　]

問51【国民の情報の収集や発信に関する法制度】　国民の情報の収集や発信に関する法制度についての記述として最も適当なものを、次の①〜④のうちから一つ選べ。 11本試17
① インターネットを利用した情報発信は、紙媒体による情報発信とは異なり、名誉毀損やプライバシー侵害に関する法規制を受けない。
② テレビ放送による報道は、新聞や雑誌による報道よりも社会的影響力が大きいため、表現の自由が保障されない。
③ 青少年が携帯電話でインターネットを使用する場合には、有害情報のフィルタリングサービスの利用がその保護者に法律で義務付けられている。
④ 国家秘密であるという理由で行政が公開しないと決めた情報でも、裁判所は開示を命じることができる。　　　　　　　　　　　　　　　　　　　　　　　　　　[　　]

問52【日本における人権をめぐる出来事】　日本における人権をめぐる出来事についての記述として誤っているものを、次の①〜④のうちから一つ選べ。 12追試38
① 天皇機関説事件では、学問に対する弾圧が行われた。
② 「宴のあと」事件判決では、プライバシーの権利が認められた。
③ 明治憲法下において、治安維持法によって言論弾圧が行われた。
④ 日本国憲法下において、通信の傍受を認める通信傍受法が廃止された。　　　[　　]

問53【権利・自由の相互対立の具体例】　多様な権利・自由の相互対立の具体例として適当でないものを、次の①〜④のうちから一つ選べ。 06追試17
① ジャーナリストによる取材活動によって、取材の相手方や第三者の生活の平穏が侵害される。
② 宗教家が暴力行為を伴う宗教儀式を行うと、行為の相手方の生命や身体が侵害される。
③ 国が国家秘密を漏洩した公務員に刑罰を科すと、公務員の表現の自由が侵害される。
④ 不動産業者による誇大広告や誤解を招く商業的宣伝によって、顧客の財産が侵害される。　　　[　　]

問54【個人情報保護に関する法制度②】 日本における個人情報についての法整備に関する記述として最も適当なものを、次の①～④のうちから一つ選べ。 現社22本試25
① 組織的犯罪の捜査に際して、捜査機関が電話やインターネット上の通信内容を取得するための手続きを定めている法律は、特定秘密保護法である。
② 税と社会保障に関する情報を、住民一人一人に「個人番号」を付して管理するための仕組みを、住民基本台帳ネットワークという。
③ アクセス制限がなされているコンピュータに対し、他人のパスワードを無断で利用してアクセスすることは、禁止されていない。
④ 個人情報保護法に基づいて、一定の場合に、個人情報を扱う事業者に対して、本人が自己の個人情報の開示や利用停止を求めることができる。　　　　　[　　]

問55【プライバシーの権利②】 プライバシーの権利は、新しい人権として主張されているものの一つである。新しい人権A～Cと、その内容ア～ウとの組合せとして正しいものを、下の①～⑥のうちから一つ選べ。 09本試14
A　アクセス権　　　　B　知る権利　　　　C　プライバシー権
ア　自分に関する情報を自らコントロールする権利
イ　マスメディアを利用して意見を発表したり反論したりする権利
ウ　政府情報の開示を求める権利
① A－ア　　B－イ　　C－ウ　　　　② A－ア　　B－ウ　　C－イ
③ A－イ　　B－ア　　C－ウ　　　　④ A－イ　　B－ウ　　C－ア
⑤ A－ウ　　B－ア　　C－イ　　　　⑥ A－ウ　　B－イ　　C－ア　　　[　　]

問56【日本における人権】 日本における人権に関する記述として最も適当なものを、次の①～④のうちから一つ選べ。 現社15本試４改
① 日本国憲法では、刑事被告人が弁護人を依頼することができるとは、規定されていない。
② プライバシーの権利は、新しい人権として主張されているが、裁判所の判決では認められていない。
③ アクセス権とは、マスメディアを通じて、自分の意見を表明する権利として、主張されているものである。
④ 日本国憲法では、抑留または拘禁された後に裁判で無罪となったとしても、その人が国に補償を求めることができるとは、規定されていない。　　　　　　[　　]

問57【自己決定権】 日本における個人の国家に対する自己決定権についての記述として最も適当なものを、次の①～④のうちから一つ選べ。 08本試５
① 国家に干渉されない権利　　　　　　② 憲法に明文の規定を持つ権利
③ 福祉国家の理念に基づく権利　　　　④ 国民固有の権利　　　　　　　[　　]

問58【個人の権利の保障】 人権に関連して、日本における個人の権利の保障をめぐる記述として正しいものを、次の①～④のうちから一つ選べ。 13本試23
① 新しい人権の一つとされる自己決定権は、公共的な課題について市民が集団として決定する権利であり、私的事柄を決定する権利を含まない。
② 労働基準法によると、使用者は、労働者の信条を理由として労働条件について差別的取扱いをしてはならない。
③ 教育基本法では、教育において個人の尊厳を重んじることについては、言及されていない。
④ プライバシーの権利は、公権力により私生活をみだりに公開されない権利であり、私人により私生活をみだりに公開されない権利を含まない。　　　　　　[　　]

問59【情報関連の法整備】 名誉やプライバシーに配慮しつつ、日本では、国と地方自治体が情報関連の法整備を行い、さまざまな政策を実施している。その法整備や政策についての記述として最も適当なものを、次の①～④のうちから一つ選べ。 06追試16
① 地方自治体の中には、国の法整備に先行してプライバシー保護に関する条例を制定したものがある。
② 地方自治体の中には、議会の本会議をテレビ会議により行っているものがある。
③ 情報公開法は、国民の知る権利を明文で定めている。
④ 情報公開法は、情報公開訴訟の第一審を簡易裁判所と定めている。　　　[　　]

5 国会の組織と立法

重要事項の整理

● 国会の地位と構成

(1) 国会の地位……「国会は、国権の**最高機関**であつて、国の唯一の**❶**[　　　]機関」（第41条）

　　※例外：①両議院の規則制定権、②最高裁判所の規則制定権、③内閣の政令制定権、

　　　　　　④地方公共団体の条例制定権　など

(2) 両議院は「**❷**[　　　　]を代表する選挙された議員」（第43条）で組織

(3) 国会の構成……衆議院と参議院の**❸**[　　　]制

　　衆議院：任期**❹**[　　]年で解散あり　参議院：任期6年で解散はないが、3年ごとに半数ずつ改選

(4) 国会の種類……**❺**[　　　]（通常国会）、**臨時会**（臨時国会）、**特別会**（特別国会）

　　※衆議院の解散中に参議院で開かれる**❻**[　　　　　]もある

> 国会の活動期間を**会期**といい、会期は延長できる。また、原則として会期中に議決できなかった議案は廃案となる（会期不継続の原則）。

(5) 国会議員の特権

　　①**歳費特権**……国庫から相当額の歳費を受ける権利

　　②**❼**[　　　　]**特権**……国会会期中は逮捕されない

　　　※会期前に逮捕された場合に議院の要求があれば、会期中は釈放される

　　③**免責特権**……議院内で行った発言については、院外で責任を問われない

● 国会の権限

(1) 国会の権限

　　①**立法権**……法律案の議決（法律案は衆議院と参議院のどちらから先に審議してもよい） ｜ 衆議院の優越

　　②**予算の議決権**　　③**条約の承認権**　　④**内閣総理大臣の指名権** ｜ あり

　　⑤**❽**[　　　　　　]の設置……罷免の訴追を受けた裁判官を裁判

　　⑥**❾**[　　　　　]の発議権……各議院の総議員の3分の2以上の賛成で国民に発議

　　　　　　　　　→ 国民投票において過半数の賛成で憲法改正

(2) 両議院にそれぞれ独自に認められている権限

　　①議員の資格に関する争訟の裁判権　　②議院の**規則制定権**と議員の懲罰権

　　③**❿**[　　　　]**権**……証人の出頭・証言、記録の提出を要求することができる

(3) 衆議院のみに認められている権限

　　①**⓫**[　　　　　　　]**決議権**　※参議院は首相や閣僚に対して問責決議ができるが、法的強制力はない

　　②予算の先議権：予算は**⓬**[　　　]が作成し、衆議院に先に提出

● 国会の運営と衆議院の優越

(1) 国会の運営

委員会	本会議
・**⓭**[　　　　　　]と特別委員会がある	・各議院の総議員の3分の1以上の出席で開催
・国会における実質的な審議は委員会で行われる（＝委員会中心主義）	・議決は原則として出席議員の**⓮**[　　　]が必要
・公聴会を開くこともある	※議員の除名や秘密会の開催など、特別な場合は出席議員の3分の2以上の賛成が必要

(2) 衆議院の優越

法律案の議決	・衆議院が可決した法律案を…… ①参議院が否決　②参議院が60日以内に議決せず	→衆議院で出席議員の**⓯**[　　　　]以上の多数で再可決→成立
予算の議決 条約の承認	・衆議院が可決（承認）した予算案（条約）を…… ①参議院が否決　②参議院が30日以内に議決せず	→①の場合、**⓰**[　　　　　]を開いても意見が一致しないとき……
内閣総理 大臣の指名	①衆議院と参議院とが異なった指名をした場合 ②衆議院の指名後、参議院が10日以内に議決せず	→②の場合、ただちに…… 衆議院の議決を国会の議決とする

● 国会改革

(1) 国務大臣の代わりに国会答弁を行う**⓱**[　　　　　　]の存在、与野党の事前調整による**国対政治**

(2) 国会改革……国会審議活性化法の成立（1999年）：①**⓱**[　　　　　]制度の廃止（2001年）、②**⓲**[　　　　　]

　　・大臣政務官の設置（2001年）、③**⓳**[　　　　]（クエスチョン・タイム）の導入（1999年）

国内政治

☑トライ

問1 【国会①】 国会についての記述として正しいものを、次の①〜④のうちから一つ選べ。 13本試22

①　国会は、憲法上「唯一の立法機関」であるが、条約は法律ではないので、国会には内閣が締結する条約の承認権はない。

②　国会は、憲法上「唯一の立法機関」であるが、内閣は、法律案を作成して国会に提出することができる。

③　憲法上「衆議院の優越」が認められているものの、予算案は参議院に先に提出することができる。

④　憲法上「衆議院の優越」が認められているので、参議院には内閣総理大臣の指名権はない。　　　[　　]

問2 【議員特権】 国会の議員に認められている日本国憲法上の地位についての記述として誤っているものを、次の①〜④うちから一つ選べ。 09本試16

①　法律の定める場合を除いて、国会の会期中逮捕されない。

②　議院内で行った演説について、議院外で責任を問われない。

③　法律の定めるところにより、国庫から相当額の歳費を受ける。

④　議員を除名するには、弾劾裁判所の裁判が必要となる。　　　[　　]

問3 【国会の権限】 国会についての記述として正しいものを、次の①〜④のうちから一つ選べ。 17本試6

①　国会において憲法の規定に基づき内閣不信任決議案が可決された場合、内閣は総辞職か衆議院の解散かを選択することになる。

②　国会に設置されている委員会は、法律案の審議のために公聴会の開催が義務づけられている。

③　国会は弾劾裁判所を設置する権限を有しており、弾劾裁判によって国務大臣を罷免することができる。

④　国会の憲法審査会は、法律や命令が憲法に違反するかしないかを決定するために設置されている。

　　　[　　]

問4 【国会のしくみ】 国会に関連する記述として誤っているものを、次の①〜④のうちから一つ選べ。 12追試27

①　衆参両院の議員の定数は法律によって定められているので、国会で法律の改正を行えば、定数を変更することができる。

②　国会には、首相と野党党首とが直接対峙して国政の基本課題について議論する党首討論の仕組みが設けられている。

③　衆参両院で同意が必要な日本銀行総裁などの人事(国会同意人事)について、憲法は参議院で同意が得られない場合の衆議院の優越を定めている。

④　国会は会期制を採用しており、原則として、常会(通常国会)は毎年1月に召集され150日間を会期とする。　　　[　　]

問5 【法律の制定と公布】 法律の制定・公布に至る過程についての記述として正しいものを、次の①〜④のうちから一つ選べ。 10本試19

①　法律案は、先に衆議院に提出され、審議を受けなければならない。

②　法律は、内閣の助言と承認の下で、天皇により公布される。

③　法律案について衆議院と参議院が異なる議決をした場合、両院協議会での成案が得られると、それが直ちに法律となる。

④　一の地方公共団体に適用される特別法を制定する場合、その法律は、地方公共団体の議会の同意を受けなければならない。　　　[　　]

問6 【衆議院の優越】 衆議院の権限またはその優越についての記述として正しいものを、次の①〜④のうちから一つ選べ。 11本試12

①　衆参両院の議決が異なる法律案は、両院協議会でも成案が得られない場合、衆議院の議決が国会の議決となる。

②　参議院で否決された予算案は、衆議院の出席議員の3分の2以上の賛成で再可決された場合、成立する。

③　内閣不信任の決議権は、衆議院のみに付与されている。

④　衆議院は、条約の先議権を付与されている。　　　[　　]

問7 【国会の活動】　日本の国会に関する記述として最も適当なものを、次の①～④のうちから一つ選べ。
　　現社13本試15
　① 国会の議決により、内閣総理大臣および国務大臣は指名される。
　② 国会改革の一環として、副大臣による答弁が廃止され、政府委員による答弁が導入されている。
　③ 国会は、法律や政令を制定する権限を有する。
　④ 国会の両議院は、それぞれ、立法に関する事項や行政機関の活動が適切に行われているかなどを調査するため、国政調査権を有する。　　　　　　　　　　　　　　　　　　　　　　　　　　　　　[　　]

問8 【国会の審議】　国会に関する記述として**適当でない**ものを、次の①～④のうちから一つ選べ。
　　現社13追試27
　① 国会では、法律案について、内閣が提出する場合も、議員が提出する場合も、衆議院に先議権がある。
　② 国会は、常会・臨時会・特別会に区別され、また、衆議院の解散中に参議院の緊急集会が開かれることがある。
　③ 国会審議活性化法により、副大臣・大臣政務官制や、与野党党首討論会などが導入されている。
　④ 国会における議案は、緊急の場合を除き、常任委員会または特別委員会で審議され、その結果が本会議で報告・議決される。　　　　　　　　　　　　　　　　　　　　　　　　　　　　　　　　　　[　　]

問9 【衆議院と参議院①】　衆議院と参議院に関する記述として最も適当なものを、次の①～④のうちから一つ選べ。　現社14追試19
　① 衆議院と参議院で予算の議決が異なった場合に、必ずしも両院協議会を開く必要はない。
　② 衆議院において、内閣不信任決議案が可決されるか、または、信任決議案が否決された場合に、内閣は10日以内に必ず総辞職しなければならない。
　③ 内閣が参議院の緊急集会を求めることができるのは、衆議院が解散され、国に緊急の必要があるときでなければならない。
　④ 内閣総理大臣に指名されるのは、国会議員のうち、参議院議員ではなく、衆議院議員でなければならない。　　[　　]

問10 【参議院】　参議院に関する憲法の記述として最も適当なものを、次の①～④のうちから一つ選べ。
　　現社12本試19
　① 衆議院が解散された場合、内閣は、国に緊急の必要があるとき、参議院の緊急集会を求めることができる。
　② 法律案について衆議院と参議院とで異なった議決をした場合には、両院協議会を開催しなければならないとされる。
　③ 条約の承認、内閣総理大臣の指名、予算の議決に関しては、衆議院と参議院は対等の権限を有する。
　④ 参議院議員の任期は6年であり、2年に1度選挙が行われ、定数の3分の1ずつ改選される。　　[　　]

問11 【国会②】　日本国憲法が定める国会についての記述として正しいものを、次の①～④のうちから一つ選べ。
　　19本試24
　① 在任中の国務大臣を訴追するには、国会の同意が必要となる。
　② 大赦や特赦などの恩赦を決定することは、国会の権限である。
　③ 衆議院で可決した予算を参議院が否決した場合に、両院協議会を開いても意見が一致しないとき、衆議院の議決が国会の議決となる。
　④ 最高裁判所の指名した者の名簿によって、下級裁判所の裁判官を任命することは、国会の権限である。　　[　　]

問12 【会期】　会期をめぐる記述として正しいものを、次の①～④のうちから一つ選べ。　09追試20
　① 特別会では、内閣総理大臣の指名が行われる。
　② 臨時会の召集は、両議院の議長が決定する。
　③ 常会では、次年度の予算の審議は行われない。
　④ 会期は、延長されない。　　　　　　　　　　　　　　　　　　　　　　　　　　　　　　　　[　　]

問13【国会③】 日本の国会に関する記述として最も適当なものを、次の①〜④のうちから一つ選べ。
現社15追試 9
① 憲法では、予算案は、衆議院より先に参議院において審議されてもよいとされている。
② 憲法では、参議院が、内閣総理大臣の指名の議決をすることはできないとされている。
③ 衆議院の解散中に、国に緊急の必要があるときには、参議院の緊急集会が開かれることがある。
④ 衆議院または参議院の常任委員会が議案について行った決議は、本会議を経ずに、衆議院または参議院の議決となる。　　　　　　　　　　　　　　　　　　　　　　　　　　　　　　　　　　　　　　[　　]

問14【衆議院の解散】 衆議院の解散についての記述として**誤っているもの**を、次の①〜④のうちから一つ選べ。
08本試15
① 内閣は、天皇の国事行為に対する助言と承認を通して衆議院を解散することができる、という憲法運用が定着している。
② 内閣は、衆議院が内閣不信任決議を行わなくても衆議院を解散することができる、という憲法運用が定着している。
③ 衆議院の解散総選挙後、一定期間内に、特別会が召集されなければならない。
④ 衆議院の解散後、国会の議決が必要になった場合、新しい衆議院議員が選挙されるのを待たなければならない。　　　　　　　　　　　　　　　　　　　　　　　　　　　　　　　　　　　　　　[　　]

問15【国会④】 国会の種類や議院の会議の名称A〜Cとその説明ア〜ウとの組合せとして正しいものを、下の①〜⑥のうちから一つ選べ。18本試28
A　特別会　　　　B　緊急集会　　　　C　臨時会
ア　衆議院解散後の総選挙の日から30日以内に召集される。
イ　内閣の決定により、またはいずれかの議院の総議員の4分の1以上の要求に基づいて召集される。
ウ　衆議院の解散中に内閣の要求により開かれる。

① A—ア　　B—イ　　C—ウ　　　　② A—ア　　B—ウ　　C—イ
③ A—イ　　B—ア　　C—ウ　　　　④ A—イ　　B—ウ　　C—ア
⑤ A—ウ　　B—ア　　C—イ　　　　⑥ A—ウ　　B—イ　　C—ア　　　　[　　]

問16【国会の運営】 日本の国会の運営にかかわる制度A〜Cとその目的ア〜ウとの組合せとして正しいものを、下の①〜⑥のうちから一つ選べ。08追試 9
A　委員会制度　　　　B　公聴会制度　　　　C　両院協議会
ア　専門家や利害関係者の意見を聞くため
イ　衆議院と参議院の議決が一致しない場合に意見を調整するため
ウ　効率的に審議を行うため

① A—ア　　B—イ　　C—ウ　　　　② A—ア　　B—ウ　　C—イ
③ A—イ　　B—ア　　C—ウ　　　　④ A—イ　　B—ウ　　C—ア
⑤ A—ウ　　B—ア　　C—イ　　　　⑥ A—ウ　　B—イ　　C—ア　　　　[　　]

問17【本会議】 本会議についての記述として正しいものを、次の①〜④のうちから一つ選べ。09追試21
① 本会議の議事をテレビで放送することは、法律によって禁止されている。
② 本会議の議事は、原則として総議員の過半数が出席していなければ開くことができない。
③ 委員会により全会一致で可決された法律案は、本会議での議決を省略することができる。
④ 本会議での議決は、原則として出席議員の過半数による。　　　　　　　　　　　　　　　　[　　]

問18【委員会制度】 日本では委員会での審議を重視した議案処理の仕組みを委員会制度というが、この制度についての記述として正しいものを、次の①〜④のうちから一つ選べ。07追試12
① 委員会制度は、すでに明治憲法の下で導入されていた。
② 法律案は、特別な事情のない限り、常任委員会に付託される。
③ 特別委員会は、必要に応じて設置され、同一会期中は廃止できない。
④ 予算委員会は、当初予算の審議に際し必ずしも公聴会を開く必要はない。　　　　　　　　　[　　]

問19【法律の制定①】　日本の立法過程に関する記述として**誤っているもの**を、次の①～④のうちから一つ選べ。
22本試 8

① 国会議員が予算を伴わない法律案を発議するには、衆議院では議員20人以上、参議院では議員10人以上の賛成を要する。

② 法律案が提出されると、原則として、関係する委員会に付託され委員会の審議を経てから本会議で審議されることになる。

③ 参議院が衆議院の可決した法律案を受け取った後、60日以内に議決をしないときは、衆議院の議決が国会の議決となる。

④ 国会で可決された法律には、すべて主任の国務大臣が署名し、内閣総理大臣が連署することを必要とする。　　　　　　　　　　　　　　　　　　　　　　　　　　　　　　　　[　]

問20【法律案の審議】　日本の国会における法律案の審議過程についての記述として**誤っているもの**を、次の①～④のうちから一つ選べ。11追試22

① 本会議での審議は、非公開にすることが禁止されている。

② 国会議員は、審議に際して院内で行った発言について、院外で政治的な責任を問われることがある。

③ 法律案は、原則として委員会に付託され、そこで実質的な議論が行われる。

④ 委員会は、重要な法律案について利害関係者や有識者の意見を聞くために、公聴会を開くことがある。　　　　　　　　　　　　　　　　　　　　　　　　　　　　　　　　[　]

問21【法律の制定②】　日本国憲法上定められている手続についての記述として**正しいもの**を、次の①～④のうちから一つ選べ。09本試17

① 国務大臣が国会議員でない場合には、法律案について発言するためであっても、衆参両院に出席することができない。

② 国務大臣が衆議院議員である場合には、法律案について発言するためであっても、参議院に出席することができない。

③ 衆議院で可決され参議院で否決された法律案は、衆議院で出席議員の 3 分の 2 以上の多数で再び可決されたときは、法律となる。

④ 衆議院で可決され参議院で60日以内に議決されない法律案は、衆議院の議決が国会の議決とみなされ、そのまま法律となる。　　　　　　　　　　　　　　　　　　　　　　　　　[　]

問22【国会の手続】　日本国憲法の定める国会の手続についての記述として**正しいもの**を、次の①～④のうちから一つ選べ。05本試 5

① 参議院が衆議院の解散中にとった措置には、事後に、内閣の同意を必要とする。

② 衆議院で可決された予算を、参議院が否決した場合には、両院協議会が開かれなければならない。

③ 衆議院で可決された法律案を、参議院が否決した場合でも、国民投票にかけて承認が得られれば、法律となる。

④ 参議院が国政調査権を行使するためには、衆議院の同意を得なければならない。　　　　　[　]

問23【法律の公布】　法律の公布制度についての記述として**誤っているもの**を、次の①～④のうちから一つ選べ。
07追試13

① 法律は、公布されなければ効力を発しない。

② 天皇は、法律の公布を拒否することができる。

③ 現在、法律の公布は官報によってなされている。

④ 現在、法律を公布する手段に関する法律は存在しない。　　　　　　　　　　　　　　　[　]

問24【国会と国会議員①】　法律を制定する日本の国会や国会議員に関する記述として**正しいもの**を、次の①～④のうちから一つ選べ。16追試15

① 両議院における議事の議決には、出席議員の 3 分の 2 以上の賛成が必要である。

② 衆議院には、参議院よりも先に法律案を審議する権限が憲法によって認められている。

③ 国会議員が国庫から受け取る歳費は、任期中に減額することができない。

④ 国会議員は、法律の定める場合を除いて国会の会期中は逮捕されない。　　　　　　　　[　]

問25【国会と国会議員②】 国会議員や国会についての日本国憲法の規定に関する記述として**適当でないもの**を、次の①～④のうちから一つ選べ。 現社18本試13

① 国会議員は、法律の定める場合を除き、国会の会期中には逮捕されないとされている。

② 国会議員は、議院で行った演説、討論または表決について、院外でその責任を問われないとされている。

③ 国会は、罷免の訴追を受けた裁判官を裁判するため、弾劾裁判所を設置するとされている。

④ 国会は、天皇が国事行為を行うにあたって、助言と承認を行うこととされている。 [　]

問26【議員の活動】 日本の立法府における議員やその活動に関する記述として最も適当なものを、次の①～④のうちから一つ選べ。 現社17追試23

① 企業や団体が、国会議員など政治家個人に献金を行うことは、法律上、禁止されていない。

② 国会の委員会制度とは、本会議で議案を議決する以前に、国会議員が所属する各種の委員会において、その議案の実質的な審議を行う制度である。

③ 国会の本会議および委員会における、国会議員による主体的な審議が確保されるために、政府委員制度が導入されている。

④ 国が交付金によって政党の活動費を助成することは、法律で認められていない。 [　]

問27【国政の監視機能】 日本の国会または議院が有する国政の監視機能についての記述として正しいものを、次の①～④のうちから一つ選べ。 11本試16

① 国政上の問題を調査するために、証人の出頭や記録の提出を求めることができる。

② 弾劾裁判所を設置して、国務大臣を罷免することができる。

③ 国の決算を審査した上で、会計検査院に報告する。

④ 最高裁判所の裁判官の指名に際し、内閣から候補者についての報告を受けて審査する。 [　]

問28【衆議院と参議院②】 国会に関して、日本国憲法で定められた権限A・Bとその権限をもつ機関の組合せとして最も適当なものを、下の①～⑨のうちから一つ選べ。 現社21本試第2日程15

A 内閣に対して不信任を決議する権限　　　B 国政に関する調査を行う権限

① A 衆議院のみが権限をもつ　　　B 衆議院のみが権限をもつ

② A 衆議院のみが権限をもつ　　　B 参議院のみが権限をもつ

③ A 衆議院のみが権限をもつ　　　B 衆議院も参議院も権限をもつ

④ A 参議院のみが権限をもつ　　　B 衆議院のみが権限をもつ

⑤ A 参議院のみが権限をもつ　　　B 参議院のみが権限をもつ

⑥ A 参議院のみが権限をもつ　　　B 衆議院も参議院も権限をもつ

⑦ A 衆議院も参議院も権限をもつ　　　B 衆議院のみが権限をもつ

⑧ A 衆議院も参議院も権限をもつ　　　B 参議院のみが権限をもつ

⑨ A 衆議院も参議院も権限をもつ　　　B 衆議院も参議院も権限をもつ [　]

問29【議員提出法案】 次の図は、議員提出法案と内閣提出法案それぞれの提出数と成立数の年ごとの推移を示したものである。議員提出法案の提出数を示すものを、図中の①～④のうちから一つ選べ。 10本試7

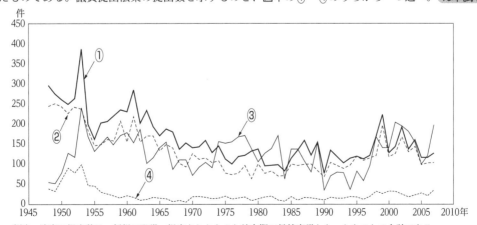

（注） 法案の提出数は、新規に発議・提出されたものと前会期で継続審議となったものとの合計である。

（資料） 浅野一郎・河野久編著『新・国会事典〔第2版〕』をもとに、年ごとの件数に集計して作成。 [　]

❻ 内閣の機構と行政

重要事項の整理

● 内閣と国会の関係

(1) ❶[　　　　　　　]制……「内閣は、行政権の行使について、国会に対し連帯して責任を負ふ」(第66条)

(2) 衆議院の解散……衆議院は内閣に対して❷[　　　　　　　]権をもち、内閣は衆議院を解散できる

　　・衆議院で内閣❷[　　　　　　]案が可決されるか、信任決議案が否決された場合……

　　　→ 内閣は10日以内に❸[　　　　]するか、衆議院を解散しなければならない(第69条)

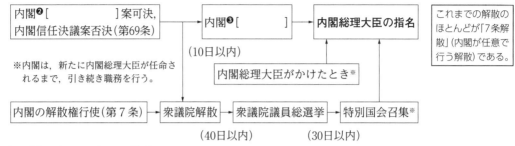

```
┌─────────────────────────┐      ┌──────────────┐      ┌──────────────────┐
│内閣❷[          ]案可決,  │ ───→ │内閣❸[      ] │ ───→ │ 内閣総理大臣の指名 │
│内閣信任決議案否決(第69条)│      └──────────────┘      └──────────────────┘
└─────────────────────────┘           (10日以内)              ↑        ↑
  ※内閣は, 新たに内閣総理大臣が任命さ      ┌────────────────────────────┐
   れるまで, 引き続き職務を行う。         │ 内閣総理大臣がかけたとき※ │
                                          └────────────────────────────┘
┌──────────────────────┐   ┌──────────┐   ┌──────────────────┐   ┌──────────────┐
│内閣の解散権行使(第7条)│→ │衆議院解散│ → │衆議院議員総選挙 │ → │特別国会召集※ │
└──────────────────────┘   └──────────┘   └──────────────────┘   └──────────────┘
                                              (40日以内)          (30日以内)
```

これまでの解散のほとんどが「7条解散」(内閣が任意で行う解散)である。

● 内閣総理大臣と内閣の権限

(1) 内閣……**内閣総理大臣**(首相)とその他の❹[　　　　　　]で構成 ← ❺[　　　　]でなければならない

　　・内閣総理大臣……①地位：内閣の❻[　　　　]で行政の最高責任者

　　　　　　　　　　　　※明治憲法下では**同輩中の首席**として国務大臣と対等な立場であった

　　　　　　　　　　　②選出：国会議員の中から国会が指名し、天皇によって任命される

　　　　　　　　　　　③権限：国務大臣の任命・罷免、行政各部の指揮監督など

　　・国務大臣……①地位：各省庁や特定の行政事務を指揮監督する責任者

　　　　　　　　　②選出：内閣総理大臣が任命・罷免する ← **過半数は国会議員**でなければならない

(2) 内閣の権限……①一般行政事務、②法律の執行、③外交関係の処理、④条約の締結、⑤❼[　　　]の作

　　　成と国会への提出、⑥❽[　　　　]の制定、⑦恩赦の決定、⑧天皇の❾[　　　　]に対

　　　する助言と承認、⑨最高裁判所長官の指名、⑩その他の裁判官の任命など

　　　→ 内閣の意思決定は内閣総理大臣が主宰する❿[　　　]による

● 行政機構と行政改革

(1) 行政機構

　　① 1府12省庁……国務大臣を長とする府・省および国家公安委員会からなる ← 2001年に再編

　　②⓫[　　　　]・**大臣政務官**制度の導入……官僚主導から政治主導への転換をめざす

　　③⓬[　　　　　　]……政治的中立性や専門的判断が必要な事柄に対して設置され、一般の行政機関か

　　　らある程度独立した合議制の機関　　[例]**人事院**、国家公安委員会、中央労働委員会など

(2) 公務員制度と行政国家化

　　・公務員：⓭[　　　　　　]であって、一部の奉仕者ではない

　　・⓮[　　　]制(ビューロクラシー)による弊害：政・官・財の癒着(鉄のトライアングル)や天下り

　　← ①⓯[　　　　　]法の制定(1993年)……民間企業に対する許認可の手続きや行政指導を明確化

　　　　②**国家公務員倫理法**の制定(1999年)……公務員に対する利害関係者からの贈与や接待を禁止

　　　　③⓰[　　　　]局の設置(2014年)……国家公務員の幹部職員人事を一元化

(3) 行政国家化……20世紀に入り、社会のさまざまな分野に国家が積極的に介入 → 行政の役割が肥大化

　　※⓱[　　　　]：法律では規定の枠組みだけを決めて、詳細は政令・省令などによって定めること

(4) 行政のスリム化・民主化

　　①行政の民営化……1980年代：国鉄・専売公社(たばこ・塩)・電電公社の**三公社民営化**

　　　　　　　　　　　2000年代：道路公団・⓲[　　　]事業の分割・民営化

　　②⓳[　　　　　]法人……省庁から特定事業を分離し、業務の効率化を図る。**特殊法人**よりも透明性が

　　　　　　　　　　　　　　高い

　　③⓴[　　　　　　](行政監察官)制度……住民の苦情を受けて行政機関の活動を調査・報告するしくみ

　　　　※一部の地方公共団体で導入され、国レベルでは設置されていない

解答｜ ❶議院内閣　❷不信任決議　❸総辞職　❹国務大臣　❺文民　❻首長　❼予算　❽政令　❾国事行為　❿閣議　⓫副大臣
⓬行政委員会　⓭全体の奉仕者　⓮官僚　⓯行政手続　⓰内閣人事　⓱委任立法　⓲郵政　⓳独立行政　⓴オンブズマン

☑️トライ

問1 【議院内閣制】 議院内閣制には一般に次の要素A〜Cがみられる、という見解がある。日本にある下の制度ア〜ウは、これらの要素のどれに対応しているといえるか。その組合せとして最も適当なものを、下の①〜⑥のうちから一つ選べ。 09追試19

A 内閣が議会（二院制では下院）の信任に基づいて成立すること
B 内閣が議会の権限行使に協力すること
C 内閣が自らの権限行使について議会に説明し責任を負うこと
ア 内閣による法律案の提出
イ 議院による国政に関する調査
ウ 国会による内閣総理大臣の指名

① A−ア B−イ C−ウ　② A−ア B−ウ C−イ　③ A−イ B−ア C−ウ
④ A−イ B−ウ C−ア　⑤ A−ウ B−ア C−イ　⑥ A−ウ B−イ C−ア　[　　]

問2 【日本の内閣制度】 現行の日本の内閣制度についての記述として**誤っているもの**を、次の①〜④のうちから一つ選べ。 10追試7
① 国務大臣の過半数は、国会議員でなければならない。
② 内閣機能強化のため、内閣官房に代えて内閣府が設置されている。
③ 特別会の召集があったときは、内閣は総辞職しなければならない。
④ 内閣総理大臣が主宰する閣議により、内閣はその職権を行う。　[　　]

問3 【内閣総理大臣と国務大臣①】 内閣総理大臣がリーダーシップを発揮するために定められている現在の日本の制度についての記述として**誤っているもの**を、次の①〜④のうちから一つ選べ。 11追試14
① 内閣総理大臣は、国務大臣の任免を通じて、内閣の一体性を維持することができる。
② 内閣総理大臣は、閣議を主宰する権限を有する。
③ 内閣総理大臣は、同輩中の首席という地位を有する。
④ 内閣総理大臣は、閣議で決定した方針に基づいて、行政各部を指揮監督することができる。　[　　]

問4 【内閣総理大臣の権限】 日本の内閣総理大臣の職務権限とは**言えないもの**を、次の①〜④のうちから一つ選べ。 09追試22
① 閣議の主宰　　② 天皇の国事行為への助言と承認
③ 国務大臣の任命　　④ 行政各部の指揮監督　[　　]

問5 【内閣の権限①】 日本国憲法の規定で明記された内閣の権限とは**言えないもの**を、次の①〜④のうちから一つ選べ。 08本試12
① 政令を制定すること　　② 下級裁判所の裁判官を任命すること
③ 国政に関する調査を実施すること　　④ 外交関係を処理すること　[　　]

問6 【委任立法】 委任立法についての記述として最も適当なものを、次の①〜④のうちから一つ選べ。 10本試21
① 条約の委任に基づいて、条約が定める事項の詳細を法律で定める。
② 法律の委任に基づいて、法律が定める事項の詳細を政令や省令で定める。
③ 大臣の委任に基づいて、官僚が法律案の作成を行う。
④ 国会の委任に基づいて、内閣が法律案の作成を行う。　[　　]

問7 【行政国家①】 行政国家化の一般的な特徴として最も適当なものを、次の①〜④のうちから一つ選べ。 08追試19
① 委任立法が増大する。
② 行政裁量が縮小する。
③ 議員定数の配分が不均衡となる。
④ 公務員の任免が政党により行われるようになる。　[　　]

問8【国会と内閣総理大臣】　国会と内閣総理大臣との関係についての記述として正しいものを、次の①～④のうちから一つ選べ。 13追試29

① 内閣総理大臣は、自衛隊に対する最高指揮監督権をもつが、自衛隊の定員や予算、組織に関する基本的内容を決定する権限は国会がもつ。
② 内閣総理大臣は、天皇の承認を受けた上で、衆議院を解散することができる。
③ 内閣総理大臣は、両議院で可決された法案について、国会に再議を要求する権限（拒否権）をもつ。
④ 内閣総理大臣は、自らに対する不信任決議が衆議院において可決された場合、衆議院が解散されない限り辞職しなければならない。 　　　　[　]

問9【内閣総理大臣と国務大臣②】　内閣総理大臣およびその他の国務大臣について、現在の制度に関する記述として最も適当なものを、次の①～④のうちから一つ選べ。 12本試8

① 内閣総理大臣を国民の直接選挙により選出するとすれば、憲法改正が必要である。
② 内閣総理大臣は文民であるため、自衛隊に対する最高指揮監督権をもたない。
③ 国務大臣は、自分が議席をもたない議院には発言のために出席することができない。
④ 国会議員である国務大臣が選挙によって議員としての地位を失ったときは、その時点で国務大臣の職を失う。 　　　　[　]

問10【行政委員会】　内閣の指揮監督権は行政委員会には及ばず、行政委員会は内閣から独立して活動する。行政委員会についての記述として誤っているものを、次の①～④のうちから一つ選べ。 08本試13

① 明治憲法の制定時に導入されたものである。
② その目的の一つは、公正で中立的な行政を実現することである。
③ その目的の一つは、専門的な知識を要する行政に対応することである。
④ 行政機能に加えて準立法的機能や準司法的機能を有するものである。 　　　　[　]

問11【中央省庁の再編①】　行政機関の編成についての記述として正しいものを、次の①～④のうちから一つ選べ。 10追試10

① 「公害国会」後に新設された環境庁は、その後、環境基本法制定に伴って環境省に再編された。
② 大蔵省から金融機関の監督・検査部門を独立させて設置された金融監督庁は、その後、金融庁に再編された。
③ 年金記録問題をきっかけとして、社会保険庁が廃止され、その年金部門は民営化されることとなった。
④ 冷戦終結をきっかけとして、世界的な軍備縮小の流れが生まれ、行政機構簡素化のため防衛省は防衛庁へと縮小されることとなった。 　　　　[　]

問12【中央省庁の再編②】　日本では、縦割り行政の見直しや政治主導による政策運営の観点から、中央省庁等改革基本法に基づき、2001年に中央省庁の再編が行われた。この改革についての記述として最も適当なものを、次の①～④のうちから一つ選べ。 06本試38

① 政策および企画をつかさどるために、副大臣と政務次官のポストが導入され、政務官ポストが廃止された。
② 内閣の機能を強化するために、公正取引委員会や中央労働委員会など、行政委員会の内閣からの独立性が弱められた。
③ 民間経済の動向を的確に把握し、省庁横断的な予算を迅速に編成する機関として、財務省に経済財政諮問会議が設置された。
④ 重要政策について内閣を補佐し、行政各部の統一を図るための企画立案や総合調整を担う行政機関として、内閣府が設置された。 　　　　[　]

問13【日本の行政機構の変化】　2000年以降における日本の行政機構の変化に関する記述として誤っているものを、次の①～④のうちから一つ選べ。 24本試8

① 消費者行政の一元化などを目的として新設された「消費者庁」は、内閣府におかれている。
② 東日本大震災からの復興を円滑かつ迅速に進めることなどを目的として、「復興庁」が新設された。
③ 行政手続のオンライン化によるデジタル社会の形成などを目的として、「デジタル庁」が新設された。
④ 子どもと家庭の福祉保健政策を総合的に進めることなどを目的として新設された「こども家庭庁」は、厚生労働省におかれている。 　　　　[　]

問14【内閣の権限②】 内閣についての日本国憲法上の規定に関する記述として**適当でないもの**を、次の①～④のうちから一つ選べ。 現社20本試 8

① 内閣は、行政権の行使について、国民に対して連帯して責任を負わなければならない。

② 国会の召集などの天皇が行う国事行為に対して、助言と承認を行うのは、内閣である。

③ 衆議院が内閣不信任決議を行った場合、内閣は総辞職するか、衆議院を解散しなければならない。

④ 最高裁判所の指名した者の名簿によって、下級裁判所の裁判官を任命する権限をもつのは、内閣である。

[　　]

思判表 **問15【内閣と公正取引委員会】** 生徒Ｘと生徒Ｙは、私的独占の禁止及び公正取引の確保に関する法律（独占禁止法）の次の**条文**について話し合っている。後の会話文中の空欄　ア　には後の語句ａかｂ、空欄　イ　には後の記述ｃかｄのいずれかが当てはまる。空欄　ア　・　イ　に当てはまるものの組合せとして最も適当なものを、後の①～④のうちから一つ選べ。 23本試 7

第27条第 2 項	公正取引委員会は、内閣総理大臣の所轄に属する。
第28条	公正取引委員会の委員長及び委員は、独立してその権を行う。
第29条第 2 項	委員長及び委員は、年齢が35年以上で、法律又は経済に関する学識経験のある者のうちから、内閣総理大臣が、両議院の同意を得て、これを任命する。

Ｙ：日本国憲法第65条に「行政権は、内閣に属する」とあるけど、　ア　である公正取引委員会は、内閣から独立した機関といわれるね。行政活動を行う公正取引委員会が内閣から独立しているのは憲法上問題がないのかな。

Ｘ：独占禁止法の条文をみると、「独立してその職権を行う」とされているけど、委員長及び委員の任命については、　イ　。公正取引委員会は、内閣から完全に独立しているわけではないよ。公正取引委員会の合憲性を考えるときには、独立性が必要な理由や民主的コントロールの必要性も踏まえて、どの程度の独立性を認めることが適切かを考える必要がありそうだね。

　ア　に当てはまる語句
　　ａ　独立行政法人　　　ｂ　行政委員会

　イ　に当てはまる記述
　　ｃ　両議院による同意を要件としつつも内閣総理大臣に任命権があるね
　　ｄ　内閣総理大臣が単独で任意に行うことができるね

① アーａ　イーｃ　　② アーａ　イーｄ　　③ アーｂ　イーｃ　　④ アーｂ　イーｄ

[　　]

問16【公務員制度①】 日本の公務員についての記述として最も適当なものを、次の①～④のうちから一つ選べ。 07本試22

① 1980年代以降、地方公務員の数は減少を続け、現在、公務員の総数に占める国家公務員と地方公務員の割合は、ほぼ同じになっている。

② 国家公務員および地方公務員は政治的行為の制限を受けるが、どちらの場合も、その違反に対する罰則は設けられていない。

③ 1980年代以降、女性公務員の数は増加を続け、現在、公務員の総数に占める男性と女性の割合は、ほぼ同じになっている。

④ 国家公務員および地方公務員は労働基本権の制限を受けるが、どちらの場合も、その代償措置が設けられている。

[　　]

問17【公務員制度②】 官僚をはじめとする日本の国家公務員に関連する制度や実態についての記述として最も適当なものを、次の①～④のうちから一つ選べ。 12追試26

① 中央省庁では長年の慣行として、官僚が退職後に職務と関係の深い民間企業や業界団体などに再就職する「天下り」が行われてきた。

② 国家公務員である自衛官には、労働者の基本的権利の一つである団体行動権（争議権）が法律によって認められている。

③ 各府省の事務次官は、官僚ではなく国会議員の中から任命される。

④ 人事院は、中央省庁再編時に内閣府の創設に伴って廃止された。

[　　]

→ 解答解説 p.32

問18【公務員制度③】　行政の活動にかかわる制度や行政を担う公務員についての記述として**誤っているものを**、次の①～④のうちから一つ選べ。 14本試 2

① 官僚主導による行政を転換し政治主導による行政を図るため、各省に副大臣や大臣政務官がおかれている。

② 内閣から独立して職権を行使する行政委員会の一つとして、中央労働委員会が設けられている。

③ 公務員の罷免については、何人も平穏に請願する権利が認められている。

④ 国家公務員の給与については、国会の勧告によって決められている。　　　　　　　　　　[　　]

問19【公務員制度④】　日本の公務員についての記述として正しいものを、次の①～④のうちから一つ選べ。 10追試 1

① 人事院は、国家公務員の給与や勤務条件について国会や内閣に勧告する権限を持つ。

② 全体の奉仕者としての公務員の制度は、近代的な行政機構を整備するために明治憲法に基づき形成された。

③ 国家公務員の「天下り」は、官民の癒着に対する批判があったために国家公務員倫理法の制定によりみられなくなった。

④ 国の行政機関であっても地方に設置された機関で働く職員は、地方公務員とされている。　　[　　]

問20【行政国家②】　行政国家化の日本における現れの例として最も適当なものを、次の①～④のうちから一つ選べ。 13本試 2

① 国会の政策形成能力が向上することによって、議員立法が増加する。

② 行政の裁量に基づく事前規制よりも、司法による事後監視と救済が重視されるようになる。

③ 省庁の統廃合が進み、公務員の数が大幅に減少する。

④ 法律は制度の大枠を定めるだけで、詳細については政令や省令に委ねるという委任立法が多くなる。　　　　　　　　　　　　　　　　　　　　　　　　　　　　　　　　　[　　]

問21【行政の民主化】　行政の透明度を高める効果があると考えられる、現在の日本に存在する制度についての記述として最も適当なものを、次の①～④のうちから一つ選べ。 10本試22

① 行政手続法は、行政機関が行う許認可や行政指導を禁止することを目的としている。

② 情報公開法は、地方公共団体が保有する文書の内容を公開するための法律である。

③ オンブズマンは、住民からの苦情をうけて行政活動の問題点を調査し、改善勧告を行うことができる。

④ 監査委員は、住民からの直接請求をうけて行政事務の執行を監査し、その結果を国会に報告しなければならない。　　　　　　　　　　　　　　　　　　　　　　　　　　　[　　]

問22【官僚制①】　官僚支配の弊害の防止が、現代民主政治の大きな課題となっている。官僚制への統制を強化する主張とは**言えないものを**、次の①～④のうちから一つ選べ。 06本試17

① 内閣総理大臣が閣僚や省庁に対して強力なリーダーシップを発揮できるようにするため、首相公選制を導入すべきである。

② 国会は、行政を監督する責任を果たすため、国政調査権などの権限を用いて行政各部の活動をチェックすべきである。

③ 各議院は、テクノクラートのもつ専門知識を有効に活用するため、法律案の作成や審議への政府委員の参加機会を拡大すべきである。

④ 国民が直接行政を監視し、政策過程に参加するため、情報公開制度を活用したり、オンブズマン制度を設けたりすべきである。　　　　　　　　　　　　　　　　　　　　　　[　　]

問23【官僚機構の肥大化】　官僚機構の肥大化に対する手段として**適当でないものを**、次の①～④のうちから一つ選べ。 09追試23

① 官僚の国会答弁を禁止する。

② 許認可の権限を拡大する。

③ 議員提出法案の割合を高める。

④ 副大臣のポストを増やす。　　　　　　　　　　　　　　　　　　　　　　　　　[　　]

問24【官僚制②】 国家の役割が増大するに伴い官僚制が整備・強化されたが、このことはやがて現代日本の政治や行政運営などに弊害をもたらしたとの指摘もある。この弊害やそれへの対応についての記述として最も適当なものを、次の①～④のうちから一つ選べ。 11追試6

①　立法権に対して行政権が優越する状態を批判して、両者の対等な関係をめざす立場を、セクショナリズムという。

②　官僚と民間企業や業界団体などとが癒着する状態を批判して、それらとの関係を払拭した政治家を、族議員という。

③　官庁の許認可や行政指導などの不透明性を是正する目的で、行政手続法が制定された。

④　民間企業や業界団体などへの官僚の天下りを防止する目的で、各省庁内に行政委員会が設置された。

[　　]

問25【行政改革①】 1980年代と2000年代の日本における改革についての記述として正しいものを、次の①～④のうちから一つ選べ。 16本試9

①　1980年代に、日本電信電話公社や日本専売公社のほかに日本道路公団が民営化された。

②　1980年代に、特定地域に国家戦略特区が設けられ、規制緩和による民間企業のビジネス環境の整備がめざされた。

③　2000年代に、郵政三事業のうち郵便を除く郵便貯金と簡易保険の二事業が民営化された。

④　2000年代に、各地に構造改革特区が設けられ、教育や医療などの分野での規制緩和と地域活性化がめざされた。

[　　]

問26【行政改革②】 1990年代以降日本で新たに導入された制度として適当でないものを、次の①～④のうちから一つ選べ。 07本試23

①　指定管理者

②　独立行政法人

③　PFI(プライベート・ファイナンス・イニシアティブ)

④　特殊法人

[　　]

問27【行政改革③】 1980年代以降に日本で行われた行政改革の記述として誤っているものを、次の①～④のうちから一つ選べ。 13本試8

①　日本国有鉄道、日本電信電話公社、日本専売公社の三公社が民営化された。

②　特殊法人の一つであった日本道路公団が民営化された。

③　許認可行政や行政指導などの行政運営について、公正の確保や透明性の向上を図るため、行政手続法が制定された。

④　行政に対する監視の強化を目的として、地方自治体に先駆けて、国にオンブズマン制度が設けられた。

[　　]

問28【行政改革④】 財政危機は行政改革の契機の一つとなる。1980年代以降、日本において、行政改革について審議するために設置された組織A～Cと、その提言ア～ウとの組合せとして正しいものを、下の①～④のうちから一つ選べ。 07本試20

A　地方分権推進委員会　　　B　第二次臨時行政調査会　　　C　行政改革会議

ア　三公社の民営化　　　イ　機関委任事務制度の廃止　　　ウ　中央省庁の再編

①　A－ア　B－イ　C－ウ　　②　A－ア　B－ウ　C－イ　　③　A－イ　B－ア　C－ウ

④　A－イ　B－ウ　C－ア　　⑤　A－ウ　B－ア　C－イ　　⑥　A－ウ　B－イ　C－ア　　[　　]

問29【オンブズマン】 日本における法制度としてのオンブズマンについての記述として正しいものを、次の①～④のうちから一つ選べ。 05本試23

①　オンブズマンは、衆議院と参議院に置かれている。

②　オンブズマンの例として、会計検査院の検査官が挙げられる。

③　最高裁判所には、知的財産オンブズマンが置かれている。

④　地方自治体の中には、オンブズマンを置く例がある。

[　　]

国内政治

➡ 解答解説 p.33　　**61**

7 裁判所の機能と司法制度

重要事項の整理

● 司法権の独立
(1) **司法権**……社会における争いに対し、法に基づいて裁判を行い、国民の権利と自由を保障する国家の権限
(2) **司法権の独立**……司法権は裁判所のみに属する
　①裁判所の独立：裁判所が国会（立法府）・内閣（行政府）から独立していること
　　→ ❶[　　　　　　　]の禁止、行政機関は終審として裁判を行うことはできない
　②裁判官の職権の独立：裁判官は憲法と法律にのみ拘束され、他の裁判官から独立して職権を行うこと
　③最高裁判所の❷[　　　　　]権：最高裁判所は独自に司法内部の規則を制定する権限をもつ
　　→ 司法権の独立を徹底させるための規定
　・司法権の独立をめぐる事件：**大津事件**(1891年)・**浦和事件**(1949年)・**平賀書簡事件**(1969年)
(3) 裁判官の身分保障……裁判官の職権の独立を確保するため、裁判官は以下の場合を除いて罷免されない
　①心身の故障　②国会での❸[　　　　]　③最高裁判所裁判官の❹[　　　　]　④定年

● 裁判制度／裁判における権利保障
(1) 裁判所の種類……**最高裁判所**と❺[　　　　　　]（高等裁判所・地方裁判所・家庭裁判所・簡易裁判所）
　・最高裁判所長官……内閣の指名に基づいて天皇が任命
　・その他の裁判官……内閣が任命
　・❻[　　　　　]高等裁判所……❻[　　　　]権に関する訴訟を専門的に扱う（2005年から設置）
(2) **法曹三者**……**裁判官・検察官**・❼[　　　　　]
(3) 裁判の種類
　①❽[　　　　]……刑事事件の捜査に基づいて検察官が被疑者を起訴し、**罪刑法定主義**に基づいて裁判
　　※20歳未満の少年の犯罪については**少年法**で手続きを規定。18・19歳は「特定少年」
　②❾[　　　　]……個人や団体の財産や身分に関する権利・義務についての争いを裁く
　　※行政裁判は❾[　　　]の一種
(4) ❿[　　　　　]……有権者から選ばれた11人が検察の不起訴処分を審査
　　→ 同一事件に対して、2回の「起訴相当」（11人中8人が起訴を支持）で、被疑者は強制的に起訴される
(5) 裁判の公開……原則として、裁判は**公開**される
　※裁判官の全員一致で、公序良俗を害すると判断した場合は対審を非公開にできる（判決は必ず公開）
　　政治犯、出版に関する犯罪、国民の権利が問題となる事件は常に公開
(6) **三審制**……原則として、第一審、控訴審（第二審）、上告審（第三審）からなる
(7) ⓫[　　　]……**冤罪**防止のため、被告人の有罪確定後、一定の理由があれば裁判をやり直す制度
(8) **被害者参加制度**……犯罪被害者や遺族が、被告人への質問や量刑について意見を述べることが可能

● 違憲審査権
(1) ⓬[　　　　　　]権……法律・命令・国の行為などが憲法に違反していないかを審査する権限
　・すべての裁判所がこの権限をもち、**終審裁判所**である最高裁判所は「⓭[　　　　　]」とよばれる
(2) 最高裁判所の違憲判決：尊属殺人重罰規定(1973年)、薬事法訴訟(1975年)、
　　　　　　　　　　　　衆議院定数訴訟(1976・1985年)、森林法訴訟(1987年)、
　　　　　　　　　　　　愛媛玉ぐし料訴訟(1997年)、書留郵便免責規定(2002年)、
　　　　　　　　　　　　在外日本人選挙権制限規定(2005年)、国籍取得制限規定(2008年)、
　　　　　　　　　　　　北海道砂川政教分離(空知太神社)訴訟(2010年)、婚外子相続差別訴訟(2013年)、
　　　　　　　　　　　　女性再婚禁止期間規定(2015年)、沖縄孔子廟訴訟(2021年)ほか
> 日本の違憲審査は、具体的事件の解決に必要な場合以外は憲法判断をしない（付随的違憲審査制）。
(3) ⓮[　　　]論……高度な政治的判断に基づく行為は、違憲審査の対象にならないという考え方
　　→ 最高裁判決では日米安保条約をめぐる砂川事件(1959年)、「7条解散」をめぐる苫米地判決(1960年)で展開

● 裁判員制度／司法制度改革
(1) ⓯[　　　　]制度……司法制度改革の一環として国民の司法参加を促すため、2009年から導入
　　→ 原則として、6人の裁判員が3人の裁判官とともに、被告人の有罪・無罪と量刑を決定する
　　※陪審制と参審制……アメリカやイギリスは⓰[　　　　]、フランスやドイツは⓱[　　　　]を採用
(2) **司法制度改革**……**法科大学院**の設立、**法テラス**の設置、**裁判外**⓲[　　　　]手続(ADR)の拡充など

解答 ❶特別裁判所 ❷規則制定 ❸弾劾裁判 ❹国民審査 ❺下級裁判所 ❻知的財産 ❼弁護士 ❽刑事裁判 ❾民事裁判 ❿検察審査会 ⓫再審 ⓬違憲審査 ⓭憲法の番人 ⓮統治行為 ⓯裁判員 ⓰陪審制 ⓱参審制 ⓲紛争解決

☑トライ

問1 【日本の裁判制度①】 現在の日本の裁判制度についての記述として正しいものを、次の①～④のうちから一つ選べ。 08追試18
①　内閣総理大臣は、下級裁判所裁判官を罷免できる。
②　最高裁判所の裁判官に対しては、国民審査制度がある。
③　内閣には、行政事件を最終的に裁判する特別裁判所が置かれている。
④　憲法には、陪審裁判を受ける権利が明記されている。　　　　　　　　　　　[　　]

問2 【裁判所】 日本の裁判所についての記述として正しいものを、次の①～④のうちから一つ選べ。 15本試2
①　行政事件を専門に扱う裁判所として、行政裁判所が設置されている。
②　最高裁判所の長たる裁判官の指名は、国会の両議院の同意を経た上で内閣が行う。
③　職務上の義務に違反した裁判官に対しては、行政機関により懲戒処分が行われる。
④　最高裁判所は、訴訟に関する手続について規則を定めることができる。　　　[　　]

問3 【公正な裁判】 公正な裁判を実現するためにとられている日本の制度についての記述として正しいものを、次の①～④のうちから一つ選べ。 12本試31
①　冤罪防止のため、刑事裁判は、非公開とすることができない。
②　司法の独立性確保のため、最高裁判所は、規則制定権を付与されている。
③　最高裁判所の裁判官は、国民審査によらない限り罷免されない。
④　非行のあった裁判官に対しては、内閣が懲戒処分を行う。　　　　　　　　　[　　]

問4 【裁判】 裁判についての記述として誤っているものを、次の①～④のうちから一つ選べ。 13追試28
①　日本国憲法によれば、行政機関が終審として裁判を行うことは、禁止されている。
②　日本国憲法によれば、裁判官は、その良心に従い独立してその職権を行うこととされている。
③　刑事裁判において、被告人の求めがあった場合には、裁判員制度の下で裁判が行われる。
④　刑事裁判において、抑留または拘禁された後に無罪となった者は、国に補償を求めることが認められている。　　　　　　　　　　　　　　　　　　　　　　　　　　　　　　　　　[　　]

問5 【最高裁判所の判決内容】 最高裁判所の判決内容についての記述として正しいものを、次の①～④のうちから一つ選べ。 10追試14
①　地方公共団体の公費で靖国神社に玉串料を納めることは、違憲である。
②　政令や省令の合憲性については、高度に政治的な問題なので判断しない。
③　条例の合憲性については、地方公共団体の内部の問題なので判断しない。
④　内閣不信任案の可決に基づかずに衆議院を解散することは、違憲である。　　[　　]

問6 【裁判員制度①】 裁判員制度についての記述として正しいものを、次の①～④のうちから一つ選べ。 11追試17
①　裁判員の候補者は、有権者の中から、くじで選ばれる。
②　裁判員は、有罪・無罪の決定だけを行い、量刑にはかかわらない。
③　裁判員制度の対象となる事件は、軽微な犯罪の刑事裁判に限られる。
④　裁判員が関与するのは第一審と控訴審に限られ、上告審には関与しない。　　[　　]

問7 【日本の司法制度】 日本の司法制度についての記述として正しいものを、次の①～④のうちから一つ選べ。 17追試22
①　日本司法支援センター（法テラス）は、法による紛争解決に必要な情報やサービスの提供を行うために設置された。
②　裁判員制度は、裁判員だけで有罪か無罪かを決定した後に裁判官が量刑を決定するものである。
③　法科大学院（ロースクール）は、法曹人口の削減という要請にこたえるために設置された。
④　検察審査会制度は、検察官が起訴したことの当否を検察審査員が審査するものである。　　[　　]

国内政治

問8【司法権の独立】日本の司法制度に関する記述のうち、司法権の独立を保障する制度に当てはまる記述として最も適当なものを、次の①～④のうちから一つ選べ。16追試21
① 有罪判決の確定後に裁判における事実認定に重大な誤りが判明した場合、裁判をやり直すための再審制度が設けられている。
② 行政機関による裁判官の懲戒は禁止されている。
③ 裁判は原則として公開の法廷で行われる。
④ 実行の時に適法であった行為について、事後に制定された法により刑事上の責任を問うことは禁止されている。　[　]

問9【裁判官の任免】裁判官についての記述として正しいものを、次の①～④のうちから一つ選べ。10追試15
① 最高裁判所の長官は、国会の指名に基づき天皇が任命する。
② 長官以外の最高裁判所の裁判官は、長官が任命する。
③ 裁判官は、最高裁判所に設置される弾劾裁判所において、罷免されることがある。
④ 最高裁判所の裁判官は、衆議院議員総選挙の際の国民審査において、罷免されることがある。　[　]

問10【特別裁判所】特定の身分の人や特定の種類の事件などについて裁判するために、通常裁判所の系列とは別に設置される裁判所を、特別裁判所という。近現代の日本について特別裁判所に当たる裁判所として正しいものを、次の①～④のうちから一つ選べ。19本試1
① 家庭裁判所　② 皇室裁判所　③ 知的財産高等裁判所　④ 地方裁判所　[　]

問11【国民の意思を政治に反映させる方法】生徒Xは、どのような制度が国民の意思を政治に反映させることにつながっているのかを、生徒Yと話し合った。次の会話文中の　ア　～　ウ　に当てはまるものの組合せとして最も適当なものを、後の①～⑧のうちから一つ選べ。試作問題（地・歴・公）公共6改
X：日本において、国民の意思を政治に反映させるための仕組みは、日本国憲法前文に「日本国民は、正当に選挙された国会における代表者を通じて行動し」とあるけど、どのような制度に支えられているのかな。
Y：議院内閣制という制度が採用されているよね。
X：議院内閣制では、行政府の長を選出するにあたって、国会で内閣総理大臣が指名されるのだから、国民の意思を　ア　に行政府の長の選出に反映させる制度だね。
Y：一方で、裁判所との関係だと、　イ　は、衆議院議員総選挙の際、総選挙と同時に最高裁判所裁判官がその職責にふさわしいかについて、国民の意思を　ウ　に裁判官の任命に反映させる制度だね。

① アー直接的　イー弾劾裁判　ウー直接的　② アー直接的　イー弾劾裁判　ウー間接的
③ アー直接的　イー国民審査　ウー直接的　④ アー直接的　イー国民審査　ウー間接的
⑤ アー間接的　イー弾劾裁判　ウー直接的　⑥ アー間接的　イー弾劾裁判　ウー間接的
⑦ アー間接的　イー国民審査　ウー直接的　⑧ アー間接的　イー国民審査　ウー間接的　[　]

問12【裁判や刑事手続】日本において、裁判や刑事手続にかかわる権力を監視、統制する仕組みについての記述として誤っているものを、次の①～④のうちから一つ選べ。20本試33
① 検察官が不起訴の決定をした事件について、検察審査会が起訴相当の議決を二度行った場合は強制的に起訴される仕組みが導入された。
② 国民審査により最高裁判所の裁判官が罷免された例は、これまでにない。
③ 取調べの録音や録画を義務づける仕組みが、裁判員裁判対象事件などに導入された。
④ 死刑判決を受けた人が再審により無罪とされた例は、これまでにない。　[　]

問13【裁判を受ける権利】裁判を受ける権利を保障するための日本の制度についての記述として誤っているものを、次の①～④のうちから一つ選べ。11追試16
① 事件の審理は、審級の異なる裁判所で、原則として3回まで受けられる。
② 司法制度の利用をより容易にするため、法曹人口の増加が図られた。
③ 憲法で保障されている基本的人権が問題となっている事件の対審は、常に公開される。
④ 行政の決定に不服のある市民を適切に救済するため、戦後、行政裁判所が設置された。　[　]

問14【司法制度】 日本の司法制度の原則A～Cと、それを必要とする主な理由ア～ウとの組合せとして正しいものを、下の①～⑥のうちから一つ選べ。 07本試16

A 裁判の公開 　　 B 裁判官の身分保障 　　 C 三審制
ア 司法権の独立 　 イ 慎重な審理 　　　　 ウ 公正な裁判

① A－ア　　B－イ　　C－ウ　　　　② A－ア　　B－ウ　　C－イ
③ A－イ　　B－ア　　C－ウ　　　　④ A－イ　　B－ウ　　C－ア
⑤ A－ウ　　B－ア　　C－イ　　　　⑥ A－ウ　　B－イ　　C－ア　　　　　[　　]

問15【日本の裁判制度②】 日本の裁判制度に関する記述として最も適当なものを、次の①～④のうちから一つ選べ。 現社15本試5

① 行政機関が終審として裁判を行うことは、日本国憲法で認められている。
② 有罪判決の確定後であっても、一定の条件の下で、裁判のやり直しを請求することが認められている。
③ 少年事件（少年保護事件）は、主に、地方裁判所において扱われる。
④ 裁判員の参加する裁判では、裁判員と裁判官によって審理が行われるが、有罪か無罪かの判断は裁判員が加わらずに行われる。　　　　　　　　　　　　　　　　　　　　　　　　　[　　]

問16【最高裁判所】 最高裁判所について定める日本国憲法の条文の内容として誤っているものを、次の①～④のうちから一つ選べ。 06追試15

① 最高裁判所は、一切の法律、命令、規則または処分が憲法に適合するかどうかを決定する権限を有する終審裁判所である。
② 最高裁判所は、訴訟に関する手続、弁護士、裁判所の内部規律および司法事務処理に関する事項について、規則を定める権限を有する。
③ 内閣は、最高裁判所の長官を指名し、その他の裁判官を任命する。
④ 国会は、国権の最高機関として、最高裁判所を指揮監督する。　　　　　　　　　[　　]

問17【日本の裁判制度③】 日本の裁判官や裁判制度についての記述として正しいものを、次の①～④のうちから一つ選べ。 17本試10改

① 最高裁判所の長たる裁判官は、国会の指名に基づいて内閣によって任命される。
② 特定の刑事事件において、犯罪被害者や遺族が刑事裁判に参加して意見を述べることが認められている。
③ 最高裁判所の裁判官はその身分が保障されていることから、解職されることがない。
④ 国民の批判と監視の下におくため、刑事裁判は常に公開しなければならない。　　[　　]

問18【検察審査会】 司法の改革の一環として、検察審査会の強化が図られた。検察審査会についての記述として最も適当なものを、次の①～④のうちから一つ選べ。 12追試30

① 地方公共団体の行った決定に対する異議申立てが、受け入れられなかった場合、検察審査会への審査の申立てが認められる。
② 検察審査会は、検察官が起訴した事件については、その起訴の当否を審査することはできない。
③ 起訴すべきであるという検察審査会の議決に基づき、起訴の手続がとられた場合、民事裁判が始まる。
④ 検察審査会による、同一事件に対する再度の審査での起訴すべきであるという議決にも、起訴を強制する効力はない。　　　　　　　　　　　　　　　　　　　　　　　　　[　　]

問19【裁判員制度②】 犯罪を裁くために裁判所が行う裁判員裁判においては、通常3人の裁判官と共に、国民から選ばれた6人の裁判員が裁判に関与することになる。裁判員裁判の評決において、次のア～ウのように有罪・無罪の意見が分かれた場合に、有罪の評決をすることができるものをすべて選び、その組合せとして最も適当なものを、下の①～⑧のうちから一つ選べ。 現社18追試27

ア 有罪：裁判官2人・裁判員3人　　　無罪：裁判官1人・裁判員3人
イ 有罪：裁判官1人・裁判員4人　　　無罪：裁判官2人・裁判員2人
ウ 有罪：裁判官0人・裁判員6人　　　無罪：裁判官3人・裁判員0人

① アとイとウ　　② アとイ　　③ アとウ　　④ イとウ　　⑤ ア　　⑥ イ
⑦ ウ　　　　　　⑧ いずれも有罪の評決をすることはできない　　　　　　　　[　　]

問20【違憲審査権①】 日本の裁判所による違憲審査に関する記述として正しいものを、次の①～④のうちから一つ選べ。 17本試17

① 最高裁判所は、長沼ナイキ基地訴訟において、自衛隊の存在を違憲と判断した。
② 最高裁判所は、全逓名古屋中央郵便局事件において、国家公務員の争議行為の一律禁止を違憲と判断した。
③ 内閣や国会が行う高度に政治性のある行為については裁判所の審査権が及ばず違憲審査の対象外であるとする考え方のことを、統治行為論という。
④ 裁判所が具体的事件とは無関係に法令の合憲性を審査する制度のことを、付随的違憲審査制という。

[　]

問21【違憲審査権②】 裁判所は違憲立法審査権を積極的に行使し、必要な場合には違憲判断をためらうべきではないとする見解と、この権限を控えめに行使し、やむをえない場合のほかは違憲判断を避けるべきであるとする見解とが存在する。前者の根拠となる考え方として最も適当なものを、次の①～④のうちから一つ選べ。 14本試29

① 人権保障は、とりわけ社会の少数派にとって重要であるから、多数派の考えに反しても確保されるべきである。
② 法律制定の背景となる社会問題は複雑なものであり、国政調査権をもつ国会は、こうした問題を考慮するのにふさわしい立場にあるといえる。
③ 憲法は民主主義を原則としており、法律は、国民の代表である国会によって制定された民主主義的なものであるといえる。
④ 安全保障の基本的枠組みなど、国の根本を左右するような事項についての決定は、国民に対して政治的な責任を負う機関が行うべきである。

[　]

問22【違憲審査権③】 日本の違憲審査に関する記述として正しいものを次のア～ウからすべて選んだとき、その組合せとして最も適当なものを、次の①～⑧のうちから一つ選べ。 現社22追試13

ア 最高裁判所による違憲審査の対象には、政令や省令も含まれる。
イ 最高裁判所のみならず、下級裁判所も、法律の違憲性を審査することができる。
ウ 最高裁判所は、法律が憲法に反しているか否かを、具体的な事件から離れて審査することができる。

① アとイとウ　　② アとイ　　③ アとウ　　④ イとウ
⑤ ア　　⑥ イ　　⑦ ウ　　⑧ 正しいものはない

[　]

問23【最高裁判所の違憲判決①】 最高裁判所が違憲と判断した判決として正しいものを、次の①～④のうちから一つ選べ。 14追試24

① 津地鎮祭事件判決　　　　　　② 家永教科書訴訟判決
③ 全農林警職法事件判決　　　　④ 森林法共有林分割制限事件判決

[　]

問24【最高裁判所の違憲判決②】 日本で最高裁判所により違憲とされた法制度についての記述として**誤っている**ものを、次の①～④のうちから一つ選べ。 18本試34

① 衆議院議員一人当たりの有権者数の格差が最大で約5倍となる議員定数の配分を定める。
② 参議院議員の被選挙権年齢を衆議院議員の被選挙権年齢より高く定める。
③ 婚外子の相続分を、嫡出子の相続分の2分の1とする。
④ 外国籍の母から出生した婚外子に、出生後に日本国民である父から認知されても父母の婚姻がなければ日本国籍を認めないこととする。

[　]

問25【司法制度改革】 契約の履行をめぐる紛争は、最終的には裁判によって解決される。この点に関連して、現在日本で進行中の訴訟手続・司法制度改革が注目されるが、その内容についての記述として正しいものを、次の①～④のうちから一つ選べ。 06本試5

① 特許権侵害訴訟などの処理のため、知的財産高等裁判所が設置された。
② 国民の民事訴訟への参加を図るため、裁判員制度の導入が決定された。
③ 訴訟費用負担の軽減のため、弁護士費用の敗訴者負担制度が採用された。
④ 国民の利便性を高めるため、地方裁判所が増設された。

[　]

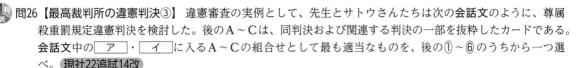

問26【最高裁判所の違憲判決③】 違憲審査の実例として、先生とサトウさんたちは次の**会話文**のように、尊属殺重罰規定違憲判決を検討した。後のA～Cは、同判決および関連する判決の一部を抜粋したカードである。**会話文**中の ア ・ イ に入るA～Cの組合せとして最も適当なものを、後の①～⑥のうちから一つ選べ。 現社22追試14改

会話文

先　生：日本で初めて法律を違憲としたのが、尊属殺重罰規定違憲判決です。

サトウ：父母などを殺すと罪が重くなることが問題になったのですよね。この法律の何がいけなかったんでしょうか。

先　生：そこは重要なところですね。最高裁の多数意見は、刑法200条の尊属殺重罰規定の目的、つまり尊属を尊重するという目的については一応正当だとしています。しかし、その目的達成の手段としての刑罰が、死刑または無期懲役に限られていることが重すぎるとして、違憲と判断しています。この多数意見を抜粋したのが、 ア のカードです。

サトウ：なるほど、刑罰が重すぎるのがいけないのですね。ただうまく言えませんが、この規定には別の問題もあるように思います。私が親を尊敬しているのは、法律で決まっているからではありません。

先　生：そういった違和感は、学びを深めていく上でとても大切です。最高裁の判決には、個々の裁判官が、自分の意見を付すことがあります。この判決では、田中二郎裁判官が、多数意見とは異なる意見を付しています。田中意見では、尊属殺重罰規定の目的そのものが違憲だとされています。

サトウ：田中意見は、 イ のカードですよね。

先　生：そのとおり。結論は同じでも、その理由づけは一つではありません。

A

刑法200条は、憲法14条に違反するものではないことは、……明らかである。尤も、刑法200条が、その法定刑として「死刑又は無期懲役」のみを規定していることは、厳に失する憾みがないではないが、これとても、……いかなる限度にまで減刑を認めるべきかというがごとき、所詮は、立法の当否の問題に帰するものである。

(注)　判決文の表現は一部変えている。以下の抜粋も同様。

B

普通殺人と区別して尊属殺人に関する規定を設け、尊属殺人なるがゆえに差別的取扱いを認めること自体が、法の下の平等を定めた憲法14条1項に違反するものと解すべきである。

C

刑法200条は、尊属殺の法定刑を死刑または無期懲役のみに限っている点において、その立法目的達成のため必要な限度を遥かに超え、普通殺に関する刑法199条の法定刑に比し著しく不合理な差別的取扱いをするものと認められ、憲法14条1項に違反する。

① ア－A　イ－B　　② ア－A　イ－C　　③ ア－B　イ－A
④ ア－B　イ－C　　⑤ ア－C　イ－A　　⑥ ア－C　イ－B　　[　　]

問27【裁判員制度③】 Xは書籍などを参照して、日本の裁判員制度とその課題についてまとめた。次の文章中の空欄 ア ～ ウ に当てはまる語句の組合せとして最も適当なものを、下の①～⑧のうちから一つ選べ。 21本試第1日程11改

　裁判員制度は、一般市民が ア の第一審に参加する制度である。制度の趣旨として、裁判に国民の声を反映させることや、裁判に対する国民の理解と信頼を深めることなどがあげられる。裁判員は、有権者の中から イ に選任され、裁判官とともに評議し、量刑も含めた判断を行う。

　裁判員制度が始まって10年以上経過した現在、裁判への参加をよい経験だったとする裁判員経験者の声や、市民の感覚が司法に反映されたとの意見など、肯定的な評価がある。だが、裁判員に ウ 課せられる守秘義務や辞退率の高さなど、いくつかの課題も指摘されている。

	ア	イ	ウ
①	重大な刑事事件	事件ごと	任務中のみ
②	重大な刑事事件	事件ごと	任務終了後も
③	重大な刑事事件	年度ごと	任務中のみ
④	重大な刑事事件	年度ごと	任務終了後も
⑤	刑事事件および民事事件	事件ごと	任務中のみ
⑥	刑事事件および民事事件	事件ごと	任務終了後も
⑦	刑事事件および民事事件	年度ごと	任務中のみ
⑧	刑事事件および民事事件	年度ごと	任務終了後も

[　　]

❽ 地方自治制度と住民の権利

重要事項の整理

● 地方自治の本旨
(1) 「地方自治は❶[　　　　]の学校」：ブライス(英)のことば……住民が地域の自治に参画することによって、主権者としての自覚が高まり、民主政治の担い手として必要な能力を形成できるということ
(2) 地方自治の本旨
　　①❷[　　　　]…地方公共団体が国の関与を排除して自立的な政治を行うこと
　　②❸[　　　　]…地方公共団体の政治を住民自身、またはその代表者が行うこと
(3) ❹[　　　　]法(1947年)……日本国憲法第92条で「地方公共団体の組織及び運営に関する事項は、地方自治の本旨に基いて、法律でこれを定める」としており、これにより制定
　　 → 地方自治を行う機関は、都道府県・市町村などの地方公共団体(地方自治体)

● 地方公共団体の機関と権限
(1) 機関……議決機関としての議会と、執行機関としての❺[　　　]
　　※執行補助機関として、副知事・副市町村長がおかれる

> 議会と首長はともに住民の直接投票によって選ばれる。これを二元代表制という。

　　・議会……①一院制で、❻[　　　]の制定・改廃、予算の決定などを行う
　　　　　　　②❺[　　　]に対して❼[　　　　　]権をもつ
　　・❺[　　　]……①❻[　　　]の執行、議案・予算の議会への提出、規則の制定などを行う
　　　　　　　　②議会が議決した条例や予算の❽[　　　]権、❼[　　　　　]に対する議会の解散権をもつ
　　　※地方議会と首長との関係……お互いに独立・対等の立場(権力の抑制と均衡)。ともに任期は4年
(2) ❾[　　　]……首長から独立した執行機関　[例]教育委員会・選挙管理委員会・公安委員会など

● 住民の権利と住民運動
(1) 一つの地方自治体に適用される特別法の制定……住民投票(レファレンダム)で過半数の同意が必要
(2) ❿[　　　]権……住民発案(⓫[　　　　　　])や住民解職(⓬[　　　　　])など

請求内容	必要署名数	請求先	取り扱い
条例の制定・改廃	有権者の1/50以上	❺[　　　]	❺[　　　]が議会にかけ、結果を報告
事務の監査	有権者の1/50以上	監査委員	結果を議会・❺[　　　]などに報告し、公表
議会の解散	原則として有権者の1/3以上	選挙管理委員会	住民投票に付し、⓭[　　　　]の同意で解散
解職　議員　首長	原則として有権者の1/3以上	選挙管理委員会	住民投票に付し、⓭[　　　　]の同意で失職
解職　副知事　副市町村長　監査委員など	原則として有権者の1/3以上	❺[　　　]	議会にかけ、議員の2/3以上が出席し、その3/4以上の同意で失職

(3) 住民投票条例による住民投票……各地で行われているが、その結果に法的な拘束力はない
(4) 住民運動……住民投票以外に、自発的に行われる運動のことで、直接要求する請願や陳情、デモがある
(5) ⓮[　　　](非営利組織)……⓮[　　　　　]法(1998年)によって税を減免するなど、活動を支援

● 地方分権の推進と課題
(1) ⓯[　　　　　　]法(1999年)……地方分権を推進する動きの高まりから制定
　　 → 機関委任事務が廃止され、地方公共団体は⓰[　　　　]と法定受託事務を行う
　　※その後も、構造改革特区法(2002年)、地方分権改革推進法(2006年)などが制定される
(2) 地方財政……地方の歳入に占める地方税収入(自主財源)は約3～4割 → 三割自治(四割自治)
　　①⓱[　　　　]：所得税・酒税・法人税・消費税の一定割合を財政力に応じて国から交付
　　　　　　　　……地方公共団体が使途を自主的に決定できる
　　②国庫支出金：国によってあらかじめ使途が指定されるため、地方分権を妨げているとの批判もある
　　③地方債：2006年度以降、国との事前協議によって発行できるようになる
　　　 → 累積債務の増加で財政破綻に陥る地方公共団体もみられる
(3) ⓲[　　　　]の改革(2000年代前半)……①地方交付税の見直し、②国庫支出金の削減、③税源の移譲

解答 ❶民主主義　❷団体自治　❸住民自治　❹地方自治　❺首長　❻条例　❼不信任決議　❽拒否　❾行政委員会　❿直接請求　⓫イニシアティブ　⓬リコール　⓭過半数　⓮ＮＰＯ　⓯地方分権一括　⓰自治事務　⓱地方交付税　⓲三位一体

国内政治

☑ トライ

問1 【ブライスのことば】「地方自治は民主主義の学校」とは、ブライスが述べた言葉として知られている。その意味を説明した記述として最も適当なものを、次の①～④のうちから一つ選べ。 09本試22
① 地方自治体は、中央政府をモデルとして、立法・行政の手法を学ぶことが重要である。
② 住民自身が、地域の政治に参加することによって、民主政治の担い手として必要な能力を形成できる。
③ 地方自治体は、合併による規模の拡大によって、事務処理の能力を高めることができる。
④ 住民自身が、地域の政治に参加することによって、学校教育の課題を解決する。 [　]

問2 【地方自治制度①】 日本の地方自治についての記述として最も適当なものを、次の①～④のうちから一つ選べ。 09本試20
① 日本国憲法では、地方自治体の組織に関して、住民自治と団体自治の原則に基づいて法律で定めることとなっている。
② 大日本帝国憲法では、地方自治制度が、憲法上の制度として位置づけられていた。
③ 団体自治とは、地域の住民が自らの意思で政治を行うことをいう。
④ 三割自治とは、地方自治体が国の事務の約3割を処理することをいう。 [　]

問3 【住民投票】 日本の地方公共団体における住民投票についての記述として最も適当なものを、次の①～④のうちから一つ選べ。 11本試24改
① 地方公共団体によっては、条例による住民投票の投票権が18歳未満の者にも認められている。
② 市町村合併は地方公共団体の存立基盤にかかわる問題であるために、それへの賛否を住民投票の対象とすることは禁止されている。
③ 原子力発電所の設置への賛否について住民投票を行うには、条例ではなく特別の法律を制定することが必要とされる。
④ 地域の重要課題に関する政策への賛否を問う住民投票は、主に団体自治を保障する観点から正当化される。 [　]

問4 【地方自治制度②】 日本の地方自治に関する記述として最も適当なものを、次の①～④のうちから一つ選べ。 16本試8
① 地方分権一括法によって、地方自治体の事務が，自治事務と機関委任事務とに再編された。
② 特定の地方自治体にのみ適用される法律を制定するには、その住民の投票で過半数の同意を得ることが必要とされている。
③ 地方自治体には、議事機関としての議会と執行機関としての首長のほかに、司法機関として地方裁判所が設置されている。
④ 地方自治体の議会は、住民投票条例に基づいて行われた住民投票の結果に法的に拘束される。 [　]

問5 【地方における住民、首長、議会の関係】 日本における住民、首長および議会の関係についての記述として適当でないものを、次の①～④のうちから一つ選べ。 16本試16
① 有権者の一定数以上の署名をもって、住民は選挙管理委員会に対して議会の解散を請求することができる。
② 首長に対する議会の不信任決議を待たずに、首長は議会を解散することができる。
③ 直接請求制度に基づいて提案された条例案を、議会は否決できる。
④ 議会が議決した条例に対して、首長は再議を要求できる。 [　]

問6 【地方交付税】 財政力格差を是正するための制度として地方交付税がある。その仕組みについての記述として最も適当なものを、次の①～④のうちから一つ選べ。 12本試09
① 財政力の強い地方自治体が、その地方自治体の税収の一部を、国に交付する。
② 国が、国の税収の一部を、財政力の弱い地方自治体に使途を特定せず交付する。
③ 財政力の強い地方自治体が、その地方自治体の税収の一部を、財政力の弱い地方自治体に交付する。
④ 国が、国の税収の一部を、財政力の弱い地方自治体に使途を特定し交付する。 [　]

問 7 【団体自治と住民自治】　次の A ～ D は、地方自治の拡充を目的とした手法である。これらを団体自治の拡充と住民自治の拡充とに分類したとき、前者に分類されるものはどれか。最も適当なものを、下の ① ～ ④ のうちから一つ選べ。 15追試29

A　地方自治体が条例を制定し、まちづくりに関する権限の一部を自治組織に委（ゆだ）ねる。
B　国から地方へ税源を移譲する。
C　地方自治体が総合的な計画を策定する際に、審議会の委員を市民から公募する。
D　首長と有権者とが意見交換を行う機会を設ける。

①　A　　　　　②　B　　　　　③　C　　　　　④　D　　　　　　　　　　[　　]

問 8 【地方自治制度③】　地方自治制度について、日本の現在の制度に関する記述として最も適当なものを、次の ① ～ ④ のうちから一つ選べ。 12本試02

①　有権者の 3 分の 1 以上の署名により直ちに首長は失職する。
②　議会は首長に対する不信任決議権（不信任議決権）をもつ。
③　住民投票の実施には条例の制定を必要とする。
④　住民は首長に対して事務の監査請求を行うことができる。　　　　　　[　　]

問 9 【地方自治体の役割①】　現在、日本の都道府県と市町村との関係において、都道府県が担うものとされている基本的な役割として適当でないものを、次の ① ～ ④ のうちから一つ選べ。 07本試18

①　市町村に関する連絡調整を行う役割
②　市町村の区域を超える広域的な事務・事業を行う役割
③　市町村の歳入・歳出についての指揮監督を行う役割
④　市町村では規模または性質の点で実施が困難な事務・事業を行う役割　　[　　]

問10 【地方自治体の役割②】地方公共団体についての次の記述 A ～ C のうち、正しいものはどれか。当てはまる記述をすべて選び、その組合せとして最も適当なものを、下の ① ～ ⑦ のうちから一つ選べ。 20本試 9

A　地方公共団体の選挙管理委員会は、国政選挙の事務を行うことはない。
B　都道府県の監査委員は、公正取引委員会に所属している。
C　地方公共団体の義務教育の経費に、国庫支出金が使われる。

①　A　　　　　②　B　　　　　③　C　　　　　④　A と B
⑤　A と C　　　⑥　B と C　　　⑦　A と B と C　　　　　　　　　　　[　　]

問11 【地方自治制度④】　現在の日本の地方自治制度について説明した記述として正しいものを、次の ① ～ ④ のうちから一つ選べ。 11本試18

①　地方公共団体に自治が認められる事務の範囲は、憲法に具体的な事務名称の一覧をあげて規定されている。
②　執行機関として、首長のほかに中立性や専門性が求められる行政分野を中心に行政委員会がおかれている。
③　市町村の条例は、その市町村議会での議決ののち、総務大臣の認可を経て制定される。
④　都道府県知事は、その地域の住民によって直接選挙されるが、同時に国の官吏としての地位ももつ。
　　　　　　　　　　　　　　　　　　　　　　　　　　　　　　　　　[　　]

問12 【地方公共団体の事務】　地方自治体は多くの事務を担っている。次の A ～ C のうち、現在の日本の地方自治体が担っている事務（自治事務または法定受託事務）はどれか。最も適当なものを、下の ① ～ ⑦ のうちから一つ選べ。 13本試 9

A　国政選挙の選挙事務　　　　B　旅券の交付　　　C　都市計画の決定
①　A　　　　　②　B　　　　　③　C　　　　　④　A と B
⑤　A と C　　　⑥　B と C　　　⑦　A と B と C　　　　　　　　　　　[　　]

国内政治

問13【直接請求制度】 日本の地方自治法が定める直接請求制度についての記述として最も適当なものを、次の①〜④のうちから一つ選べ。 07本試24

① 議会の解散の請求は、選挙管理委員会に対して行われ、住民投票において過半数の同意があると、議会は解散する。

② 事務の監査の請求は、監査委員に対して行われ、議会に付議されて、議員の過半数の同意があると、監査委員による監査が行われる。

③ 条例の制定・改廃の請求は、首長に対して行われ、住民投票において過半数の同意があると、当該条例が制定・改廃される。

④ 首長の解職の請求は、選挙管理委員会に対して行われ、議会に付議されて、議員の過半数の同意があると、首長はその職を失う。　　　　　　　　[　　]

問14【地方自治制度⑤】 地方自治体に対する監視や抑制のための制度の記述として正しいものを、次の①〜④のうちから一つ選べ。 14追試30

① 国会は、「一の地方公共団体のみに適用される特別法」を、その地方議会の同意がなければ制定することができない。

② 内閣総理大臣は、住民による選挙を経て、都道府県知事を任命することができる。

③ 裁判所は、地方自治体の制定した条例を、違憲審査の対象とすることができる。

④ 住民は、首長の同意がなければ、地方自治体の事務の監査を請求することができない。　　[　　]

問15【住民参加の手段】 地方自治体の活動に住民が参加するための手段についての記述として**誤っているもの**を、次の①〜④のうちから一つ選べ。 15追試26

① 条例の改正を、必要な数の署名をもって議会に直接請求する。

② 監査委員の解職を、必要な数の署名をもって首長に直接請求する。

③ 地方議会議員の解職を、必要な数の署名をもって選挙管理委員会に請求する。

④ 予算の執行が公正になされたかについての監査を、必要な数の署名をもって監査委員に請求する。　　　　　　　　　　　　　　[　　]

問16【市民運動・住民運動】 日本における市民運動や住民運動についての記述として**誤っているもの**を、次の①〜④のうちから一つ選べ。 10本試10

① 公害に反対する市民運動の要求を受けて、1970年前後に一連の公害対策立法が行われた。

② 市民運動の要求で米軍基地の整理・縮小に対する賛否を問う住民投票を実施した地方公共団体があり、その結果が国政へも影響を与えた。

③ 産業廃棄物処分場建設に対する賛否を問う住民投票を実施した地方公共団体があるが、建設が中止された例はない。

④ 河川の可動堰を建設することの是非について、法的な拘束力をもつ住民投票が実施された例はない。　　　　　　　　　　　　　　[　　]

問17【ＮＰＯ①】 日本のNPO法(特定非営利活動促進法)についての記述として最も適当なものを、次の①〜④のうちから一つ選べ。 05追試6

① NPOの活動は、ボランティア活動をはじめとする市民が行う自発的な社会貢献活動とされている。

② NPOは、特定の政党の政治活動を支援してもかまわないとされている。

③ NPOは、営利活動を行い、収益を分配してもかまわないとされている。

④ NPOの活動は、宗教活動を通じて人々を救済しようとする善意の活動とされている。　　[　　]

問18【ＮＰＯ②】 日本における特定非営利活動促進法(NPO法)とNPO法人についての記述として正しいものを、次の①〜④のうちから一つ選べ。 16本試32

① 特定非営利活動促進法によって、ボランティア活動を行う団体は認定NPO法人となることが義務化されている。

② 非営利活動の中立性を維持するため、行政はNPO法人と協働して事業を行うことが禁止されている。

③ 特定非営利活動促進法によって、認定NPO法人は税の優遇措置の対象とされている。

④ 非営利活動の中立性を維持するため、NPO法人は寄付を受け取ることが禁止されている。　　[　　]

➡ 解答解説 p.38〜39　　

国内政治

問19【地方分権改革①】　地方分権改革について、日本で1990年代後半以降に実施された内容として最も適当なものを、次の①～④のうちから一つ選べ。　12本試 6
① 地方自治体ごとに異なるサービス需要に対応するため、法律の規定に反する条例を制定することも可能とされた。
② 地方自治体の財政悪化を防ぐため、地方債の発行について内閣総理大臣による許可制が導入された。
③ 地方自治体の安定した財政運営を確立するため、三位一体の改革で相続税が地方へ移譲された。
④ 国と地方自治体の間に対等な関係を構築するため、機関委任事務が廃止された。　　　　　　　　[　　]

問20【地方分権改革②】　日本の社会構造の転換の一つとして、中央集権的な仕組みを改め、地方分権を促進する改革を考えることができる。こうした改革の例として適当でないものを、次の①～④のうちから一つ選べ。
10本試20
① 市町村税を減らし、その減額分を国からの補助金に上乗せする。
② 国の地方出先機関を廃止し、自治体による一元的な行政を行う。
③ 都道府県債の発行に対する許可制を廃止し、都道府県に発行の決定を委ねる。
④ 広域の自治体として道州を新たに創設し、道州が地方交付税の配分を決定する。　　　　　　　[　　]

問21【地方分権改革③】　分権改革について、地方分権を推進する立場の意見とは言えないものを、次の①～④のうちから一つ選べ。　05本試17
① 住民が混乱しないためには、行政サービスが、居住する地方自治体にかかわらず、全国で統一的に行われていることが望ましい。
② 住民のさまざまな要求を的確に把握し、必要なサービスを提供できるのは、地域に密着して行政を行っている、地方自治体である。
③ 事業にかかわる申請や福祉サービスの申込みは、できるだけ身近な地方自治体の窓口で行える方が、便利である。
④ 行政サービスにおける無駄を排除するためには、サービスに関する決定とその執行を、できるだけ身近な地方自治体で行うことが望ましい。　　　　　　　　　　　　　　　　　　　　　　　　[　　]

問22【地方財政①】　日本の地方財政についての記述として最も適当なものを、次の①～④のうちから一つ選べ。
14本試13
① 地方交付税は、財政力格差の縮小を目的として国が交付する。
② 地方自治体が自ら調達する自主財源の一つに、国庫支出金がある。
③ 義務教育は、国から支給される資金に頼ることなく行われている。
④ 地方税の一つとして、法人税が徴収されている。　　　　　　　　　　　　　　　　　　　[　　]

問23【国と地方自治体との関係】　日本における国と地方自治体との関係についての記述として最も適当なものを、次の①～④のうちから一つ選べ。　18本試24
① 国庫支出金は、地方自治体の自主財源である。
② 三位一体の改革において、地方交付税の配分総額が増額された。
③ 地方財政健全化法に基づき、財政再生団体となった地方自治体はない。
④ 地方分権一括法の施行に伴い、機関委任事務は廃止された。　　　　　　　　　　　　　　[　　]

問24【過疎対策】　財政的な優遇措置を含む過疎対策についての記述として適当でないものを、次の①～④のうちから一つ選べ。　10本試 8
① 過疎市町村に交付する補助金の使途を限定することは、使途を限定しない場合に比べて、過疎市町村の財政の弾力的運営を促進することにつながる。
② 過疎市町村が地方債を財源として整備できる施設の範囲を他の市町村より拡大することは、過疎市町村の公共投資を増加させることにつながる。
③ 過疎市町村に代わり都道府県が水道を維持・管理することは、過疎市町村において最低限度の水道サービスを保障することにつながる。
④ 過疎市町村が設置した小学校の校舎新築経費の分担において、国の負担割合を増やすことは、過疎市町村の財政負担を軽減することにつながる。　　　　　　　　　　　　　　　　　　　　　　[　　]

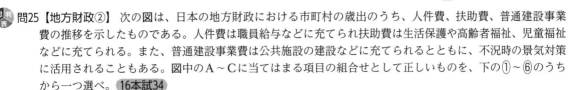

問25【地方財政②】　次の図は、日本の地方財政における市町村の歳出のうち、人件費、扶助費、普通建設事業費の推移を示したものである。人件費は職員給与などに充てられ扶助費は生活保護や高齢者福祉、児童福祉などに充てられる。また、普通建設事業費は公共施設の建設などに充てられるとともに、不況時の景気対策に活用されることもある。図中のA〜Cに当てはまる項目の組合せとして正しいものを、下の①〜⑥のうちから一つ選べ。16本試34

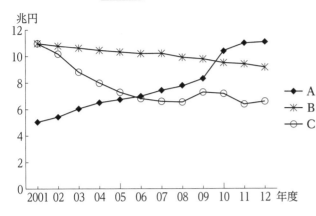

兆円

（注）　普通建設事業費には、災害復旧事業費を含まない。

（資料）　総務省『地方財政統計年報』（2011年度版および2012年度版）（総務省Webページ）により作成。

①	A	人件費	B	扶助費	C	普通建設事業費
②	A	人件費	B	普通建設事業費	C	扶助費
③	A	扶助費	B	人件費	C	普通建設事業費
④	A	扶助費	B	普通建設事業費	C	人件費
⑤	A	普通建設事業費	B	人件費	C	扶助費
⑥	A	普通建設事業費	B	扶助費	C	人件費

[　　]

問26【地方財政③】　財政状況について、生徒Xと生徒Yは報告会を主催したL市とその近隣の地方自治体について調べた。発表内容をまとめるために、生徒たちは歳入区分のうち地方税と地方交付税と国庫支出金に着目して、次の文章と後の表を作成した。なお、文章は表を読みとって作成したものである。表中の地方自治体①〜④のうちL市はどれか。正しいものを、表中の①〜④のうちから一つ選べ。22本試29

> 　L市の依存財源の構成比は、表中の他の地方自治体と比べて最も低いわけではありません。ただし、「国による地方自治体の財源保障を重視する考え方」に立った場合は、依存財源が多いこと自体が問題になるとは限りません。たとえばL市では、依存財源のうち一般財源よりも特定財源の構成比が高くなっています。この特定財源によってナショナル・ミニマムが達成されることもあるため、必要なものとも考えられます。
> 　しかし、「地方自治を重視する考え方」に立った場合、依存財源の構成比が高くなり地方自治体の選択の自由が失われることは問題だと考えられます。L市の場合は、自主財源の構成比は50パーセント以上となっています。

（注）　歳入区分の項目の一部を省略しているため、構成比の合計は100パーセントにならない。表中に示されていない歳入のうち、自主財源に分類されるものはないものとする。

地方自治体	歳入区分の構成比（％）		
	地方税	地方交付税	国庫支出金
①	42	9	19
②	52	1	18
③	75	0	7
④	22	39	6

[　　]

問27【都道府県議会】　都道府県議会についての記述として**誤っているもの**を、次の①〜④のうちから一つ選べ。14追試29

① 都道府県議会は、都道府県知事の提案する副知事の人事案について、同意する権限をもつ。

② 都道府県議会は、病院の開設許可などの自治事務について、条例を定めることができる。

③ 都道府県議会の議員は、解職請求があったとき、住民投票において過半数の同意があれば失職する。

④ 都道府県議会の議員は、国会議員と同様に、議会内での発言などについて責任を問われないとの規定が憲法にある。

[　　]

国内政治

➡ 解答解説 p.39　　73

❾ 政党政治と選挙制度／民主政治における世論の役割

重要事項の整理

● 政党政治

(1) ❶[　　　　]……政治上の理念や主張が同じ人々によって結成される：**与党**(政権党)と**野党**(政権外の政党)

　　　　　　　マニフェスト(選挙公約・政権公約)を掲げ、候補者を立てて政権の獲得をめざす

　　①政党の変遷：名望家政党(19世紀) → 普通選挙の導入・大衆民主主義の成立(20世紀) → 大衆政党

　　②政党政治の類型：Ⅰ. 二大政党制 → 単独政権になりやすい　Ⅱ. 多党制 → 連立政権になりやすい

(2) ❷[　　　　](利益集団)……集団の利益のために、政党や議会に対してはたらきかけを行う団体

　　　→ ❷[　　　　]と結びついた❸[　　　　]が政策に大きな影響力をもつ

(3) 戦後日本の政党政治

　　①❹[　　　　]体制……1955年以降、自由民主党(**自民党**)が40年近く政権を維持してきた政治体制

　　　　　　　　→ 自民党内の派閥争いや❸[　　　　]による利益誘導政治、汚職事件が起きた

　　　　　　　　→ 1993年に「非自民」細川連立内閣が発足し、❹[　　　　]体制は崩壊

　　②その後の政局……自民党が他党と連立を組み、政権を維持 → 2009年の衆院選で民主党に政権交代

　　　　　　　　→ 2012年の衆院選で自民党が政権復帰

　　※❺[　　　　]国会」：参議院で与党の議席が野党より少ない現象……2007～13年の間は頻繁に起きた

(4) 日本の政党政治の課題

　　①❻[　　　　]の拡大……特定の支持政党をもたず、選挙ごとに投票先を選択する有権者が増加

　　②❼[　　　　]法の改正……政治献金が政治腐敗に結びつくことから、政治献金の制限を強化

　　③❽[　　　　]法(1994年)……主要政党は政治資金の一部を❾[　　　　]として国庫から交付される

● 選挙制度

(1) 民主的な選挙制度の原則……**普通選挙・平等選挙・**❿[　　　]**選挙・秘密投票**(秘密選挙)

(2) 選挙制度……①**小選挙区制**：〈長所〉政権が安定しやすい　〈短所〉⓫[　　　]が多く、民意を反映しにくい

　　　　　　　②**比例代表制**：〈長所〉民意を忠実に反映しやすい　〈短所〉政権が安定しにくい

　　　　　　　③**大選挙区制**：〈長所〉少数意見を反映しやすい　〈短所〉同じ政党の候補者の争いが起きる

(3) 日本の選挙制度……⓬[　　　　]法によって規定：1994年の改正で、衆議院は**中選挙区制**から⓭[　　　]

　　　　　　　　　　]制に移行　※中選挙区制：大選挙区制の一種で、1選挙区から3～5人を選出

衆議院	制度	参議院
⓭[　　　　　　]制 ①小選挙区制：289の小選挙区 ②比例代表制：全国11のブロックから176名	制度	①選挙区選挙：都道府県単位の選挙区(一部、2県で1選挙区)から148名を選出 ②比例代表制：全国から100名を選出
4年／465名	任期／定数	6年／248名(3年ごとに半数改選)
①小選挙区：候補者名を記入 ②比例代表：政党名を記入	投票方法	①選挙区：候補者名を記入 ②比例代表：候補者名または政党名を記入
拘束名簿式：政党の議席は、政党名の得票数に応じて⓮[　　　]方式で配分し、あらかじめ政党が決めた名簿順に当選者を決定	比例代表での議席配分方法	⓯[　　　　]式：政党の議席は、候補者名と政党名の合計を⓮[　　　]方式で配分し、候補者の得票順に当選者を決定(欄外注)

・衆院選では、小選挙区と比例代表の両方に立候補する重複立候補が認められている

(4) 選挙制度の課題

　　①「⓰[　　　]の格差」の問題……議員1人当たりの有権者数に不均衡が生じている問題

　　②選挙運動規制の問題……**戸別訪問の禁止**、2013年にインターネットでの選挙運動が解禁

　　③投票率の低下　④外国人参政権の是非　※選挙権年齢については2016年から18歳に引き下げ

● 民主政治における世論の役割

(1) ⓱[　　　　]……公共の問題に対して人々がもつ意見のことで、政権に対して影響力をもつ

　　①**マス・メディア**……テレビや新聞など。権力を監視・批判する役割を果たす → 「⓲[　　　]の権力」

　　②⓱[　　　　]操作……権力やマス・メディアによる報道統制などの危険性

　　③**メディア・リテラシー**……マス・メディアなどからの情報を主体的に読み取り、活用する能力

(2) 民主主義の空洞化……政治に対する失望感や無力感から、政治に関心をもたない有権者が増え、⓳[　　　　]が拡大 → 民主主義を支える主権者としての自覚をもち、参政権を行使する必要がある

解答 | ❶政党　❷圧力団体　❸族議員　❹55年　❺ねじれ　❻無党派層　❼政治資金規正　❽政党助成　❾政党交付金　❿直接
⓫死票　⓬公職選挙　⓭小選挙区比例代表並立　⓮ドント　⓯非拘束名簿　⓰一票　⓱世論　⓲第四　⓳政治的無関心

(注)参議院の選挙制度では、比例代表の一部に、優先的に当選となるべき候補者をあらかじめ決めておく「特定枠」を設定することもできる。

国内政治

☑トライ

問 1 【政党政治①】 各国の第二次世界大戦後の政党政治についての記述として**誤っているもの**を、次の①～④のうちから一つ選べ。 09追試14
① 旧ソ連では、社会主義体制下で共産党による一党支配が続いた。
② 日本では、55年体制と呼ばれる状況下で自民党の一党優位が続いた。
③ アメリカでは、二つの大政党が政権獲得を競う二大政党制が続いている。
④ イギリスでは、乱立する小政党が政権獲得を競う多党制が続いている。 [ ]

問 2 【ねじれ国会】 2007年から2009年まで続いた「ねじれ国会」についての記述として最も適当なものを、次の①～④のうちから一つ選べ。 11本試15
① 「郵政解散」による衆議院議員総選挙の直接の結果として生じた。
② 有事法制関連3法が成立した。
③ 参議院の第一党と内閣総理大臣の所属政党とが異なっていた。
④ リクルート事件を原因とする政界再編によって解消した。 [ ]

問 3 【政党①】 日本の政党をめぐる制度に関する記述として最も適当なものを、次の①～④のうちから一つ選べ。 現社14本試32改
① 政党は、参議院議員選挙の場合、すべての比例代表での立候補者に順位をつけた名簿を作成することが、法律で義務づけられている。
② 政党が、衆議院議員選挙の場合、小選挙区に立候補した候補者名を比例代表での名簿に掲載することは、法律上できない。
③ 政党は、国会議員が所属していても、政党交付金の交付を受けるときには、所属する国会議員の人数などに関して、法律上、一定の条件を満たさなければならない。
④ 政党に国会議員が所属しているか否かにかかわらず、企業や団体は、議員個人に対して、一定額内で、政治献金を行うことができると法律で定められている。 [ ]

問 4 【選挙制度①】 選挙の原則や選挙制度の特徴に関する記述として**適当でないもの**を、次の①～④のうちから一つ選べ。 17本試22
① 秘密選挙とは、有権者の自由な意思表明を守るため、投票の内容を他人に知られないことを保障する選挙の原則を意味する。
② 小選挙区制は、大選挙区制と比べた場合、各党の得票率と議席占有率との間に差が生じにくい選挙制度とされる。
③ 普通選挙とは、納税額や財産にかかわりなく、一定の年齢に達した者に選挙権を与える選挙の原則を意味する。
④ 比例代表制は、小選挙区制と比べた場合、多党制が生じやすい選挙制度とされる。 [ ]

問 5 【選挙制度②】 両院の選挙制度の現状についての記述として正しいものを、次の①～④のうちから一つ選べ。 11本試14
① 衆議院の選挙区選挙では、都道府県単位の選挙区ごとに1名以上の議員を選出する。
② 衆議院の比例代表選挙は、政党名または候補者名のいずれかを記して投票する方式である。
③ 参議院の選挙区選挙では、比例代表選挙の名簿登載者も立候補できる。
④ 参議院の比例代表選挙は、全国を一つの単位として投票する方式である。 [ ]

問 6 【マスメディア・世論①】 政治権力に対する監視にとっては、マスメディアや世論が重要である。マスメディアや世論についての記述として**適当でないもの**を、次の①～④のうちから一つ選べ。 09本試23
① 世論調査の結果は、同じ事柄について尋ねたものであっても、マスメディア各社で同じであるとは限らない。
② マスメディアは、国民に多くの情報を提供する能力を有しており、世論形成に重要な役割を果たしている。
③ 世論調査の結果は、選挙における有権者の投票行動に影響を与えることがある。
④ マスメディアは、これまで政治権力による報道の統制に従ったことはない。 [ ]

➡ 解答解説 p.40

国内政治

問7【政党②】 政党に関連する記述として最も適当なものを、次の①〜④のうちから一つ選べ。 11本試13

① 無党派層とは、政党の公認を受けた候補者には投票しない人々をいう。

② 明治憲法下の一時期、政党内閣が登場し政権交代も行われた。

③ 日本国憲法の思想・良心の自由の保障の下では、議院における議員の投票行動を政党が拘束することは法律で禁止されている。

④ 第二次世界大戦後初の衆議院議員総選挙で、自由民主党の一党優位が成立した。　　　[　　]

思判表 **問8【選挙制度③】** 日本の選挙制度に関する次の文章を読んで、下の問いに答えよ。 21本試第2日程7・8

　現在、衆議院の選挙制度は、小選挙区とブロック単位の比例区とを組み合わせた小選挙区比例代表並立制を採用し、465人の定数のうち、小選挙区で289人、比例区で176人を選出することとなっている。いま、この選挙制度を変更するとして、小選挙区比例代表並立制と定数を維持した上で、次の二つの変更案のどちらかを選択することとする。なお、この変更により有権者の投票行動は変わらないものとする。

　変更案 a：小選挙区の議席数の割合を高める。

　変更案 b：比例区の議席数の割合を高める。

(1) まず、あなたが支持する変更案を選び、変更案 a を選択する場合には①、変更案 b を選択する場合には②のいずれかをマークせよ。

　なお、(1)で①・②のいずれを選んでも、(2)の問いについては、それぞれに対応する適当な選択肢がある。

(2) (1)で選択した変更案が適切だと考えられる根拠について、選挙制度の特徴から述べた文として適当なものを次の記述ア〜エのうちから二つ選び、その組合せとして最も適当なものを、下の①〜⑥のうちから一つ選べ。

ア　この変更案の方が、多様な民意が議席に反映されやすくなるから。

イ　この変更案の方が、二大政党制を導き政権交代が円滑に行われやすくなるから。

ウ　もう一つの変更案だと、政党の乱立を招き政権が安定しにくくなるから。

エ　もう一つの変更案だと、少数政党が議席を得にくくなるから。

① アとイ　　　② アとウ　　　③ アとエ

④ イとウ　　　⑤ イとエ　　　⑥ ウとエ　　　　　　　　　(1)[　　]　(2)[　　]

問9【政治や行政に関係する団体】 政治や行政には、さまざまな団体が関係している。こうした団体をめぐる記述として最も適当なものを、次の①〜④のうちから一つ選べ。 08本試11

① 普通選挙制の普及に伴い、名望家政党が誕生した。

② 日本では、企業から政党への寄付を法律で禁止している。

③ 日本では、非営利活動を行う団体に法人格を与えits活動の促進をめざす、NPO法(特定非営利活動促進法)が成立した。

④ 圧力団体(利益集団)は、特定の利益を実現するために、自ら政権の獲得をめざす団体である。　[　　]

問10【圧力団体】 利益集団(圧力団体)についての記述として最も適当なものを、次の①〜④のうちから一つ選べ。 17本試20

① 政府や議会に働きかけて政策決定に影響を与え特定の利益を実現しようとする集団のことを、利益集団という。

② 政治的な主張の近い人々が集まって政権の獲得を目的として活動する集団のことを、利益集団という。

③ 日本においては、利益集団の代理人であるロビイストは国会に登録され活動が公認されている。

④ 日本においては、利益集団のニーズに応じて利益誘導政治を行うことが推奨されている。　[　　]

問11【政党政治②】 日本の政党や政党政治をめぐる状況に関する記述として最も適当なものを、次の①〜④のうちから一つ選べ。 現社15本試20

① 政治資金に関して収支を報告することは、法律上、政党に対して義務づけられていない。

② 国が政党に対し政党交付金による助成を行うことは、法律上、認められていない。

③ 連立政権を構成している政党のうち、内閣総理大臣が所属していない政党も、与党と呼ばれることがある。

④ 自由民主党と日本社会党との対立を軸とする「55年体制」と呼ばれる状況が、今日まで一貫して続いている。　　　[　　]

問12【政党政治③】 日本の政党政治についての記述として最も適当なものを、次の①〜④のうちから一つ選べ。
13追試 3
① 1955年の自民党結党以降、2009年の鳩山内閣の成立まで政権交代は起きなかった。
② 1960年代から70年代にかけて、野党の多党化が進行した。
③ 自民党と社会党は、1970年代には国会でほぼ同数の議席を保持していた。
④ 自民党の特徴とされた派閥は、1980年代には消滅していた。 [　]

問13【戦後の日本政治】 戦後の日本政治についての記述として最も適当なものを、次の①〜④のうちから一つ選べ。12追試31
① 社会党の再統一と保守合同による自民党の結成以降、55年体制が形成され、自民党と社会党の二大政党が政権交代を繰り返した。
② 中選挙区制の下では、同一選挙区内で同一政党の候補者が複数立候補することはないので、政党・政策中心の選挙が行われた。
③ 政治改革を求める世論を背景として細川連立政権が誕生した翌年に、衆議院議員選挙に、小選挙区比例代表並立制が導入された。
④ 自民党は細川連立政権崩壊以後で政権の座にあった時期、他の政党と連立を組んだことはなく、単独政権を維持し続けた。 [　]

問14【日本の連立政権】 政界再編期にみられた日本の連立政権の枠組みに参加しなかった政党として正しいものを、次の①〜④のうちから一つ選べ。06本試23
① 自民党　　② 公明党　　③ 社民党　　④ 共産党 [　]

問15【政界再編】 1990年代からの政界再編期と呼ばれる時期の日本の政治の説明として最も適当なものを、次の①〜④のうちから一つ選べ。06本試22
① 無党派知事が出現したため、官僚による地方自治体の支配が強化された。
② 政党内の派閥が解消されたため、選挙制度の改革が起こった。
③ 政党の離合集散が起こり、保守合同によって、自由党と保守党が合流し、自民党が成立した。
④ 政党の離合集散が起こり、日本新党や新生党など、現在では存在しない多くの政党が形成された。
[　]

問16【政治資金制度】 政治資金制度に関連する記述として正しいものを、次の①〜④のうちから一つ選べ。
11追試12
① 政党の政治資金を公費で助成するため、一定の要件を満たした政党に、政党交付金が支給される。
② 政党による政治資金の収支の報告は、法律上の義務ではないので、これを怠っても処罰されない。
③ 政治家個人が企業や労働組合から政治献金を受け取ることは、政治資金規正法上認められている。
④ 選挙運動の責任者や出納責任者が買収などの罪を犯し刑に処せられても、候補者の当選は無効にならない。 [　]

問17【選挙制度④】 選挙の原則や選挙制度の特徴に関する記述として最も適当なものを、次の①〜④のうちから一つ選べ。現社14本試33
① 投票の内容などを他人に知られずに済むことを有権者に保障している選挙は、秘密選挙と呼ばれる。
② 財産や納税額などにかかわりなく、一定の年齢に達した者が選挙権を得られる選挙は、平等選挙と呼ばれる。
③ 比例代表制の特徴として、小選挙区制に比べて、死票が多くなりがちであると言われる。
④ 小選挙区制の特徴として、大選挙区制に比べて、多党制になりやすいと言われる。 [　]

問18【選挙制度と政党をめぐる制度】 議員を選出する方法である選挙制度および日本の政党をめぐる制度についての記述として最も適当なものを、次の①〜④のうちから一つ選べ。06本試10
① 小選挙区制では、少数派の意見が反映されない結果となりやすい。
② 比例代表制では、政党中心ではなく候補者中心の選挙となりやすい。
③ 日本では、政党への企業・団体献金は、法律により禁止されている。
④ 日本では、政党への助成金制度は、最高裁判所により違憲とされている。 [　]

国内政治

問19【選挙制度⑤】 選挙制度の一般的な特徴についての記述として最も適当なものを、次の①〜④のうちから一つ選べ。 `10追試16`
① 非拘束名簿式比例代表制は、小選挙区制よりも死票を生みやすい。
② 拘束名簿式比例代表制では、小選挙区制よりも、政党に属さない者が議席を獲得しやすい。
③ 小選挙区制は、大選挙区制よりも死票を生みやすい。
④ 大選挙区制では、議員の総定数が一定であれば、小選挙区制よりも選挙区の数が多くなりやすい。
[　　]

問20【小選挙区制と比例代表制①】 小選挙区制によって議員が選出される議会があり、その定員が5人であるとする。この議会の選挙で三つの政党A〜Cが五つの選挙区ア〜オでそれぞれ1人の候補者を立てたとき、各候補者の得票数は次の表のとおりであった。いま仮に、この得票数を用いて、五つの選挙区を合併して、各政党の候補者が獲得した票を合計し、獲得した票数の比率に応じて五つの議席をA〜Cの政党に配分する場合を考える。その場合に選挙結果がどのように変化するかについての記述として**誤っているもの**を、下の①〜④のうちから一つ選べ。 `14本試26`

選挙区	得票数			計
	A	B	C	
ア	45	35	20	100
イ	35	50	15	100
ウ	45	40	15	100
エ	50	15	35	100
オ	25	60	15	100
計	200	200	100	500

① 過半数の議席を獲得する政党はない。
② 議席を獲得できない政党はない。
③ B党の獲得議席数は増加する。
④ C党の獲得議席数は増加する。
[　　]

問21【小選挙区制と比例代表制②】 小選挙区制と比例代表制とを比較した場合、それぞれの選挙制度の一般的な特徴に関する記述として最も適当なものを、次の①〜④のうちから一つ選べ。 `20本試29`
① 小選挙区制は、死票が少なくなりやすい制度といわれる。
② 小選挙区制は、多党制になりやすい制度といわれる。
③ 比例代表制は、政党中心ではなく候補者中心の選挙となりやすい制度といわれる。
④ 比例代表制は、有権者の中の少数派の意見も反映されやすい制度といわれる。
[　　]

問22【選挙制度⑥】 国会議員の選挙制度についての記述として正しいものを、次の①〜④のうちから一つ選べ。 `13追試06改`
① 衆議院議員選挙と参議院議員選挙の両方で、候補者は選挙区と比例代表とに重複して立候補できる。
② 衆議院議員選挙では、小選挙区においても比例代表においても、政党より候補者個人が投票の判断基準として、より重視されている。
③ 比例代表の候補者名簿として、参議院議員選挙では、原則として非拘束名簿式が採用されている。
④ 衆議院議員選挙において、各政党の得票率と獲得議席率が一致しない程度は、小選挙区よりも比例代表の方で、より大きくなっている。
[　　]

問23【政党と選挙】 日本の政治に関する記述として最も適当なものを、次の①〜④のうちから一つ選べ。 `16追試22`
① 日本国憲法は、法案の採決の際に国会議員の投票行動を所属政党の方針に従わせる党議拘束を禁止している。
② 公職選挙法は、候補者が立候補を届け出る前の選挙運動である事前運動を認めている。
③ 政治資金規正法は、企業や団体による政党への献金を認めている。
④ 公職選挙法は、インターネットを利用した選挙運動を禁止している。
[　　]

 ➡ 解答解説 p.42

問24【一票の格差①】 次の図は過去の衆議院および参議院の選挙における一票の価値の格差（最大格差）とその合憲性に関する最高裁判所の主な判断を示したものである。図中の×印は、格差の程度が違憲の状態にあると判断されたことを表している。この図を参考にしながら、一票の価値の格差や、選挙制度の改正動向についての記述として最も適当なものを、下の①～④のうちから一つ選べ。 13本試18

① 一票の価値の格差は、参議院議員選挙よりも衆議院議員選挙において大きい傾向があるため、後者について、より多く違憲状態と判断されている。

② 最高裁判所は、参議院議員選挙について、衆議院議員選挙についてと同様に、3倍以上の格差が生じている場合を違憲状態と判断している。

③ 衆議院議員選挙において、小選挙区比例代表並立制が導入された後に実施された選挙では、導入以前よりも格差が是正された。

④ 最高裁判所が違憲状態と判断したため、参議院議員選挙では選挙区が都道府県単位から全国11ブロックに変更されたが、4倍以上の格差が残った。　　[　　]

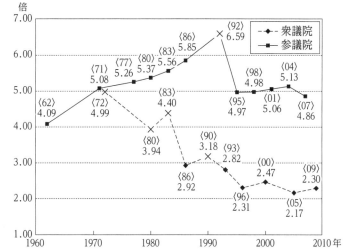

（注）　図中の〈 〉内の数字は、選挙が行われた西暦年の下2けたを指す。2009年実施の衆議院議員選挙については、最高裁判所は、まず各都道府県に議員定数1を割り当て、残りを人口に比例して各都道府県に割り当てる方式は投票価値の平等の要求に反するとしたが、格差の程度の合憲性については明示的な判断をしていない。

問25【投票率と無党派率】 次の図は衆議院議員選挙と参議院議員選挙の投票率および無党派率の推移を示したものである。この図に関する記述として最も適当なものを、下の①～④のうちから一つ選べ。 19追試16

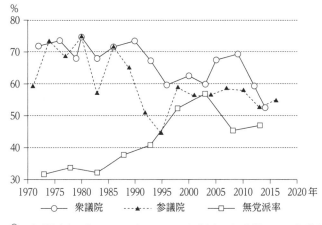

（注）　無党派率とは、NHK放送文化研究所が1973年から5年ごとに実施している「日本人の意識」調査において、支持政党を問う設問で「特に支持している政党はない」と回答した人の割合を指している。

（資料）　総務省Webページおよび NHK放送文化研究所「第9回「日本人の意識」調査(2013)結果の概要」（NHK放送文化研究所Webページ）により作成。

① 無党派率が初めて50パーセントを上回った時期は、55年体制が継続していた。

② 細川内閣が成立した衆議院議員選挙は, 1970年以降で最も高い投票率であった。

③ 国政選挙の投票率が初めて50パーセントを下回った時期は、日本社会党と自由民主党と新党さきがけが連立を組んでいた。

④ 無党派率が初めて40パーセントを上回った時期は、民主党が政権を担当していた。　　[　　]

問26【マスメディア・世論②】 情報メディアの日本における現状についての記述として最も適当なものを、次の①～④のうちから一つ選べ。 11追試10

① 中立的な報道を行うために、新聞社は自社の見解を紙面を通して伝えていない。

② 記者クラブの排他性への批判もあり、一部の官庁ではフリーのジャーナリストが記者会見から排除されていない。

③ 報道被害に対する懸念から、新聞社は犯罪報道において被疑者の実名報道を行っていない。

④ プライバシー保護の観点から、内閣総理大臣の面会者についての報道は行われていない。　　[　　]

問27【選挙による意見の反映】 次のA～Cは、選挙において若年世代の声をより反映させようとする提案である。各々の提案とそれらの利点に関する記述ア～ウとの組合せとして最も適当なものを、下の①～⑥のうちから一つ選べ。 15追試35改

A　選挙で投票できる年齢を、18歳から16歳に引き下げる。

B　選挙での投票において、未成年の子どもを有する親には、その子の数だけ投票権を追加して与える。

C　選挙区を有権者の年齢別に18～39歳、40～59歳、60歳以上の三つで構成し、各選挙区の有権者数の割合に従って議席を配分する。

ア　子育てや教育に強い関心をもつ世代の声を、より多く政治に反映できるようになる。

イ　若年世代の投票率が低くても、その世代の意見を代表する者を一定数必ず確保できるようになる。

ウ　より多くの若年者が、自ら投票することによってその意思を直接的に表明できるようになる。

① A－ア　　B－イ　　C－ウ　　　　② A－ア　　B－ウ　　C－イ
③ A－イ　　B－ア　　C－ウ　　　　④ A－イ　　B－ウ　　C－ア
⑤ A－ウ　　B－ア　　C－イ　　　　⑥ A－ウ　　B－イ　　C－ア　　　　[　　]

問28【一票の格差②】 日本の国政選挙において、一票の格差を縮めるために採られ得る対応として考えられるものを、次のサ～スからすべて選んだとき、その組合せとして最も適当なものを、後の①～⑧のうちから一つ選べ。ただし、選択肢以外の対応は採られないものとする。 現社22本試 4

サ　議員定数1人あたりの人口が少ない複数の選挙区を合区し、合区後の選挙区の議員定数を、合区される選挙区の議員定数の和よりも減らす。

シ　各都道府県の人口とは無関係に、あらかじめ各都道府県に議員定数1を配分する。

ス　議員定数1人あたりの人口が少ない選挙区の議員定数を増やす。

① サとシとス　　　② サとシ　　　　③ サとス　　　　④ シとス
⑤ サ　　　　　　　⑥ シ　　　　　　⑦ ス　　　　　　⑧ 正しいものはない　　　　[　　]

問29【マスメディア】 マスメディアについて述べた次の文章中の ア ・ イ に当てはまる語句の組合せとして最も適当なものを、下の①～④のうちから一つ選べ。 16本試26

　　マスメディアは、報道を通じて人権侵害の被害者への支援を行うことがある。しかし、マスメディア同士の競争を背景に、 ア と呼ばれる集団的かつ過剰な取材活動によって人々のプライバシーが侵害される場合や、事象の一面しか伝えない報道が行われる場合もある。そのため、人々が意見広告や反論記事といった形で自己の見解を掲載するようマスメディアに求める イ が主張されるようになっている。

① ア　メディア・リテラシー　　イ　アクセス権　　② ア　メディア・リテラシー　　イ　リコール権
③ ア　メディア・スクラム　　　イ　アクセス権　　④ ア　メディア・スクラム　　　イ　リコール権
　　[　　]

問30【ポリアーキー】 ポリアーキーという概念によれば、民主主義においては、国民の政治参加とともに、異議申立てを自由に行う権利が認められることが不可欠の条件である。そのいずれかを推進する方策として最も適当なものを、次の①～④のうちから一つ選べ。 05追試10

① 政府に批判的な反対派には、出版物の刊行を許容しない。
② 選挙のみならず、日常活動においても複数政党制を許容しない。
③ 選挙における投票や立候補の権利を、女性にも認める。
④ 被選挙権を、財産と教養のある者のみに認める。　　　　　　　　　　　　　　　　　　[　　]

問31【政府に対する国民の監視】 国民が政府を監視する活動の例とは**言えない**ものを、次の①～④のうちから一つ選べ。 05本試13

① 行政の活動を適切に理解するために、行政文書の公開を請求する。
② 世論調査に注目し、高い支持率を得ている政党の候補者に投票する。
③ 地方自治体の公金支出について、監査請求をする。
④ 政府の人権抑圧的な政策を批判するために、抗議活動をする。　　　　　　　　　　　[　　]

章末問題②

第1問　Kさんの高校の現代社会の最初の授業で、先生は次のような話をした。

　「この科目を学ぶ上では広い視野をもつことが必要です。そのためには日本や世界の歴史、そしてその背景にある思想などを深く理解することも重要です。例えば現代の社会の制度も国によって違いますが、実際には共通の思想を各国それぞれ違った形で受容し発展させていることも多くあります。私たちも歴史や古典を振り返りつつ、グローバル化する現代社会における変化を理解していきたいですね。」

　定期試験が近づき、自宅で勉強をしていたKさんは、先生のこの話を思い出していた。次の問い（問1～6）に答えよ。

現社21本試第1日程・第1問

(一部改題)

 問1　【権力分立①】　Kさんは、現代社会の授業ノートをカードにまとめる作業を始めた。

カードⅠ：授業で習った三権分立のまとめ

> ア　国家権力を立法権、行政権(執行権)、司法権(裁判権)に分ける。
> イ　それら三つの権力を、それぞれ、議会、内閣(または大統領)、裁判所といった常設の機関が担う。
> ウ　三つの権力間で相互に、構成員の任命や罷免などを通じて、抑制・均衡を図る。

　すると、カードを見た大学生の兄が「中江兆民はフランスに留学して、帰国後はルソーやモンテスキューの思想を紹介したんだよ」と言って法思想史の講義のプリントを貸してくれた。Kさんはそれを読んで、モンテスキューが『法の精神』において展開した権力分立論に興味をもち、その特徴をカードⅡにまとめた。

カードⅡ：モンテスキューの権力分立論の特徴

> (1)　国家権力を立法権と執行権とに分けるだけでなく、執行権から、犯罪や個人間の紛争を裁く権力を裁判権として区別・分離する。
> (2)　立法権は貴族の議会と平民の議会が担い、執行権は君主が担う。裁判権は、常設の機関に担わせてはならない。職業的裁判官ではなく、一定の手続でその都度選択された人々が裁判を行う。
> (3)　立法権や執行権は、裁判権に対して、その構成員の任命や罷免を通じた介入をしないこととする。

　Kさんは、カードⅠ中の記述ア～ウの内容をカードⅡ中の記述(1)～(3)の内容に照らし合わせてみた。そのうち、アは、国家権力を立法権、行政権(執行権)、司法権(裁判権)の三権に分けるという内容面で、(1)に合致していると考えた。続けて、イを(2)と、ウを(3)と照らし合わせ、三権の分立のあり方に関する内容が合致しているか否かを検討した。合致していると考えられる記述の組合せとして最も適当なものを、次の①～④のうちから一つ選べ。現社21本試第1日程2

①　イと(2)、ウと(3)　　　②　イと(2)　　　③　ウと(3)　　　④　合致しているものはない　　　[　　　]

 問2　【権力分立②】　プリントには、モンテスキューが影響を受けたイギリスのロックが『統治二論』で展開した権力分立論についても書かれていた。Kさんは「モンテスキューとロックの権力分立の考えを照らし合わせてみよう」と思い、ロックの考えの特徴をカードⅢにまとめた。その上で、現代の政治体制について調べて、考察を加えた。カードⅡと比較した場合のカードⅢの特徴や、政治体制に関する記述AとBの正誤の組合せとして最も適当なものを、下の①～④のうちから一つ選べ。現社21本試第1日程3

カードⅢ：ロックの権力分立論の特徴

> ・国家権力を立法権と執行権とに区別・分離する。
> ・立法権は、議会が担う。
> ・執行権は、議会の定める法律に従わなければならない。(ただし、執行権のうち、外交と国防に関するものについては、法律によらずに決定できる。)

A　ロックの権力分立論は、モンテスキューと同様の観点から国家権力を三つに区別・分離するものであるといえる。

B　共産党の指導の下にある中国の権力集中制は、カードⅢにまとめられている国家権力のあり方と合致する。

①　A－正　B－正　　　②　A－正　B－誤　　　③　A－誤　B－正　　　④　A－誤　B－誤　　　[　　]

国内政治

➡ 解答解説 p.44

問3 【現代日本の司法】　翌日、Kさんは、定期試験の準備のために高校の図書室に友人のUさんとIさんと集まった。Kさんが自作のカードを見せると、Iさんが「モンテスキューの裁判権の考えは面白いね。今日は司法について復習をしようか」と言い、3人は復習を始めた。現代日本の司法に関する記述として最も適当なものを、次の①〜④のうちから一つ選べ。 現社21本試第1日程4

① 裁判は、裁判所による許可がない限りは、非公開で行われる。
② 個々の裁判官は、良心に従って独立して職権を行い、憲法及び法律にのみ拘束される。
③ 最高裁判所長官は、国会が、議決を経て指名する。
④ 罷免の訴追を受けた裁判官を裁判する弾劾裁判所は、衆議院のみが設置する。　　　[　　]

問4 【刑事事件】　司法の分野を復習しながら、Uさんが「検察官や弁護士が大活躍するドラマは面白いよね。でも、先生は、実際の刑事裁判はもっと複雑だと話していたね」と言った。刑事事件に関わる法制度や裁判手続きに関する記述として最も適当なものを、次の①〜④のうちから一つ選べ。 現社21本試第1日程5

① 刑事裁判では、裁判官の下で当事者が妥協点を見付けて訴訟を終結させる和解が行われることがある。
② 検察官による不起訴処分の当否を審査する検察審査会の審査員は、裁判官から選出される。
③ 有罪判決が確定した後であっても、一定の条件の下で、裁判のやり直しを行う制度がある。
④ 被害者参加制度の導入によって、犯罪被害者やその遺族は、裁判員として裁判に参加できるようになった。　　　[　　]

問5 【民事事件】　裁判の話題を受けて、Iさんは「うちの近所で土地の境界をめぐるトラブルが生じて、民事訴訟が起こされるみたいなんだ」と言った。Iさんの発言に関連して、民事の法制度と紛争解決に関する記述として最も適当なものを、次の①〜④のうちから一つ選べ。 現社21本試第1日程6

① 訴訟以外の場で公正な第三者の関与の下で紛争を解決する制度を導入するため、裁判外紛争解決手続法（ADR法）が制定された。
② 損害賠償を求める訴訟では、原則として、過失のない場合でも責任を問われる。
③ 民事紛争を解決するための手段の一つとして、裁判所が関与する斡旋（あっせん）がある。
④ 物の持ち主はその物を自由に扱うことができるという原則を、契約自由の原則という。　　　[　　]

問6 【政党政治】　Kさんは、試験勉強を契機に、権力分立や、国民の政治参加に関心をもつようになり、今度の国政選挙では、政策をよく考えて投票しようと思った。そこで、Kさんは、政党Xと政党Yが訴えている主要政策を調べ、それぞれの政党の違いを明確化させるために、現代社会の授業で習った知識を基にして、二つの対立軸で分類した。政党Xと政党Yは、下の図のア〜エのいずれに位置すると考えられるか。その組合せとして最も適当なものを、下の①〜⑥のうちから一つ選べ。 現社21本試第1日程8

【政党Xの政策】	【政党Yの政策】
・二大政党制を目指した選挙制度改革を約束します。 ・地域の結束と家族の統合を重視し、まとまりのある社会を維持していきます。	・多党制を目指した選挙制度改革を約束します。 ・個々人がもつ様々なアイデンティティを尊重し、一人一人が輝ける世界を創っていきます。

図　政策から読み取れる政党の志向性

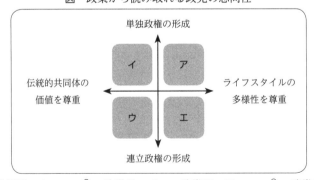

① 政党X—ア　政党Y—ウ　　② 政党X—イ　政党Y—エ　　③ 政党X—ウ　政党Y—ア
④ 政党X—エ　政党Y—イ　　⑤ 政党X—ア　政党Y—イ　　⑥ 政党X—イ　政党Y—ア
　　　[　　]

第2問　生徒Xと生徒Yは、「住民生活の向上を目的とする国や地方自治体の政策に、住民はどのようにかかわることができるのか」という課題を設定して調査を行い、L市主催の報告会で発表することにした。次の図は、そのための調査発表計画を示したものである。これに関連して、後の問い（問1〜3）に答えよ。

22本試・第4問

(一部改題)

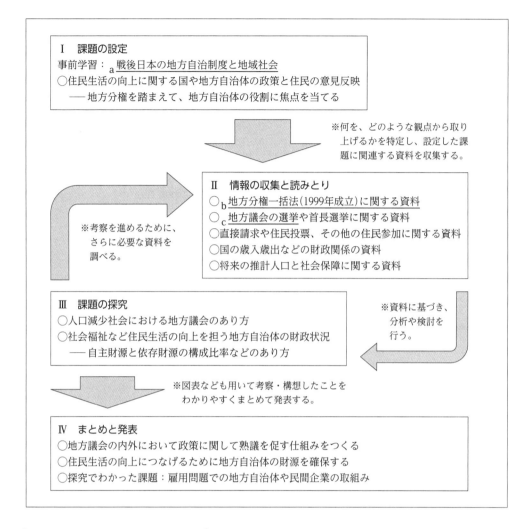

国内政治

問1【第二次世界大戦後の日本の地方自治】　生徒Xと生徒Yは下線部aについて調べた。次のA〜Dは、第二次世界大戦後の日本の地方自治をめぐって起きた出来事に関する記述である。これらの出来事を古い順に並べたとき、3番目にくるものとして正しいものを、後の①〜④のうちから一つ選べ。22本試25

A　地方分権改革が進む中で行財政の効率化などを図るために市町村合併が推進され、市町村の数が減少し、初めて1,700台になった。

B　公害が深刻化し住民運動が活発になったことなどを背景として、東京都をはじめとして都市部を中心に日本社会党や日本共産党などの支援を受けた候補者が首長に当選し、革新自治体が誕生した。

C　地方自治の本旨に基づき地方自治体の組織や運営に関する事項を定めるために地方自治法が制定され、住民が知事を選挙で直接選出できることが定められた。

D　大都市地域特別区設置法に基づいて、政令指定都市である大阪市を廃止して新たに特別区を設置することの賛否を問う住民投票が複数回実施された。

①　A　　　②　B　　　③　C　　　④　D　　　　　　　　　　　　　　　　　　　[　　]

問 2 【国と地方自治体】　生徒 X と生徒 Y は、下線部 b をみながら会話をしている。次の**会話文**中の空欄 ［　ア　］ ～ ［　ウ　］ に当てはまる語句の組合せとして最も適当なものを、後の ① ～ ⑧ のうちから一つ選べ。 22本試26

X：この時の地方分権改革で、国と地方自治体の関係を ［　ア　］ の関係としたんだね。

Y：［　ア　］ の関係にするため、機関委任事務制度の廃止が行われたんだよね。たとえば、都市計画の決定は、 ［　イ　］ とされたんだよね。

X：［　ア　］ の関係だとして、地方自治体に対する国の関与をめぐって、国と地方自治体の考え方が対立することはないのかな。

Y：実際あるんだよ。新聞で読んだけど、地方自治法上の国の関与について不服があるとき、地方自治体は ［　ウ　］ に審査の申出ができるよ。申出があったら ［　ウ　］ が審査し、国の機関に勧告することもあるんだって。ふるさと納税制度をめぐる対立でも利用されたよ。

① ア　対等・協力　　イ　法定受託事務　　ウ　国地方係争処理委員会
② ア　対等・協力　　イ　法定受託事務　　ウ　地方裁判所
③ ア　対等・協力　　イ　自治事務　　　　ウ　国地方係争処理委員会
④ ア　対等・協力　　イ　自治事務　　　　ウ　地方裁判所
⑤ ア　上下・主従　　イ　法定受託事務　　ウ　国地方係争処理委員会
⑥ ア　上下・主従　　イ　法定受託事務　　ウ　地方裁判所
⑦ ア　上下・主従　　イ　自治事務　　　　ウ　国地方係争処理委員会
⑧ ア　上下・主従　　イ　自治事務　　　　ウ　地方裁判所　　　　　　　［　　　］

問 3 【地方選挙】　生徒 X と生徒 Y は下線部 c について、次の**資料 a** と**資料 b** を読みとった上で議論している。**資料 a** と**資料 b** のグラフの縦軸は、統一地方選挙における投票率か、統一地方選挙における改選定数に占める無投票当選者数の割合のどちらかを示している。後の**会話文**中の空欄 ［　ア　］ ～ ［　エ　］ に当てはまる語句の組合せとして最も適当なものを、後の ① ～ ⑧ のうちから一つ選べ。 22本試27

資料 a

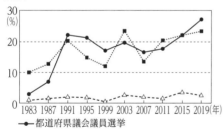

（出所）　総務省 Web ページにより作成。

資料 b

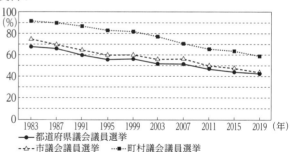

（出所）　総務省 Web ページにより作成。

X：議員のなり手が不足しているといわれている町村もあることが**資料** ［　ア　］ からうかがえるね。町村議会では、立候補する人が少ない背景には議員報酬が低いためという指摘があるよ。議員定数を削減する町村議会も一部にあるんだね。

Y：都道府県議会議員選挙では、それぞれの都道府県の区域を分割して複数の選挙区を設けるのに対し、市町村議会議員選挙では、その市町村の区域を一つの選挙区とするのが原則なんだね。図書館で調べた資料によると、都道府県議会議員選挙での無投票当選は、定数 1 や 2 の選挙区で多い傾向があるよ。**資料** ［　ア　］ から、都道府県や町村の議会議員選挙では、市議会議員選挙と比べると無投票当選の割合が高いことがわかるけど、無投票当選が生じる理由は同じではないようだね。

X：なるほど。この問題をめぐっては、他にも議員のなり手を増やすための環境づくりなどの議論があるよ。無投票当選は、選挙する側からすると選挙権を行使する機会が失われることになるよ。議会に対する住民の関心が低下するおそれもあるんじゃないかな。

Y：**資料** ［　イ　］ において1983年と2019年とを比べると、投票率の変化が読みとれるね。投票率の変化の背景として、 ［　ウ　］ が関係しているといわれているけど、これは政治に対する無力感や不信感などから生じるそうだよ。

X：［　エ　］ をはじめとして選挙権を行使しやすくするための制度があるけど、政治参加を活発にするためには、無投票当選や ［　ウ　］ に伴う問題などに対処していくことも必要なんだね。

国内政治

①	アーa	イーb	ウー政治的無関心	エーパブリックコメント
②	アーa	イーb	ウー政治的無関心	エー期日前投票
③	アーa	イーb	ウー秘密投票	エーパブリックコメント
④	アーa	イーb	ウー秘密投票	エー期日前投票
⑤	アーb	イーa	ウー政治的無関心	エーパブリックコメント
⑥	アーb	イーa	ウー政治的無関心	エー期日前投票
⑦	アーb	イーa	ウー秘密投票	エーパブリックコメント
⑧	アーb	イーa	ウー秘密投票	エー期日前投票　　　　　[　　]

第3問　高校生のアライさんとマエダさんは、校外学習で裁判の傍聴に行き、傍聴後、先生に感想文を提出した。次のアライさんの感想文の一部を読み、後の問い(問1〜2)に答えよ。

現社23本試・第4問　　　　　　　　　　　　　　　　　　　　　　　　(一部改題)

アライさんの感想文の一部

　最初に、裁判員裁判を傍聴した。裁判を見ながら、現代社会の授業で刑事司法について学習したことを思い出した。証拠調べのときに、法廷で防犯カメラの映像が流れ、こういうところでも映像が用いられるのかと驚いた。
　次に、法廷を移動して別の事件の判決言渡しを傍聴した。被告人が有罪判決を言い渡されるのを見て、改めて刑罰を科せられることの重みを感じた。

問1【日本の刑事司法制度】下線部に関して、日本の刑事司法制度に関する記述として最も適当なものを、次の①〜④のうちから一つ選べ。現社23本試21
① 不起訴処分にされた事件について、検察審査会の議決に基づいて強制的に起訴される場合、その起訴を担当するのは検察官である。
② 殺人などの重大事件の刑事裁判においては、第一審および控訴審に、裁判員が関与することになっている。
③ 憲法によれば、被告人に不利益な唯一の証拠が本人の自白であるときであっても、有罪判決が下される可能性がある。
④ 憲法によれば、抑留・拘禁された人が、その後に無罪の裁判を受けたときは、国に対して補償を求めることができる。　　　　　　　　　　　　　　　　　　　　　　　　　　　　　　　　　　[　　]

問2【基本的人権の保障】次の会話文は、校外学習後の授業での会話である。会話文中の　ア　〜　ウ　には、後のA〜Cの記述のいずれかが入る。　イ　・　ウ　に入る記述の組合せとして最も適当なものを、後の①〜⑥のうちから一つ選べ。現社23本試23

会話文
先　生：アライさんは、感想文に防犯カメラの映像のことを書いていましたね。本市でも、市が主体となって、防犯カメラを設置しています。皆さんは、それについて、どう考えますか。
アライ：私は防犯カメラの設置に賛成です。裁判所で見たように、防犯カメラで撮影された映像は、犯罪が起こったときの証拠として役に立ちます。
マエダ：私は反対です。行政が、撮影される人の承諾なしに映像を撮影すること自体が、　ア　ことになります。また、承諾の有無にかかわらず、撮影された映像が短時間であっても保存されることを考慮すると、保存や管理の方法によっては、　イ　ことになると思います。
先　生：では、本物のカメラではなく、防犯カメラの精巧な模型が設置されているとしたらどう考えますか。
マエダ：たしかに、撮影さえしなければ、　ア　ことや　イ　ことはありません。しかし、たとえ模型であっても、それが街のあちこちにあれば、一挙手一投足を監視されていると感じる人もいるはずです。そうだとすれば、撮影しなくても、　ウ　効果はあると思います。
アライ：反対に、模型であっても、それが見えることで安心する人も多いと思います。カメラが実物か模型かにかかわらず、適切なルールがあれば、マエダさんの言う懸念も減るのではないでしょうか。

A　映像が流出したり、防犯以外の目的で利用されたりするリスクを発生させる
B　撮影される人の、みだりに自己の容貌・姿態を撮影されない自由を制約する
C　公共の場で意見を表明したり、その他の様々な活動をしたりすることを萎縮させる

① イーA　ウーB	② イーA　ウーC	③ イーB　ウーA
④ イーB　ウーC	⑤ イーC　ウーA	⑥ イーC　ウーB　　[　　]

1 経済社会の発展

● 経済とは何か

・経済……商品、労働力、貨幣の交換によって成り立つしくみ：生産・流通・消費によって経済が循環

　　　　分業・協業によって効率的に生産・流通 → ❶[　　　　]の最適分配を実現

　①❷[　　　　]……パン・テレビ・自動車など有形の商品　②❸[　　　　]……治療・演奏など無形の商品

　→ 家計（消費者）や企業（生産者）は、何をどのくらい消費または生産するかという経済的な選択を行う

　　Ⅰトレード・オフ……何かを選択したら、他の何かを諦めなければならないという状況

　　Ⅱ機会費用……選択において、他の選択肢を選んでいたら得られたであろう利益のうち、最大のもの

● 資本主義経済

(1)　成立過程……16世紀：重商主義 → イギリスでは18世紀後半に❹[　　　　]を通じて資本主義が確立

　　・問屋制家内工業 → 工場制手工業（❺[　　　　　　　　]）→ 工場制機械工業

(2)　特徴……①❻[　　　　]の私有、②市場経済における自由競争、③❼[　　　　]の追求

思想家	主著と思想分類	キーワード	経済理論
❽[　　　　　　] （英、1723～90）	『国富論』 （『諸国民の富』） 古典派経済学	・❿[　　　　]政策 （レッセ・フェール） ・「小さな政府」 ・「⓫[　　　]国家」※	市場原理を信頼し、「見えざる手」によって社会全体が調和的に発展する。各人の自由な経済活動を肯定し、国家は最小限の活動に限るべきとして重商主義を批判した。
❾[　　　　　　] （英、1883～1946）	『雇用・利子および貨幣の一般理論』	・修正資本主義 ・有効需要の原理 ・「大きな政府」 ・「福祉国家」	貧富の格差や独占・寡占、失業などへの対処のため、市場原理の利点を生かしながら政府が積極的に経済に介入する。そして、公共投資によって完全雇用を実現させる。
フリードマン （米、1912～2006）	マネタリスト 新自由主義	・規制緩和 ・貨幣数量説 ・「小さな政府」	1970年代以降、行政機構の肥大化、政府の財政赤字の拡大が問題に→政府の財政政策に懐疑的であり、市場原理の利点を強調

※「⓫[　　　]国家」……ラッサールが「小さな政府」を批判的にあらわした言葉

(3)　弊害……①市場の独占化 → 独占資本主義（19世紀末～20世紀前半）……自由競争が阻害

　　　　　　②激しい景気変動……恐慌の発生 → 1929年の⓬[　　　　]　③貧富の格差の拡大

(4)　⓭[　　　　　　]政策……⓬[　　　　]への対策として、アメリカのF＝ローズベルト大統領が実施

　　　　　　　　　→ 公共事業、産業統制、農産物の価格支持、労働条件の改善、社会保障の実施など

(5)　現代の資本主義経済……混合経済：私的経済部門と公的経済部門が併存

(6)　1970～80年代の新自由主義……アメリカのレーガン大統領、イギリスのサッチャー首相など

　　→ 2000年代：格差の拡大や世界的な不況に対応するため、再び「大きな政府」へ

● 社会主義経済

(1)　特徴……生産手段の社会的所有（国有化）、政府が生産と分配を管理する⓮[　　　]経済を主導

　　　　　　← 資本主義の矛盾（貧富の差、独占による自由競争の阻害、恐慌など）を避けるため

(2)　思想家……⓯[　　　　]：主著『資本論』やエンゲルス → 生産手段を独占私有する資本家を否定

(3)　課題……供給の不足がおきる、生産効率が低い、技術革新が起こらない → 市場経済の導入

　　①ソ連：1980年代に⓰[　　　　]（改革）→ 1991年、ソ連が崩壊し、市場経済に移行

　　②中国：1978年から⓱[　　　　]政策……経済特区の設定 → 社会主義市場経済の推進へ

　　③ベトナム：⓲[　　　]（刷新）政策

解答　❶資源　❷財　❸サービス　❹産業革命　❺マニュファクチュア　❻生産手段　❼利潤　❽アダム＝スミス　❾ケインズ
⓾自由放任　⓫夜警　⓬世界恐慌　⓭ニューディール　⓮計画　⓯マルクス　⓰ペレストロイカ　⓱改革開放　⓲ドイモイ

☑ トライ

問1 【選択と機会費用】　経済学ではある選択に対してさまざまな費用がかかると考えられている。いま、1,500円の料金を支払ってカラオケで遊ぶことができる。同じ時間を使って、アルバイトで1,800円の給与を得ることや、家事を手伝うことで1,000円の小遣いを得ることもできる。この三つの選択肢のうち一つしか選べない場合、機会費用を含めたカラオケで遊ぶ費用はいくらになるか。正しいものを、次の①～④のうちから一つ選べ。 17追試11

①　1,500円　　　②　2,500円　　　③　3,300円　　　④　4,300円　　　[　　]

問2 【産業革命】 産業革命に関連する記述として最も適当なものを、次の①～④のうちから一つ選べ。
11本試25
① 新しい生産方式が導入され、それまで生産の重要な担い手であった児童や女性が大量に解雇された。
② 雇用の機会から排除された農民たちは不満を募らせ、機械打ちこわし運動(ラッダイト運動)を展開した。
③ 労働者階級が形成され、やがて労働者たちは政治意識を高めチャーティスト運動のように制限選挙に反対するようになった。
④ 工場での手工業生産は、問屋制に基づく家内での手工業生産に取って代わられた。　[　　]

問3 【経済学者と経済思想①】 A～Cの経済学者・経済思想と、その主張の内容についての記述ア～エとの組合せとして正しいものを、下の①～⑧のうちから一つ選べ。 11追試3
A　マルクス　　　　B　ケインズ　　　C　重商主義
ア　自由放任(レッセ・フェール)という言葉を初めて用い、その考え方は古典派経済学に引き継がれた。
イ　国の豊かさは貿易黒字によってもたらされると主張し、古典派経済学によって批判された。
ウ　古典派経済学を批判的に発展させて資本主義の構造を分析し、利潤や恐慌のメカニズムを説明した。
エ　古典派経済学を継承し発展させた理論を批判し、有効需要の不足が失業をもたらすと説いた。

① A－ア　　B－イ　　C－ウ　　　　　② A－ア　　B－エ　　C－イ
③ A－イ　　B－ア　　C－エ　　　　　④ A－イ　　B－エ　　C－ア
⑤ A－ウ　　B－イ　　C－ア　　　　　⑥ A－ウ　　B－エ　　C－イ
⑦ A－エ　　B－イ　　C－ア　　　　　⑧ A－エ　　B－ウ　　C－イ　[　　]

問4 【さまざまな経済体制】 政治・経済のあり方は、歴史的に大きく変容してきた。人類史上のさまざまな経済体制の一般的特徴についての記述として誤っているものを、次の①～④のうちから一つ選べ。
12本試17
① 古代ギリシャ・ローマにみられた奴隷制の下では、労働力の商品化による賃金労働が広範に行われていた。
② ヨーロッパや日本にみられた封建制の下では、農民は身分制度に縛られ、職業や居住地を選択する自由がなかった。
③ 社会主義経済の下では、生産手段の社会的な所有による計画的な資源配分がめざされていた。
④ 資本主義経済の下では、景気循環による失業の発生を伴いつつも、生産力の拡大が達成されてきた。
　[　　]

問5 【世界恐慌】 1929年の大恐慌およびその影響についての記述として誤っているものを、次の①～④のうちから一つ選べ。 11本試28
① ニューヨークの株式市場における株価暴落がそのきっかけとなった。
② ドイツで社会保険制度が創設された。
③ ローズベルト大統領がニューディール政策を行った。
④ 世界経済のブロック化が進んだ。　[　　]

問6 【政府の機能】 政府の機能については、資本主義の歴史的変化に応じてさまざまな考え方がなされてきた。そのような政府の機能をめぐる考え方についての記述として誤っているものを、次の①～④のうちから一つ選べ。 07追試36
① 「夜警国家」の名付け親であるラッサールは、自由放任主義の考え方に立つ「小さな政府」を、肯定的に評価した。
② 市場メカニズムのはたらきに強い信頼をおくフリードマンは、ケインズ政策を批判し、政府は安定的な通貨供給を行うべきだとした。
③ 第二次世界大戦後の先進資本主義国では、政府は、完全雇用の実現や社会保障制度の拡充を行うべきだとする考え方が広まった。
④ 1980年代のイギリスやアメリカでは、政府は、経済過程への介入を少なくしていくべきだとする考え方が広まった。　[　　]

➡ 解答解説 p.46～47　　87

問7【経済の発展】　経済の発展について、それぞれの時代における特徴を示す記述として最も適当なものを、次の①～④のうちから一つ選べ。 13本試28

①　17世紀後半には、国の経済力は国内に存在する貨幣量に規定されるという考え方に基づき、欧州に自由貿易が普及した。

②　18世紀後半に、重化学工業の分野で機械化を進展させたイギリスは、「世界の工場」として工業製品の供給を行った。

③　19世紀後半になると、欧州の列強は、資源や市場を求めて植民地獲得に乗り出すという帝国主義政策をとった。

④　20世紀後半には、先進諸国間で財政・金融政策の協調が深まり、先進諸国ではインフレーションが生じなかった。　　　　　　　　　　　　　　　　　　　　　　　　　　　　　　　　　　　　　　[　　]

問8【アダム=スミスの学説】　アダム・スミスに関する記述として最も適当なものを、次の①～④のうちから一つ選べ。 20本試3

①　国内に富を蓄積するため保護貿易政策を行うことの必要性を説いた。

②　『経済学および課税の原理』を著し、貿易の自由化を重視した。

③　財政政策や金融政策によって完全雇用が達成されることを説いた。

④　『国富論(諸国民の富)』を著し、市場の調整機能を重視した。　　　　　　　　　　　　　　[　　]

問9【国富論】　アダム・スミスの代表的著作は『国富論(諸国民の富)』である。次の①～④は、この著作とリストの『経済学の国民的体系』、マルクスの『資本論』、ケインズの『雇用・利子および貨幣の一般理論』からの抜粋である(一部書き改め、省略したところがある)。『国富論』に該当するものを、次の①～④のうちから一つ選べ。 11本試26

①　主権者が注意を払うべき義務は三つしかない。防衛の義務、司法制度を確立する義務、公共事業を行い公共機関を設立し維持する義務である。

②　われわれの生活している社会経済の顕著な欠陥は、完全雇用を提供することができないことと、富および所得の恣意（しい）にして不公平な分配である。

③　文化の点で大いに進んだ二国民の間では、両者にとって自由競争は、この両者がほぼ同じ工業的発達の状態にあるときにしか有益に作用しない。

④　剰余価値率は、資本による労働力の、あるいは、資本家による労働者の、搾取度（さくしゅど）の正確な表現である。　　　　　　　　　　　　　　　　　　　　　　　　　　　　　　　　　　[　　]

問10【ケインズの学説】　ケインズは、ケインズ革命と呼ばれる経済理論上の革新をもたらし、その後の経済政策にも大きな影響を与えた。ケインズの学説についての記述として最も適当なものを、次の①～④のうちから一つ選べ。 12本試16

①　金融政策による貨幣量の操作を重視することから、その考えはマネタリズムと呼ばれた。

②　労働市場では労働力の需給が円滑に調整されるので、自然に完全雇用が達成されると考えた。

③　供給されたものは必ず需要されるとする考えを否定し、政府が有効需要を創出する必要性を指摘した。

④　自生的に望ましい秩序を生み出していく市場の機能を重視し、政府の役割を「市場の失敗」を克服することに限定すべきであると説いた。　　　　　　　　　　　　　　　　　　　　　　　　　　　[　　]

問11【資本主義経済】　資本主義の経済に関連する記述として最も適当なものを、次の①～④のうちから一つ選べ。 10本試26

①　リカードは、雇用を創出するためには、民間企業の自発的な創意工夫に基づいた技術革新が必要であると強調した。

②　有効需要政策とは、政府が積極的に経済に介入し、総需要を創出して景気回復を図る政策である。

③　リストは、経済を発展させるためには、規制を緩和して市場での自由な取引に任せることが必要であると強調した。

④　ニューディール政策とは、1930年代の不況期に、アメリカで導入された金利自由化を基本とする金融政策である。　　　　　　　　　　　　　　　　　　　　　　　　　　　　　　　　　　　　[　　]

問12【社会主義経済】 社会主義に関連する記述として**誤っているもの**を、次の①〜④のうちから一つ選べ。
11追試 7
① 世界最初の社会主義国家は、ロシアにおいてレーニンに率いられた労働者・農民が起こした革命により成立した。
② 冷戦期に発展途上国の一部は、東側陣営に属して鉱山・工場などの国有化による経済発展をめざした。
③ 議会政治により高福祉を実現する従来の社会民主主義の立場に対し、市場万能主義と高負担を共に回避する「第三の道」という主張も登場した。
④ 市場経済化を進める中国では、経済特区のみに社会主義経済を残す「一国二制度」を採用した。[　]

問13【経済学者と経済思想②】 資本主義を分析した経済学者A〜Cと、その主張内容ア〜ウとの組合せとして正しいものを、下の①〜⑥のうちから一つ選べ。09本試 3
A　ケインズ　　　B　マルクス　　　C　リスト
ア　不況や失業の原因は有効需要の不足にあり、それを解決するためには政府による積極的な財政・金融政策が必要である。
イ　資本家による労働者の搾取（さくしゅ）を背景とする両者間の階級対立、恐慌などの矛盾が存在するために、資本主義経済は不安定化する。
ウ　工業化におくれた国が経済発展を実現するためには、政府による保護貿易政策が必要である。

① A−ア　B−イ　C−ウ　　　② A−ア　B−ウ　C−イ
③ A−イ　B−ア　C−ウ　　　④ A−イ　B−ウ　C−ア
⑤ A−ウ　B−ア　C−イ　　　⑥ A−ウ　B−イ　C−ア　　　[　]

問14【経済学者と経済思想③】 世界の経済体制に影響を及ぼした人物A、Bとその人物の著書ア〜ウとの組合せとして正しいものを、下の①〜⑥のうちから一つ選べ。19追試 1
A　フリードマン　　　　B　マルクス
ア　『資本論』　　　イ　『経済表』　　　ウ　『選択の自由』
① A−ア　B−イ　　② A−ア　B−ウ　　③ A−イ　B−ア
④ A−イ　B−ウ　　⑤ A−ウ　B−ア　　⑥ A−ウ　B−イ　　　[　]

問15【資本主義経済の発展】 資本主義経済の発展についての4つの記述を古い順に並べたとき、3番目にくるものとして最も適当なものを、次の①〜④のうちから一つ選べ。14追試17
① ME（マイクロ・エレクトロニクス）技術が利用されて、工場や事務所における作業や事務処理の自動化が進展した。
② 鉄鋼業をはじめとした重工業が発展し、企業の大規模化や株式会社化が進行した。
③ 綿工業や毛織物工業などの繊維産業を中心に、工場制機械工業が確立し普及した。
④ 自動車や家電製品などの耐久消費財を中心に、大量生産・大量消費の時代が到来した。　　　[　]

問16【小さな政府】「小さな政府」をめざす政策についての記述として**誤っているもの**を、次の①〜④のうちから一つ選べ。11本試30
① イギリスのサッチャー政権やアメリカのレーガン政権が、この政策を採用した。
② この政策を採用する各国は、個人や企業の自助努力を重視した。
③ 日本では、日本国有鉄道、日本電信電話公社、日本専売公社の独立行政法人化が行われた。
④ 日本では、特殊法人の統廃合が行われた。　　　[　]

問17【経済政策】 次のA、Bの政策や考え方に関係の深い人物の組合せとして最も適当なものを、下の①〜④のうちから一つ選べ。18本試 2
A　第三の道　　　B　新自由主義（ネオ・リベラリズム）
① A　ブレア　B　サッチャー　　　② A　ブレア　B　フランクリン・ローズベルト
③ A　フルシチョフ　B　サッチャー　　　④ A　フルシチョフ　B　フランクリン・ローズベルト
　　　[　]

❷ 経済主体と経済活動

● 三つの経済主体

(1) ❶[　　　]：消費活動を行う
　　①企業に商品の代金を支払い、労働力や資本を提供する
　　②政府に労働力を提供し、税金を納める

(2) ❷[　　　]：生産活動を行う
　　①家計に財・サービスを提供し、賃金・配当を支払う
　　②政府に財・サービスを提供し、税金を納める

(3) ❸[　　　]：財政活動を行う
　　①家計に公共サービスや社会保障給付を提供し、賃金を支払う
　　②企業に商品の代金を支払い、補助金を提供する

※❹[　　　　　　]……三つの経済主体相互の経済活動の流れ

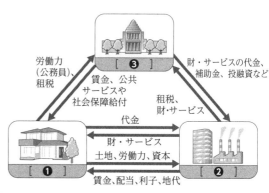

①経済活動の流れ

● 企業の種類と会社企業の形態

(1) 企業の種類：①❺[　　　　]……国営企業・公社・独立行政法人・地方公営企業・公庫
　　　　　　　　②❻[　　　　]……個人企業・法人企業(会社企業・組合企業)
　　　　　　　　③公私合同企業……第3セクター、NTT・JT・日本銀行など

(2) 会社企業の形態：①株式会社、②合資会社、③合名会社、④❼[　　　　　]
　　※❽[　　　](2005年)成立……①❾[　　　　]の設立不可、②株式会社設立時の最低資本金を撤廃、
　　　　　　　　　③❼[　　　　]の新設 → ベンチャー・ビジネスの起業が容易になる

● 株式会社のしくみ

(1) ❿[　　　]の発行……多数の投資家から広く資金を集める → ⓫[　　　]によって市場での売買が可能に
　　※他企業の株式取得による合併・買収(⓬[　　　])で、異業種に進出する⓭[　　　　　　]も増加

(2) ⓮[　　　]の責任と権利……①⓯[　　　]責任：会社の負債に対して、出資額をこえて弁済する責任はない
　　②株式の売買益や配当など受け取ることができる　③⓮[　　　]総会で一株一票の議決権をもつ

(3) 株式会社の組織……⓮[　　　]総会＋取締役会 → 経営方針の決定

(4) ⓰[　　　　]の分離：①会社の所有者…⓮[　　] 　②会社の経営者……株主総会で選出された取締役

● 企業倫理のあり方

(1) 法令遵守(⓱[　　　　　　　])の徹底……企業倫理を確立し、法令やルールを守る

(2) 企業の社会的責任(CSR)……利益追求だけでなく積極的な社会貢献が期待される

(3) ⓲[　　　　　　　　](企業統治)の実現……ステークホルダー(利害関係者)の利益を確保し、経営者が利己的な活動に走ることを防ぐ

解答　❶家計　❷企業　❸政府　❹経済循環　❺公企業　❻私企業　❼合同会社　❽会社法　❾有限会社　❿株式　⓫上場
　　　⓬M＆A　⓭コングロマリット　⓮株主　⓯有限　⓰所有と経営　⓱コンプライアンス　⓲コーポレート・ガバナンス

☑ トライ

問1 【三つの経済主体①】 経済主体について、家計・企業・政府の3部門の中から2部門を取り上げてその違いについて述べた次のA～Cのうち、正しいものはどれか。最も適当なものを、下の①～⑦のうちから一つ選べ。 14本試18

A　企業は、他の企業に労働力や資本などの生産要素を提供することはないが、家計は企業に生産要素を提供する。

B　政府は、企業から租税を徴収しているが、企業は政府から補助金の交付を受けている。

C　家計から政府に支払われるものとしては租税があるが、政府から家計に支払われるものとしては、社会保障給付や公務員の給与がある。

① A　　② B　　③ C　　④ AとB
⑤ AとC　⑥ BとC　⑦ AとBとC　　　　　　　　　　　　　　[　　]

問2【三つの経済主体②】　次の図は、三つの経済主体による国民経済の循環を表している。Xには政府あるいは家計のいずれか一方が、Yには他の一方が入るものとする。図中の矢印A～Cとその内容ア～ウとの組合せとして正しいものを、下の①～⑥のうちから一つ選べ。 10本試25

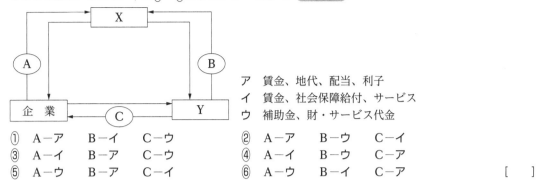

ア　賃金、地代、配当、利子
イ　賃金、社会保障給付、サービス
ウ　補助金、財・サービス代金

① A－ア　　B－イ　　C－ウ　　　② A－ア　　B－ウ　　C－イ
③ A－イ　　B－ア　　C－ウ　　　④ A－イ　　B－ウ　　C－ア
⑤ A－ウ　　B－ア　　C－イ　　　⑥ A－ウ　　B－イ　　C－ア　　　[　　]

問3【三つの経済主体③】　次の図は家計・企業・政府の相互関係を示したものである。図中のXには家計あるいは企業のいずれか一方が、Yには他の一方が入る。また図中の矢印A・Bの内容の説明として、下のア～ウのうちのいずれかが入る。X・Yに入る経済主体と、矢印A・Bに入る説明の組合せとして最も適当なものを、下の①～⑥のうちから一つ選べ。 12追試11

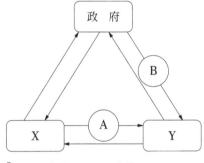

ア　財・サービスの代金を支払い、労働力・土地・資本を供給する。
イ　税金を納付し、労働力を供給する。
ウ　財・サービスの代金を支払い、補助金を交付する。

① X－企業　　Y－家計　　A－ア　　B－イ
② X－企業　　Y－家計　　A－イ　　B－ウ
③ X－企業　　Y－家計　　A－ウ　　B－ア
④ X－家計　　Y－企業　　A－ア　　B－ウ
⑤ X－家計　　Y－企業　　A－イ　　B－ア
⑥ X－家計　　Y－企業　　A－ウ　　B－イ　　　[　　]

問4【企業】　企業についての記述として正しいものを、次の①～④のうちから一つ選べ。 17本試 8
① 日本の会社法に基づいて設立できる企業に、有限会社がある。
② 企業の経営者による株主の監視を、コーポレート・ガバナンスという。
③ 日本の中央銀行である日本銀行は、政府全額出資の企業である。
④ 企業による芸術や文化への支援活動を、メセナという。　　　　　　　　　　[　　]

問5【利潤】　利潤についての記述として正しいものを、次の①～④のうちから一つ選べ。 16本試11
① 企業内部に蓄えられた利潤は、設備投資のような企業規模の拡大のための原資として用いられることがある。
② 国民経済計算では、企業の利潤は雇用者報酬に分類される。
③ 企業の利潤は、賃金や原材料費などの費用に、生産活動により得られた収入を付け加えたものである。
④ 株式会社の場合、利潤から株主に支払われる分配金は出資金と呼ばれる。　　[　　]

問6【家計の収支】 生徒Yは、講座で配布された次の**資料**を見返し、分析した結果を後のノートにまとめた。ノート中の空欄　ア　には資料中の**例a**か**例b**のいずれかが当てはまる。ノート中の空欄　ア　・　イ　に当てはまるものの組合せとして最も適当なものを、後の①〜④のうちから一つ選べ。　24本試 6

資料　単身勤労世帯 3 例における 1 年間の家計収支の平均月額

(単位：千円)

	例a	例b	例c
実収入	550	310	140
実支出	450	240	120
消費支出	300	180	100
うち食料費	60	42	30
非消費支出(直接税、社会保険料)	150	60	20

ノート

○家計は、可処分所得の制約の下で最大の満足感が得られるように、消費する財やサービスを選択し、消費支出額と貯蓄額を決定する。**資料**中の**例a**と**例b**とを比較すると、可処分所得に占める消費支出の割合である平均消費性向は　ア　の方が高い。

○可処分所得が少なくなると、生活必需品の支出の割合が高くなることは避けられない。こうした点に着目した指標がエンゲル係数である。**資料**中でも可処分所得の最も少ない**例c**のエンゲル係数が最も高くなっており、その値は　イ　となる。

① ア　例a　イ　25%　　② ア　例a　イ　30%
③ ア　例b　イ　25%　　④ ア　例b　イ　30%　　[　　]

問7【会社法】 会社法は、2005年に制定された法律である。この法律の内容についての記述として正しいものを、次の①〜④のうちから一つ選べ。　10本試27
① 有限責任社員を出資者として合名会社を設立できる。
② 1000万円以上の資本金がないと株式会社を設立できない。
③ 合資会社という新しい種類の会社を設立できる。
④ 有限会社を新たに設立できない。　　[　　]

問8【株式会社①】 日本における株式会社についての記述として正しいものを、次の①〜④のうちから一つ選べ。　14本試22
① 独占禁止法の下では、事業活動を支配することを目的として、他の株式会社の株式を保有することが禁止されている。
② 会社法の下では、株式会社の設立にあたって、最低資本金の額が定められている。
③ 株式会社のコーポレート・ガバナンスに関しては、バブル経済の崩壊以降、株主の権限の制約が主張されている。
④ 株式会社の活動によって生じた利潤は、株主への配当以外に、投資のための資金としても利用されている。　　[　　]

問9【コンプライアンス①】 コンプライアンス(法令遵守)についての記述として**適当でない**ものを、次の①〜④のうちから一つ選べ。　08本試 4
① 企業が遵守すべき法には、条約のような国際的な規範が含まれる。
② 企業が遵守すべき法には、地方自治体の制定する条例が含まれる。
③ この理念は、大企業による不祥事が相次いで発覚し、その必要性がいっそう高まった。
④ この理念は、企業で働く従業員に内部告発をさせないことを、その内容の一つとしている。　　[　　]

問10【企業の社会的責任】 社会的責任を果たすことを企業に促すことを目的とする行為の例として**適当でない**ものを、次の①〜④のうちから一つ選べ。　08本試 2
① 消費者が、社会的に問題を起こした企業の商品に対して不買運動を起こす。
② 政府が、社会的に問題を起こした企業に対して一定の指導・勧告を行う。
③ 地方自治体が、環境に配慮した企業に補助金や奨励金を給付する。
④ 投資家が、慈善事業への寄付を行う企業に対して寄付の中止を求める。　　[　　]

国内経済

問11【三つの経済主体④】 経済主体について、家計・企業・政府の三部門からなる経済の循環に関する記述として誤っているものを、次の①～④のうちから一つ選べ。 09追試 3

① 家計は、労働力を提供して賃金を受け取り、企業に社会保険料を支払う。

② 企業は、政府に租税を支払い、家計から財・サービスの代金を受け取る。

③ 企業は、労働力と原材料・機械を用い、財・サービスを生産する。

④ 政府は、租税を徴収し、公共サービス提供のため支出を行う。　　　　　　　　　　　　[　　]

問12【三つの経済主体⑤】 企業や家計についての記述として最も適当なものを、次の①～④のうちから一つ選べ。 16本試27

① 家計は、他の条件が一定である場合、その保有する資産の価格が上昇すると消費額を増やす傾向にある。

② 企業は、他の条件が一定である場合、銀行の貸出金利が低下すると設備投資を減少させる傾向にある。

③ 日本の家計を全体でみると、消費支出のうち食料費よりも保健医療費の方が多い。

④ 日本の従業者を全体でみると、中小企業で働く人数よりも大企業で働く人数の方が多い。　　[　　]

問13【企業活動】 企業の経営や生産活動についての記述として正しいものを、次の①～④のうちから一つ選べ。 16追試16

① 金融機関からの借入れが増えると、自己資本額は増大する。

② 利潤のうち株主への分配が増えると、内部留保は増大する。

③ 関連産業が同じ地域に多数立地することで得られる正の経済効果を、集積の利益という。

④ 経営者に代わり株主が経営を行うようになることを、所有と経営の分離という。　　　　　[　　]

問14【会社企業】 日本の会社企業に関する次の記述A～Cのうち、正しいものはどれか。当てはまる記述をすべて選び、その組合せとして最も適当なものを、下の①～⑦のうちから一つ選べ。 19本試10

A　会社設立時の出資者がすべて有限責任社員である会社は、株式会社という。

B　会社設立時の出資者がすべて無限責任社員である会社は、合名会社という。

C　会社設立時の出資者が有限責任社員と無限責任社員である会社は、合同会社という。

①　A　　　　　②　B　　　　　③　C　　　　　④　AとB

⑤　AとC　　　　⑥　BとC　　　　⑦　AとBとC　　　　　　　　　　　　　　　　　[　　]

問15【株式会社②】 株式会社についての記述として**適当でない**ものを、次の①～④のうちから一つ選べ。 09追試 4

① 多額の資金を集めて大規模な事業を営むのに適している。

② 会社の規模が大きくなると所有と経営の分離が生じやすい。

③ 会社が倒産した場合、株式が無価値になることもあるが、会社の負債を株主が返済する義務はない。

④ 会社の活動によって生じた利潤は、そこから株主に報酬を支払った残額が、配当として会社の従業員に分配される。　　　　　　　　　　　　　　　　　　　　　　　　　　　　　　　　[　　]

問16【コンプライアンス②】 コンプライアンス(法令遵守)を推進するために企業が行う方策として最も適当なものを、次の①～④のうちから一つ選べ。 06本試26

① 企業倫理に配慮した経営を行っている企業に投資する。

② 従業員が留意すべき事項を明記した行動指針を作成する。

③ 障害者が暮らしやすいようなバリアフリーのまちづくりに取り組む。

④ 芸術団体の活動に対して資金援助や施設の提供を行う。　　　　　　　　　　　　　　　[　　]

問17【企業とその責任】 企業やその責任についての記述として最も適当なものを、次の①～④のうちから一つ選べ。 18追試32

① EPR とは、環境を保持するための汚染防止費用は汚染者が負うべきであるとする原則のことである。

② 他企業の株式を買って経営権を取得したりその企業と合併したりすることを、M&A という。

③ SRI とは、国際標準化機構が定めた環境マネジメントシステム標準化のための国際規格のことである。

④ 経営者や従業員に自社の株式を一定の価格で購入する権利を与えることを、R&D という。　[　　]

国内経済

❸ 市場経済の機能と限界

● 市場機構

(1) 需要と供給……**完全競争市場**の下では**市場価格(均衡価格)**を形成

①価格が安いときに多くの商品を買おうとする

→ 買い手=❶[　　　　　]側

②価格が高いときに多くの商品を売ろうとする

→ 売り手=❷[　　　　　]側

(2) 価格の❸[　　　　　　　]作用……**市場機構・市場メカニズム**

①供給が需要を上回る=商品が売れ残る(超過供給)

→ 価格は下落 → 需要量増加・供給量減少 → 売れ残り解消

②需要が供給を上回る=商品が不足する(超過需要)

→ 価格は上昇 → 需要量減少・供給量増加 → 品不足解消

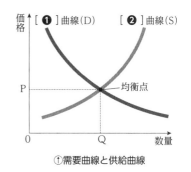

①需要曲線と供給曲線

● 競争と独占・寡占／市場の失敗

(1) 規模の利益(❹[　　　　　　　　　　])を求めて、企業が大規模化

→ { 独占……単独で市場を支配:電力会社やガス会社など

❺[　　　　　]……少数の企業が市場の大半を占める:ビール業界や自動車業界など

(2) 独占の形態

①❻[　　　　　　](企業連合)……同じ産業の企業が価格・生産量・販売地域について協定を結ぶ

②❼[　　　　　　](企業合同)……同じ産業の企業が合併する

③❽[　　　　　　　](企業連携)……持株会社が複数の産業を支配する

(3) 独占や寡占の問題点……価格の自動調節作用がはたらかない

①価格の❾[　　　　　　　]……生産費が下がっても価格は下がりにくい

②❿[　　　　　]の形成……**価格先導者**(⓫[　　　　　　　　　　　])が価格を設定し、他企業が追随

③⓬[　　　　　　]の激化……価格ではなく、デザイン・宣伝・アフターサービスなどで競争

→ ⓭[　　　　　]法を設け、行政委員会である⓮[　　　　　　　　　]が監視

……1997年改正 → **持株会社**の設立が可能に

(4) **市場の失敗**

①独占・寡占市場の成立

②公共財・公共サービス……市場では供給されない(道路・灯台・消防など) ← 非排除性と非競合性

③外部性 { ⓯[　　　　　　]……市場を介さずに他の経済主体に利益を与えること

⓰[　　　　　　　　]……公害のように他の経済主体に不利益を与えること

④その他……情報の非対称性、所得分配の不平等、景気変動、失業の発生など

解答 ❶需要 ❷供給 ❸自動調節 ❹スケール・メリット ❺寡占 ❻カルテル ❼トラスト ❽コンツェルン ❾下方硬直性 ❿管理価格 ⓫プライス・リーダー ⓬非価格競争 ⓭独占禁止 ⓮公正取引委員会 ⓯外部経済 ⓰外部不経済

☑ トライ

問1【需要・供給曲線①】 次の図は、ある商品の需要曲線と供給曲線を示している。この商品の市場について
の記述として正しいものを、下の①〜④のうちから一つ選べ。 09追試 1

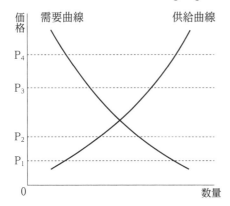

① 価格が P_1 である場合、超過供給が生じている。

② 価格が P_1 から P_2 に上昇した場合、供給量は減少する。

③ 価格が P_3 である場合、価格に引下げ方向の圧力が働く。

④ 価格が P_4 から P_3 に下落した場合、需要量は減少する。

[　　　]

問2 【**市場経済①**】 企業や市場についての記述として**適当でないもの**を、次の①～④のうちから一つ選べ。
13本試25
① 日本では、資金調達などの面で大企業と中小企業との間に格差があり、法律や制度などによって、中小企業の保護・育成が図られてきた。
② 完全競争市場では価格の自動調節機能に従い、財の需要量が供給量を、上回る場合は価格が下落し、下回る場合は価格が上昇する。
③ 寡占市場では、企業は、品質やデザイン、広告などの面で、他企業と競争を行うこともある。
④ 日本では、乗用車などで、生産額の上位3社の合計が、その市場の生産額合計の50パーセントを超えている市場がある。　　　　　　　　　　　　　　　　　　　　　　　　　　　　　　　　　　　　　　[　　]

問3 【**規模の経済**】 規模の経済(規模の利益)の意味についての記述として最も適当なものを、次の①～④のうちから一つ選べ。**08追試36**
① 販売量が増加すればするほど、その企業の利益率が上昇すること
② 事業を多角化すればするほど、一事業当たりの生産性が高まること
③ 生産量を拡大すればするほど、製品一個当たりの生産費用が低下すること
④ 資本金が増大すればするほど、その企業の輸出競争力が向上すること　　　　　　　　　　[　　]

問4 【**独占禁止法①**】 法制度の整備・改革の一つとして、日本では1997年に独占禁止法の改正が行われた。その内容またはその後の状況についての記述として最も適当なものを、次の①～④のうちから一つ選べ。
13追試 2
① 独占禁止法に基づいて設置されていた公正取引委員会が、廃止された。
② 戦後禁止されていた、事業活動を行わない持株会社の設立が解禁された。
③ 2000年代前半には、M&A(企業の合併・買収)の件数が急減した。
④ 2000年代後半には、六つの大銀行を中心とした企業集団が誕生した。　　　　　　　　　[　　]

問5 【**市場経済②**】 市場経済に関連する記述として**誤っているもの**を、次の①～④のうちから一つ選べ。
05追試14
① 市場機構における価格決定の例外として、公的機関の規制を受ける公共性の高い財・サービスの価格や料金を、公共料金という。
② 企業の広告・宣伝などによって、消費者の購買意欲がかきたてられることを、依存効果という。
③ 日本では、市場における私的独占や不公正な取引を防止するために、公正取引委員会が設置されている。
④ 完全競争市場で、ある財に対する需要量が供給量を上回る場合、その財の価格が下落する。　[　　]

問6 【**外部効果①**】 外部経済や外部不経済の例として**適当でないもの**を、次の①～④のうちから一つ選べ。
12追試13
① 商店街の電器量販店が割引きセールを行ったので、商店街の他の電器店の売上げが減少した。
② 住宅街に緑豊かな公園が整備されたので、近隣住民の気持ちが和んだ。
③ 養蜂家が開業したので、近隣のリンゴ園の収穫が増加した。
④ 住宅街に高層マンションが建設されたので、近隣住民の日当たりが悪くなった。　　　　　[　　]

問7 【**市場の失敗**】 市場の失敗の例として最も適当なものを、次の①～④のうちから一つ選べ。**11本試 5**
① 工業製品に必要な希少金属の需要が高まり、その国際価格が高騰した。
② ある産業で新規参入が起きたため、その産業の既存企業の利潤が減った。
③ ある工場が有害な産業廃水を川に流し、下流の住民に健康被害が生じた。
④ 企業の業績不振情報が公開されて、その企業の株価が下落した。　　　　　　　　　　　[　　]

問8 【**非価格競争①**】 非価格競争の例として**適当でないもの**を、次の①～④のうちから一つ選べ。**10追試28**
① 銀行が、他の銀行より先に貸出利子率を下げる。
② 自動車メーカーが、独自デザインの自動車を生産する。
③ 化粧品メーカーが、新製品の試供品を配る。
④ 小売業者が、ISO(国際標準化機構)の認証を取得する。　　　　　　　　　　　　　　　[　　]

国内経済

問9【需要・供給曲線②】 市場で取引される財によって事故が発生したとき、「企業（加害者）に過失が認められた場合、企業に被害の賠償を義務づける」というルールが適用されている社会を考える。次の図は、このときの、ある財市場の需要曲線と供給曲線を示している。その後、政府は、「企業（加害者）の過失の有無にかかわらず、企業に被害の賠償を義務づける」というルールに変更したとする。このとき、需要曲線には影響を与えないという条件の下で、このルールの変更が、図で示される市場に与える影響を述べた記述として最も適当なものを、下の①〜④のうちから一つ選べ。 13本試27

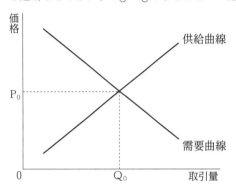

① 企業は費用が増加すると考えるので、供給曲線は右下にシフトし、財の取引量は、図中の Q_0 より多くなる。
② 企業は費用が減少すると考えるので、供給曲線は左上にシフトし、財の取引量は、図中の Q_0 より少なくなる。
③ 企業は費用が増加すると考えるので、供給曲線は左上にシフトし、財の取引量は、図中の Q_0 より少なくなる。
④ 企業は費用が減少すると考えるので、供給曲線は右下にシフトし、財の取引量は、図中の Q_0 より多くなる。

[　　]

問10【需要・供給曲線③】 財・サービスの配分について、次の図は、リンゴジュースの市場における需要曲線と供給曲線を表したものであり、当初、価格が P_0、取引量が Q_0 において需要と供給が均衡しているとする。いま、リンゴの不作により原材料費が上昇したため、供給曲線が移動（シフト）し、同時に、リンゴジュースの人気が低下したため、需要曲線も移動したとする。その結果、新たな均衡に達するとすれば、それは、図中に示されている領域ア〜エのどこに位置するか。その領域として最も適当なものを、下の①〜④のうちから一つ選べ。 12追試12

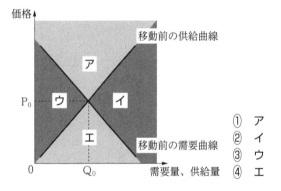

① ア
② イ
③ ウ
④ エ

[　　]

問11【需要・供給曲線④】 次の図は、自由貿易の下で、ある財が国際価格Pのときに、国内供給 X_1 と国内需要 X_2 との差だけ輸入されることを示している。ここで、他の事情を一定とした場合、この財の輸入量を増加させうる要因として正しいものを、下の①〜④のうちから一つ選べ。 14本試21

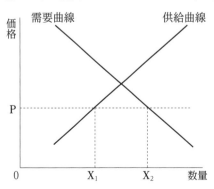

① 国際価格の上昇
② 国民の所得の増大
③ 国内産業の技術の進歩
④ 関税の引上げ

[　　]

問12【需要・供給曲線⑤】 労働移動の自由化が実現していない産業のX国内とY国内の労働市場について考える。次の図のD_X、D_YとS_X、S_Yは、各国内の需要曲線と供給曲線である。この産業の生産物は両国間で貿易ができないものとする。他の条件は一定として、この産業だけで二国間の労働移動が自由化された場合、新たな均衡点の組合せとして最も適当なものを、下の①〜④のうちから一つ選べ。 11本試 3

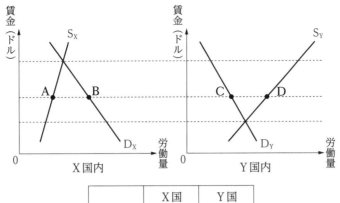

	X国	Y国
①	A	C
②	A	D
③	B	C
④	B	D

[　]

問13【需要・供給曲線⑥】 企業活動のあり方の変化は、市場に対して影響をもたらす場合がある。次の図には、スポーツ用品の需要曲線と供給曲線が実線で描かれている。また、図中の矢印A〜Dは均衡の移動を表している。スポーツ用品の生産者は、当初、賃金の安い児童を多く雇用していたが、その後、国際NGO（非政府組織）の働きかけなどにより、生産者には国際的な労働基準を遵守することが求められるようになったとしよう。そのため、生産者は児童を雇用せず、より高い賃金を支払うようになったとする。他の条件を一定として、当初の均衡から、生産者が高い賃金を支払うようになった後の均衡への移動を表すものとして正しいものを、下の①〜④のうちから一つ選べ。 15本試30

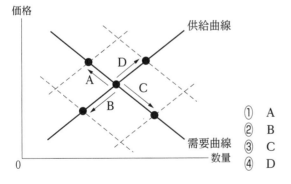

① A
② B
③ C
④ D

[　]

問14【日本の企業間関係】 日本の企業間関係についての記述として最も適当なものを、次の①〜④のうちから一つ選べ。 06本試 4
① 財閥とは、種々の産業部門に属する諸企業を、役員の相互派遣や共同事業の推進によって統合したコンツェルン（企業連携）である。
② 下請け企業とは、親会社が発行する株式の引受けや債務の保証によって、親会社の資金調達を請け負っている会社である。
③ トラスト（企業合同）とは、ある産業における市場占有率の合計が50パーセントを上回る企業間の合併である。
④ 持株会社とは、別会社の事業活動を支配することを目的として株式を所有する企業である。 [　]

問15【完全競争市場】 完全競争市場の特徴を表す記述として最も適当なものを、次の①〜④のうちから一つ選べ。 08本試32
① 価格協定や生産調整が行われる。
② 品質やデザインにより製品の差別化が行われる。
③ 売り手も買い手も多数存在している。
④ 商品の価格の下方硬直性が存在する。 [　　]

問16【経済の効率性】 経済の効率性を高めるには、市場の機能を働きやすくすることが考えられる。そうした目的のための政府の政策についての記述として**適当でないもの**を、次の①〜④のうちから一つ選べ。 11追試36
① 小売業者が商品を販売する際に生産者が決定した一律の価格に従わなくてはならないことを、認める。
② 販路や生産量などについて同一産業の複数の企業が協定を結ぶことを、禁止する。
③ 消費者が財・サービスを購入するときにかかる税金を撤廃し、取引にかかるコストを削減する。
④ 企業が消費者に対して不良品や有害物を販売することがないように、生産者の製造物責任を明確にする。 [　　]

問17【寡占市場①】 寡占市場がもつ特徴についての記述として**適当でないもの**を、次の①〜④のうちから一つ選べ。 15本試 3
① 管理価格とは、市場メカニズムによらずに、価格支配力をもつプライス・リーダーが人為的に決定する価格のことである。
② 価格の下方硬直性とは、生産技術の向上などで生産コストが低下しても、価格が下方に変化しにくくなることである。
③ 非価格競争とは、デザイン、広告・宣伝といった手段を用いて、価格以外の競争が行われることである。
④ カルテルとは、資本の集中・集積が進み、同一産業内での企業合併が起こることである。 [　　]

問18【寡占市場②】 企業の行動の結果、市場において寡占が生じることがある。完全競争市場と比較した場合の寡占市場の特徴として**適当でないもの**を、次の①〜④のうちから一つ選べ。 10本試29
① カルテルが形成されやすい。
② 価格が下方硬直性をもちやすい。
③ 資源が効率的に配分されやすい。
④ プライス・リーダー(価格先導者)が登場しやすい。 [　　]

問19【非価格競争②】 市場における非価格競争の例として最も適当なものを、次の①〜④のうちから一つ選べ。 17追試31
① 同業他社との間でカルテルを締結して、生産量の割当てを行う。
② 人気俳優をテレビ広告に起用して、製品の販売拡大を図る。
③ 他社と同じ性能をもつ製品を、より安い値段で発売する。
④ 政府の決めた価格で、決められた規格の商品を販売する。 [　　]

問20【市場の機能や限界】 市場の機能や限界についての説明として正しいものを、次の①〜④のうちから一つ選べ。 20本試 4
① 寡占市場では、市場による価格調整がうまく働くので、消費者が買いたいものが割安の価格になる。
② 生産技術の開発や生産の合理化によって生産費用が低下しても、価格が下方に変化しにくくなることを、逆資産効果という。
③ 鉄道のように、初期投資に巨額の費用がかかる大型設備を用いる産業では、少数の企業による市場の支配が生じにくい。
④ 寡占市場で価格先導者が一定の利潤を確保できるような価格を設定し、他の企業もそれに追随するような価格を、管理価格という。 [　　]

問21【外部効果②】 外部不経済の例として最も適当なものを、次の①～④のうちから一つ選べ。 [10本試32]
① 乱伐により森林が減少し、木材価格が上昇した。
② 大規模商業施設が建設され、周辺の道路の渋滞が激しくなった。
③ 排ガス浄化装置の設置が義務づけられ、生産費用が増加した。
④ 果樹園が拡大され、近くの養蜂園（ようほうえん）の蜂蜜（はちみつ）の生産量が増えた。 [　　]

（思判表）問22【公共財】 公共財的性質とは、特定の人をその財・サービスの消費から排除不可能か、あるいは排除が非常に困難であるという性質（排除性は無し）と、その財・サービスをある人が消費しても、同時に他の人が消費量を減らすことなく消費可能であるという性質（競合性は無し）とを指す。たとえば、市販のパンは、お金を支払わなければ消費できず（排除性は有り）、ある人が消費すればそのパンを他の人が消費できない（競合性は有り）。これに対して、公海の漁業資源は、特定の漁船の操業を妨げることができず（排除性は無し）、乱獲によって漁獲量が減少する（競合性は有り）。また、有料のケーブルテレビは、お金を支払わなければ視聴できず（排除性は有り）、視聴者が増えても同じように視聴することができる（競合性は無し）。このように、この二つの性質によって、財・サービスは次の**表**のように分類できる。下の**A**～**C**のうち、**表**中の**X**に分類される財・サービスの例として最も適当なものを、下の①～⑦のうちから一つ選べ。 [14追試15]

		排除性	
		有り	無し
競合性	有り	市販のパン	公海の漁業資源
	無し	有料のケーブルテレビ	X

A　新幹線の指定席　　　B　灯　台　　　C　国　防

① A　　　　② B　　　　③ C　　　　④ AとB
⑤ AとC　　⑥ BとC　　⑦ AとBとC 　　　　　[　　]

問23【独占禁止法②】 独占禁止法上の規制や公正取引委員会についての記述として最も適当なものを、次の①～④のうちから一つ選べ。 [10追試29]
① 公正取引委員会は、準司法的権限を有していない。
② 独占禁止法は、「持株会社」を認めていない。
③ 公正取引委員会は、大臣を長とする合議体で意思決定を行う行政機関である。
④ 独占禁止法がカルテルを規制する目的は、公正で自由な競争を促すことにある。 [　　]

（思判表）問24【需要・供給曲線⑦】 次の図は、ある製品の需要曲線と供給曲線が実線で描かれており、市場均衡点はEである。ここで、生産者は、環境汚染防除対策を講じていない。今、消費者の所得、他の製品価格および生産技術が変わらないという条件の下で、生産者が新たに費用を負担して環境汚染防除対策を行うとする。その後、この製品に対する消費者の人気が高まった場合を考える。このときの市場均衡点の変化の経路として正しいものを、下の①～⑧のうちから一つ選べ。 [14追試12]

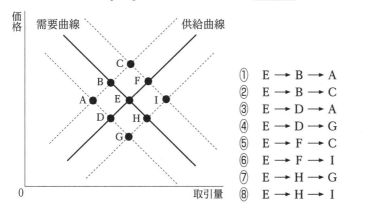

① E → B → A
② E → B → C
③ E → D → A
④ E → D → G
⑤ E → F → C
⑥ E → F → I
⑦ E → H → G
⑧ E → H → I 　　　[　　]

➡ 解答解説 p.52

④ 経済成長と景気変動

● **ストックとフロー**

(1) ❶[　　　　　　　]……ある一時点での蓄積された資産

例：**国富**……機械・建物・土地・森林など

(2) ❷[　　　　　　　]……一定期間の経済活動

例：GDPやGNIなど（付加価値の合計）

① ❸[　　　　　　]（GDP）

＝国内の総生産額−中間生産物

② ❹[　　　　　　]（GNI）

＝GDP＋海外からの純所得

③国民純生産（NNP）＝GNI−固定資本減耗

④国民所得（NI）＝NNP−（間接税−補助金）

⑤ ❺[　　　　　　]（GNP）

＝かつて使われていたもので、名目値ではGNIと等しい

⑥ ❻[　　　　　　]（GNE）

＝GNIを支出面から捉えたもの

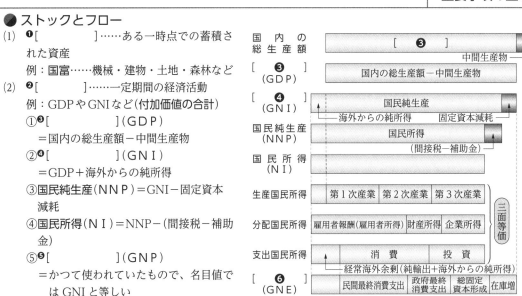

①一国の経済活動を示す指標

(3) ❼[　　　　　　]の原則……国民所得は、①生産、②❻[　　　　]、③支出の三面で捉えるとそれぞれ等しい

※GDPなどの指標には、家事労働やボランティアは含まれず、公害対策費や防犯対策費は含む

→国民の福祉水準をあらわすための指標

・**グリーンGDP**：GDPから固定資本減耗のほか、環境破壊などによる経済損失を差し引く

● **景気変動と経済成長**

(1) **景気変動（景気循環）**……好景気と不景気を交互に繰り返しながら進展

①局面：**好況期** → ❽[　　　　] → **不況期** → ❾[　　　　] → **好況期**……を繰り返す

②それぞれの局面で起こる経済現象｛ 景気上昇側面：物価❿[　　　]、在庫減少、雇用増大、生産増大

景気下降局面：物価⓫[　　　]、在庫増大、雇用縮小、生産縮小

※**恐慌**……好況期から不況期に急激に景気が後退する現象

(2) 景気循環の周期

名称	期間	要因
⓬[　　　]の波	40か月	在庫投資の変動
⓭[　　　　]の波	7～10年	設備投資の変動
⓮[　　　]の波	15～25年	建設投資の変動
コンドラチェフの波	50～60年	技術革新など

> ケインズは、「生産水準（GDP）の大きさは、有効需要の大きさで決まる」（有効需要の原理）と説き、有効需要＝消費＋投資＋政府支出＋（輸出−輸入）とした。この原理によれば、消費や投資が落ち込んで不景気になったら、政府支出（公共投資など）を増やすことが景気を回復させるのに効果的だとされる。

(3) 経済成長

①**経済成長率**……経済規模の拡大を示す

・⓯[　　　]**経済成長率**……金額の変化のみを測定したもので、物価の変動を修正しないで算出

・⓰[　　　]**経済成長率**……実質的な経済成長を測るために、名目値から物価の変動分を修正して算出

②実質値の計算方法

・実質国内総生産＝名目国内総生産÷GDPデフレーター

（注）基準年のGDPデフレーターを100とした場合、さらに×100とする

・実質経済成長率＝（ある年の実質GDP−前年の実質GDP）÷（前年の実質GDP）×100

③**イノベーション**……技術革新や新たな生産方式の導入、販路の拡大など

シュンペーターは経済発展の原動力としてイノベーションの重要性を唱えた

解答　❶ストック　❷フロー　❸国内総生産　❹国民総所得　❺国民総生産　❻国民総支出　❼三面等価　❽後退期　❾回復期　❿上昇　⓫下落　⓬キチン　⓭ジュグラー　⓮クズネッツ　⓯名目　⓰実質

☑トライ

問1 【国富の構成】 経済的豊かさの指標の一つである国富を構成するものとして**誤っているもの**を、次の①～④のうちから一つ選べ。 **14本試8**
① ある世帯がもっている現金
② ある民間企業がもっている機械
③ あるNPO(非営利組織)が所有している建物
④ ある地方自治体が所有している森林

[　　]

問2 【国民経済の諸指標①】 国民所得の諸指標の記述として正しいものを、次の①～④のうちから一つ選べ。 **12追試20**
① 家庭内で家族が行う家事労働は、金額に換算され、国内総生産に計上される。
② 国民純生産の額は、国民総生産の額よりも大きくなる。
③ 生活関連の社会資本のストック額は、国内総資本形成に計上される。
④ 国内総生産は、国内における財・サービスの生産総額(産出額)から、企業間で取引された原材料などの中間生産物の額を除いたものである。

[　　]

問3 【国民経済の諸指標②】 国民経済の指標についての記述として最も適当なものを、次の①～④のうちから一つ選べ。 **08本試37**
① 国民所得とは、ある時点で蓄積されている国富の額をいう。
② 三面等価とは、国民所得の生産・分配・支出の三面の大きさが等しいことをいう。
③ GNP(国民総生産)とは、ある国である期間に生産された生産物の額を合計したものをいう。
④ GDP(国内総生産)とは、GNPから輸入を引いたものをいう。

[　　]

問4 【GDP】 経済発展を数量的に表すために利用するGDP(国内総生産)に関する記述として最も適当なものを、次の①～④のうちから一つ選べ。 **17追試27**
① GDPに海外から受け取った所得を加え、海外へ支払った所得を差し引いたものが、NNP(国民純生産)である。
② 一国の経済規模を測るGDPは、ストックの量である。
③ GDPに家事労働や余暇などの価値を加えたものは、グリーンGDPと呼ばれる。
④ 物価変動の影響を除いたGDPは、実質GDPと呼ばれる。

[　　]

問5 【国民所得の算出】 国民所得を算出する上での「生産」とは**言えないもの**を、次の①～④のうちから一つ選べ。 **07本試37**
① 慈善団体に雇われて事務を行う。
② 自分の家で自分が食べる料理を作る。
③ 高等学校の先生が授業を行う。
④ 税務署員が署内で税務相談に応じる。

[　　]

問6 【景気循環①】 景気循環の各局面において一般的にみられる現象として最も適当なものを、次の①～④のうちから一つ選べ。 **18追試6**
① 好況期には、生産が拡大し、雇用者数が増加する。
② 景気後退期には、商品の超過供給が発生し、在庫が減少する。
③ 不況期には、労働需要が労働供給に対し過大になり、失業率が上昇する。
④ 景気回復期には、在庫が減少し、投資が縮小する。

[　　]

問7 【景気循環②】 市場の動向や景気の変動についての記述として**適当でないもの**を、下の①～④のうちから一つ選べ。 **15本試13**
① 不況の下で物価が持続的に上昇する現象を、スタグフレーションという。
② 好況から不況への景気後退が急激かつ広範囲に生じる現象を、恐慌という。
③ 資源開発投資の動向によって起こる中期の波動を、クズネッツの波という。
④ 技術革新の展開によって起こる長期の波動を、コンドラチェフの波という。

[　　]

問8【国民経済の諸指標③】　一国の経済状態について体系的に記録したものとして国民経済計算がある。次の文章は国民経済計算の諸指標について説明したものである。文章中の空欄　ア　・　イ　に当てはまる語句の組合せとして正しいものを、下の①～④のうちから一つ選べ。 19本試 3

　一定期間に一国の国民によって生産された財・サービスの付加価値の総額を示すものとして国民総生産（GNP）がある。国民総生産から　ア　の額を控除すると、国民純生産（NNP）が得られる。また、間接税（生産・輸入品に課される税）から補助金を差し引いた額を、国民純生産から控除したとき、国民所得（NI）が算出される。一方、一定期間に一国の国内で生産された財・サービスの付加価値の総額を示すものとして国内総生産（GDP）があり、これは国民総生産から　イ　の額を控除したものである。

① ア　固定資本減耗　　イ　海外からの純所得　　② ア　固定資本減耗　　イ　経常海外余剰
③ ア　中間生産物　　イ　海外からの純所得　　④ ア　中間生産物　　イ　経常海外余剰

[　]

問9【国民経済の諸指標④】　所得を把握するための諸指標に関する記述として誤っているものを、次の①～④のうちから一つ選べ。 15本試 9
① 分配面からみた国民所得（NI）の要素には、雇用者報酬が含まれる。
② 支出面からみた国民所得の要素には、民間投資と政府投資が含まれる。
③ 国民総所得（GNI）は、国民純生産（NNP）から、固定資本減耗を差し引いたものである。
④ 国民総所得は、国民総生産（GNP）を分配面からとらえたものであり、両者は等価である。　　[　]

問10【国民経済の諸指標⑤】　国民経済全体の活動水準を測るフローの諸指標がある。次の表は、ある年のそれらの諸指標の項目と金額との組合せの数値例を表したものである。表の数値例をもとにした場合に、諸指標A～Cと、金額ア～ウとの組合せとして正しいものを、下の①～⑥のうちから一つ選べ。 13本試 4

項　目	金　額
国内総生産（GDP）	500
海外からの純所得	20
間接税－補助金	40
固定資本減耗	100

A　国民純生産（NNP）
B　国民総生産（GNP）
C　国民所得（NI）
ア　380
イ　420
ウ　520

① A－ア　B－イ　C－ウ　　② A－ア　B－ウ　C－イ
③ A－イ　B－ア　C－ウ　　④ A－イ　B－ウ　C－ア
⑤ A－ウ　B－ア　C－イ　　⑥ A－ウ　B－イ　C－ア　　[　]

問11【日本のＧＮＥ】　次の表は2007年度における日本のGNE（国民総支出）とそれを算出するために必要な項目を示したものである。この表についての記述として誤っているものを、下の①～④のうちから一つ選べ。 11本試31

項　目	額（兆円）
民間最終消費支出	292
政府最終消費支出	93
総資本形成	123
財貨・サービスの輸出	92
財貨・サービスの輸入	84
海外からの所得	27
海外に対する所得	9
国民総支出	534

① GNP（国民総生産）の額は534兆円である。
② GNI（国民総所得）の額は534兆円である。
③ GDP（国内総生産）の額はGNPの額より大きい。
④ 国内需要（内需）の額は総需要の額より小さい。　　[　]

(注) 表中の数字は名目値である。
(資料) 内閣府『国民経済計算年報』（平成21年度版）により作成。

問12【名目国民所得】 次の図は、1980年以降における日本の名目国民所得を雇用者所得（雇用者報酬）、財産所得および企業所得に区分して、それぞれの所得金額の推移を示したものである。図中のA～Cに当てはまる所得の組合せとして正しいものを、下の①～⑥のうちから一つ選べ。 11追試33

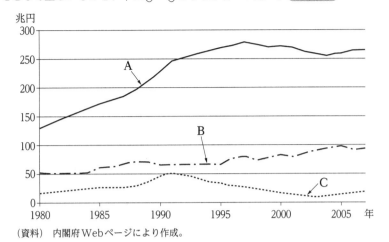

（資料） 内閣府Webページにより作成。

①	A	雇用者所得	B	財産所得	C	企業所得
②	A	雇用者所得	B	企業所得	C	財産所得
③	A	財産所得	B	雇用者所得	C	企業所得
④	A	財産所得	B	企業所得	C	雇用者所得
⑤	A	企業所得	B	雇用者所得	C	財産所得
⑥	A	企業所得	B	財産所得	C	雇用者所得

[　]

問13【国内総生産の経年比較】 生徒Yは、日本における2014年度から2015年度にかけての民間最終消費支出と民間企業設備投資の増加について調べ、次の**メモ**を作成した。**メモ**に関する記述として最も適当なものを、後の①～④のうちから一つ選べ。 23本試16

○国内総生産は生産面、分配面、支出面の三つの側面からみることができる。
○国内総生産は民間最終消費支出、政府最終消費支出、総固定資本形成、純輸出からなる。
○総固定資本形成は、民間企業設備投資や民間住宅投資などを含む。
○民間最終消費支出は 2 兆3,211億円増加した。
○民間企業設備投資は 3 兆1,698億円増加した。

① 国内総生産に占める支出割合は、民間最終消費支出より民間企業設備投資の方が小さいため、2015年度のこれら二つの支出項目の対前年度増加率を比較すると、民間企業設備投資の方が高い。
② 国内総生産に占める支出割合は、民間最終消費支出より民間企業設備投資の方が大きいため、2015年度のこれら二つの支出項目の対前年度増加率を比較すると、民間企業設備投資の方が高い。
③ 国内総生産に占める支出割合は、民間最終消費支出より民間企業設備投資の方が小さいため、2015年度のこれら二つの支出項目の対前年度増加率を比較すると、民間最終消費支出の方が高い。
④ 国内総生産に占める支出割合は、民間最終消費支出より民間企業設備投資の方が大きいため、2015年度のこれら二つの支出項目の対前年度増加率を比較すると、民間最終消費支出の方が高い。

[　]

問14【日本のNI】 経済成長の指標について、2000年代の日本のNI（国民所得）に占める雇用者報酬の割合は70パーセント程度で推移している。このような状況の下で、設問中に明示されていない条件を一定として、NIが 3 パーセント減少し、1 時間当たりの賃金も 6 パーセント下落したと仮定する。次のA～Cの項目のうち、増加するものはどれか。最も適当なものを、下の①～⑦のうちから一つ選べ。 13追試22

A 一人当たりNI　　　B 財産所得と企業所得の総額　　　C 雇用者報酬

①	A	②	B	③	C	④	AとB
⑤	AとC	⑥	BとC	⑦	AとBとC		

[　]

問15【GNEに計上される投資】 投資という言葉は、金融資産に対する投資だけではなく、設備投資などのGNE（国民総支出）に計上される投資という意味でも使われる。後者の投資の例として最も適当なものを、次の①～④のうちから一つ選べ。 08本試3

① 運送会社が配達で使用するために新車を購入した。
② 証券会社が顧客に債券を販売した。
③ 銀行が自治体に資金を貸し付けた。
④ 会社員が一人暮らしをするためにマンションを賃借した。　　　　　　　　　　　[　　　]

問16【GDPに参入される費用】 次のA～Cは、雇用の安定や生活の安心にかかわる各経済主体の行動によって生じる費用の例をあげたものである。これらのうち、GDPに算入されるものはどれか。最も適当なものを、下の①～⑦のうちから一つ選べ。 13本試16

A　NPO法人の運営する福祉作業所が、そこで作業をする障害者の工賃を増やした場合の工賃の増加分
B　専業主婦であった母親が、パートタイマーとして仕事を始めるために自分の子どもを保育所に預けた場合の保育料
C　地方自治体が、子どもにとって安全な遊具を備えた公園の整備を行った場合の整備費

① A　　　　　② B　　　　　③ C　　　　　④ AとB
⑤ AとC　　　⑥ BとC　　　⑦ AとBとC　　　　　　　　　　　　　　　　　[　　　]

問17【実質経済成長率】 物価が変動すると名目経済成長率が実際の経済の成長率を表さないことがある。このことに対処するため、実質経済成長率が用いられる。次の表は、ある国の2000年と2001年の名目GDPとGDPデフレーターを示している。この国の2001年の実質経済成長率として正しいものを、下の①～④のうちから一つ選べ。 18追試29

	名目GDP	GDPデフレーター
2000年	500兆円	100
2001年	504兆円	96

① −4.0パーセント　　② 0.8パーセント
③ 4.0パーセント　　　④ 5.0パーセント

[　　　]

問18【GDPデフレーター】 生徒Xは、GDPデフレーターについて調べ、次のメモを作成した。メモ中の空欄 ア には後の数値a～dのいずれか、空欄 イ には後の語句eかfのいずれかが当てはまる。空欄 ア ・ イ に当てはまるものの組合せとして最も適当なものを、後の①～⑧のうちから一つ選べ。 24本試20

○ GDPには名目GDPと実質GDPがある。
○ GDPデフレーターは、基準年の値を100とする物価変動の指標である。
○たとえば、2010年の名目GDPは400兆円、2020年の名目GDPは540兆円、2010年の実質GDPは400兆円、2020年の実質GDPは360兆円である経済を考えた場合、2010年を基準年とした場合の、2020年のGDPデフレーターは ア である。
○この結果をみると、基準年と比較して2020年の物価は イ したといえる。

ア に当てはまる数値
a　66　　　　　b　90　　　　　c　135　　　　　d　150
イ に当てはまる語句
e　上昇　　　f　下落

① ア−a　イ−e　　　　　② ア−a　イ−f
③ ア−b　イ−e　　　　　④ ア−b　イ−f
⑤ ア−c　イ−e　　　　　⑥ ア−c　イ−f
⑦ ア−d　イ−e　　　　　⑧ ア−d　イ−f　　　　　　　　　　　　　　[　　　]

国内経済

問19【景気循環③】 次の図1は、1998年から2001年までの日本の鉱工業の生産水準と在庫水準の四半期（3か月）ごとの推移を、2000年の平均を100とする指数で表したものである。図1を基にして、縦軸で生産指数の増減、横軸で在庫指数の増減を表す図2を作る。このとき、図1のA～Cの各時期と図2のア～ウの組合せとして正しいものを、下の①～⑥のうちから一つ選べ。 `08追試25`

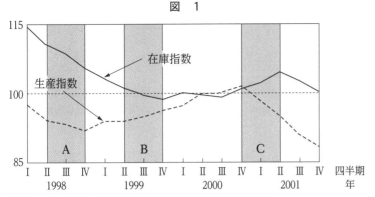

図 1

（資料） 経済産業省『鉱工業指数年報』（平成15年版）により作成。

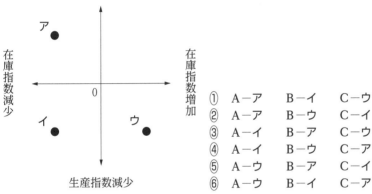

図 2

① A－ア　　B－イ　　C－ウ
② A－ア　　B－ウ　　C－イ
③ A－イ　　B－ア　　C－ウ
④ A－イ　　B－ウ　　C－ア
⑤ A－ウ　　B－ア　　C－イ
⑥ A－ウ　　B－イ　　C－ア　　　　　　[　　]

問20【景気循環④】 さまざまな景気循環の類型についての説が存在する。次の類型A～Cと、それぞれの循環を引き起こす原因についての記述ア～ウとの組合せとして正しいものを、下の①～⑥のうちから一つ選べ。 `09本試25`

A　短期波動（キチンの波）　　　　B　中期波動（ジュグラーの波）　　　　C　長期波動（コンドラチェフの波）
ア　技術革新や大規模な資源開発　　　イ　設備投資の変動　　　ウ　在庫投資の変動

① A－ア　　B－イ　　C－ウ　　　　　② A－ア　　B－ウ　　C－イ
③ A－イ　　B－ア　　C－ウ　　　　　④ A－イ　　B－ウ　　C－ア
⑤ A－ウ　　B－ア　　C－イ　　　　　⑥ A－ウ　　B－イ　　C－ア　　　　[　　]

問21【景気循環⑤】 景気循環の類型とそれが起こる主な要因についての記述として正しいものを、次の①～④のうちから一つ選べ。 `20本試17`
① クズネッツの波は、技術革新を主な要因として起こるとされる景気循環である。
② コンドラチェフの波は、在庫投資の変動を主な要因として起こるとされる景気循環である。
③ キチンの波は、建設投資の変動を主な要因として起こるとされる景気循環である。
④ ジュグラーの波は、設備投資の変動を主な要因として起こるとされる景気循環である。　　　[　　]

問22【イノベーション】 経済発展の原動力として、新技術の開発や新たな生産方式の導入といったイノベーションの重要性を強調した経済学者は誰か。最も適当なものを、次の①～④のうちから一つ選べ。 `18本試23`
① アダム・スミス　　② シュンペーター　　③ マルサス　　④ リカード　　　　[　　]

➡ 解答解説 p.54　　**105**

5 金融のしくみとはたらき

● 通貨と金融

(1) 貨幣の機能と通貨の種類
　　・貨幣の機能……①交換手段　②❶[　　　　　　]　③価値貯蔵手段　④支払い手段
　　・通貨の種類……①❷[　　　　]通貨：紙幣と硬貨　②預金通貨：普通預金や当座預金

(2) 金融の機能と役割
　　①金融……資金に余裕のある経済主体から、資金が不足している経済主体に資金を融通すること
　　②直接金融と間接金融
　　　・❸[　　　　]金融……企業が株式や社債を発行し、投資家から資金を融通
　　　・❹[　　　　]金融……家計が預金を銀行に預け入れ、企業は銀行からの借り入れで資金を融通

(3) 銀行の業務と機能
　　①預金業務……預金を預かる　　②貸出業務……資金を貸しつける
　　③❺[　　　　]業務……手形や小切手によって資金の決済を行う
　　※❻[　　　　　]機能：預金の受け入れと貸し出しを繰り返すことによって、当初の預金額を上回る貸し出しが生まれる → 社会全体の通貨量(❼[　　　　　　　　])が増加し、金融市場が円滑化する
　　　信用創造額＝(最初の預金額／預金準備率)－最初の預金額

● 通貨制度と日本銀行の役割

(1) 通貨制度
　　①❽[　　　　]制……中央銀行が兌換紙幣を発行 → 通貨量が金保有量によって制限される
　　②管理通貨制……中央銀行が❾[　　　　　]を発行 → 通貨量を自由に増やすことができる
　　③通貨制度の変遷……19～20世紀初頭：❽[　　　　]制 → 1929年の世界恐慌以降：管理通貨制

(2) 日本銀行の役割
　　①❿[　　　　]の銀行……国庫金の出納　②⓫[　　　]銀行……日本銀行券の発行(硬貨は政府が発行)
　　③⓬[　　　　]の銀行……市中銀行に対する金融業務(銀行間取引の決済、「最後の貸し手」として融資)

(3) 日本銀行の金融政策……物価・景気を安定させるための政策
　　①⓭[　　　　]操作(オープン・マーケット・オペレーション)……国債や手形を金融市場で売買して、「無担保コールレート(翌日物)」を政策金利として上下に誘導する
　　　好況時：金融引き締め……売りオペレーションによって市場から資金を吸収 → 銀行の貸し出しが減少
　　　不況時：金融緩和……買いオペレーションによって市場に資金を供給 → 銀行の貸し出しが増加
　　②⓮[　　　　]操作……市中銀行から日銀に預け入れる日銀当座預金の⓮[　　　　　]を上下させて、市場の資金を調節(1991年以降は行われていない)
　　※金利の自由化により、公定歩合操作は現在行われていない

(4)「非伝統的金融政策」……1990年代後半以降に行われた、デフレからの脱却を図るための金融緩和政策
　　　　　　　　　　　　　 ← おもに買いオペレーションによって行われる
　　①ゼロ金利政策……コールレートをゼロに誘導　②量的緩和政策……日銀当座預金残高を一定まで高める
　　③量的・質的金融緩和……⓯[　　　　　　](現金通貨と日銀当座預金の合計)を一定まで高める
　　④マイナス金利政策……日銀当座預金の一部にマイナス0.1%の金利を課す。

● 金融の自由化と金融をめぐる動き

(1) 金融の自由化
　　①1990年代前半までの金融行政：⓰[　　　　　]方式……経営体力の弱い銀行を大蔵省(財務省)が保護するため、銀行間の自由な競争を制限する方式
　　②1990年代後半：日本版金融⓱[　　　　　　]……フリー・フェア・グローバルが原則。銀行・証券会社・保険会社間での業務の相互参入、金利の自由化、持株会社の設立など → 金融機関の再編が加速

(2) バブル経済崩壊後の金融をめぐる動き
　　①⓲[　　　　]の増加……バブル経済期の貸し出しが回収困難になる
　　　→ 自己資本比率の低下の懸念、貸し渋り・貸しはがしが問題に
　　　→ 金融機関の経営破綻が相次ぎ、政府は金融機関に公的資金を注入
　　②⓳[　　　　]の凍結(1996年)……政府が預金を全額保証 → その後、段階的に解禁

解答　❶価値尺度　❷現金　❸直接　❹間接　❺為替　❻信用創造　❼マネーストック　❽金本位　❾不換紙幣　❿政府　⓫発券　⓬銀行　⓭公開市場　⓮預金準備率　⓯マネタリーベース　⓰護送船団　⓱ビッグバン　⓲不良債権　⓳ペイオフ

☑️ トライ

問1 【貨幣の機能①】 貨幣の基本的な機能として**適当でないもの**を、次の①〜④のうちから一つ選べ。
08追試32
① 価値尺度機能　　② 所得再分配機能
③ 価値貯蔵機能　　④ 交換機能　　　　　　　　　　　　　　　　　　　　[　　　]

問2 【日本の金融機関①】 日本の金融機関についての記述として最も適当なものを、次の①〜④のうちから一つ選べ。10本試 4
① 巨額の不良債権を抱え込んだ結果、1990年代の後半に破綻（はたん）が相次いだ。
② ノンバンクは、預金を受け入れて融資を行っている。
③ 銀行は、コール市場において手形、国債、株式の売買を行っている。
④ バブル崩壊後、経営再建のために護送船団方式が採用された。　　　　[　　　]

問3 【通貨制度】 通貨制度についての記述として最も適当なものを、次の①〜④のうちから一つ選べ。
11本試29
① 金本位制の下では、中央銀行は金の保有量と無関係に兌換（だかん）銀行券を発行できた。
② 金本位制の下では、外国為替取引は市場の自由な取引に委ねられ、為替レートは大きく変動した。
③ 管理通貨制の下では、中央銀行は金の保有量と一定の比例関係を保ちつつ兌換銀行券を発行できる。
④ 管理通貨制の下では、景気調整のための経済政策の自由度が確保しやすくなる。　　[　　　]

問4 【金融のしくみや制度】 金融の仕組みや制度についての記述として最も適当なものを、次の①〜④のうちから一つ選べ。13本試 6
① BIS規制では、国内業務のみを行う銀行は、国際業務を行う銀行よりも、高い自己資本比率が求められている。
② 日本のペイオフ制度では、金融機関が破綻（はたん）した場合に、預金保険機構によって、預金の元本のみが全額払い戻される。
③ 銀行による信用創造で創出される預金額は、資金の需要が一定であるならば、支払準備率が小さいほど大きくすることができる。
④ 企業が社債を発行することにより、金融市場で資金調達を行うことは、間接金融の方式に当たる。
[　　　]

問5 【金融政策①】 金融政策に関連する記述として**誤っているもの**を、次の①〜④のうちから一つ選べ。
14本試20
① 基準割引率および基準貸付利率は、公開市場操作の手段として用いられる金利である。
② マネーストックとは、金融機関を除く経済主体が保有している通貨量のことである。
③ 信用創造とは、市中金融機関が貸付けを通じて預金を創出することである。
④ 量的緩和は、買いオペレーション（買いオペ）によって行われる政策である。　　[　　　]

問6 【日本の金融をめぐる状況】 日本の金融をめぐる記述として最も適当なものを、次の①〜④のうちから一つ選べ。09本試29
① 民間企業の資金調達において高度成長期には直接金融の割合が高かったが、その後は間接金融の割合が増加傾向にある。
② バブル崩壊をきっかけとして、銀行の自己資本比率に関する規制（BIS規制）は廃止された。
③ 日本銀行券の過剰発行を防止するため、その発行総額は日本銀行が保有する金の価値総額を超えてはならないこととされている。
④ 1990年代の後半には、日本版ビッグバンと呼ばれる金融制度の改革が行われた。　　[　　　]

問7 【金融のグローバル化】 グローバル・スタンダードの事例として最も適当なものを、次の①〜④のうちから一つ選べ。06追試38
① 銀行の自己資本比率の規制　　② 銀行預金の全額保護
③ 預金金利の規制　　　　　　　④ 金融機関の業務分野の規制　　　　　　[　　　]

➡️ 解答解説 p.55

国内経済

問8【貨幣の機能②】 売買に用いられる貨幣は、価値尺度・交換手段・価値貯蔵手段・支払手段としての機能を果たす。これらの各機能に関係する文のうち、価値尺度機能に関する事例として最も適当なものを、次の①～④のうちから一つ選べ。 13本試24

① 資産の一部を生鮮食料品で保持していたAさんは、腐敗による価値の目減りを恐れて、それを貨幣のかたちでもちたいと考えた。

② Bさんは、Cさんのサンマとの物々交換を望んだが、Cさんに断られたため、まず自分のバナナを売って貨幣を手に入れることにした。

③ Dさんは、後払いの約束でEさんからリンゴ10個を買い、後日、代金をEさんに渡して約束を果たした。

④ 綿布を製造しているFさんは、製造費用や市況などを考慮して、綿布1メートル当たり100円の価格をつけた。 [　　]

問9【貨幣】 貨幣に関連する記述として正しいものを、次の①～④のうちから一つ選べ。 17本試27

① 貨幣には、取引の仲立ちを行う価値貯蔵手段としての機能がある。

② マネーストックとは、中央政府が保有する貨幣残高のことである。

③ 管理通貨制度の下では、通貨発行量は中央銀行の保有する金の量によって制限されない。

④ 預金通貨は、財・サービスの対価の支払手段として用いられることはない。 [　　]

問10【日本の金融機関②】 日本の金融機関についての記述として誤っているものを、次の①～④のうちから一つ選べ。 12本試23

① 日本銀行は、市中銀行に対して貸出しを行うことができる。

② 市中銀行は、コール市場で相互に短期資金を融通し合うことができる。

③ 証券会社は、有価証券の売買ができるが、その引受けはできない。

④ ノンバンクは、貸出しができるが、預金の受入れはできない。 [　　]

問11【管理通貨制】 金本位制と比べた管理通貨制の特徴についての記述として最も適当なものを、次の①～④のうちから一つ選べ。 05本試32

① 通貨政策において、国際協力や国際協定の締結を行う必要がなくなった。

② 金準備に拘束されることなく、国内の金融政策の発動が可能になった。

③ 国際商取引を、自国通貨により最終的に決済することが常態となった。

④ 兌換銀行券が流通して、インフレーションが激しくなった。 [　　]

問12【企業の資金調達】 次の表は日本とアメリカとにおける、企業の負債・資本構成（企業がどのようにして資金調達を行ったのかを示したもの）について表したものである。この表から読みとれる内容として最も適当なものを、下の①～④のうちから一つ選べ。 15追試23

		銀行等借入れ	債券	株式・出資金
日　本	1999年12月末	38.8	9.3	33.8
	2013年3月末	29.0	5.7	40.5
アメリカ	1999年12月末	12.1	8.2	66.6
	2013年3月末	7.1	20.6	55.9

（単位：％）

（注） 企業とは民間非金融法人企業のことである。なお、「その他」の数値を省略していることから、どの年も合計が100パーセントにならない。

（資料） 日本銀行調査統計局「欧米主要国の資金循環統計」および日本銀行調査統計局「資金循環の日米欧比較」（日本銀行Webページ）により作成。

① 1999年12月末時点の資金調達において、日本の企業はアメリカの企業よりも直接金融の割合が高い。

② 1999年12月末時点の資金調達において、アメリカの企業は日本の企業よりも他人資本の割合が高い。

③ 日本の企業における資金調達のあり方を1999年12月末時点と2013年3月末時点とで比較した場合、自己資本の割合が高まっている。

④ アメリカの企業における資金調達のあり方を1999年12月末時点と2013年3月末時点とで比較した場合、間接金融の割合が高まっている。 [　　]

問13【信用創造】 次の表のように、銀行Aが、5,000万円の預金を受け入れ、支払準備率を10パーセントとして企業に貸し出すとする。さらにこの資金は、取引を経た後、銀行Bに預金される。銀行の支払準備率をすべて10パーセントで一定とすると、この過程が次々と繰り返された場合、信用創造で作り出された銀行全体の貸出金の増加額として正しいものを、下の①～④のうちから一つ選べ。 05本試31

銀行	預　　金	支払準備金	貸出金
A	5,000万円	500万円	4,500万円
B	4,500万円	450万円	4,050万円
C	4,050万円	405万円	3,645万円
⋮	⋮	⋮	⋮

① 2億5,000万円
② 3億5,000万円
③ 4億5,000万円
④ 5億5,000万円　　　　　[　　]

問14【金融機構①】 金融機構についての記述として最も適当なものを、次の①～④のうちから一つ選べ。 11追試9
① 預金準備率は、市中銀行における預金量に対する自己資本の比率のことである。
② 公開市場操作は、株式の売買により通貨量の調節を図る金融政策である。
③ コールレートとは、市中銀行が優良企業に無担保で貸出しをする際の金利である。
④ 信用創造とは、金融機関が貸付けを通して預金通貨をつくることである。　　　　　[　　]

問15【金融政策②】 金融政策に関連する記述として最も適当なものを、次の①～④のうちから一つ選べ。 11本試34
① 物価の安定は中央銀行の政策目標に含まれない。
② 銀行の自己資本比率に対する国際的な規制は存在しない。
③ 金利の自由化が進み、中央銀行の貸付利率の操作は政策としての効果を失っている。
④ 市場のグローバル化の影響を小さくするため、金融ビッグバンと呼ばれる金融規制の強化が行われている。　　　　　[　　]

問16【金融政策③】 中央銀行が実施する政策や業務についての記述として正しいものを、次の①～④のうちから一つ選べ。 16本試3
① デフレーション対策として、国債の売りオペレーションを行う。
② 自国通貨の為替レートを切り下げるために、外国為替市場で自国通貨の売り介入を行う。
③ 金融緩和政策として、政策金利を高めに誘導する。
④ 金融機関による企業への貸出しを増やすために、預金準備率を引き上げる。　　　　　[　　]

問17【日本銀行の役割①】 日本銀行の役割についての記述として**誤っているもの**を、次の①～④のうちから一つ選べ。 05本試30改
① 国庫金の管理を行うなど、政府の銀行としての役割を果たす。
② 公開市場操作を行い、通貨供給量を適切に保つ。
③ 市中銀行の預金の一定割合を預かり、信用秩序の維持を図る。
④ 郵便局を通じて集めた資金を用い、道路や港湾などの建設に融資する。　　　　　[　　]

問18【金融政策④】 金融政策についての記述として最も適当なものを、次の①～④のうちから一つ選べ。 12追試22
① 預金準備率の引上げは、市中金融機関による企業への貸出しを増加させる効果をもつ。
② 買いオペレーションは、通貨量(マネーストックあるいはマネーサプライ)を減少させる効果をもつ。
③ 日本銀行は、2000年代の前半に、景気対策を目的として、ゼロ金利政策や量的緩和政策を行った。
④ 日本銀行は、1990年代の後半から、政府が発行する赤字国債を継続的に引き受けて、政府に資金の提供を行ってきた。　　　　　[　　]

問19【日本銀行の役割②】 日本銀行についての記述として**誤っているもの**を、次の①〜④のうちから一つ選べ。
16追試34

① 日本銀行は、発行した日本銀行券と金との交換を保証している。
② 日本銀行は、金融政策を通じて物価の安定を図る。
③ 日本銀行は、「最後の貸し手」として金融システムの安定を図る。
④ 日本銀行は、「政府の銀行」として国庫金の管理を行う。　　　　　　　　　　[　　]

問20【金融政策⑤】 日本銀行が行う金融政策についての記述として**最も適当なもの**を、次の①〜④のうちから一つ選べ。13追試10

① 日本銀行が行う金融政策は、財政政策などとのポリシー・ミックスの観点から、憲法上国会の議決を必要としている。
② 日本銀行が行う金融政策は、金融制度に備わっている、景気の自動安定装置(ビルト・イン・スタビライザー)を利用して行われている。
③ 預金準備率操作は、金融引締めのために準備率の引下げを行い、金融緩和のために準備率の引上げを行うものである。
④ 公開市場操作は、金融引締めのために売りオペレーションを行い、金融緩和のために買いオペレーションを行うものである。　　　　　　　　　　[　　]

問21【金融機構②】 金融に関連する記述として**誤っているもの**を、次の①〜④のうちから一つ選べ。
19本試9

① デリバティブは、株式や債券から派生した金融商品で先物取引やオプション取引がある。
② ヘッジファンドによる短期の国際的な資金移動は、為替レートを変動させる要因となる。
③ 日本銀行の量的緩和政策は、金融政策の主たる誘導目標を政策金利として金融緩和を進めようとするものである。
④ 日本の短期金融市場には、金融機関がごく短期間の貸借で資金の過不足を調整するコール市場がある。　　　　　　　　　　[　　]

問22【日本国債の保有者の構成比】 生徒Xは、2011年3月と2021年3月における日本国債の保有者構成比および保有高を調べ、次の図を作成した。図に示された構成比の変化に関する記述として**最も適当なもの**を、後の①〜④のうちから一つ選べ。23本試15

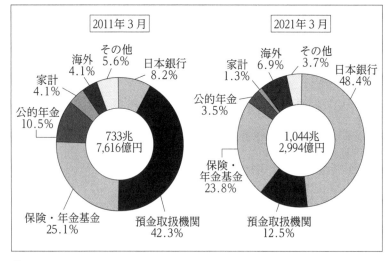

(出所) 日本銀行Webページにより作成。

① 日本銀行の金融引締め政策を反映しており、日本銀行が日本政府の発行した国債を直接引き受けた結果である。
② 日本銀行の金融緩和政策を反映しており、日本銀行が民間金融機関から国債を購入した結果である。
③ 日本銀行の金融引締め政策を反映しており、日本銀行が民間金融機関に国債を売却した結果である。
④ 日本銀行の金融緩和政策を反映しており、日本銀行が日本政府の発行した国債を直接引き受けた結果である。　　　　　　　　　　[　　]

問23【金融政策⑥】 一般的に中央銀行が行うと考えられる政策として最も適当なものを、次の①～④のうちから一つ選べ。 08本試26

① デフレが進んでいる時に通貨供給量を減少させる。
② インフレが進んでいる時に預金準備率を引き下げる。
③ 不況期に市中銀行から国債を買い入れる。
④ 好況期に市中銀行に資金を貸す際の金利を引き下げる。 [　　]

問24【金融政策⑦】 金融の安定を図るため、日本の中央銀行である日本銀行がとってきた手段として**適当でない**ものを、次の①～④のうちから一つ選べ。 06追試30

① 公開市場操作によって通貨供給量を調整する。
② 自己資本比率が低下した市中銀行に対して増資に応じる。
③ 公定歩合操作によって市場の利子率を誘導する。
④ 市中銀行が保有する株式の一部を買い取る。 [　　]

問25【銀行に対する規制や保護】 生徒たちは、銀行に対する規制や保護についても調べた。その中で、1980年代から、自由な金融市場の発展を促すため、先進国での金融規制の緩和は珍しくなくなったことがわかった。そうした動きに関連した日本の銀行制度に関する次の記述アとイの正誤の組合せとして正しいものを、下の①～④のうちから一つ選べ。 21本試第1日程20

ア 日本銀行は、バブル経済崩壊後、国債を市場で売買することにより市場金利への影響力を行使したことはない。
イ 日本版金融ビッグバン以前は、経営基盤の弱い銀行も規制や保護により利益を確保できたため、流通業など他業種から銀行業への参入が増えていた。

① ア　正　　イ　正　　　② ア　正　　イ　誤
③ ア　誤　　イ　正　　　④ ア　誤　　イ　誤 [　　]

問26【金融の自由化・国際化①】 日本における金融の自由化・国際化についての記述として**誤っている**ものを、次の①～④のうちから一つ選べ。 05本試33

① アメリカを中心とする外国の銀行が日本へ進出するとともに、大手銀行どうしの合併など、金融業界の再編も進んだ。
② 投資家による自由な資金運用の促進を目的として、銀行と証券の業務分野が二分化された。
③ 市中銀行が、預金金利を自由に設定できるようになった。
④ 金融機関以外の一般企業が、銀行業などに参入するようになった。 [　　]

問27【預金と貯蓄】 預金や貯蓄についての記述として**誤っている**ものを、次の①～④のうちから一つ選べ。 18追試30

① 貯蓄は、金融機関や株式市場などを通じて企業に出資されたり貸し出されたりし、投資に使われる。
② 高齢化が進展し、貯蓄を取り崩す高齢者が増加すると、家計貯蓄率が低下する要因となる。
③ 日本では、金融の自由化が進んだこともあり、預金金利や貸出金利は自由化されている。
④ 日本では、銀行が破綻した場合に、日本銀行が預金者に一定額の払戻しを行う制度がある。 [　　]

問28【金融の自由化・国際化②】 日本で進められた金融の自由化の内容についての記述として**適当でない**ものを、次の①～④のうちから一つ選べ。 09追試34

① 特定の業務分野に活動が限定されてきた金融機関が、子会社を通じて他の金融業務に進出できるようになった。
② 外国為替取引の自由化など金融の国際化が進められた。
③ 預金のうちの一定割合を日本銀行に預けることを義務づけられてきた銀行が、義務づけがなくなり貸出し量を自由に決められるようになった。
④ 銀行の預金金利に対する規制が段階的に撤廃された。 [　　]

❻ 財政のしくみとはたらき

● 財政の役割
(1) ❶[　　　　　　]機能……民間の経済活動では供給されない公共財・公共サービスを政府が供給する
(2) 所得❷[　　　　　]機能……貧富の格差を是正するために、税制や社会保障制度において調整を行う
　　 → 所得税に❸[　　　　　]制度を取り入れて、高所得者への税負担を高める
(3) ❹[　　　　]機能……景気変動を抑えて景気を安定させる
　　 ①❺[　　　　　　　　　　](自動安定化装置):景気変動に応じて税収や社会保障給付が自動的に増減
　　 ②❻[　　　　　　　　　](裁量的財政政策):景気変動に応じて政府が公共投資や税率を裁量的に増減
　　 ※ポリシー・ミックス……財政政策と金融政策を一体的に運用すること

● 予算と財政投融資
(1) ❼[　　　　]予算……本予算・補正予算・暫定予算
　　 ①歳入……租税および印紙収入(消費税、所得税、法人税など)＋公債金(❽[　　　　　]と建設公債)など
　　 ②歳出……一般歳出(社会保障関係費、公共事業関係費、防衛関係費など)＋地方交付税交付金等＋国債費
(2) その他の予算……特別会計予算・政府関係機関予算
(3) ❾[　　　　]計画……財投機関(特殊法人・独立行政法人・政府系金融機関など)が資金を調達・運用
　　 ・予算と同様に国会の承認が必要であることから「第二の予算」とよばれる
　　 ・かつては郵便貯金や年金積立金が原資 → 2001年に改革され、郵便貯金や年金積立金は自主運用に

● 租税のしくみ
(1) 租税の種類……①❿[　　　　]:税負担者(担税者)と納税者が同一。所得税、法人税、相続税など
　　 ②間接税:税負担者と納税者が異なる。消費税など
(2) 日本の税制の変遷……戦後、⓫[　　　　]勧告によって直接税中心となる
　　 → 直間比率の見直し → 1989年、消費税導入(⓬[　]%) → 消費税率を段階的に引き上げ(現在10%)
　　 ※消費税の問題点……所得の低い人ほど負担感が大きい⓭[　　　] → 軽減税率の導入
(3) 租税の基本原則……公平・中立・簡素
　　 ①⓮[　]的公平……個人の税負担能力(所得)に応じて負担を求める
　　 ②水平的公平……所得または消費が同じなら、税も同じ負担を求める

● 公債の発行
(1) 公債(国債)の種類
　　 ①建設公債(建設国債)……社会資本の整備を目的に発行される公債
　　 ②❽[　　　　](赤字国債)……当面の財政不足を補うために発行する → 財政法で発行が禁止されて
　　 いるため、年度ごとに特例法を制定して発行
(2) 公債発行の原則……⓯[　　　　　]の原則:日本銀行が新規発行の公債を直接引き受けることを禁止
(3) 公債発行の問題点
　　 ①財政の硬直化……歳出に占める国債費の割合が増加し、自由に使える予算が少なくなる
　　 ②公債残高の増加……将来世代への負担が増大する
　　 → 財政健全化のために、⓰[　　　　　　　　](基礎的財政収支)の黒字化が目標

解答 | ❶資源配分　❷再分配　❸累進課税　❹景気調整　❺ビルトイン・スタビライザー　❻フィスカル・ポリシー　❼一般会計
❽特例公債　❾財政投融資　❿直接税　⓫シャウプ　⓬3　⓭逆進性　⓮垂直　⓯市中消化　⓰プライマリー・バランス

☑ トライ

問1 【財政の役割】 財政の役割A～Cとその内容の説明文ア～ウとの組合せとして最も適当なものを、下の①
～⑥のうちから一つ選べ。 12追試17
A　所得の再分配　　　　B　資源配分の調整　　　C　景気の安定化
ア　公共投資の規模を調整し、経済の大幅な変動を抑える。
イ　司法や防衛、上下水道など、市場では最適な供給が難しい財・サービスを提供する。
ウ　生活保護や福祉サービスの給付を行い、一定の生活水準を保障する。

① A－ア　　B－イ　　C－ウ　　　　② A－ア　　B－ウ　　C－イ
③ A－イ　　B－ア　　C－ウ　　　　④ A－イ　　B－ウ　　C－ア
⑤ A－ウ　　B－ア　　C－イ　　　　⑥ A－ウ　　B－イ　　C－ア　　　　　　　　[　]

問2 【一般会計予算①】 次の図は日本における1970年度と2015年度の政府一般会計予算における目的別歳出構成を示したものである。図中のA～Cとそれに当てはまる費目ア～ウとの組合せとして正しいものを、下の①～⑥のうちから一つ選べ。 08本試 8 改

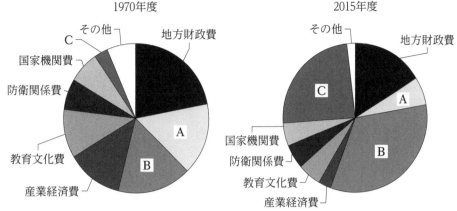

1970年度　　　　　　　　　　　2015年度

（資料）　財務省主計局調査課編『財政統計』（平成27年度版）により作成。

ア　国債費　　　イ　国土保全及び開発費　　　ウ　社会保障関係費

①	A－ア	B－イ	C－ウ	②	A－ア	B－ウ	C－イ
③	A－イ	B－ア	C－ウ	④	A－イ	B－ウ	C－ア
⑤	A－ウ	B－ア	C－イ	⑥	A－ウ	B－イ	C－ア

[　　]

問3 【予算①】 日本の予算に関する記述として正しいものを、次の①～④のうちから一つ選べ。 15本試 6
①　特別会計の予算は、特定の事業を行う場合や特定の資金を管理・運用する場合に、一般会計の予算とは区別して作成される。
②　国の予算の一つである政府関係機関予算については、国会に提出して、その承認を受ける必要はないとされている。
③　財政投融資の見直しが行われ、現在では郵便貯金や年金の積立金は一括して国に預託され、運用されるようになっている。
④　補正予算とは、当初予算案の国会審議の最中に、その当初予算案に追加や変更がなされた予算のことである。

[　　]

問4 【社会資本】 日本の社会資本をめぐる記述として**誤っているもの**を、次の①～④のうちから一つ選べ。 14本試11
①　社会資本には、生産に関連するものと、生活に関連するものとがある。
②　社会資本の整備を目的として国債を発行することは、禁じられている。
③　社会資本の整備を実施するために、財政投融資が財源の一つとして利用されている。
④　社会資本の整備の際に、土地を収用されることによって財産上の損失を被った国民は、その損失の補償を求めることができる。

[　　]

問5 【税制と税収構造】 税制と税収構造に関する記述として**適当でないもの**を、次の①～④のうちから一つ選べ。 06本試32
①　税率一定の付加価値税は、累進所得税と比べ、ビルト・イン・スタビライザー機能が比較的大きいという特徴をもっている。
②　累進所得税は、税率一定の付加価値税と比べ、税負担の垂直的公平が達成されるという特徴をもっている。
③　日本の所得税では、給与所得者、自営業者、農業従事者の間で所得捕捉率に差があり、税負担の不公平の一因とされてきた。
④　シャウプ勧告では、直接税を中心に据えた税体系が提唱され、その後の日本の税制に大きな影響を与えた。

[　　]

問6【直接税】 公共サービスの財源を賄うために、シャウプ勧告以降、日本は主に直接税に依存してきた。国の直接税とは**言えない**ものを、次の①〜④のうちから一つ選べ。 05追試30
① 所得税　　　② 相続税　　　③ 法人税　　　④ 揮発油税　　　　　　　　　　　[　　]

問7【税の公平性】 租税の垂直的公平についての記述として最も適当なものを、次の①〜④のうちから一つ選べ。 16本試31
① 課税の仕組みや徴税の手続がわかりやすい。
② 課税が個人や企業の経済活動に影響を与えにくい。
③ 所得の高い人ほど租税負担が大きい。
④ 所得が等しい人は租税負担が等しい。　　　　　　　　　　　　　　　　　　　[　　]

問8【租税や国債】 租税や国債をめぐる記述として最も適当なものを、次の①〜④のうちから一つ選べ。 13本試7
① 水平的公平とは、所得の多い人がより多くの税を負担するという考え方のことである。
② 国債収入の方が国債費よりも多ければ、基礎的財政収支（プライマリーバランス）は黒字になる。
③ 日本では、直接税を中心とする税制を提唱した1949年のシャウプ勧告に沿った税制改革が行われた。
④ 日本では、1990年代を通じて特例法に基づく赤字国債の発行が毎年度継続して行われた。　　[　　]

問9【国債の発行】 日本では、財政規律を重視する立場から、国債を発行し、消化する場合に制約を課してきた。日本の国債発行ならびに消化に対する制度的制約についての記述として最も適当なものを、次の①〜④のうちから一つ選べ。 06本試37
① 銀行資金が国債購入に充当されることで、民間投資に回らなくなるのを防ぐため、発行される建設国債を直接購入するのは日本銀行に限られている。
② 国債発行については、赤字国債発行の原則があり、建設国債を発行する場合には、発行年度ごとに法律を制定することが義務付けられている。
③ 建設国債の発行は、公共事業などの投資的経費の財源を調達する場合に限って、国会で議決された金額の範囲内で認められている。
④ 人件費などの経常経費の財源を調達する赤字国債の発行は、財政運営の円滑化を図るという観点から、日本銀行引受けの範囲内で認められている。　　　　　　　　　　　　　　　　　　[　　]

問10【一般会計予算②】 次の図は、1983年度以降の国の一般会計における、歳出と税収、国債発行の状況について示したものである。この図から読みとれる内容として最も適当なものを、下の①〜④のうちから一つ選べ。 12本試22

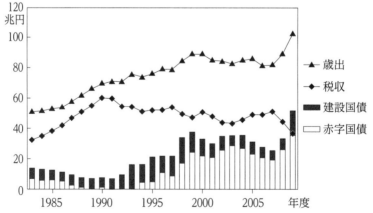

(注) 1990年度に発行された臨時特別国債は、赤字国債に含まれている。
（資料）　財務省Webページにより作成。

① 1990年代末において、国債依存度は1990年代初めより低下した。
② 2000年代前半において、公共事業を目的とする国債発行が急増した。
③ 税収が国債発行収入を下回っている年度がある。
④ 国債の発行が行われなかった年度がある。　　　　　　　　　　　　　　　　　[　　]

国内経済

問11【財政の機能】 財政の有する機能とその例についての記述として**適当でないもの**を、次の①〜④のうちから一つ選べ。 10追試 2

① 赤字国債の削減には、景気を自動的に安定させる機能(ビルト・イン・スタビライザー)がある。
② 政府による公共財の供給には、市場の資源配分を補完する機能がある。
③ 伸縮的財政政策(フィスカル・ポリシー)には、景気を安定させる機能がある。
④ 所得税における累進税率の適用には、所得格差を是正する機能がある。 [　]

問12【ケインズ型の財政政策】 景気循環に対応したケインズ型の財政政策の事例として最も適当なものを、次の①〜④のうちから一つ選べ。 06追試31

① 景気過熱期には、消費を促すために、所得税の税率を引き下げる。
② 景気過熱期には、有効需要を抑制するために、民間の土地を買い上げる。
③ 不況期には、財政赤字を解消するために、消費税の税率を引き上げる。
④ 不況期には、有効需要を創出するために、公共事業を拡大する。 [　]

問13【予算②】 現行の日本の予算制度についての記述として**適当でないもの**を、次の①〜④のうちから一つ選べ。 10追試 3

① 予算を作成して国会に提出できるのは、内閣に限られる。
② 国が特定の事業を行う場合は、一般会計予算とは区分して特別会計予算を作成することができる。
③ 補正予算は、年度途中で当初予算に追加・変更を行う場合に作成される。
④ 「第二の予算」と呼ばれる財政投融資計画は、郵便貯金や年金資金の預託金を原資として作成される。 [　]

問14【一般会計予算③】 次の図は日本における国の一般会計歳出の内訳(公共事業関係費、国債費、社会保障関係費、地方交付税交付金等、その他)を示している。図中のA〜Cに当てはまる歳出項目の組合せとして正しいものを、下の①〜⑥のうちから一つ選べ。 13追試21

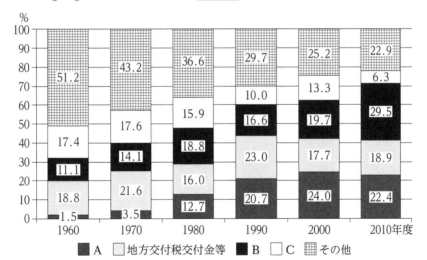

（注）　2000年度までは決算、2010年度は当初予算による。2000年度および2010年度の「地方交付税交付金等」には地方特例交付金が含まれる。
（資料）　財務省『日本の財政関係資料』(2010年版)により作成。

① A−公共事業関係費　　B−国債費　　　　　　C−社会保障関係費
② A−公共事業関係費　　B−社会保障関係費　　C−国債費
③ A−国債費　　　　　　B−公共事業関係費　　C−社会保障関係費
④ A−国債費　　　　　　B−社会保障関係費　　C−公共事業関係費
⑤ A−社会保障関係費　　B−公共事業関係費　　C−国債費
⑥ A−社会保障関係費　　B−国債費　　　　　　C−公共事業関係費 [　]

国内経済

問15【一般会計予算④】 次の表は2008年度の一般会計予算内訳を示したものである。この表から読み取れる内容として正しいものを、下の①～④のうちから一つ選べ。 10追試 9

歳入	税 収 等		公債金(借入れ)	計
	税収	その他の収入		
	64%	5 %	31%	100%

歳出	一般歳出等		国債費 (償還費・利払い費)	計
	一般歳出	地方交付税等		
	57%	19%	24%	100%

(注)　税収等とは、歳入から借入れを差し引いた額を、一般歳出等とは、歳出から過去の借入れに
　　　対する償還費および利払い費を差し引いた額を意味する。
(資料)　池田篤彦編著『図説日本の財政』(平成20年度版)により作成。

① この表では税収等から一般歳出等を差し引いた基礎的財政収支(プライマリーバランス)が黒字だと判断できる。
② この表では公債金から国債費を差し引いた収支が均衡しているかどうかは判断できない。
③ この表により税収等から一般歳出を差し引いた収支が黒字であると判断できる。
④ この表により税収から一般歳出等を差し引いた収支が均衡しているかどうかは判断できない。　　　[　　]

問16【財政投融資計画】 政府系金融機関や公団などを通して、さまざまな政策分野に資金を供給してきたものに財政投融資がある。次の表は、財政投融資計画(当初計画額)について、使途別の構成比の推移を示したものである。表中のA～Cに当てはまる産業・技術(産業構造改革や新技術開発への金融支援など)、住宅(住宅建設のための融資など)、生活環境整備(下水道整備や水資源の安定供給のための融資など)の使途別分類区分の組合せとして正しいものを、下の①～⑥のうちから一つ選べ。 06本試33改

年　度	1953	1955	1965	1975	1985	1995	2005	2014
A	29.1	15.8	7.8	3.0	2.9	3.1	1.5	8.9
運輸通信	11.3	12.2	13.9	12.7	8.4	4.6	2.4	3.9
農林漁業	11.2	8.9	7.2	4.1	4.3	3.0	3.0	2.9
中小企業	7.9	8.1	12.6	15.6	18.0	15.3	22.1	23.9
B	7.8	7.7	12.4	16.7	15.7	16.4	23.0	14.2
C	5.2	13.8	13.9	21.4	25.4	35.3	7.5	5.8
道　路	3.7	3.7	7.9	8.0	8.8	7.7	18.5	14.0
その他	23.8	29.8	24.3	18.5	16.5	14.6	22.0	26.4

(注)　「その他」には、「貿易・経済協力」、「厚生福祉」、「地域開発」などが含まれている。
(資料)　財務省財務総合政策研究所編『財政金融統計月報』(615号、639号、760号)により作成。

① A　産業・技術　　　B　住宅　　　　　　C　生活環境整備
② A　産業・技術　　　B　生活環境整備　　C　住宅
③ A　住宅　　　　　　B　産業・技術　　　C　生活環境整備
④ A　住宅　　　　　　B　生活環境整備　　C　産業・技術
⑤ A　生活環境整備　　B　産業・技術　　　C　住宅
⑥ A　生活環境整備　　B　住宅　　　　　　C　産業・技術　　　　[　　]

問17【日本の税制】 日本の税制についての記述として正しいものを、次の①～④のうちから一つ選べ。 09追試28
① 国税収入の大きな割合を占める所得税や法人税は、直接税である。
② 事業税は、道路整備事業のための支出を賄う目的税である。
③ 携帯電話の通話料は、公共料金の一種なので、消費税が課されない。
④ 市町村は、国や都道府県からの補助金があるので、課税権がない。　　　　[　　]

問18【税収の国際比較】 次の表は、日本、アメリカ、イギリス、フランスの4か国における国と地方の税収(所得課税、消費課税、資産課税等の内訳とその合計)が国民所得に占める比率を、それぞれ1990年と2010年について示したものである。表中のA～Dのうち日本に該当するものとして正しいものを、下の①～④のうちから一つ選べ。 12本試24改

	所得課税		消費課税		資産課税等		合　計	
	1990年	2010年	1990年	2010年	1990年	2010年	1990年	2010年
A	9.0	12.6	15.9	14.5	6.4	8.1	31.3	35.2
B	15.4	13.3	5.8	5.5	3.8	3.9	25.1	22.6
C	19.0	16.8	15.1	14.1	6.1	5.4	40.2	36.4
D	18.9	11.4	5.2	7.0	3.6	3.8	27.7	22.1

(注) 厳密に所得課税・消費課税・資産課税に当てはまらないものは、ここでは「資産課税等」に含まれている。
　　 なお、統計処理の関係から、各項目の数値の和が合計の数値と一致しない場合がある。
(資料) 財務省Webページにより作成。

① A 　　② B 　　③ C 　　④ D 　　　　　　　　　　　　　　　　　[　　]

問19【累進課税制度】 個人の所得に対して課税を行う場合、累進課税の下では、課税する際の人的単位(課税単位)をいかにとるかによって、世帯が負担する税の総額に差異が生じる。課税単位を次のア、イのようにした場合、どのような違いが生じるか、夫婦によって構成される下の二つの世帯(A世帯・B世帯)を比較して考えてみる。単純化のため、税率を下の税率表のように仮定した場合に、それぞれの世帯が負担する税額やその比較についての記述として誤っているものを、下の①～④のうちから一つ選べ。 12追試34

　　課税単位
　　ア　個人単位
　　イ　夫婦単位・合算分割(夫婦の所得を合算し、総額を折半し、それぞれに課税)

　　税率表

所得×税率＝税額
100×10%＝ 10
150×20%＝ 30
200×30%＝ 60
300×40%＝120

① 課税単位がアの場合、A世帯・B世帯それぞれの世帯の負担する税額は異なる。
② 課税単位がイの場合、A世帯・B世帯それぞれの世帯の負担する税額は等しい。
③ 課税単位がアからイに変更されると、A世帯もB世帯も負担する税額は少なくなる。
④ 課税単位がアからイに変更されると、A世帯の負担する税額はB世帯の負担する税額よりも大きく軽減される。　　　　　　　　　　　　　　　　　　　　　　　　　　　　　　　　[　　]

問20【所得格差の是正】 所得格差を直接是正する効果をもつ施策として最も適当なものを、次の①～④のうちから一つ選べ。 10追試37
① 医療費の自己負担率の引上げ
② 最低賃金法の廃止
③ 資産所得への累進税率の適用
④ 法改正による人材派遣の促進　　　　　　　　　　　　　　　　　　　　[　　]

問21【法人税】　日本では企業が納める税目の一つに法人税があるが、この法人税についての記述として**適当でないもの**を、次の①～④のうちから一つ選べ。 08本試10

① 国から地方自治体に対して交付される地方交付税の原資の一つである。
② 高度経済成長期を通じて、国税収入に占める割合が最も高い税目であった。
③ 所得税や相続税と同様に、直接税に区分される。
④ 経済のグローバル化を背景に、1990年代後半に税率が引き下げられた。　　　　　　[　　]

問22【消費税】　ある商品に対する流通経路のすべてが次の図のように示されるとき、10パーセントの単一税率の付加価値税が例外なく課税されたとする。ただし、生産者の仕入額は0円とする。この付加価値税の下で、各事業者は、税抜き売上額にかかる税額から税抜き仕入額にかかる税額を差し引いて、その差引税額を最終的に課税当局に納付する。この図から読みとれる記述として**誤っているもの**を、下の①～④のうちから一つ選べ。 05追試33

① 生産者が課税当局に納付する付加価値税額は、100円になる。
② 卸売業者が課税当局に納付する付加価値税額は、150円になる。
③ 小売業者が課税当局に納付する税額を算定する際に控除できる付加価値税額は、150円になる。
④ 消費者がこの商品を購入する際に支払う付加価値税額は、生産者、卸売業者、小売業者が課税当局に納付した税額の合計である250円に等しい。　　　　　　[　　]

問23【公正な税負担】　税負担に対する合意形成を実現するためには、公正さに配慮した税制改革が必要である。所得や資産の分配に影響を与える課税についての記述として最も適当なものを、次の①～④のうちから一つ選べ。 11本試38

① 相続税の最高税率を引き下げると、資産の不平等が縮小する。
② 所得税の最高税率を引き下げると、所得再分配機能が強まる。
③ 日本の所得税では、富裕層の海外への流出を防ぐために累進課税制度が廃止されている。
④ EU（欧州連合）加盟国の付加価値税（消費税）では、生活必需品の税率を軽減する例がある。　　　　　　[　　]

問24【公共事業や減税】　日本における公共事業や減税に関する記述として最も適当なものを、次の①～④のうちから一つ選べ。 13追試20

① 地方消費税の税率が3パーセントから2パーセントに引き下げられた。
② 道路・河川の整備・改修などの公共事業の経費の一部を国が負担する制度として、共済制度がある。
③ 財政法は原則として国債発行を禁止しているが、公共事業費、出資金、貸付金などに充てる国債の発行を認めている。
④ 所得税の累進課税が逆進課税に改められた。　　　　　　[　　]

問25【特例公債】　特例公債についての記述として正しいものを、次の①～④のうちから一つ選べ。 10追試4

① 公共事業などの社会資本整備のために、財政法に基づいて発行される。
② 税収不足を補うために、単年度立法に基づいて発行される。
③ 地方公共団体や特殊法人に融資するために、国の信用で発行される。
④ 地方公共団体が大規模事業を行うために、国との協議により発行される。　　　　　　[　　]

問26【戦後日本の国債発行】 戦後の日本の国債発行についての記述として最も適当なものを、次の①～④のうちから一つ選べ。 09追試27
① 岩戸景気後の不況による歳入不足を背景に、特例公債(赤字国債)の発行が始まった。
② 第二次石油危機後の不況による歳入不足を背景に、建設国債の発行が始まった。
③ バブル経済による税収増加の結果、特例公債の発行額がゼロになったことがある。
④ 三位一体の改革などによる行財政改革の結果、建設国債の発行額がゼロになったことがある。 [　　]

問27【2000年度以降の国債発行】 2000年度以降の日本の国債に関する記述として正しいものを、次の①～④のうちから一つ選べ。 15追試20
① 国債依存度が40パーセントを上回ったことはない。
② 国債残高が500兆円を上回ったことがない。
③ 赤字国債(特例国債)が発行されなかった会計年度はない。
④ 建設国債が発行された会計年度はない。 [　　]

問28【プライマリー・バランス】 近年、「プライマリー・バランス(PB)」という指標をもとに、その均衡化が議論されている。PBは、次の図の、税収などと、過去に発行された公債の債務償還費・利払費を除いた歳出(一般歳出など)との差として示される。PBの均衡は税収などで一般歳出などが賄われている状態を、PBの赤字は税収などに加えて公債収入の一部が一般歳出などに充てられている状態を、PBの黒字は税収などが一般歳出などに加えて債務償還費・利払費の一部に充てられている状態を、それぞれ示している。この図が示すPBの状態に関する記述として正しいものを、下の①～④のうちから一つ選べ。 05追試32

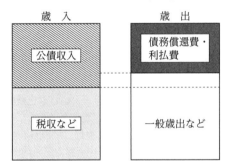

① PBが黒字の状態にあり、公共サービスに使われている金額は、国民が負担している税金の額を上回っている。
② PBが黒字の状態にあり、公共サービスに使われている金額は、国民が負担している税金の額を下回っている。
③ PBが赤字の状態にあり、公共サービスに使われている金額は、国民が負担している税金の額を上回っている。
④ PBが赤字の状態にあり、公共サービスに使われている金額は、国民が負担している税金の額を下回っている。 [　　]

問29【財政改革】 「小さな政府」の趣旨に沿う財政改革についての記述として最も適当なものを、次の①～④のうちから一つ選べ。 09追試31
① 経済的弱者を保護するために、社会保障を充実させて所得の再分配効果を高める。
② 累進課税制度を採用している所得税において、最高税率を下げることで、累進度を弱める。
③ 景気停滞期において、国債発行により財源を調達し、公共事業を通じて有効需要を増加させる。
④ 経済の活力を高めるために、中小企業や地方自治体を対象とした補助金を増額する。 [　　]

問30【バブル崩壊後の日本の財政運営】 バブル崩壊後、1990年代の日本の財政運営についての記述として誤っているものを、次の①～④のうちから一つ選べ。 07追試29
① バブル経済によって生じた資産格差を是正するために、相続税の税率が引き上げられた。
② バブル崩壊後の不況を克服するために、景気対策を目的とした所得税の減税が実施された。
③ 財政危機の克服をめざして制定された財政構造改革法は、深刻な不況のためにその適用が停止された。
④ 税制改正を通じて国の税収構造が変化し、直接税に対する間接税収入の割合が高められた。 [　　]

➡ 解答解説 p.60

7 物価の動き／日本経済の歩み

重要事項の整理

● 物価の動き

(1) 物価……財・サービスの価格の平均的な水準。物価の動きは物価指数で示される

(2) インフレとデフレ

・**インフレーション（インフレ）**……物価が継続的に上昇し、通貨の価値は下落 → 好況期に起こりやすい

　①❶[　　　　　　　　　　]・インフレ……需要が供給を上回ることから起こる

　②コスト・プッシュ・インフレ……賃金や原材料費などの上昇によって起こる

　※❷[　　　　　　　　　　]……インフレと景気の停滞が同時に進行すること

・**デフレーション（デフレ）**……物価が継続的に下落し、通貨価値は上昇 → 不況期に起こりやすい

　※❸[　　　　　　　　　　]……デフレと景気後退が悪循環に陥ること

(3) 物価安定策

・インフレ対策……有効需要を抑制するため、財政支出の縮小と金融引き締めを行う

・デフレ対策……有効需要を拡大するため、財政支出の拡大と金融緩和を行う

　※❹[　　　　　　　　　　]……2013年以降、日本銀行は一定のインフレ目標（2％）を設定して、この数値をめざして金融政策を実施

● 日本経済の歩み

(1) 戦後復興期

　①経済民主化政策……❺[　　　　]解体・農地改革・労働運動の公認

　②❻[　　　　　　　　]の採用（1946年）……基幹産業（石炭・鉄鋼など）に資源や資金を重点的に投入

　③経済安定9原則（1948年）……インフレ抑制と経済自立のためにGHQが指示

　④❼[　　　　　　　　]（1949年）……超均衡予算の実施 → インフレを収束させる → ❽[　　　　　　　]

　⑤朝鮮特需……朝鮮戦争（1950〜53年）によるアメリカ軍からの需要 → 景気回復（**特需景気**）

(2) 高度経済成長期……年平均約10％の経済成長率

　①景気拡大期……**神武景気**（1954〜57年） → ❾[　　　　]景気（1958〜61年）

　　　　　　　　→ **オリンピック景気**（1962〜64年） → **いざなぎ景気**（1965〜70年）

　②経済成長の要因……活発な設備投資、高い貯蓄率、豊富な労働力、割安な為替相場（1ドル＝360円）

　③貿易の自由化……1963年：❿[　　　　　　]11条国に移行　　1964年：ＩＭＦ8条国に移行

　④国際社会での地位の向上……{ 1964年：ＯＥＣＤ（経済協力開発機構）に加盟

　　　　　　　　　　　　　　　　{ 1968年：GNPが資本主義国でアメリカに次ぐ2位に

　⑤経済成長のひずみ……公害問題、地方の過疎化、都市の過密化、ドーナツ現象やスプロール現象など

(3) 安定成長期

　①第1次⓫[　　　　　　　]（1973年）……スタグフレーション（**狂乱物価**） → 戦後初のマイナス成長

　②貿易黒字の拡大……電機・機械・自動車の対米輸出が拡大 → 貿易摩擦に

　③⓬[　　　　]合意（1985年）……G5でドル高を是正 → 円高ドル安へ → 円高不況・産業の⓭[　　　　　　]

　　　→ 金融緩和政策（公定歩合の引き下げ）の実施 → バブル経済へ

(4) バブル経済〜現在

　①バブル経済の発生……地価・株価の高騰 → 金融引き締め政策の実施 → バブル崩壊による景気悪化

　②平成不況と「失われた10年」……景気の停滞とデフレが続く

　　　　　　{ 相次ぐ企業の経営破綻……金融機関の**不良債権問題** → 貸し渋り・貸しはがしが問題化

　→ { 日本型雇用慣行の変化……**成果主義**の導入、非正規雇用の拡大など

　　　　　　{ 非伝統的金融政策の導入……ゼロ金利政策（1999年）・量的緩和政策（2001年）の導入

　③構造改革と規制緩和……道路公団民営化（2005年）、郵政民営化（2007年）など

　④今日の日本社会……少子高齢化による人口減少社会、格差の拡大が問題に

(5) 産業構造の変化……経済発展にともない、一国の経済に占める各産業の比重が変化

　①⓮[　　　　　　　]の法則……第一次産業の比重が低下し、第二次・第三次産業の比重が高まる

　②産業構造の⓯[　　　　　]……農林水産業 → 軽工業 → 重化学工業（重厚長大型産業） → 加工組み立て産業（軽薄短小型産業） → 情報通信産業に移行

　③経済のサービス化・ソフト化……第三次産業を中心に、サービス・ソフト産業が成長

解答　❶ディマンド・プル　❷スタグフレーション　❸デフレスパイラル　❹インフレターゲット　❺財閥　❻傾斜生産方式　❼ドッジ・ライン　❽安定恐慌　❾岩戸　❿ＧＡＴＴ　⓫石油危機　⓬プラザ　⓭空洞化　⓮ペティ・クラーク　⓯高度化

国内経済

☑トライ

問1 【物価や景気の変動】 景気の波や物価の変動をめぐる記述として正しいものを、次の①～④のうちから一つ選べ。 09追試26
① 短期間に急激に物価水準が上昇する現象は、デフレスパイラルと呼ばれる。
② 生産コストの上昇分が製品価格に転嫁されたために生じる物価水準の上昇は、コスト・プッシュ・インフレーションと呼ばれる。
③ 景気停滞と物価水準の持続的な下落が同時に起こる現象は、スタグフレーションと呼ばれる。
④ 景気循環において好況期から後退期へと変わる局面は、景気の谷と呼ばれる。 [　　]

問2 【戦後の混乱・復興期における施策】 戦後の混乱・復興期にとられた施策の記述として**適当でないもの**を、次の①～④のうちから一つ選べ。 10本試14
① 産業構造を高度化し、GNP(国民総生産)の倍増を図った。
② GHQ(連合国軍総司令部)の指令の下、財閥を解体した。
③ ドッジ・ラインを実施し、インフレの収束を図った。
④ シャウプ勧告の下、直接税中心の租税体系が定着した。 [　　]

問3 【ドッジ・ライン】 ドッジ・ラインによって経済安定化のために行われた対策として正しいものを、次の①～④のうちから一つ選べ。 08本試25
① 財閥の解体　　　　　　② 傾斜生産方式の採用
③ 超均衡予算の実施　　　④ 間接税中心の税制の導入 [　　]

問4 【戦後日本の景気循環】 戦後日本の景気循環についての記述として最も適当なものを、次の①～④のうちから一つ選べ。 11追試35
① 岩戸景気では、朝鮮戦争の勃発（ぼっぱつ）を契機として、アメリカ軍による軍需物資の需要が増大し、産業界は活況を呈した。
② いざなぎ景気では、輸出主導の成長を果たした結果、日本のGNP(国民総生産)は、西側世界でアメリカに次いで第2位となった。
③ 第一次石油危機に伴う景気後退期には、政府が金融緩和による総需要拡大策を実施することでインフレの抑制を図った。
④ バブル経済は、日本銀行による数次にわたる公定歩合の引下げが一因となって崩壊した。 [　　]

問5 【高度経済成長期の出来事】 高度経済成長の時期にみられた好況期の通称A～Cと、それぞれの時期における日本経済の出来事ア～ウとの組合せとして正しいものを、下の①～⑥のうちから一つ選べ。 14本試3
A 神武景気(1954年11月～57年6月)
B 岩戸景気(1958年6月～61年12月)
C オリンピック景気(1962年10月～64年10月)
ア 国民所得倍増計画の発表
イ GATT(関税及び貿易に関する一般協定)への加盟
ウ OECD(経済協力開発機構)への加盟

① A－ア　　B－イ　　C－ウ　　　② A－ア　　B－ウ　　C－イ
③ A－イ　　B－ア　　C－ウ　　　④ A－イ　　B－ウ　　C－ア
⑤ A－ウ　　B－ア　　C－イ　　　⑥ A－ウ　　B－イ　　C－ア [　　]

問6 【バブル経済】 バブル経済についての記述として**誤っているもの**を、次の①～④のうちから一つ選べ。 12本試21
① 日本銀行による高金利政策の採用が、景気を過熱させた。
② 企業や家計の余剰資金が株式や土地などへの投機に向けられた。
③ 資産価格が上昇しただけでなく、消費や設備投資が拡大した。
④ リゾート開発への投資が増加した。 [　　]

➡ 解答解説 p.61

国内経済

問7【物価の変動】 物価の変動に関する記述として正しいものを、次の①〜④のうちから一つ選べ。
17本試29
① スタグフレーションとは、不況とデフレーションとが同時に進行する現象のことである。
② デフレスパイラルとは、デフレーションと好況とが相互に作用して進行する現象のことである。
③ コスト・プッシュ・インフレーションは、生産費用の上昇が要因となって生じる。
④ ディマンド・プル・インフレーションは、供給が需要を上回ることにより生じる。　　　[　　]

問8【経済の民主化】 日本における経済の民主化の記述として**誤っているもの**を、次の①〜④のうちから一つ選べ。06追試33
① 持株会社を解体・禁止し、株式所有の分散化が図られたが、最終的に分割されたのは少数の大企業であった。
② 労働運動弾圧の根拠とされた治安維持法が廃止され、憲法で労働者の団結権などが保障されるとともに、労働組合の結成が進んだ。
③ 地主制を廃止するため、不在地主の所有地のうち農地と山林は小作農へ分配し、未利用地は原則として公有化された。
④ 一連の改革は、企業間の競争、経営者の交代、生産性の向上など、日本経済の構造変化を促した。

[　　]

問9【経済安定9原則】 連合国による占領の時期に、GHQ(連合国軍総司令部)は経済の安定やインフレの終息などを目的に経済安定9原則を指令した。この原則に沿ってとられた政策に含まれるものとして最も適当なものを、次の①〜④のうちから一つ選べ。15追試11
① 大幅減税の実施　　　　　② 農地改革の開始
③ 復興金融金庫の設立　　　④ 単一為替レートの設定　　　　　　　　　　　　　　[　　]

問10【高度経済成長期の動向①】 高度経済成長期についての記述として**誤っているもの**を、次の①〜④のうちから一つ選べ。10本試33
① 民間の設備投資が拡大し、企業の国際競争力が強まった。
② 高い貯蓄率に支えられて、銀行が設備投資資金の供給を拡大した。
③ 固定相場制の下で対ドル為替レートが割安になり、輸出が増えた。
④ 持株会社が解禁され、企業の再構築(リストラクチャリング)が進んだ。　　　　　[　　]

問11【高度経済成長期の動向②】 1960年代から70年代の時期における国土の発展の動向についての説明として最も適当なものを、次の①〜④のうちから一つ選べ。08追試27
① 1960年代には、臨海部に工業が集積し、太平洋ベルト地帯が形成された。
② 1960年代には、農地改革が行われ、農地の面積が増加した。
③ 1970年代には、所得倍増計画が策定され、社会資本の整備が進展した。
④ 1970年代には、地価上昇のため、東京圏の人口は減少傾向にあった。　　　　　[　　]

問12【戦後日本の経済環境の変化】 次のア〜ウは戦後の日本に生じた経済環境の変化についての記述である。これらについて、年代の古い順に配列されているものを、下の①〜⑥のうちから一つ選べ。09追試29
ア　プラザ合意に基づくドル安誘導策による急激な円高をきっかけに輸出産業が不振となり、円高不況が生じた。
イ　OPEC(石油輸出国機構)による原油価格の引上げをきっかけに第一次石油危機が生じ、高度経済成長が終わった。
ウ　長期の経済停滞を経験し、経営の悪化した銀行への公的資金の投入や特殊法人の廃止などの構造改革が進められた。

① アーイーウ　　　② アーウーイ　　　③ イーアーウ
④ イーウーア　　　⑤ ウーアーイ　　　⑥ ウーイーア　　　　　　　　　　　　[　　]

国内経済

問13【戦後日本の人口移動】 高度経済成長期に日本で生じた現象についての記述として**適当でないもの**を、次の①〜④のうちから一つ選べ。 10本試 5
① 農村人口の減少に伴って、GNP（国民総生産）に占める農業生産の割合が低下した。
② 農村人口の減少に伴って、農家戸数に占める第二種兼業農家の割合が低下した。
③ 都市での労働需要の増加に伴って、都市労働者の賃金が上昇した。
④ 都市での住宅需要の増加に伴って、都市の地価が上昇した。 [ ]

問14【戦後日本の貿易構造】 戦後の日本の貿易についての記述として最も適当なものを、次の①〜④のうちから一つ選べ。 10本試 2
① 戦後復興期には、貿易自由化の政策により貿易額が拡大した。
② 高度経済成長期の前半には、貿易収支は赤字基調であった。
③ 高度経済成長期の後半には、軽工業品の輸出増加が貿易黒字増加の主要因となった。
④ 安定成長期には、自動車の輸出が急激に増加したことにより日米間で初めての貿易摩擦が生じた。 [ ]

問15【高度経済成長期の株式会社】 高度経済成長期の日本の株式会社における経営者の行動にはいくつかの特徴がみられた。そのような特徴についての記述として最も適当なものを、次の①〜④のうちから一つ選べ。 06本試 6
① 従業員の雇用保障よりも、株価の上昇や配当の増加を優先してきた。
② 株式の相互持合いによって、敵対的な企業買収の防止を図ってきた。
③ 個人株主に対して、企業情報の開示を積極的に行ってきた。
④ 社外取締役を積極的に登用することで、経営の透明性を高めてきた。 [ ]

問16【産業構造の変化】 高度経済成長期以降の産業構造の変化に関連する記述として最も適当なものを、次の①〜④のうちから一つ選べ。 09本試33
① 高度経済成長期における活発な設備投資を背景に、国内製造業の中心は、重化学工業から軽工業へと変化した。
② 二度の石油危機をきっかけに、エレクトロニクス技術を利用した省資源・省エネルギー型の加工組立産業が発展した。
③ プラザ合意後の円高不況と貿易摩擦の中で、国内製造業においては、労働力をより多く用いる労働集約的な生産方法への転換が進んだ。
④ バブル経済期の低金利と株価上昇を受けて、第二次産業就業者数が第三次産業就業者数を上回った。 [ ]

問17【第一次石油危機】 第一次石油危機に関連して、当時の情勢についての記述として最も適当なものを、次の①〜④のうちから一つ選べ。 18本試15
① 日本では、不況を契機に戦後初の建設国債が発行された。
② IAEA（国際原子力機関）が設立された。
③ 日本は、狂乱物価と呼ばれる激しいインフレーションに見舞われた。
④ イラン革命を契機に、OPEC（石油輸出国機構）は原油価格を大幅に引き上げた。 [ ]

問18【ニクソン・ショック】 ニクソン・ショックに関連する日本経済の記述として最も適当なものを、次の①〜④のうちから一つ選べ。 14本試 5
① ドッジ・ラインの実施からニクソン・ショックまで、国債が発行されずに予算が編成された。
② ドッジ・ラインの実施からニクソン・ショックまで、通貨当局は、平価の変動幅を一定に抑えることが義務づけられた。
③ ニクソン・ショック後、戦後経済を支えたブレトンウッズ体制の崩壊を受けて、『経済白書』において「もはや戦後ではない」と表現された。
④ ニクソン・ショック後、通貨の発行量が金保有量に制約を受けない管理通貨制度が採用された。 [ ]

問19【日本経済の指標】　次の図は日本の実質経済成長率、物価変動率（消費者物価指数対前年比）、完全失業率の推移を示したものである。図中のＡ～Ｃに当てはまる指標の組合せとして正しいものを、下の①～⑥のうちから一つ選べ。 11追試18改

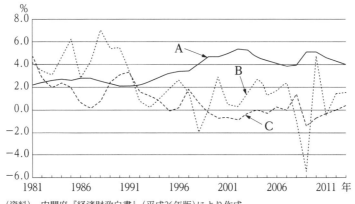

（資料）　内閣府『経済財政白書』（平成26年版）により作成。

①	Ａ	実質経済成長率	Ｂ	物価変動率	Ｃ	完全失業率
②	Ａ	実質経済成長率	Ｂ	完全失業率	Ｃ	物価変動率
③	Ａ	物価変動率	Ｂ	実質経済成長率	Ｃ	完全失業率
④	Ａ	物価変動率	Ｂ	完全失業率	Ｃ	実質経済成長率
⑤	Ａ	完全失業率	Ｂ	実質経済成長率	Ｃ	物価変動率
⑥	Ａ	完全失業率	Ｂ	物価変動率	Ｃ	実質経済成長率

[　　]

問20【ローレンツ曲線】　所得の不平等を表すものとして、次の図に示したローレンツ曲線がある。図は、横軸に所得の低い人から高い人の順に人々を並べた場合の人数の累積比率、縦軸にそれらの人々の所得の累積比率をとり、所得分布の状態を示したものである。たとえば、図の45度線は、所得の低い方から60パーセントまでの人々が全体の所得の60パーセントを占めていることを示している。所得が完全に均等に分配された場合、ローレンツ曲線は45度の直線になり、不平等が大きくなるほど45度線から乖離する。二つの異なる所得分布の状態が、曲線Ａと曲線Ｂでそれぞれ示されるとき、この図から読みとれることとして正しいものを、下の①～④のうちから一つ選べ。 18本試 8

国内経済

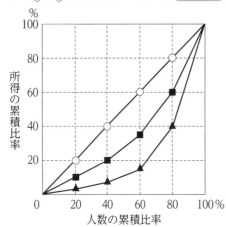

① 　Ａの所得分布で示される不平等の度合いは、Ｂの所得分布で示される不平等の度合いよりも大きい。

② 　Ｂで示される所得分布では、所得の高い方から上位20パーセントまでの人々が全体の所得の80パーセント以上を占めている。

③ 　Ｂで示される所得分布では、すべての人の所得が同じ割合で増えると45度線の所得分布により近づく。

④ 　Ａで示される所得分布では、所得の低い方から80パーセントまでの人々が全体の所得の50パーセント以上を占めている。

[　　]

問21【規制緩和】　規制緩和を推進する論理として最も適当なものを、次の①～④のうちから一つ選べ。 06本試15

① 　競争を通じて企業の活力が引き出され、経済活動がより効率的に行われるための手段となる。

② 　幼稚産業の育成や衰退産業の保護など、産業構造の転換を円滑に進めるための手段となる。

③ 　消費者が財やサービスを生産・提供する側の情報を十分に得ることができない場合に、消費者が被る不利益を解消するために有効である。

④ 　規模の利益による自然独占が存在する場合に、価格決定やサービス提供の面で消費者が不利益を被ることを防ぐために有効である。

[　　]

問22【戦後最長の好景気】 戦後最長の好景気の時期に生じた出来事や趨勢についての記述として**誤っているも**のを、次の①〜④のうちから一つ選べ。 11本試36

① 郵政民営化法案が可決され、郵政三事業の民営化が決定した。

② 日本道路公団の民営化が議論され、株式会社化が実現した。

③ 派遣労働者数は減少したが、パート・アルバイト労働者数は増大した。

④ 不良債権問題が、解決に向かった。 [ ]

問23【物価の下落】 バブル崩壊後の時期には、物価の下落傾向がみられた。継続的な物価下落の一般的な影響についての記述として最も適当なものを、次の①〜④のうちから一つ選べ。 08追試30

① 為替相場が変化しなければ、輸出品の価格は上昇する。

② 金利（利子率）が変化しなければ、資金の借り手の負担は重くなる。

③ 実質経済成長率が変化しなければ、名目経済成長率は高くなる。

④ ある人の収入が変化しなければ、その人の購買力は低下する。 [ ]

問24【経済成長率と日本経済の出来事】 不況期には経済成長率の低下がみられる。次の図は1970年から2010年にかけての日本の実質経済成長率の推移を示したものである。図中のA〜Dの時期に生じた出来事についての記述として最も適当なものを、下の①〜④のうちから一つ選べ。 14本試12

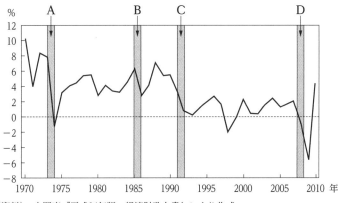

（資料） 内閣府『平成24年版　経済財政白書』により作成。

① Aの時期に、土地や株式の価格が暴落したことにより、不良債権を抱えた金融機関が相次いで破綻した。

② Bの時期に、円高・ドル安が急速に進んだことにより、輸出産業が打撃を受けた。

③ Cの時期に、アメリカでサブプライム・ローン問題が生じたことをきっかけに、金融不安が拡がった。

④ Dの時期に、原油価格が上昇したことをきっかけに、スタグフレーションが生じた。 [ ]

問25【日本型企業経営】 1980年代までの日本経済を支えてきたものに日本的経営があるといわれている。その特徴として最も適当なものを、次の①〜④のうちから一つ選べ。 09追試30

① 従業員や消費者よりも株主を重視した経営戦略

② 経済のグローバル化に対応した管理機能の海外移転

③ 持株会社を中心にしたグループ全体での新規事業開発

④ 長期間の雇用を保障した終身雇用制 [ ]

問26【高度経済成長期の動向③】 高度経済成長期についての記述として**誤っているもの**を、次の①〜④のうちから一つ選べ。 16追試27

① 高度経済成長期の前半には、景気が拡大すれば経常収支が赤字となり、景気を引き締めざるをえないという、国際収支の天井問題が生じた。

② 高度経済成長期には、日本のGNP（国民総生産）はアメリカに次ぐ資本主義国第二位となった。

③ 高度経済成長期に池田内閣が掲げた国民所得倍増計画は、当初の目標であった10年間よりも短い期間で達成された。

④ 高度経済成長期に1ドル＝360円で固定されていた為替レートは、日本が輸出を増加させるのに不利な条件となった。 [ ]

➡ 解答解説 p.63

国内経済

8 中小企業の地位と役割／農業の現状と課題／消費者問題／高度情報社会の進展と課題

重要事項の整理

● 中小企業の地位と役割

(1) 中小企業の地位……資本金または従業員数が一定規模以下の企業で、全事業所数の99％を占める
　　・❶[　　　　　　　　]法(1963年)……当初の目的：大企業と中小企業の格差是正
　　　　　　　　　　　→ 1999年改正：中小企業の自助努力の支援と成長促進へ
　　・地場産業の担い手であり、❷[　　　　　](隙間)産業に進出するベンチャー・ビジネスとしても活躍
(2) 日本経済の❸[　　　　　　]……大企業と中小企業との間の、生産性・賃金・資本装備率などの面での格差
　　・❹[　　　　　]取引……中小企業が特定の大企業と、生産・流通・販売を通じて密接な結びつきをもつ
　　　　→ 中小企業は大企業からの注文を請け負う❺[　　　　　]が多い
　　　　→「景気の調整弁」として、大企業のコスト削減の対象に

● 農業の現状と課題

(1) 農業の地位の低下
　　①農業就業者数の減少……**専業農家や❻[　　　　]農家が激減 → 兼業農家や副業的農家の割合が高まる**
　　②食料自給率の低下……カロリーベースで約40％に
　　③耕作放棄地の拡大……特に平野から離れた中山間地域での高齢化や過疎化 → **限界集落の増加**
(2) 戦後の農業政策の展開
　　①農地改革……自作農の創設と、❼[　　　]法(1952年)によるさまざまな規制
　　②農業基本法(1961年)……農産物の選択的拡大、経営規模の拡大や機械化で自立経営農家を育成 → 失敗
　　③❽[　　　　　]制度(1942年)……政府がコメを買い取り、コメの需給バランスを維持 → 1995年に廃止
　　④❾[　　　]政策(1970年)……コメの生産調整 ← 生産過剰となったコメの供給を削減
(3) 農産物の輸入自由化と農業政策の転換
　　①ＧＡＴＴの❿[　　　　　]・ラウンド……コメの部分開放、最低輸入量(⓫[　　　　　　　　　　])
　　を設定 → その後、**全面関税化を実施**
　　②⓬[　　　]法(1995年)……❽[　　　　　]制度を廃止し、コメの流通や価格を大幅に自由化
　　③⓭[　　　　　　　　]法(1999年)……農業基本法を廃止し、農業の安定供給の確保などをめざす
　　④❼[　　　]法の改正……農地の貸借や取得に関する規制を緩和し、株式会社の農業参入を許可
　　⑤経営所得安定対策の実施……農家への補助金の直接支払い
(4) 課題……食料自給率の向上、食の安全の確保、農業後継者と大規模経営農家の育成、国際競争力の強化
　　　　　※トレーサビリティの導入……コメや牛肉などの流通履歴を管理

● 消費者問題

(1) ケネディの「消費者の4つの権利」：①安全を求める権利、②知らされる権利、③選択できる権利、④意
　　見を聞いてもらう権利 → **消費者主権の確立**
　　⇔ 依存効果・デモンストレーション効果・情報の非対称性の問題
(2) 日本の消費者行政……1970年：**国民生活センター・消費生活センター**を設置、2009年：**消費者庁**を設置
(3) 消費者保護政策
　　①⓮[　　　　　]法(2004年)……消費者保護基本法(1968年)を全面改正
　　②⓯[　　　　　](ＰＬ)法(1994年)……**無過失責任制**の導入
　　③⓰[　　　　　　　]制度……**割賦販売法**や**特定商取引法**などで規定
　　④消費者契約法(2000年)……売買契約に関して、消費者が契約を解除できる場合を規定
(4) 多重債務問題……相次ぐ自己破産 ← 貸金業法の改正により、上限金利を引き下げ

● 高度情報社会の進展と課題

(1) ＩＴ(⓱[　　　　　])革命……ネットワークの拡大、情報伝達の双方向性が実現、**ユビキタス社会**の到来
(2) 高度情報社会の特徴……**電子商取引(e-コマース)**の拡大、**電子マネー**の普及、**ビッグデータ**の活用など
(3) **社会保障・税番号(マイナンバー)制度**の導入(2015年)……所得や資産などの個人情報の照会が簡単にな
　　り、行政サービスが効率化
(4) 高度情報社会の課題……①個人情報の漏えい、②プライバシーの侵害、③**知的財産権**の侵害、④ネット
　　犯罪の増加、⑤**デジタル・デバイド**(情報通信機器の利用能力の格差)

解答　❶中小企業基本　❷ニッチ　❸二重構造　❹系列　❺下請け　❻主業　❼農地　❽食糧管理　❾減反　❿ウルグアイ
　　　⓫ミニマム・アクセス　⓬食糧　⓭食料・農業・農村基本　⓮消費者基本　⓯製造物責任　⓰クーリング・オフ　⓱情報通信

☑️トライ

問1【中小企業の特徴①】 日本の中小企業にみられる特徴についての記述として**誤っているもの**を、次の①～④のうちから一つ選べ。 11本試35
① 大企業との間に、二重構造と呼ばれる賃金などの労働条件や生産性に関する格差が存在する。
② 企業数が全体に占める割合は大企業より大きく、従業員数が全体に占める割合は大企業より小さい。
③ 親企業との系列・下請け関係が存在する。
④ 伝統的な地場産業を支えている。 [　]

問2【中小企業の特徴②】 日本の中小企業に関する記述として最も適当なものを、次の①～④のうちから一つ選べ。 14本試15
① 製造業における従業員一人当たりの生産性は、従業員20～29人の企業の方が、従業員300～499人のそれよりも高い。
② 中小企業の従業員数は、全企業の従業員数の約99パーセントを占める。
③ 製造業における従業員一人当たりの賃金は、従業員20～29人の企業の方が、従業員300～499人のそれよりも低い。
④ 製造業では、中小企業の出荷額は全企業の約70パーセントに及ぶ。 [　]

問3【日本の農業】 日本の農業についての記述として最も適当なものを、次の①～④のうちから一つ選べ。 17追試29
① 地域の農産物をその地域内で消費する動きは、地産地消と呼ばれる。
② 環境保全や景観形成といった農業の機能を、ミニマム・アクセスという。
③ 現在、GDP に占める農業の割合は 1 割程度である。
④ 農家戸数全体の中で最も割合が高いのは、主業農家である。 [　]

問4【食品の生産・流通に関する日本の施策】 食品の生産・流通に関する現在の日本の政策についての記述として**誤っているもの**を、次の①～④のうちから一つ選べ。 11本試 1
① 消費者の健康に対する影響を考慮して、遺伝子組み換え食品の販売が禁止された。
② 消費者庁は、消費者行政の一元化のために設置された。
③ 農地法は、農業への株式会社の参入を認めている。
④ 国産牛肉のトレーサビリティを確保するために、牛の個体識別のための制度が導入されている。 [　]

問5【契約と法】 契約に関連して、消費者をめぐる法や制度についての記述として最も適当なものを、次の①～④のうちから一つ選べ。 21本試第 1 日程 9 改
① 契約は、当事者間の合意により法的な義務を生じさせるため、契約書が必要である。
② 改正民法(2022年 4 月施行)では、18歳以上の者は親の同意なく自分一人で契約することができるようになった。
③ クーリング・オフ制度は、購入者が違約金を支払うことなく、いつでも契約を解除できる制度である。
④ 改正貸金業法 (2010年 6 月全面施行) では、消費者金融などの貸金業者の貸付けを借り手の年収の 3 分の 1 以下とする規制が撤廃されている。 [　]

問6【インターネット①】 インターネットに関連する記述として最も適当なものを、次の①～④のうちから一つ選べ。 09本試13
① ユビキタス・ネットワーク社会とは、インターネットを利用して得られる情報量の格差が生じた社会をいう。
② 電子政府構想(e-Japan 構想)は、IT(情報技術)を利用することにより、外国政府との折衝の迅速化を図ることを目的として登場した。
③ コーポレート・ガバナンスは、企業内のコンピュータに対する外部からの不正アクセスを防止するために導入されている。
④ 電子商取引(e コマース)には、携帯電話を利用してインターネットに接続する個人が、業者から商品を購入することも含まれる。 [　]

国内経済

問7【中小企業の特徴③】 日本の中小企業についての記述として**誤っているもの**を、次の①～④のうちから一つ選べ。 15追試4

① 下請けの中小企業が親企業から受注する仕事が減少している理由として、国内需要の減少や大企業の生産拠点の海外移転が挙げられる。

② 地場産業の中小企業が厳しい競争に直面している理由として、アジア諸国の技術力の向上や円安による輸出競争力の低下が挙げられる。

③ 新たな技術を開発して未開拓の分野を切り開こうとするベンチャー・ビジネスを手がける中小企業がある。

④ 既存の大企業が見落としていた隙間を埋めるニッチ産業で活躍する中小企業がある。　　　　　[　　]

問8【企業規模別売上高のシェア】 次の図は日本の製造業における、2007年度の企業規模（資本金規模）別にみた売上高のシェアを示したものである。横軸は小規模な企業から大規模な企業へ順に並べた場合の企業数の累積割合、縦軸はそれらの企業の売上高の累積割合である。この図から読みとれる内容として**誤っているもの**を、下の①～④のうちから一つ選べ。 11本試27

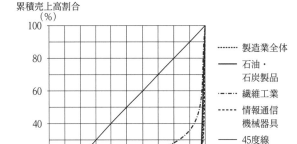

（資料）　財務省財務総合政策研究所編『財政金融統計月報』（677号）により作成。

① 45度線は、すべての企業において売上高のシェアが等しく、企業規模による売上高の格差がないことを示している。

② 繊維工業は、情報通信機械器具製造業に比べて規模の大きい企業のシェアが高く、企業規模による売上高の格差が大きい。

③ 製造業全体では、企業数割合が80％を占める比較的規模の小さい企業が、売上高全体の約10％を占めている。

④ 石油・石炭製品製造業では、企業数割合が10％未満の比較的規模の大きい企業が、売上高全体の90％以上を占めている。　　　[　　]

問9【農業の六次産業化】 地域活性化の手法として、第一次産業に従事している事業者が、第二次産業や第三次産業に進出したり、これらとの連携を図ったりするものがあり、こうした手法は六次産業化と呼ばれることもある。第一次産業の事業者による次の取組みの事例A～Cのうち、第二次産業と第三次産業との両方を含むものはどれか。最も適当なものを、下の①～⑦のうちから一つ選べ。 15追試30

A　森林組合が、きのこを栽培し、道路沿いの直売所で販売する。

B　酪農家が、自ら生産した牛乳を原料として乳製品を製造し、農家直営のレストランで販売する。

C　漁業組合が、地引き網漁の体験ツアーを実施し、とれた魚介をその場で販売する。

① A　　　　② B　　　　③ C　　　　④ AとB
⑤ AとC　　⑥ BとC　　⑦ AとBとC　　　　　　　　　　[　　]

問10【日本の農業や食品に関する出来事】 日本における農業や食品に関する出来事についての記述として最も適当なものを、次の①～④のうちから一つ選べ。 20本試25

① 第二次世界大戦後、農地法が制定され、寄生地主制が復活した。

② 農業基本法は、兼業化の促進による農業従事者の所得の増大をめざした。

③ 高度経済成長期の後、地域の伝統的な食文化を見直し守っていくために新食糧法が施行された。

④ 食品の偽装表示などの事件をうけて、食の安全を確保するために食品安全基本法が制定された。[　　]

国内経済

問11【1990年代以降の日本の農業】 1990年代以降の日本の農業についての記述として最も適当なものを、次の①～④のうちから一つ選べ。 13追試23
① WTO(世界貿易機関)の農業協定に基づいて、日本政府は減反政策によるコメの生産調整を開始した。
② 食料・農業・農村基本法が制定され、農地の所有、賃貸借、売買に対する厳しい制限が設けられた。
③ GATT(関税及び貿易に関する一般協定)のウルグアイ・ラウンドで、日本政府はコメの市場の部分開放に踏み切った。
④ 食糧管理法に代わる新たな法律として新食糧法が制定され、政府による食糧価格のコントロールが強化された。 [　　]

問12【新農業基本法】 新農業基本法(食料・農業・農村基本法)についての記述として正しいものを、次の①～④のうちから一つ選べ。 15追試16
① 農産物の関税撤廃を規定した。　　② 農作物の選択的拡大を規定した。
③ 食料の安定供給の確保を定めた。　　④ 農家の所得補償制度の廃止を定めた。 [　　]

問13【各国の食料自給率】 次の図は、日本、アメリカ、イギリスの食料自給率(カロリーベース)の推移を示したものである。図から読みとれる内容として正しいものを、下の①～④のうちから一つ選べ。 17追試17

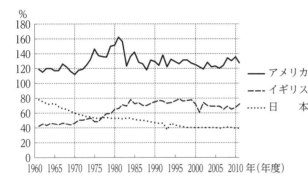

(注)　日本のみ年度、他国は暦年。
(資料)　農林水産省『平成25年度　食料需給表』により作成。

① ウルグアイ・ラウンドの交渉期間中、アメリカの食料自給率は160パーセントを上回っていた。
② ケネディ・ラウンドの交渉期間中、日本の食料自給率はイギリスを下回っていた。
③ 東京ラウンドの交渉期間中、アメリカの食料自給率は160パーセントを上回っていた。
④ ドーハ・ラウンドの交渉期間中、日本の食料自給率はイギリスを下回っていた。 [　　]

問14【消費者保護政策①】 欠陥商品の被害者救済は、消費者保護政策の一環であり、この政策展開の出発点となったのは、アメリカのケネディ大統領が提唱した「消費者の四つの権利」である。この権利のうち一つは「知らされる権利」であり、次のA～Cは、その他の三つの権利の内容を説明したものである。下のア～ウは、これら三つの権利を保護、または侵害する例である。A～Cとア～ウとの組合せとして最も適当なものを、下の①～⑥のうちから一つ選べ。 13本試26
A 生命や健康にとって危険な製品の販売から保護される、という「安全を求める権利」
B 政府の政策立案において、消費者の利益が十分に考慮され、行政手続においては、公正で迅速な行政上の対応が保障される、という「意見を聞いてもらう権利」
C できる限り多様な製品やサービスを、競争価格で入手できるよう保障される、という「選択できる権利」
ア 欠陥車に関する自動車のリコール制度
イ 食品健康影響評価に関するパブリック・コメント
ウ 同一産業内の企業によるカルテル

① A―ア　　B―イ　　C―ウ　　　　② A―ア　　B―ウ　　C―イ
③ A―イ　　B―ア　　C―ウ　　　　④ A―イ　　B―ウ　　C―ア
⑤ A―ウ　　B―ア　　C―イ　　　　⑥ A―ウ　　B―イ　　C―ア [　　]

➡ 解答解説 p.65　

国内経済

問15【地域経済の発展や農村の再生をめざす活動】　次のA～Cは地域に存在するさまざまな資源を活用して地域経済の発展や農村の再生をめざす多様な活動の名称であり、下のア～ウはその具体例である。次のA～Cと下のア～ウとの組合せとして最も適当なものを、下の①～⑥のうちから一つ選べ。 16本試10

A　グリーン・ツーリズム　　　　　B　スローフード　　　　C　六次産業化
ア　都市住民が一定期間、農村に滞在し、農作業などに従事して、農村生活を体験する。
イ　農業者が、農産物の生産にとどまらず、その加工さらには販売を行って、農業と製造業とサービス業とを融合した地域ビジネスを展開する。
ウ　地域の伝統的な食文化を見直し、良質な食材を提供する生産者を支えて、食生活を改善し、持続可能な食文化を育てる。

① A―ア　　B―イ　　C―ウ　　　　② A―ア　　B―ウ　　C―イ
③ A―イ　　B―ア　　C―ウ　　　　④ A―イ　　B―ウ　　C―ア
⑤ A―ウ　　B―ア　　C―イ　　　　⑥ A―ウ　　B―イ　　C―ア　　　　　　　　　[　　]

問16【消費者保護政策②】　消費者保護に関連して、日本の状況についての記述として誤っているものを、次の①～④のうちから一つ選べ。 12追試16
① 国レベルでは国民生活センターが、都道府県レベルでは消費生活センターなどが設置され、消費者からの苦情や相談に応じている。
② 消費者保護基本法を改正して成立した消費者基本法は、消費者を、自立した権利の主体として位置づけている。
③ 欠陥商品について、過失があるときに限って製造業者が消費者に対し損害賠償責任を負うことを定めた製造物責任法(PL法)が制定されている。
④ 訪問販売や割賦販売について、一定期間内であれば違約金や取消料を払うことなく契約を解消できるクーリングオフ制度が定められている。　　　　　　　　　　　　　　　　　　　　　　　　　　　[　　]

問17【消費者保護政策③】　消費者が不利益を被るのを防止するために、日本で現在実施されている制度についての記述として適当でないものを、次の①～④のうちから一つ選べ。 06本試27
① 訪問販売などで、消費者が購入申込みをして代金を支払った後でも、一定期間内なら契約を解除できるクーリング・オフ制度がある。
② 製造物の欠陥により消費者が損害を被った場合、製造業者が消費者に対して責任を負うPL法(製造物責任法)が制定されている。
③ 米の価格を安定させるため、政府が消費者米価を決定する食糧管理制度が実施されている。
④ 消費者への情報提供などを目的として、国民生活センターや消費生活センターが設立されている。
　　　[　　]

問18【消費者保護政策④】　消費者問題に関連する記述として正しいものを、次の①～④のうちから一つ選べ。 17本試9
① 消費者基本法により、食品の安全性を評価する国の機関として食品安全委員会が設置された。
② 貸金業法が改正され、消費者金融などの貸金業者からの借入れ総額を制限する総量規制が撤廃された。
③ 特定商取引法では、消費者が一定期間内であれば契約を解除できるクーリングオフ制度が定められている。
④ グリーン購入法により、消費者は環境への負荷の少ない製品を優先的に購入することが義務づけられている。　　　　　　　　　　　　　　　　　　　　　　　　　　　　　　　　　　　　　　[　　]

問19【消費者保護政策⑤】　消費者問題にかかわる日本の法制度の説明として正しいものを、次の①～④のうちから一つ選べ。 20本試5
① 特定商取引法の制定により、欠陥製品のために被害を受けた消費者が、損害賠償請求訴訟において製造業者の無過失責任を問えるようになった。
② 消費者団体訴訟制度の導入により、国が認めた消費者団体が、被害を受けた消費者に代わって訴訟を起こせるようになった。
③ 消費者庁の廃止により、消費者行政は製品や事業ごとに各省庁が所管することになった。
④ リコール制度の改正により、製品の欠陥の有無を問わずその製品と消費者の好みに応じた製品との交換が可能になった。　　　　　　　　　　　　　　　　　　　　　　　　　　　　　　　　　　[　　]

問20【消費生活に関する立法や制度】 日本での消費生活に関する立法や制度についての記述として正しいものを、次の①～④のうちから一つ選べ。 16追試25

① 製造物責任法の無過失責任制度により、製造者に対して損害賠償の請求をする際に、製品の欠陥を証明する必要がなくなった。

② 消費者契約法の消費者団体訴訟制度により、国の認定を受けた消費者団体が、被害者に代わって訴訟を起こせるようになった。

③ 食品安全基本法は、食品の需給が安定するように、国が価格や需給の管理を行うことを定めたものである。

④ 特定商取引法は、商品を購入したにもかかわらず、購入者が契約を一方的に解除することを禁止したものである。 [　　]

問21【消費者団体訴訟制度】 消費者団体に関心をもった生徒Yは、特定商取引法等にも消費者団体訴訟制度を導入した2008年の法改正について調べ、次のメモを作成した。メモから読みとれる内容として最も適当なものを、後の①～④のうちから一つ選べ。 24本試14

> 1．改正の内容
> ○事業者の不当な行為について、その行為の中止を命じるなどの従来の行政による規制（行政規制）に加え、国が認定した消費者団体（適格消費者団体）が事業者の行為の差止めを求める訴訟（差止請求訴訟）を提起できる制度を導入する。
>
> 2．改正の背景
> ○商品・役務の内容の多様化を背景に、特定商取引法等に違反する不当な行為による消費者被害が急増した。
> ○消費者被害には、同種の被害が不特定多数の者に急速に拡大するという特徴があり、特定商取引法等が定める行政規制だけでは、被害の未然防止や拡大防止が十分にできなかった。
>
> 3．消費者団体訴訟制度を導入するねらい
> ○適格消費者団体が消費者に身近な存在として活動し、情報を早期に収集して差止請求を機動的に行うことなどが期待できる。
> ○行政機関の人員や予算などの資源（行政資源）を、より迅速な対応が求められる重大な消費者被害に集中させることが可能になるという副次的効果も期待できる。

① 特定商取引法等にも消費者団体訴訟制度を導入した背景の一つとして、違反行為に対処する上での行政規制の過剰があげられる。

② 民事上のルールである消費者団体訴訟制度の活用は、事業者の経済活動に対する規制緩和の一環ということができる。

③ 消費者被害の未然防止や拡大防止のための取組みは、適格消費者団体のみが行うこととなった。

④ 消費者団体訴訟制度の導入には、限りのある行政資源を重大な消費者被害に集中的に投入することを可能にするという効果も想定される。 [　　]

問22【高度情報化社会】 日本における高度情報化社会の現状や産業技術の発展をめぐる記述として適当でないものを、次の①～④のうちから一つ選べ。 18追試11

① マイナンバー制度では、住民一人ひとりに番号を付すことで税と社会保障に関する情報を管理できるが、個人情報の流出に対する懸念もある。

② ドローンは、新たな産業の創出につながる可能性があるが、社会的な迷惑行為や犯罪に用いられる懸念もある。

③ 個人情報保護法では、ビッグデータの利用による産業の活性化を促進するために、民間事業者に対する規制はなされていない状態にある。

④ 不正アクセス禁止法では、ネットワーク環境に係る犯罪を防止するために、他人のパスワードを不正に使用することに対する罰則を定めている。 [　　]

国内経済

❾ 労働問題

重要事項の整理

● 労働運動の発生と展開／日本の労働運動

(1) 資本家と労働者の関係……❶[　　　　　　　]の原則：資本家と労働者は、本来、その自由意思により、対等に労働条件を結ぶ → しかし、労働者は劣悪な労働条件で資本家と契約せざるを得ない

(2) 労働問題の発生
- 産業革命後……機械利用の広がり・年少者や女性なども低賃金で雇用
  → 労働者保護や参政権獲得運動に発展(ラッダイト運動・チャーチスト運動など)

(3) ❷[　　　　　　　　　](ＩＬＯ)(1919年)……国際連盟の機関。各国の労働条件の改善などが目的

(4) 日本の労働組合の特徴
- ①❸[　　　　　　]組合 ⇔ 欧米では職業別組合や産業別組合が主流
- ②❹[　　　　　　　　　　](全国的中央組織)に加盟している労働組合が多い

● 労働基本権と労働三法

Ⅰ 日本における労働権規定

(1) ❺[　　　　　　]権 ┬ ①勤労権(第27条)
　　　　　　　　　　　└ ②労働三権(団結権、団体交渉権、団体行動権[争議権])(第28条)

(2) 公務員の労働三権の制限……職務の公共性などから、国家公務員法や地方公務員法などで労働三権は制限
→ ❻[　　　　　]勧告制度……労働三権制限の代償措置として、国家公務員の給与などの労働条件について、❻[　　　　]が内閣や国会に勧告

区　分	団結権	団体交渉権	団体行動権
一般職の公務員	○	△	×
現業職員	○	○	×
警察官・消防職員・自衛隊員	×	×	×

①公務員の労働三権の付与状況(△は労働協約の締結権なし)

Ⅱ 労働三法

(1) 労働基準法(1947年)……労働条件の最低基準を規定
- ①賃金……男女同一賃金、賃金支払い5原則(毎月1回以上、一定期日に、通貨で、全額を、直接支払う)
  → 賃金の最低支給額は最低賃金法で規定
- ②労働時間……1日8時間、1週40時間以内(法定労働時間)
  ※時間外・休日労働……使用者側と労働者側の間での書面での協定と、割増賃金の支払いが必要
- ③年次有給休暇……6か月継続勤務かつ8割以上の出勤で年次有給休暇を付与
- ④年少者・女性……満15歳未満の児童労働禁止、満18歳未満の深夜労働禁止、産前産後の休業保障など

(2) 労働組合法(1945年成立・1949年全面改正)……労働三権を具体化
- ①労働組合が使用者側と団体交渉 → 賃金や労働時間などの労働条件に関する❼[　　　　　　]を締結
- ②❽[　　　　　]行為……使用者による労働組合に加盟する労働者への不利益な取り扱いなど → 禁止
- ③争議行為……ストライキ(同盟罷業)やサボタージュ(怠業) → 刑事上・民事上の責任を問われない

(3) ❾[　　　　　　　]法(1946年)……労働争議に対して労働委員会による調整(斡旋・調停・仲裁)を規定

● 日本の労働問題の現状と課題

(1) 日本型雇用慣行の変化……1990年代前半のバブル経済崩壊後、リストラの進行や規制緩和によって変化
- ①❿[　　　　　]型賃金 → 能力給や年俸制などの成果主義的な賃金制度を導入
- ②⓫[　　　　　]制 → 雇用者数に占める⓬[　　　　]雇用が増加し、正規雇用は減少
  ※非正規雇用に関する規定……労働者派遣法(1985年)やパートタイム労働法(1993年)など
- ③新しい制度の創出：⓭[　　　　　　　　　　]：1人当たりの労働時間を減らして、雇用人数を増やす
  裁量労働制：実際の労働時間に関係なく、一定の時間だけ働いたとみなす
  変形労働時間制：一定の枠内で法定労働時間を超えた労働を可能とする

(2) 女性労働に対する施策
- ①⓮[　　　　　　　　　]法……採用や昇進など、雇用管理に関する男女の差別を禁止
- ②労働基準法……1997年に改正され、女性の時間外・休日労働と深夜業の規制は撤廃
- ③⓯[　　　　　　]法……育児や介護を目的とした休業の取得や時間外労働の免除を規定

(3) その他の労働問題……フリーターやNEETの増加、高齢者雇用、障害者雇用、外国人労働者問題

解答　❶契約自由　❷国際労働機関　❸企業別　❹ナショナル・センター　❺労働基本　❻人事院　❼労働協約　❽不当労働　❾労働関係調整　❿年功序列　⓫終身雇用　⓬非正規　⓭ワークシェアリング　⓮男女雇用機会均等　⓯育児・介護休業

国内経済

☑️トライ

問1【労働基準法】 労働基準法の内容についての記述として最も適当なものを、次の①〜④のうちから一つ選べ。 09追試5
① 時間外労働に対する割増賃金についての基準の定めがある。
② 退職金の額についての基準の定めがある。
③ 休憩時間の長さについての定めはない。
④ 男女同一賃金についての定めはない。 [ ]

問2【労働組合法①】 日本の労働組合法の内容についての記述として最も適当なものを、次の①〜④のうちから一つ選べ。 06本試2
① 労働組合の設立を許可制としている。
② 多数派組合に団体交渉の独占権を与えている。
③ 労働組合が、使用者に不当労働行為を行うことを禁止している。
④ 労働組合と使用者との間で、労働協約を締結することを保障している。 [ ]

問3【公務員の労働三権の制限】 現行の日本の法律内容についての記述として最も適当なものを、次の①〜④のうちから一つ選べ。 09本試28
① 消防職員には、団結権が保障されていない。
② 自衛隊員には、団体交渉権が保障されている。
③ 公立高校教員には、団結権が保障されていない。
④ 公営企業職員には、争議権が保障されている。 [ ]

問4【男女雇用機会均等法】 労働者の均等待遇を実現することを目的の一つとした法律に、男女雇用機会均等法がある。現行の男女雇用機会均等法の内容として**適当でないもの**を、次の①〜④のうちから一つ選べ。 08本試38
① 教育訓練について性差別が禁止されている。
② 募集・採用・配置・昇進について性差別が禁止されている。
③ 妊娠または出産したことを理由とする解雇の禁止規定がある。
④ 女性の深夜労働の禁止規定がある。 [ ]

問5【賃金・就業形態】 日本における賃金・就業形態やそのあり方についての記述として最も適当なものを、次の①〜④のうちから一つ選べ。 09本試26
① 労働者派遣とは、公共職業安定所(ハローワーク)が労働者を派遣することである。
② 年俸制とは、労働者の勤続年数の長さに応じて賃金が決定される制度である。
③ ワークシェアリングとは、雇用の維持・創出を図るために労働者一人当たりの労働時間を短縮することである。
④ 年功序列型賃金制とは、労働者の仕事の内容に応じた額の賃金が支払われることを重視する賃金制度である。 [ ]

問6【就労条件をめぐる法制度】 パート、アルバイト・派遣などの非正社員を含む労働者の就労条件をめぐる法制度の説明として正しいものを、次の①〜④のうちから一つ選べ。 08本試34
① 6か月以上継続勤務し全労働日の8割以上出勤した者には、使用者は有給休暇を与えなければならない。
② 6か月以上継続勤務した後に解雇された者には、使用者は1週間分の賃金を支払わなければならない。
③ 非正社員は労働者災害補償保険(労災保険)の給付を受けられない。
④ 非正社員は労働組合を結成することはできない。 [ ]

問7【貧困対策や労働に関する制度】 貧困や労働条件の問題に関連して、日本で現在実施されている貧困対策や労働に関する制度とは**言えないもの**を、次の①〜④のうちから一つ選べ。 13追試17改
① 生活保護制度 ② 消費税率の引き下げ
③ 公共職業安定所(ハローワーク) ④ 最低賃金制度 [ ]

問8【労働者や労働組合に対する保護法制】 日本において労働者を保護したり、その団体行動を助成したりするための法律の内容を示した文A〜Cと、法律の名称ア〜ウとの組合せとして最も適当なものを、下の①〜⑥のうちから一つ選べ。 15本試14

A 使用者は、労働契約の締結に際し、労働者に対して賃金、労働時間その他の労働条件を明示しなければならない。

B 使用者は、雇用する労働者の代表者と団体交渉をすることを、正当な理由なく拒むことができない。

C 労働委員会が、第三者の立場から斡旋（あっせん）、調停、仲裁などによって、争議の解決を図ることができる。

ア 労働組合法　　　イ 労働基準法　　　ウ 労働関係調整法

① A—ア　　B—イ　　C—ウ　　　　② A—ア　　B—ウ　　C—イ
③ A—イ　　B—ア　　C—ウ　　　　④ A—イ　　B—ウ　　C—ア
⑤ A—ウ　　B—ア　　C—イ　　　　⑥ A—ウ　　B—イ　　C—ア　　　　[　　]

問9【労働者の就労に関する法律】 現在の日本における労働者の就労にかかわる法律の内容についての記述として誤っているものを、次の①〜④のうちから一つ選べ。 10本試23

① 労働者は、失業した場合、一定の要件の下で保険給付として金銭を受け取ることができる。
② 労働者は、選挙権などの公民権を行使する場合、それに必要な時間を使用者に申し出て仕事から離れることができる。
③ 労働者の1日の労働時間の上限を8時間と定める規定が存在する。
④ 労働者の1週間当たりの最低の休日数を2日と定める規定が存在する。　　　　[　　]

問10【労働組合法②】 労働組合法の内容についての記述として最も適当なものを、次の①〜④のうちから一つ選べ。 09追試6

① 同一の企業で働く労働者だけで労働組合を結成することは、認められていない。
② 労働組合からの団体交渉の申入れに対し、使用者は正当な理由がなくても交渉を拒否することができる。
③ 労働者の行為が正当な争議行為に当たると認められる場合、その行為に対して刑罰が科されることはない。
④ 労働組合が違法な争議行為を行った場合、使用者は労働委員会に対して不当労働行為の救済を申し立てることができる。　　　　[　　]

問11【労使間の紛争とその解決】 低賃金や雇止めは、労働者と使用者の間での紛争の原因となりうる。日本における労使間の紛争およびその解決についての記述として正しいものを、次の①〜④のうちから一つ選べ。 11追試21

① 最高裁判所は、公務員の争議行為の禁止は憲法が定める労働基本権の保障に違反すると判断している。
② 労働組合の正当な争議行為は、労働組合法により刑事上および民事上の責任を免除される。
③ 労使間の紛争が深刻化した場合、労働基準監督署は、労働関係調整法に基づき紛争の調整を行うことができる。
④ 労働委員会は、地方裁判所に設置され、裁判によらずに労使紛争の解決を行う労働審判手続に携わる。　　　　[　　]

問12【男女間の雇用環境の改善①】 職場における男性・女性の取扱いに関する法制度についての記述として誤っているものを、次の①〜④のうちから一つ選べ。 14本試9

① 男女雇用機会均等法は、事業主に対して、労働者にその性別にかかわらず募集及び採用について均等な機会を与えなければならないとしている。
② 男女雇用機会均等法は、事業主に対して、労働者の性別を理由として、教育訓練について差別的取扱いをすることを禁止している。
③ 労働基準法は、使用者に対して、労働者が女性であることを理由として、賃金について差別的取扱いをすることを禁止している。
④ 労働基準法は、使用者に対して、女性に深夜労働を命じてはならないとしている。　　　　[　　]

問13【雇用のルールや生活の保障】 日本における雇用のルールや生活の保障をめぐる記述として最も適当なものを、次の①〜④のうちから一つ選べ。 13本試11

① 法定時間外労働に対して、割増賃金の支払いやそれに代わる休暇の付与が行われないことは、違法とされている。

② パートタイマーは、厚生年金保険の被保険者となることがない。

③ 最低賃金制度は、派遣労働には適用されないが、パートタイム労働には適用される。

④ 生活保護法に基づく保護には、医療扶助は含まれない。 [　　　]

問14【男女間の雇用環境の改善②】 実質的な男女平等を雇用において達成するための措置として、日本の法制度の下では、形式的には性差別に当たる措置であっても許容されるものがある。そのような措置の例の記述として最も適当なものを、次の①〜④のうちから一つ選べ。 18本試31

① 労働者の募集にあたり、応募条件から性別の条件を外す。

② 女性労働者の定年年齢を、男性労働者と同じ年齢に設定する。

③ 女性労働者の割合が低い職種について、採用の基準を満たす者の中から女性を優先して採用する。

④ 同じ内容の労働に従事する男性労働者と女性労働者の賃金を、同じ額とする。 [　　　]

問15【男女共同参画の推進】 男女共同参画の推進に関連する記述として正しいものを、次の①〜④のうちから一つ選べ。 10本試31

① 男女共同参画社会基本法をうけて、女性差別撤廃条約が批准された。

② 男女共同参画社会基本法をうけて、男女雇用機会均等法が施行された。

③ 男女雇用機会均等法は、男女労働者の双方に対し育児および介護休業の取得を保障するよう事業主に義務づけている。

④ 男女雇用機会均等法は、男女労働者の双方を定年について同等に取り扱うよう事業主に義務づけている。

[　　　]

問16【労働問題に関する指標】 次の図は、日本の労働組合の組織率、争議件数、地方裁判所で新規に受け付けた労働事件に関する民事訴訟件数、失業率の推移を表したものである。図中のA〜Cに当てはまる指標の組合せとして正しいものを、下の①〜⑥のうちから一つ選べ。 13追試18

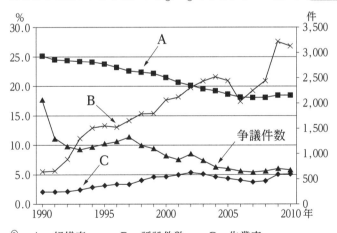

（資料）　総務省『労働力調査年報』（2000年版、2010年版）、厚生労働省『労働組合基礎調査報告』（2011年版）、同『労働争議統計調査年報告』（2010年版）、最高裁判所「労働関係民事・行政事件の概況」『法曹時報(43巻7号、53巻8号、63巻8号)により作成。

① A−組織率　　　B−訴訟件数　　　C−失業率

② A−組織率　　　B−失業率　　　　C−訴訟件数

③ A−訴訟件数　　B−組織率　　　　C−失業率

④ A−訴訟件数　　B−失業率　　　　C−組織率

⑤ A−失業率　　　B−組織率　　　　C−訴訟件数

⑥ A−失業率　　　B−訴訟件数　　　C−組織率

[　　　]

問17【労働条件の改善】　労働条件の改善については、さまざまな労働のあり方の提唱や試みがなされている。そうした労働のあり方A〜Cと、それについての記述ア〜エとの組合せとして最も適当なものを、下の①〜⑨のうちから一つ選べ。 12本試15

A　ワークシェアリング　　　B　裁量労働制　　　C　変形労働時間制

ア　社会の構成員全員に基本所得を給付することで、労働についての選択の自由度を高める。

イ　労働者の一人当たりの労働時間を、減らす方向で多様化し、雇用される人の数を増加させようとする。

ウ　一定期間の週当たり平均労働時間が法定労働時間を超えなければ、その期間の特定の時期に法定労働時間を超える労働も可能にする。

エ　労働時間の管理を労働者に委ね、実際の労働時間にかかわりなく労使協定で定めた時間だけ働いたとみなす。

① A—ア　　B—ウ　　C—エ　　　　② A—ア　　B—エ　　C—イ
③ A—ア　　B—エ　　C—ウ　　　　④ A—イ　　B—ア　　C—エ
⑤ A—イ　　B—ウ　　C—エ　　　　⑥ A—イ　　B—エ　　C—ウ
⑦ A—エ　　B—ア　　C—イ　　　　⑧ A—エ　　B—ア　　C—ウ
⑨ A—エ　　B—ウ　　C—イ　　　　　　　　　　　　　　　　　　　　　[　　]

問18【派遣労働】　派遣労働者を企業が活用する理由と考えられる記述として**適当でないもの**を、次の①〜④のうちから一つ選べ。 09追試 9

① 正規雇用の労働者を長期にわたって雇用する場合に比べて、人件費を安く抑えることが可能になる。

② 正規雇用の労働者を新たに採用する場合に比べて、労働者を選定するためにかける時間や手間を減らすことが可能になる。

③ 正規雇用の労働者を活用する場合に比べて、専門能力をもつ労働者を必要とする期間に限って活用することが容易になる。

④ 正規雇用の労働者を活用する場合に比べて、自企業の都合に合わせて技能や能力を労働者に身につけさせることが容易になる。　　　　　　　　　　　　　　　　　　　　　　　　　　　　　　[　　]

問19【新規入職者の内訳】　次の図は新規入職者のうち転職入職者、新規学卒者、一般未就業者の人数を示したものである。この図から読みとれる記述として**適当でないもの**を、下の①〜④のうちから一つ選べ。 08本試33

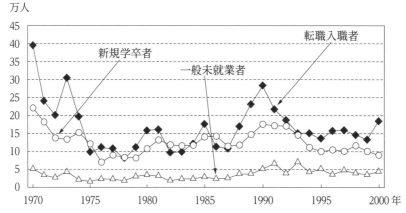

(注)　この図は、従業員千人以上の企業における男性の入職者(パートタイマーを除く)を表している。ここで入職者とは、1年間に事業者が新たに採用した者のことで、他企業からの出向者・出向復帰者を含み、同一企業内の他事業所からの転入者を除く。転職入職者とは、入職者のうち入職前1年間に就業経験のある者のことをいう。一般未就業者とは、入職前1年間に就業経験のない入職者(未就業入職者)のうち、新規学卒者以外の者のことをいう。

(資料)　厚生労働省『雇用動向調査』(各年版)により作成。

① 1973年以前では、転職入職者が新規学卒者を上回っている。

② 1990年から1995年にかけて、転職入職者の数はほぼ半減している。

③ グラフの全期間において、一般未就業者が最も少ない。

④ 1995年以降では、新規学卒者が転職入職者を上回っている。　　　　　　　　　　　　　[　　]

問20【次世代への知の伝承】 次世代への知の伝承を円滑化する取組みの例として**適当でないもの**を、次の①〜④のうちから一つ選べ。 07本試31
① 定年退職した元従業員を、嘱託などとして再雇用する。
② 中高年の労働者を、インストラクターとして育成する。
③ 経営の柔軟性を高めるために、臨時雇用者の比率を高くする。
④ 従業員数が世代間で偏らないように、一定数の正社員の採用を継続する。 [　　]

問21【完全雇用】 完全雇用についての記述として最も適当なものを、次の①〜④のうちから一つ選べ。 07追試19
① 日本では、完全雇用政策は、法的には憲法に保障された労働権を根拠としている。
② 完全雇用は、明治初期の重要な経済政策の一つとして、当時の内閣により採用された。
③ 完全雇用は、もともと社会主義経済の基本概念の一つとして、18世紀初頭に提唱された。
④ スペインやイタリアでは、今世紀に入ってから、完全雇用状態が継続している。 [　　]

問22【日本的経営の変容】 日本的経営が大きく変容していく中で、日本の労働環境の現状や課題についての記述として**誤っているもの**を、次の①〜④のうちから一つ選べ。 14追試18
① 企業別労働組合よりも産業別に組織される労働組合が、多数を占めるようになった。
② 長時間労働が問題視される中で、過労死が労働災害として認定されるケースが増えてきた。
③ 定職に就かないフリーターや、就職も進学もせず職業訓練も受けないニートと呼ばれる若者への政策的対応の必要性が高まった。
④ 失業率の高まりに対して一人当たり労働時間を短縮し多くの人に労働機会を与えるために、ワークシェアリングを求める声がでてきた。 [　　]

問23【日本の企業経営や雇用の特質】 日本の企業経営や雇用の特質とされてきた点についての記述として最も適当なものを、次の①〜④のうちから一つ選べ。 12本試13
① 株式持合いによって資金調達が行われていたため、間接金融の利用は進まなかった。
② 働きたいと思う限りにおいて、労働者の年齢にかかわりなく継続的に雇用する終身雇用が慣行となった。
③ 個人の年々の労働成果に対応する形で賃金が変動する、年功序列型賃金が採用された。
④ 産業別や職業別の労働組合ではなく、企業別労働組合が労使交渉の中心となった。 [　　]

問24【企業経営・労使関係の変化】 1990年代以降の日本の大企業における企業経営・労使関係の変化についての記述として最も適当なものを、次の①〜④のうちから一つ選べ。 11追試20
① 非正規雇用者の割合が高まり、雇用の流動性が低下した。
② 正社員を中心に組織してきた企業別組合から、産業別に組織する組合へ移行した。
③ 独占禁止法の改正により、株式の相互持合いがみられるようになった。
④ 年功序列型の賃金制度を修正し、成果(能力)主義を取り入れた賃金制度を採用する動きがみられた。 [　　]

問25【2000年以降の労働状況】 2000年以降の日本の労働をめぐる記述として最も適当なものを、次の①〜④のうちから一つ選べ。 14本試16
① 派遣労働者数は、1990年代から引き続き減少している。
② 年功序列型賃金を採用する企業の割合は、増加している。
③ 労働組合の組織率は、1990年代に比べて高い。
④ 年間総実労働時間は、ドイツやフランスに比べて長い。 [　　]

問26【国内の雇用環境】 国内の雇用環境の現状や対策に関する記述として最も適当なものを、次の①〜④のうちから一つ選べ。 17追試8
① 有期雇用の契約社員は、正規雇用者に含まれる。
② 独占禁止法は、ブラック企業の取締りを目的として作られたものである。
③ 連合(日本労働組合総連合会)は再編されて、現在は総評(日本労働組合総評議会)となっている。
④ ワークシェアリングとは、労働者一人当たりの労働時間を短縮して雇用の維持や創出を図ることである。 [　　]

国内経済

➡ 解答解説 p.69

❿ 社会保障制度の充実

● 社会保障制度のあゆみ

(1) 世界の社会保障制度

　　①❶[　　　　　　　　　　　]法(1601年・英)……生活困窮者への慈善的救済 ← 公的扶助の原型

　　②❷[　　　　　　　　]による社会保険制度の創設(19世紀後半・独)……「アメとムチの政策」

　　③社会保障法(1935年・米)……ニューディール政策の一環として制定

　　④❸[　　　　　　　　](1942年・英)……「ゆりかごから墓場まで」のスローガン、社会保障制度を整備

　　※フィラデルフィア宣言……1944年にILO総会で採択された、社会保障に関する世界共通の理念

(2) 各国の社会保障制度の類型

　　①❹[　　　]型……イギリスやスウェーデン：財源は公費負担(税金)の割合が大きく、均一的な年金給付

　　②❺[　　　]型……ドイツやフランス：財源は保険料の割合が大きく、年金給付は所得に比例

　　③アメリカ型……自助努力を中心とし、公的医療保険は高齢者や低所得者などに限定

● 日本の社会保障のしくみ

(1) 日本国憲法……生存権(第25条)が規定される

(2) 日本の社会保障制度

制　度	内　容	費用負担
社会保険	医療保険・年金保険・❻[　　　]保険・介護保険	被保険者・事業主・政府が一定割合を負担
	❼[　　　]保険	全額事業主が負担
❽[　　　]	児童、母子、高齢者、障害者に対して、施設やサービスなどを提供	
公的扶助	生活困窮者に対して、生活・教育・住宅・医療・介護・出産・生業・葬祭の8種類の扶助……❾[　　　　　]法に基づいて実施	全額公費負担
保健医療・公衆衛生	感染症などの予防や上下水道の整備、公害対策など	

①年金保険の変遷

　・国民健康保険法改正(1958年)、❿[　　　　　]法(1959年) → **国民皆保険・国民皆年金の実施(1961年)**

　・❿[　　　　　]法改正(1985年)……**基礎年金制度導入**：❿[　　　　　]を全国民共通の基礎年金とする

　　→ 被用者は⓫[　　　　　]保険を上乗せ　※公務員の共済年金は2015年に⓫[　　　　　]保険に統一

　・基礎年金の国庫負担割合……2009年に3分の1から2分の1に引き上げ

②公的年金制度のしくみ

　Ⅰ⓬[　　　]方式……自分が支払った年金保険料を、老後に受け取る → **インフレ時に受給額が目減りする**

　Ⅱ⓭[　　　]方式……現役世代が保険料を負担し、現在の高齢者を支える → **世代間扶養**の考えに基づくが、高齢者が増えると現役世代の保険料負担が増加する

　※現在の日本……⓭[　　　]方式を中心とし、⓬[　　　]方式も一部取り入れている

③高齢者医療と介護保険

　Ⅰ介護保険法(1997年)：高齢者介護のサービスや費用を保障(2000年施行)

　　・被保険者：⓮[　　　]歳以上……基本的には65歳以上が、要介護認定により介護サービスを受ける

　　・保険者(運営主体)：市町村

　　・利用者負担：原則として費用の⓯[　　　]割(一定以上の所得の人は2割または3割)

　Ⅱ高齢者医療……老人保健法(1982年) → ⓰[　　　　　]制度の創設(2008年)

　　・⓰[　　　　　]制度：75歳以上の医療保険を創設し、現役世代と高齢者の費用負担を明確化

● 少子高齢社会

(1) 少子高齢化……⓱[　　　　　]率の低下 → 高齢者の割合の増加・人口減少 → 社会保障費が増加

　　　　　　　　　対策：①年金支給年齢の引き上げと年金給付水準の引き下げ　②⓲[　　　]税の引き上げ

(2) 少子化対策……児童手当の拡充、「待機児童」の解消などの育児支援

　　・ワーク・ライフ・バランス……仕事と家庭の調和・両立 ← 男性の育児・介護休業の取得率の向上

(3) ⓳[　　　　　]社会の構築……高齢者や障害者にとって障害のない社会を築く

　　→ すべての人がともに生活できる社会をめざす……ノーマライゼーションの実現

解答　❶エリザベス救貧　❷ビスマルク　❸ベバリッジ報告　❹北欧　❺大陸　❻雇用　❼労災　❽社会福祉　❾生活保護
❿国民年金　⓫厚生年金　⓬積立　⓭賦課　⓮40　⓯1　⓰後期高齢者医療　⓱合計特殊出生　⓲消費　⓳バリアフリー

☑️ トライ

問1 【社会保障制度の歴史①】 世界各国の社会保障制度の歴史についての記述として正しいものを、次の①～④のうちから一つ選べ。 09本試31
① イギリスでは、世界で初めて社会保険制度が設けられた。
② ドイツでは、「ゆりかごから墓場まで」をスローガンに社会保障制度が整備された。
③ アメリカでは、ニューディール政策の一環として社会保障法が制定された。
④ 日本では、国民年金法によって社会保険制度が初めて設けられた。 [　　]

問2 【日本の社会保障制度①】 現行の日本の社会保障制度についての記述として**適当でないもの**を、次の①～④のうちから一つ選べ。 09本試30
① 公的扶助は、災害での被災者などに対して、低利の融資を行う制度である。
② 社会保険は、病気・失業・老齢などに直面した被保険者に対して、医療などのサービスや所得を保障する制度である。
③ 社会福祉は、援助と保護を必要とする人に対して、施設・サービスなどを提供する仕組みである。
④ 公衆衛生は、病気の予防など、国民の生活環境の改善と健康増進を図るための仕組みである。 [　　]

問3 【日本の社会保障制度②】 日本の社会保障制度に関する記述として正しいものを、次の①～④のうちから一つ選べ。 17本試25
① 国民健康保険は、職域ごとに分かれていた公的医療保険を統合する制度である。
② 公的介護保険は、市町村と特別区が運営主体となっている。
③ 厚生年金保険は、その保険料の全額を事業主が負担している。
④ 国民年金は、在職中に受け取った各人の報酬に比例した額を支給する制度である。 [　　]

問4 【公的年金制度①】 日本の公的年金制度をめぐる記述として正しいものを、次の①～④のうちから一つ選べ。 13本試5
① 1980年代に、全国民共通の基礎年金制度が導入された。
② 年金保険の財源の調達は、これまでの賦課方式を廃止して積立方式へと移行した。
③ 年金保険の給付が行われる事由は、老齢または障害という2種類に限られる。
④ 1990年代に、厚生年金や共済年金の支給開始年齢の引下げが行われた。 [　　]

問5 【介護保険制度】 日本の公的介護保険制度やそれに基づく介護サービスについての説明として最も適当なものを、次の①～④のうちから一つ選べ。 08本試35
① 都道府県がその運営主体である。
② 20歳以上の国民に加入が義務付けられている。
③ 介護サービスの利用は、要介護認定を前提とする仕組みになっている。
④ 介護サービスの利用に際して、費用の3割を負担することになっている。 [　　]

問6 【人口の高齢化①】 人口の高齢化に関連する日本の現状についての記述として最も適当なものを、次の①～④のうちから一つ選べ。 09追試8
① 高齢者医療はすべて公的扶助で行っている。
② 65歳以上の者のいる世帯全体の中で、公的年金受給者のいる世帯は、半数を超えている。
③ 高齢社会からさらに進んだ高齢化社会へ移行している。
④ 65歳以上の者は原則として、介護保険に基づくサービスを利用する際の費用を、自己負担することはない。 [　　]

問7 【ワーク・ライフ・バランス】 職業生活と家庭生活との調和に関連して、日本の法制度の説明として最も適当なものを、次の①～④のうちから一つ選べ。 07追試23
① 家族の介護を行う労働者に対して、企業は介護手当を支給する法律上の義務はない。
② 育児休業を取得する労働者に対して、企業は賃金を保障する法律上の義務がある。
③ 法律上、育児・介護休業を取得する権利は、企業の承認がなければ発生しない。
④ 法律上、育児・介護休業を取得する権利は、まだ男性には付与されていない。 [　　]

国内経済

問8【各国の社会保障負担の対ＧＤＰ比】　次の**表**は、日本、イギリス、スウェーデン、ドイツ、フランスの5か国について、社会保障負担の対GDP(国内総生産)比を示したものである。**表中のＡ～Ｃに当てはまる国名の組合せ**として正しいものを、下の①～⑥のうちから一つ選べ。 05追試3改

国　名	社会保険料			税など	財源合計
		事業主拠出	被保険者拠出		
イギリス	11.1	7.9	3.2	14.0	28.6
フランス	19.9	14.1	5.8	13.3	34.3
A	13.5	6.6	6.9	9.4	24.2
B	20.7	10.8	9.9	10.4	31.6
C	14.8	12.0	2.8	15.4	30.9

(単位：%)

(注)　数値は2018年の値。税などは一般政府拠出を示す。また、財源合計には、資産収入などその他の収入を含む。

(資料)　国立社会保障・人口問題研究所Webページにより作成。

① 　A　日　本　　　　　B　スウェーデン　　C　ドイツ
② 　A　日　本　　　　　B　ドイツ　　　　　C　スウェーデン
③ 　A　スウェーデン　　B　日　本　　　　　C　ドイツ
④ 　A　スウェーデン　　B　ドイツ　　　　　C　日　本
⑤ 　A　ドイツ　　　　　B　日　本　　　　　C　スウェーデン
⑥ 　A　ドイツ　　　　　B　スウェーデン　　C　日　本　　　　　　　　　　　[　　]

問9【国民負担率】　国民負担の水準を示す指標として国民負担率がある。これは、国民所得に占める租税と社会保障負担(社会保険料)のそれぞれの割合の合計である。この計算において社会保障負担に含まれる家計の負担として正しいものを、次の①～④のうちから一つ選べ。 15追試21
① 　介護保険の被保険者が支払う保険料
② 　国民健康保険の被保険者が医療機関の窓口で支払う自己負担分
③ 　保険会社の生命保険の被保険者が支払う保険料
④ 　保険会社の医療保険の被保険者が医療機関の窓口で支払う自己負担分　　　　　[　　]

問10【日本の社会保障制度③】　日本の社会保障制度をめぐる記述として正しいものを、次の①～④のうちから一つ選べ。 16追試13
① 　国民健康保険法の全面改正(1958年)により、国民全員が公的医療保険の対象となる国民皆保険の体制が整えられた。
② 　児童手当法(1971年)が制定されたことで、所得による制限を設けることなく児童手当が支給されるようになった。
③ 　公的年金制度は、厚生年金を基礎年金としている。
④ 　雇用保険制度の保険料は、被用者がその全額を負担する。　　　　　　　　　　[　　]

問11【日本の社会保障制度④】　日本の社会保障制度についての記述として正しいものを、次の①～④のうちから一つ選べ。 14追試20
① 　医療保険と年金保険については、国民健康保険法の改正と国民年金法の制定とを経て、国民皆保険と国民皆年金が実現した。
② 　老人保健制度は、老人医療費の増大に対処するために、後期高齢者医療制度に代わって導入された。
③ 　介護保険の保険料は、20歳以上の被保険者から徴収されている。
④ 　雇用保険の保険料は、その全額が事業主から徴収されている。　　　　　　　　[　　]

問12【日本の社会保険制度】　日本の社会保険制度についての記述として正しいものを、次の①～④のうちから一つ選べ。 11本試33
① 　市町村は、介護保険の運営主体である。
② 　保険料を財源としており、租税資金は投入されない。
③ 　事業主と政府が保険料を負担し、被保険者は保険料を徴収されない。
④ 　最大の支出項目は、生活保護である。　　　　　　　　　　　　　　　　　　　[　　]

国内経済

問13【社会保障制度の歴史②】 社会保障の発展に大きな影響を与えた法律や報告A～Cと、その内容に関する説明ア～ウとの組合せとして正しいものを、下の①～⑥のうちから一つ選べ。 16本試29

A エリザベス救貧法(イギリス)
B 社会保障法(アメリカ)
C ベバリッジ報告(イギリス)

ア 大恐慌を契機に高齢者や失業者を対象とした社会保険制度を整備した。
イ ナショナル・ミニマム(国民の最低限度の生活水準)の保障を求めた。
ウ 公的扶助の先駆けといわれている。

① A－ア B－イ C－ウ　　② A－ア B－ウ C－イ
③ A－イ B－ア C－ウ　　④ A－イ B－ウ C－ア
⑤ A－ウ B－ア C－イ　　⑥ A－ウ B－イ C－ア　　　[　]

問14【日本の社会保障制度⑤】 社会保障制度について、日本の現在の制度に関する記述として最も適当なものを、次の①～④のうちから一つ選べ。 12本試 3

① 年金保険では国民皆年金が実現しているが、国民年金には自営業者のみが加入する。
② 加齢により介護を要する状態となった者に必要なサービスを保障する介護保険では、利用者はサービスにかかった費用の1割を自己負担する。
③ 医療保険では国民皆保険が実現しており、20歳以上のすべての者が共通の国民健康保険に加入する。
④ 業務上負傷しまたは病気にかかった労働者に対して補償を行う労災保険(労働者災害補償保険)では、事業主と国が保険料を負担する。　　　[　]

問15【日本の社会保障制度⑥】 日本の社会保障制度についての記述として正しいものを、次の①～④のうちから一つ選べ。 07追試33

① 公的扶助の中心をなす生活保護では、公的介護保険の導入に伴い、介護扶助が創設されている。
② 医療保険や年金保険は、地域や職域により制度が異なっても、保険料負担および給付内容は同一である。
③ 社会保障給付費の中で、最大の割合を占めているのは医療部門である。
④ 社会保障財源の中で、最大の割合を占めているのは税金である。　　　[　]

問16【日本の社会保障制度⑦】 日本の社会保障制度についての記述として最も適当なものを、次の①～④のうちから一つ選べ。 06追試37

① 雇用保険や労災保険への加入は事業者の任意であり、義務ではない。
② 老齢年金を受け取っている離職者は、失業給付も受け取ることができる。
③ 労働者が育児休業をとるとき、所得を補償する給付の制度はない。
④ 生活保護の認定では、資産や扶養義務者の扶養能力も考慮される。　　　[　]

問17【公的年金制度②】 次の記述ア～ウのうち、2000年以降に年金制度について行われた改革として正しいものはどれか。当てはまるものをすべて選び、その組合せとして最も適当なものを、後の①～⑦のうちから一つ選べ。 22追試31

ア 年金財政を長期的に安定させるため、基礎年金の国庫負担割合を2分の1に引き上げる改革が行われた。
イ 現役世代の保険料負担が過重にならないように、公的年金の保険料を段階的に引き下げる仕組みが導入された。
ウ 人口減少や平均余命の伸びを考慮して給付水準を自動的に調整するマクロ経済スライドが導入された。

① ア　② イ　③ ウ　④ アとイ　⑤ アとウ　⑥ イとウ　⑦ アとイとウ　　[　]

問18【公的年金制度③】 日本における年金制度についての記述として誤っているものを、次の①～④のうちから一つ選べ。 14本試17改

① 公的年金のうち国民年金は、保険料の未納が問題となっている。
② 公的年金のうち厚生年金は、在職中の報酬に比例して支給される。
③ 急速に進展する少子高齢化の問題に対応するために、支給水準の引上げが行われてきた。
④ 企業年金の管理を委託されていた会社が運用に失敗し、払い込まれた年金の元本が失われるという事態が生じた。　　　[　]

➡ 解答解説 p.71　141

国内経済

問19【年金保険の方式】　次の文章は、年金保険の方式である積立方式と賦課方式について説明したものである。文章中の　A　・　C　には下のアまたはイが、　B　・　D　には下のウまたはエが入る。　A　～　D　に入る記述の組合せとして最も適当なものを、下の①～④のうちから一つ選べ。 12追試35

　　　A　とは、高齢者世代に支給する年金を、　B　で賄う方式であり、保険給付の原資が物価変動の影響を受けやすいという問題がある。一方、　C　とは、高齢者世代に支給する年金を、　D　で賄う方式であり、保険給付の原資が少子高齢化などの人口構造の変化の影響を受けやすいという問題がある。

ア　積立方式
イ　賦課方式
ウ　そのときの現役世代が支払った保険料
エ　その世代が過去に支払った保険料とその運用益

① A－ア　　B－ウ　　C－イ　　D－エ　　　② A－ア　　B－エ　　C－イ　　D－ウ
③ A－イ　　B－ウ　　C－ア　　D－エ　　　④ A－イ　　B－エ　　C－ア　　D－ウ [　　]

問20【雇用保険と労災保険】　生徒Ｘは、国家が運営する社会保障の仕組みに注目し、日本の雇用保険と労働者災害補償保険（労災保険）について次のメモを作成した。メモ中の空欄　ア　には後の記述ａかｂ、空欄　イ　には後の記述ｃかｄのいずれかが当てはまる。空欄　ア　・　イ　に当てはまるものの組合せとして最も適当なものを、後の①～④のうちから一つ選べ。 24本試10

○雇用保険
　労働者が失業したときなどに給付を行う制度である。労働者が失業したときの主な給付の財源の負担者は、　ア　。
○労災保険
　労働者が業務に起因して負傷したり病気になったりしたときなどに給付を行う制度である。給付の財源となる保険料の負担者は、　イ　。

　ア　に当てはまる記述
　ａ　失業が事業主の経営判断や労働者の転職・求職行動を原因として生じるという考え方により、事業主と労働者とされている
　ｂ　失業が政府の経済政策や雇用政策と無縁ではなく事業主や労働者だけでは対処できない原因でも生じるという考え方により、事業主、労働者、政府の三者とされている
　イ　に当てはまる記述
　ｃ　給付を受けうる労働者も負担すべきという考え方により、事業主と労働者とされている
　ｄ　事業から利益を得る事業主が負担すべきという考え方により、事業主のみとされている

① ア－ａ　　イ－ｃ　　　　② ア－ａ　　イ－ｄ
③ ア－ｂ　　イ－ｃ　　　　④ ア－ｂ　　イ－ｄ　　　　　　　　　　　　　　[　　]

問21【高齢者福祉】　高齢者の福祉の増進にかかわる戦後日本の法制度についての記述として誤っているものを、次の①～④のうちから一つ選べ。 07本試30
① 高齢者が生涯にわたってその心身の健康を保持し、生活の安定を図ることができるように、老人福祉法が制定された。
② 高齢者が老齢年金受給後の生活費を確保し、生活の安定を図ることができるように、高齢者雇用安定法が制定された。
③ 介護を必要とする人の増加に伴う社会的問題を解決するために、介護保険制度が整備された。
④ 精神上の障害などにより法的保護を必要とする人のために、成年後見制度が整備された。　　　　[　　]

問22【生活保護制度】　生活困窮者を救済する日本の生活保護制度についての記述として最も適当なものを、次の①～④のうちから一つ選べ。 20追試10
① 生活保護の制度は、国民年金法に基づいている。
② 生活保護の財源は、全額公費である。
③ 生活保護の給付は、世帯単位ではなく個人単位で適用される。
④ 生活保護の扶助は、出産の扶助を含まない。　　　　　　　　　　　　　　　[　　]

➡ 解答解説 p.72

問23【少子化・高齢化】 2000年以降の日本の少子高齢化の動向や国の対応策についての記述として最も適当なものを、次の①～④のうちから一つ選べ。 18追試 8 改

① 待機児童の問題を解決するため、認可保育所の定員拡大を図った。
② 高齢社会から高齢化社会へ移行した。
③ 合計特殊出生率は低下傾向にあるものの、現在の人口を維持するのに必要な水準は保ち続けている。
④ 現役世代の保険料負担が過重にならないように、公的年金の保険料を段階的に引き下げる仕組みが導入された。 [　]

問24【人口の高齢化②】 次の図は2010年における日本、アメリカ、イギリス、スウェーデン、ドイツの高齢化率と、2011年度における社会保障給付費の対国内総生産比を示したものである。図中のA～Cに当てはまる国名の組合せとして正しいものを、下の①～⑥のうちから一つ選べ。 12本試 4 改

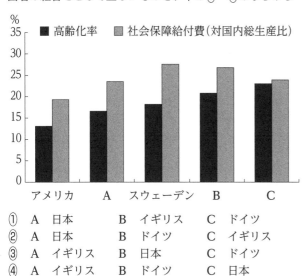

（注） 高齢化率とは、国の総人口に占める65歳以上の人口の割合を指す。また、ここでいう社会保障給付費にはOECDが定める公的総社会支出を用いている。
（資料） United Nations, *World Population Prospects*（国連 Web ページ）および OECD, *Social Expenditure Database*（OECD Web ページ）により作成。

① A 日本　　　B イギリス　C ドイツ
② A 日本　　　B ドイツ　　C イギリス
③ A イギリス　B 日本　　　C ドイツ
④ A イギリス　B ドイツ　　C 日本
⑤ A ドイツ　　B 日本　　　C イギリス
⑥ A ドイツ　　B イギリス　C 日本 [　]

問25【各国の合計特殊出生率と65歳以上人口】 次の図は日本、韓国、中国における合計特殊出生率の推移と65歳以上人口の比率の推移を示したものである。図中のA～Cに当てはまる国名の組合せとして正しいものを、下の①～⑥のうちから一つ選べ。 08本試36改

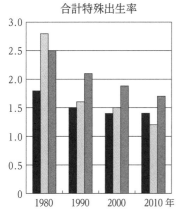

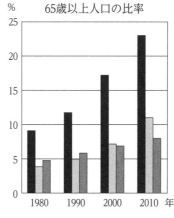

（注） 合計特殊出生率とは、その年次の15歳から49歳までの女性の年齢別出生率を合計したもので、仮に女性がこの年の年齢別出生率にしたがって子どもを産んでいった場合、生涯に産む平均の子どもの数に相当する。
（資料） World Bank, *World Development Indicators*（世界銀行Webページ）により作成。

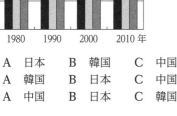

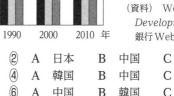

① A 日本　　B 韓国　　C 中国
② A 日本　　B 中国　　C 韓国
③ A 韓国　　B 日本　　C 中国
④ A 韓国　　B 中国　　C 日本
⑤ A 中国　　B 日本　　C 韓国
⑥ A 中国　　B 韓国　　C 日本 [　]

⓫ 環境保全と資源・エネルギー問題

重要事項の整理

● 日本の公害問題と環境対策

(1) 公害の発生

戦前：❶[　　　　　　　]事件……明治時代、殖産興業政策による開発 ← 田中正造による反対運動

戦後：❷[　　　　　　]訴訟…｛①イタイイタイ病(富山)、②水俣病(熊本・鹿児島) ③四日市ぜんそく(三重)、④新潟水俣病(新潟)｝原告が全面勝訴

(2) 公害に対する施策

①公害対策基本法(1967年)……典型7公害を規定 → ❸[　　　　　]法(1993年)へ

②環境庁設置(1971年) → 環境省(2001年)へ

③公害健康被害補償法(1973年)……公害健康被害者(公害病認定患者)に対する医療費などの給付を規定

④❹[　　　　　　　](環境影響評価)法(1997年)……地域開発が環境に及ぼす影響を事前に調査

(3) 公害防止のための原則

①❺[　　　　　　]の原則(PPP)……公害の原因企業に対して原状回復や公害防止の費用を負わせる

②❻[　　　　　]の原則……公害の原因企業に対して、故意や過失がなくても賠償責任を負わせる

(4) 循環型社会への取り組み

①さまざまなリサイクル法……容器包装リサイクル法(1995年)、家電リサイクル法(1998年)など

②❼[　　　　　　　]基本法(2000年)……リサイクルのための基本的な枠組みを規定

③3R社会の実現……リデュース(ゴミの削減)・❽[　　　　　](再利用)・リサイクル(再資源化)

● 資源・エネルギー問題

・エネルギーをめぐる諸課題……環境への影響、発電コスト、新エネルギーの普及、原発稼働の是非

①化石燃料……石油・石炭・天然ガスなど ← 温室効果ガスの排出により、地球温暖化の原因に

②新エネルギー(再生可能エネルギー)……太陽光、風力、地熱、バイオマスなど ← コスト削減が課題

　→ 固定価格買取制度を導入(2012年)

③❾[　　　　　]発電……日本は原発の建設と核燃料サイクルを推進

　← 放射性廃棄物の処理や安全性に課題……2011年の❿[　　　　　　　　]を受けて稼働停止に

● 地球環境問題

(1) おもな地球環境問題……①地球温暖化、②オゾン層の破壊、③野生生物種の減少、④熱帯林の減少 ⑤酸性雨、⑥砂漠化、⑦水資源の減少、など

(2) 地球環境問題への国際的な取り組み

年	内　容	詳　細
1971	ラムサール条約	水鳥の生息地である湿地や湖沼を登録して保全する
1972	⓫[　　　　　　]会議	ストックホルム(スウェーデン)で開催 ・「かけがえのない地球」をスローガンに、人間環境宣言を採択
1973	国連環境計画(UNEP)	環境問題に関する国際連合の機関を設立
1973	ワシントン条約	絶滅が危惧される野生動物を保護するために、国際取引を規制する
1987	モントリオール議定書	オゾン層を破壊する物質の生産・使用を規制→その後、全廃へ
1989	バーゼル条約	有害廃棄物の越境移動や処分、輸出入の手続きを定める
1992	⓬[　　　　　　]会議 (地球サミット)	リオデジャネイロ(ブラジル)で開催。 ・「⓭[　　　　　]な開発」が環境問題の基本理念となった ・①アジェンダ21(行動計画)、②⓮[　　　　　　　]条約、③生物多様性条約、リオ宣言を採択
1997	⓮[　　　　　　]条約第3回締約国会議(COP3)	地球温暖化防止京都会議ともいわれる ・温室効果ガスの削減目標や排出権取引などを定めた ・京都議定書：アメリカは離脱、ロシアの批准で2005年に発効
2002	持続可能な開発に関する世界首脳会議 (環境・開発サミット)	ヨハネスブルク(南アフリカ共和国)で開催 ・アジェンダ21を検証し、持続可能な社会づくりの具体策や国連ミレニアム開発目標(MDGs)に沿った貧困解消をめざした
2015	パリ協定	京都議定書に代わる2020年以降の新たな地球温暖化防止対策を定める

解答 ❶足尾銅山鉱毒　❷四大公害　❸環境基本　❹環境アセスメント　❺汚染者負担　❻無過失責任　❼循環型社会形成推進 ❽リユース　❾原子力　❿東日本大震災　⓫国連人間環境　⓬国連環境開発　⓭持続可能　⓮気候変動枠組み

国内経済

☑️ トライ

問1 【環境保全のための法律】 次の法律ア〜ウは日本の環境保全についての法律である。これらの法律が制定された順序として、古いものから正しく配列されているものを、下の①〜⑥のうちから一つ選べ。
08追試28

ア　循環型社会形成推進基本法　　イ　公害対策基本法　　ウ　環境影響評価法（環境アセスメント法）

① アーイーウ　　② アーウーイ　　③ イーアーウ
④ イーウーア　　⑤ ウーアーイ　　⑥ ウーイーア　　　　　　　　　　　　　　　[　　]

問2 【汚染者負担の原則】 PPP（汚染者負担の原則）の考え方に基づいた負担の例として**適当でないもの**を、次の①〜④のうちから一つ選べ。14追試16
① 汚染物質を排出する企業が、汚染による損害の賠償金を負担する。
② 灯油やガソリンを消費する世帯が、炭素税を負担する。
③ 産業廃棄物を排出する事業者が、廃棄物処理の費用を負担する。
④ 騒音の激しい国道沿いの住民が、防音壁設置の費用を負担する。　　　　　　[　　]

問3 【環境問題に関する条約】 生徒Xと生徒Yは、環境問題に関連する条約を調べることにした。条約に関する次の記述a〜cのうち、正しいものはどれか。当てはまる記述をすべて選び、その組合せとして最も適当なものを、下の①〜⑦のうちから一つ選べ。21本試第1日程6
a　有害廃棄物の国境を越える移動とその処分を規制するウィーン条約が定められた。
b　水鳥の生息地として重要な湿地や湖沼を保護するラムサール条約が定められた。
c　水銀の採掘や排出、水銀製品の製造や輸出入を規制する水俣条約が定められた。
① a　　　② b　　　③ c　　　④ aとb
⑤ aとc　　⑥ bとc　　⑦ aとbとc　　　　　　　　　　　　　　　　　　　[　　]

問4 【再生可能エネルギー】 再生可能エネルギーについての記述として**誤っているもの**を、次の①〜④のうちから一つ選べ。16本試18
① 太陽光発電の年間発電量において、現在、日本はドイツを上回っている。
② 再生可能エネルギーの中には、地熱発電や潮力発電が含まれる。
③ 再生可能エネルギーの開発と普及は、持続可能性の高い低炭素社会の実現に寄与する。
④ バイオマスには、トウモロコシから製造したエタノールや、間伐材を加工した小型固形燃料が含まれる。
　　　　　　　　　　　　　　　　　　　　　　　　　　　　　　　　　　　[　　]

問5 【国際的な取組み①】 地球環境問題に対する国際社会の取組みについての記述として最も適当なものを、次の①〜④のうちから一つ選べ。09本試10
① 国連人間環境会議では、先進国による温室効果ガスの削減目標値が決められた。
② 国連人間環境会議の決議をうけて、環境保護を目的とした国連環境計画（UNEP）が設立された。
③ 国連環境開発会議（地球サミット）では、オゾン層の保護を目的とするモントリオール議定書が採択された。
④ 国連環境開発会議の決議をうけて、先進国による温室効果ガスの排出量取引が開始された。　　　[　　]

問6 【地球温暖化の防止】 地球温暖化の防止が国際的な課題となっている。その手法の一つであると考えられている炭素税（環境税）についての記述として**誤っているもの**を、次の①〜④のうちから一つ選べ。
12本試12
① 排出権取引と同様に、経済的動機づけによって二酸化炭素の排出抑制を図る手法である。
② 化石燃料から非化石燃料への発電源の転換を抑制する効果がある。
③ この税による税収額は、排出量当たりの税率が一定であれば排出量の削減に応じて減少する。
④ ヨーロッパにおいては導入している国がある。　　　　　　　　　　　　　[　　]

国内経済

問7【環境基本法】 環境基本法についての記述として最も適当なものを、次の①~④のうちから一つ選べ。
08本試9

① この法律は、憲法に定められた環境権を根拠として制定された。

② この法律は、国や地方自治体、事業者だけでなく、国民に対しても環境を保全するための責務を課している。

③ この法律は、他の先進諸国に比べても早い時期に制定され、その適用によって、水俣病などの公害による被害は最小限にとどめられた。

④ この法律は、公害を発生させた事業者を罰する規定を設けている。　　　　　　　　　　　　[　　]

問8【公害・環境対策】 公害・環境対策に関連して、日本で行われている対応策についての記述として**適当でないもの**を、次の①~④のうちから一つ選べ。 10本試34

① 公害の発生を防止するために、公害防止費用は汚染者が負担すべきであるという原則が取り入れられている。

② 大規模な都市開発などが環境に及ぼす影響を予測・評価し、広く意見を聞いて、環境保全対策を講じる制度が導入されている。

③ 公害被害が生じたときに公害の発生者が損害賠償責任を負うのは、故意や過失がある場合に限るという原則が確立されている。

④ 特定の有害物質の排出に関しては、濃度規制に加え、総排出量を一定地域ごとに規制する総量規制がとられている。　　　　　　　　　　　　[　　]

問9【公害の防止】 公害防止に関連する記述として**誤っているもの**を、次の①~④のうちから一つ選べ。
12追試15

① 汚染者負担の原則(PPP)は、汚染者が汚染防止に必要な費用を負担すべきという考え方を含む。

② 環境アセスメントは、汚染源の濃度規制や総量規制によって事後的に公害対策を図るという手法である。

③ 日本では、いわゆる公害国会において、一連の公害対策関係法が成立し、この国会の翌年、環境庁(現在の環境省)が設置された。

④ 日本では、高度経済成長期以降、都市化の進展によって、家庭排水による水質汚濁や自動車の排ガスによる大気汚染など、都市公害が発生した。　　　　　　　　　　　　[　　]

問10【日本の公害問題】 日本の公害問題についての記述として正しいものを、次の①~④のうちから一つ選べ。
11追試37改

① 水俣病は、有機水銀に汚染された魚介類の摂取によって発生したもので、産業公害の一つに分類される。

② 四日市ぜんそくは、コンビナート周辺の大気汚染によって発生したもので、都市公害の一つに分類される。

③ 1990年代には、公害防止の強化を目的として、公害対策基本法に代わって環境アセスメント法が制定された。

④ 1990年代には、汚染者負担の原則に基づき、自動車利用による排気ガスの抑制を目的として炭素税が導入された。　　　　　　　　　　　　[　　]

問11【日本の公害・環境問題】 日本の公害や環境問題に関連する記述として**誤っているもの**を、次の①~④のうちから一つ選べ。 22追試5

① 環境に影響を与える可能性がある事業について、あらかじめその影響を評価する手続を定めた環境影響評価法(環境アセスメント法)が制定された。

② 石綿(アスベスト)による健康被害について、その被害の救済に関する法律が制定された。

③ 大阪空港を離着陸する航空機の騒音や排気ガスなどにより被害を受けた周辺の住民から夜間使用差止めや損害賠償を求める訴訟が提起され、損害賠償の一部と、使用差止めとを命ずる最高裁判所の判決が出された。

④ 広島県福山市鞆の浦地区での埋立て・架橋計画が景観を損なうとして、周辺の住民から埋立ての差止めを求める訴訟が提起され、差止めを命ずる判決が出された。　　　　　　　　　　　　[　　]

問12【ごみ問題】 大量消費社会の実現によって、ごみ問題が深刻になっており、日本では、3R(スリーアール)の取組み(リデュース、リユース、リサイクル)が注目されている。これについての記述として最も適当なものを、次の①～④のうちから一つ選べ。 12追試14

① 循環型社会の形成を目的として、循環型社会形成推進基本法が制定されているが、同法にリデュースおよびリユースの考え方は導入されていない。

② 資源の再利用を図るために、テレビや冷蔵庫などの家電製品のリサイクルが注目されているが、これらの再資源化のための法律は制定されていない。

③ 水洗式トイレに設置された大・小レバーの使い分けは、水資源を再利用することができる点で、リユースの事例ということができる。

④ 家庭用洗剤やシャンプーなどの詰替製品の使用は、家庭から出るごみを削減することができる点で、リデュースの事例ということができる。 [　　]

問13【資源・エネルギー問題】 電力についての記述として誤っているものを、次の①～④のうちから一つ選べ。 18本試9

① スマートグリッドは、情報通信技術を使って需要側と供給側の双方から電力をきめ細かく制御する機能をもつ電力網である。

② 日本では、運転差止めを命じる裁判所の仮処分決定に基づいて、原子力発電所で運転中の原子炉が停止したことがある。

③ 日本では、一般家庭への電力の小売は自由化されていないが、工場など大口消費者については自由化されている。

④ 風力発電は、風を利用して発電するため発電量が気象条件に左右されるというデメリットがある。 [　　]

問14【国際的な取組み②】 国連人間環境会議以降に採択された地球環境問題にかかわる次の条約A～Cと、その内容についての記述ア～ウとの組合せとして正しいものを、下の①～⑥のうちから一つ選べ。 14追試13

A 生物多様性条約
B ワシントン条約
C ウィーン条約

ア オゾン層の保護を目的とした国際協力のための基本的枠組を定めた条約である。
イ 絶滅の恐れのある野生動植物の国際的取引を規制することによって、野生動植物の保護を図ることを目的とした条約である。
ウ 遺伝資源の利用による利益を、公平に分配することなどを目的とした条約である。

① A－ア　　B－イ　　C－ウ　　　② A－ア　　B－ウ　　C－イ
③ A－イ　　B－ア　　C－ウ　　　④ A－イ　　B－ウ　　C－ア
⑤ A－ウ　　B－ア　　C－イ　　　⑥ A－ウ　　B－イ　　C－ア　　　[　　]

問15【国際的な取組み③】 地球環境に関連して、現代の国際社会の取組みについての記述として正しいものを、次の①～④のうちから一つ選べ。 15本試32

① 国連人間環境会議では、先進国による温室効果ガスの削減目標値が採択された。
② 国連人間環境会議の決議を受けて、UNEP(国連環境計画)が設立された。
③ 国連環境開発会議では、京都議定書が採択された。
④ 国連環境開発会議の決議を受けて、UNCTAD(国連貿易開発会議)が設立された。 [　　]

問16【京都議定書】 環境保全にかかわる議定書の一つに、気候変動枠組条約第3回締約国会議で採択された京都議定書がある。この京都議定書についての記述として正しいものを、次の①～④のうちから一つ選べ。 14追試14

① 採択年を基準年とした温室効果ガス削減の数値目標が、定められた。
② 温室効果ガスの排出枠について、国家間での取引が禁じられた。
③ ロシアの批准によって、この議定書が発効した。
④ アメリカは、この議定書を批准した。 [　　]

章末問題③

第1問　生徒Xと生徒Yは、「政治・経済」の授業で発表をすることになった。テーマは「望ましい社会の姿」である。話し合った結果、A経済成長、B所得分配、C持続可能性という三つのパートに分けて社会の様子を調べることにした。この発表テーマに関連して、下の問い(問1～5)に答えよ。

21本試第1日程・第1問　　　　　　　　　　　　　　　　　　　　　　　　　　　　　　　(一部改題)

問1【国内総生産】　生徒XはAパートを担当することとなり、ある国の経済状況を調べた。次の表は、ある国の経済状況(名目GDP、人口、GDPデフレーター、実質GDP、名目GDP成長率、実質GDP成長率)を示しており、通貨の単位にはドルを用いているものとする。なお、この国では、2015年と2016年の一人当たりの名目GDPが同じである。表中のa～cに当てはまる数字の組合せとして正しいものを、下の①～⑧のうちから一つ選べ。21本試第1日程2

	名目GDP (億ドル)	人口 (百万人)	GDP デフレーター	実質GDP (億ドル)	名目GDP 成長率(%)	実質GDP 成長率(%)
2015年	500	b	100	500		
2016年	a	47	94	500	−6	0
2017年	494	45	95	520	5	c

(注)　2015年が基準年で、2015年のGDPデフレーターを100とする。数値は小数点以下を四捨五入している。
　　　2015年の「＼」は値が明示されていないことを意味する。

① a 450　b 49　c 1　　② a 450　b 49　c 4
③ a 450　b 50　c 1　　④ a 450　b 50　c 4
⑤ a 470　b 49　c 1　　⑥ a 470　b 49　c 4
⑦ a 470　b 50　c 1　　⑧ a 470　b 50　c 4　　　　　　　　　　　　[　　]

問2【物価の動向】　生徒Xは、Aパートに関連して、ある国の経済状況を調べた後、経済成長と物価の間に何かしらの関係が存在すると考えた。そこで、IMF(国際通貨基金)のWebページから、日本、アメリカ、中国、南アフリカの2000年から2016年までの消費者物価指数の変化率のデータを取得し、次の図を作成した。各国の経済状況と、この図から読みとれる内容を説明したものとして最も適当なものを、下の①～④のうちから一つ選べ。21本試第1日程3

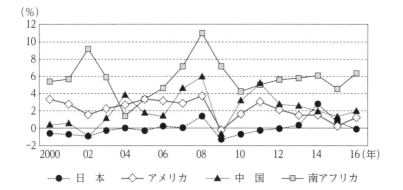

(注) IMF Webページにより作成。

① 景気回復を図るために2001年に量的緩和政策を採用したこの国では、2001年に消費者物価指数が上昇した。

② 急速な経済発展を遂げ2010年に世界第二の経済大国となったこの国では、2010年以降、消費者物価指数の変化率が毎年0％以上になっていた。

③ サブプライムローン問題を契機にリーマン・ショックの震源地となったこの国では、2009年に消費者物価指数が上昇した。

④ アパルトヘイト撤廃後に経済自由化が行われたこの国では、2000年以降、消費者物価指数の変化率が毎年4％以上になっていた。　　　　　　　　　　　　　　　　　　　　　　[　　]

問3 【ジニ係数】 生徒Yは、Bパートを担当することとなり、厚生労働省のWebページから「平成29年 所得再分配調査報告書」を入手し、日本の所得格差について調べた。次の図は、日本における世帯主の年齢階級別にみた当初所得と再分配所得のジニ係数を示したものである。これらの所得のジニ係数の差は、格差の変化の大きさを表している。この図から読みとれる内容として最も適当なものを、下の①～④のうちから一つ選べ。 21本試第1日程4

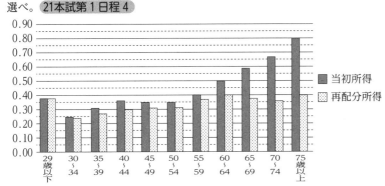

(注) 当初所得とは、雇用者所得や事業所得、生命保険金などの合計額である。また、再分配所得とは、当初所得から税金や社会保険料を控除し、社会保障給付を加えた所得再分配後の所得である。

(出所) 厚生労働省Webページにより作成。

① 当初所得でみた場合、30～34歳の年齢階級と40～44歳の年齢階級を比較すると、30～34歳の年齢階級の方が格差は大きい。

② 30～34歳の年齢階級と60～64歳の年齢階級を比較すると、再分配の格差是正効果は30～34歳の年齢階級の方が大きい。

③ 再分配所得でみた場合、35～39歳の年齢階級と55～59歳の年齢階級を比較すると、35～39歳の年齢階級の方が格差は大きい。

④ 60歳以上の年齢階級をみると、年齢階級が高いほど再分配の格差是正効果は大きい。　　　　[　　]

問4 【社会保障】 Bパートに関連して、生徒Yは、格差や分配について調べる中で、どのような形でもって国民の間で社会保障の財源を負担するのか、まとめることにした。次の文章中の空欄 ア ～ エ に当てはまる語句の組合せとして正しいものを、下の①～⑧のうちから一つ選べ。 21本試第1日程5

　社会保障の財源について、 ア を中心とする北欧型と、 イ を中心とする大陸型があり、日本は、北欧型と大陸型の中間に位置しているといわれる。

　日本では、高齢化が進み社会保障関係費が増大している。その増加する社会保障関係費を賄うため、政府は、全世代が負担し負担の世代間格差の縮小に有用であるといわれている ウ をその財源として組入れを予定し、増税を進めた。また、2000年代に入って40歳以上の人々を加入者とする エ 制度が実施され、その後、後期高齢者医療制度も導入された。

① ア 社会保険料　イ 租　税　ウ 消費税　エ 年金保険
② ア 社会保険料　イ 租　税　ウ 消費税　エ 介護保険
③ ア 社会保険料　イ 租　税　ウ 所得税　エ 年金保険
④ ア 社会保険料　イ 租　税　ウ 所得税　エ 介護保険
⑤ ア 租　税　イ 社会保険料　ウ 消費税　エ 年金保険
⑥ ア 租　税　イ 社会保険料　ウ 消費税　エ 介護保険
⑦ ア 租　税　イ 社会保険料　ウ 所得税　エ 年金保険
⑧ ア 租　税　イ 社会保険料　ウ 所得税　エ 介護保険　　　　[　　]

問5 【環境問題】 生徒Xと生徒Yは、Cパートを二人で担当し、「環境問題における国家間の対立と協調」について考え、関連した出来事を調べることにした。これらの出来事に関する記述として誤っているものを、次の①～④のうちから一つ選べ。 21本試第1日程7

① 国連人間環境会議(1972年)で、人間環境宣言が採択された。

② 気候変動枠組み条約の京都議定書では、温室効果ガス削減の数値目標が定められた。

③ 国連持続可能な開発会議(2012年)で、「グリーン経済」の推進が提唱された。

④ 気候変動枠組み条約のパリ協定では、締約国が温室効果ガス削減目標を設定し、その目標を達成することが義務づけられた。　　　　[　　]

➡ 解答解説 p.75～76

149

国内経済

第2問　生徒たちは、次の白板にまとめた授業の内容をもとに、経済主体の関係について考察や分析を行った。これに関連して、後の問い（問1〜5）に答えよ。　22本試・第2問

（一部改題）

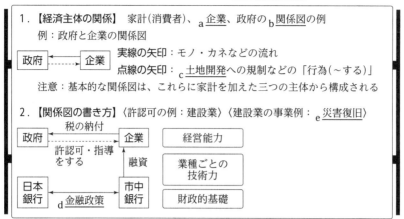

1.【経済主体の関係】　家計（消費者）、a 企業、政府の b 関係図の例

例：政府と企業の関係図

政府 ←--→ 企業　　実線の矢印：モノ・カネなどの流れ

点線の矢印：c 土地開発への規制などの「行為（〜する）」

注意：基本的な関係図は、これらに家計を加えた三つの主体から構成される

2.【関係図の書き方】〈許認可の例：建設業〉〈建設業の事業例：e 災害復旧〉

問1【企業】　日本における下線部 a に関する記述として最も適当なものを、次の①〜④のうちから一つ選べ。22本試 9

① 自社の株価の低下を招くような社内の行為をその会社の株主が監視することを、リストラクチャリングという。

② ある企業の1年間の利潤のうち、株主への分配率が上昇すると内部留保への配分率も上昇し、企業は設備投資を増やすようになる。

③ 世界的に拡大した感染症による経済的影響として、いわゆる巣ごもり需要の増加に対応することで2020年に売上を伸ばした企業があった。

④ 1990年代のバブル経済崩壊後、会社法が制定され、株式会社設立のための最低資本金額が引き上げられた。　　　　　　　　[　　]

問2【経済主体】　下線部 b に関連して、生徒Xと生徒Yは、白板における関係図の書き方を参考に話し合いを行い、自主学習として環境問題を関連させた経済主体の関係図を作成した。たとえば、次の**会話文**中の下線部の内容は、後の関係図中の消費者と企業の間の矢印（⇄）に対応している。会話の内容と整合する関係図として最も適当なものを、後の①〜④のうちから一つ選べ。22本試10

X：企業の工場から汚染物質が排出されるような図を考えればいいかな。

Y：それもあるけど、需要側の消費者が供給側の企業と、市場で財・サービスを取引するから生産が行われるわけで、需要側にも問題があると思うよ。

X：でも、両方を書くと問題の焦点がわかりにくくなるし、今回の学習では、需要側からの汚染物質の問題は省いて、供給側からの汚染物質の排出と供給側への政府の対策を作図するってことでいいんじゃないかな。政府が供給側を対象に対策をしたというニュースもあったよね。

Y：いいね。あと、その矢印のそばに書く語句はニュースに近いものや、政策の目的も考慮されやすい語句がいいかな。

X：うん。加えて、市民で構成されるNPOなどによる、供給側への監視も大事になってくるんじゃないかな。

[　　]

①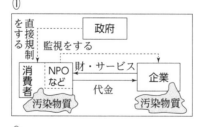

②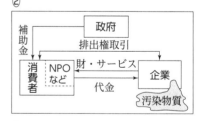

③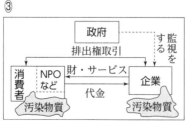

④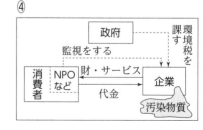

問3【機会費用】　下線部 c に関連して、生徒Xは、クラスでの発表において、企業の土地利用を事例にして、機会費用の考え方とその適用例をまとめることにした。Xが作成した、次のメモ中の空欄　ア　・　イ　に当てはまる語句として最も適当なものを、後の①〜④のうちから一つ選べ。 22本試11

◇機会費用の考え方：ある選択肢を選んだとき、もし他の選択肢を選んでいたら得られたであろう利益のうち、最大のもの。

◇事例の内容と条件：ある限られた土地を公園、駐車場、宅地のいずれかとして利用する。利用によって企業が得る利益は、駐車場が最も大きく、次いで公園、宅地の順である。なお、各利用形態の整備費用は考慮しない。

◇機会費用の考え方の適用例：ある土地をすべて駐車場として利用した場合、　ア　の関係から他の用途に利用できないため、そのときの機会費用は、　イ　を選択したときの利益に等しい。

① ア　トレード・オフ　　　イ　公園　　　② ア　トレード・オフ　　　イ　宅地
③ ア　ポリシー・ミックス　イ　公園　　　④ ア　ポリシー・ミックス　イ　宅地　　　　[　　]

問4【金融政策】　下線部 d に関連して、生徒Xと生徒Yは、日本銀行による金融政策の主な手段である公開市場操作(オープン・マーケット・オペレーション)について話し合った。次の会話文中の空欄　ア　・　イ　に当てはまる語句の組合せとして最も適当なものを、後の①〜④のうちから一つ選べ。 22本試12

X：日本銀行は、買いオペレーションや売りオペレーションによって、個人や一般企業が保有する通貨量を変動させているようだね。

Y：そうかな？　たしかに、買いオペは金融　ア　の効果が期待できると言われているけど、日本銀行が市中銀行から国債を買い入れると、確実に増加するのは市中銀行が保有する日銀当座預金の残高だね。

X：それは個人や一般企業が保有する通貨量、つまり　イ　が増加すると考えてよいのかな。

Y：　イ　が増加するかどうかは、個人や一般企業の資金需要と市中銀行の貸出が増加するかどうかによるよ。

X：それなら、日本銀行の公開市場操作は　イ　を直接的に増減させるものではないということだね。

① ア　緩和　イ　マネーストック　　　② ア　緩和　イ　マネタリーベース
③ ア　引締　イ　マネーストック　　　④ ア　引締　イ　マネタリーベース　　　　[　　]

問5【市場機構】　下線部 e に関連して、生徒Xと生徒Yは災害の影響に関する次の会話をしている。

X：この間の災害で被害を受けた地場産品の野菜の価格が上がって困っているよ。おいしいから毎日必ず食べてたんだ。復旧のめどはたったらしいけど、元に戻るには時間がかかるらしくて。早く元に戻ってくれないかな。

Y：この図をみてよ。災害前は右下がりの需要曲線と右上がりの供給曲線がE点で交わっていたと仮定すると、災害の影響で供給曲線が図の元の位置から一時的にこんな位置に変わった状況だね。ということは、需要曲線が災害前の位置のままとして、供給曲線が元の位置に自然に戻るまでの間に　ア　といったような対策がとられれば、より早く元の価格に戻っていくんじゃないかな。

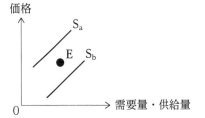

Xの発言に対し、Yは災害後の供給曲線を図中の S_a 線か S_b 線のいずれかと推測し、二重下線部(＿＿)を実現するためのE点までの調整方策を会話文中の空欄　ア　で述べている。　ア　に当てはまる発言として最も適当なものを、次の①〜④のうちから一つ選べ。 22本試15

① 野菜の購入時にキャッシュレス決済で使える電子ポイントを付与する
② 野菜の購入量が増えるように消費者に宣伝を行う
③ 原材料の購入に使える助成金を生産者に支給する
④ 原材料の使用量に応じて課徴金を課す　　　　[　　]

➡ 解答解説 p.76　151

国内経済

❶ 国際社会と国際法／国際連合の組織と役割

● 国際社会と国際法

(1) 国際社会の成立
- ❶[　　　　　　　　　　]条約(1648年締結)……三十年戦争を終結させた講和条約
  - → ローマ教皇の権威が弱まり、ヨーロッパでは主権国家が国際社会を構成するようになる

(2) 国民国家とナショナリズム
- ①17世紀：絶対主義国家(君主主権) → 18～19世紀：ヨーロッパで市民革命 → 国民国家(国民主権)
- ②❷[　　　　　　　　　]の広がり……民族主義・国家主義・国民主義ともよばれる←

(3) 国際法の意義と役割
- ①❸[　　　　　　　　　　]……オランダの法学者で「国際法の父」とよばれる。主著：『戦争と平和の法』
  - → 自然法の立場から国際法を理論的に体系づけた
- ②国際法
  - Ⅰ❹[　　　　　　　　　]：大多数の国家の一般慣行　[例]領土不可侵、内政不干渉、民族自決などの原則
  - Ⅱ❺[　　　　　]：国家間の意思を明文化したもの　※19世紀後半から国際慣習法の条約化が進む

(4) 国際紛争と国際裁判
- ①❻[　　　　　　　　　](ＩＣＪ)：1945年設立……国際連合の主要機関の1つで、国家間の紛争を裁く。
  裁判は当事国の合意が必要で、判決は法的拘束力あり　※ただし、判決に従わせるための強制力は弱い
- ②❼[　　　　　　　　　](ＩＣＣ)：2003年設立……重大な犯罪(集団殺害[ジェノサイド]・戦争犯罪・
  人道に対する犯罪・侵略犯罪)に対して、個人の責任を問う
  ※日本は2007年に加盟、アメリカ・ロシア・中国・インドなどは未批准

● 安全保障の形態／国際連盟の成立と崩壊

(1) 勢力均衡から集団安全保障へ
- ①❽[　　　　　　　]方式……同盟などによって、敵対する国家との軍事力のバランスをとる方法
- ②❾[　　　　　　　　]方式……すべての国家が1つの国際機構に加盟し、侵略国に対しては、加盟国が
  協力して制裁する方法

(2) 国際連盟の成立と崩壊
- ①国際平和機構の思想……ドイツの哲学者❿[　　　　　]の『永久平和のために』(1795年)
- ②国際連盟(1920年成立) ← アメリカ大統領ウィルソンが提唱した十四か条の平和原則に基づく
  - ・問題点：Ⅰ会議の議決は⓫[　　　　　　]制　Ⅱ議決は勧告にとどまり、侵略国には経済制裁のみ
    Ⅲアメリカ・ソ連など大国の不参加、日本・ドイツ・イタリアの脱退

● 国際連合の組織と役割

(1) 国際連合(1945年成立)……原加盟国は51か国、日本の加盟は1956年
- ①総会：Ⅰ全加盟国によって構成　Ⅱ一国一票制で、一般事項は過半数、重要事項は3分の2で議決
  Ⅲ加盟国や安全保障理事会に対して勧告することができる(法的拘束力なし)
  ※緊急特別総会 → 1950年、安全保障理事会の機能不全のため「⓬[　　　　　　　　　]」決議を採択
- ②安全保障理事会：Ⅰ常任理事国(米・英・仏・ロ・中の5大国)＋非常任理事国10か国(任期2年)
  (安保理)　　　　Ⅱ実質事項は、⓭[　　　　]権をもつすべての常任理事国を含む9か国の賛成が必要
  　　　　　　　　Ⅲ安保理の決定には軍事的強制措置(武力制裁)を含む(法的拘束力あり)
- ③経済社会理事会：さまざまな委員会や専門機関の活動を調整し、国際社会の問題に対処する
  ※専門機関……世界保健機関(WHO)、国連教育科学文化機関(UNESCO)など
- ④事務局：国連の日常業務、他機関が決定した計画や政策を実施
  事務総長は安保理の勧告に基づいて総会が任命、任期5年で再任可

> 信託統治理事会は、信託統治地域がなくなったため、現在は活動を停止している。

(2) ＰＫＯ(⓮[　　　　　　　　　])……国連憲章には規定なし → 「6章半活動」
- ①PKO3原則：Ⅰ関係国の同意　Ⅱ中立性　Ⅲ自衛以外の武力を行使しない
- ②ＰＫＦ(⓯[　　　　　　])、停戦監視団、選挙監視団、文民警察の派遣などを行う
  ※多国籍軍……安保理決議によって組織されるが、指揮権は国連ではなく派遣国にある
  → これまで、湾岸戦争(イラク)やソマリア、アフガニスタンなどに派遣

(3) 国連の課題……分担金の滞納による財政危機、安保理の構成など

解答　❶ウェストファリア　❷ナショナリズム　❸グロティウス　❹国際慣習法　❺条約　❻国際司法裁判所　❼国際刑事裁判所　❽勢力均衡　❾集団安全保障　❿カント　⓫全会一致　⓬平和のための結集　⓭拒否　⓮平和維持活動　⓯平和維持軍

☑️トライ

問1 【ウェストファリア条約】 ウェストファリア会議において締結されたウェストファリア条約の意義として最も適当なものを、次の①〜④のうちから一つ選べ。 10追試19
① ヨーロッパ諸国における絶対君主制を否定し、議会制民主主義を基礎とする平等な国家間関係を確立した。
② 植民地をめぐるヨーロッパ諸国の紛争を終結させ、植民地主義の違法性を確認した。
③ ヨーロッパにおける宗教改革を収束させ、ローマ教皇の権威を基礎とする国際秩序を回復した。
④ 三十年戦争を終結させ、ヨーロッパにおいて主権国家から構成される国際社会の成立を促した。[　]

問2 【国際慣習法】 国際慣習法(慣習国際法)についての記述として**適当でないもの**を、次の①〜④のうちから一つ選べ。 15本試35
① 国際慣習法とは、諸国の慣行の積み重ねにより形成された法である。
② 国際慣習法において、輸入品に関税を課すことが禁じられている。
③ 国際慣習法は、条約の形に成文化されることがある。
④ 国際慣習法により、公海自由の原則が認められている。 [　]

問3 【国際司法裁判所】 主権国家が並存する国際社会における司法機関として、国際司法裁判所がある。国際司法裁判所についての記述として**誤っているもの**を、次の①〜④のうちから一つ選べ。 08追試16
① 国際社会で初めて成立した司法機関である。
② 国連の司法機関である。
③ オランダのハーグに常設されている。
④ 事件の付託には紛争当事国の合意が必要とされている。 [　]

問4 【集団安全保障①】 集団安全保障についての記述として**適当でないもの**を、次の①〜④のうちから一つ選べ。 06追試22
① 戦争を起こした国家に対して、その他すべての参加国が共同して制裁を加える仕組みである。
② 国家が同盟を結び、敵対陣営との軍事バランスをとることによって自国の安全を確保する仕組みである。
③ 相互に利害の対立する国々を含む国際機構の存在が前提である。
④ 紛争は平和的に解決されなければならないというルールが前提である。 [　]

問5 【国際連盟】 国際連盟についての記述として**適当でないもの**を、次の①〜④のうちから一つ選べ。 10追試21
① 総会と理事会における議決は、全会一致によることが原則とされた。
② 侵略国に対しては、経済制裁を加えることが原則とされた。
③ 全加盟国の協力を基礎とする、集団安全保障の方式を取り入れた。
④ 相対立していたアメリカとソ連を、加盟国として取り込んだ。 [　]

問6 【国際連合①】 国際連合の制度についての記述として**誤っているもの**を、次の①〜④のうちから一つ選べ。 12本試33
① 安全保障理事会は、表決手続として全会一致制を用いる。
② 経済社会理事会は、教育や文化に関する専門機関と連携関係をもつ。
③ 総会は、安全保障理事会の勧告に基づいて事務総長を任命する。
④ 総会は、安全保障理事会の非常任理事国を選出する。 [　]

問7 【国際社会】 国際社会についての記述として**正しいもの**を、次の①〜④のうちから一つ選べ。 14追試31
① ウェストファリア会議の結果、各国の主権とその平等に基づく国際社会が、地球規模で成立した。
② 第二次世界大戦の終結後、国連(国際連合)が設立されたが、ソ連はアメリカとの対立を理由に当初加盟を見送った。
③ 国際司法裁判所(ICJ)は、国際法にのっとって裁判し、判決を強制執行する。
④ 国連の総会は、加盟国が一票の投票権を有する多数決制に基づき、決定を行う。 [　]

➡️ 解答解説 p.77

問8【主権国家①】　主権国家体制についての記述として最も適当なものを、次の①〜④のうちから一つ選べ。
13追試32
①　第一次世界大戦の後に開催されたパリ講和会議で、初めて各国の主権と平等とが確認された。
②　主権国家は、共通通貨の発行という形で、主権の一部を国家の連合体に委ねることもある。
③　主権国家は、自国の利害に反することについては、国連加盟国であっても国連安全保障理事会の決定に従う義務はない。
④　主権国家間の戦争を違法とする国際法の拘束力が強まった結果、国家による武力行使は不可能になった。
[　　]

問9【主権国家②】　主権国家についての記述として適当でないものを、次の①〜④のうちから一つ選べ。
06追試19
①　ウェストファリア体制成立以降のヨーロッパ社会においては、主権国家の独立と内政不干渉の原則が形成されてきた。
②　主権国家の概念を基礎とする国際社会においては、各国は対等・平等であることが原則とされている。
③　主権国家の概念は、市民革命を経て確立された国民主権の原理を基礎としている。
④　国際法は、主権国家からなる国際社会で各国が守るべきルールとして形成されてきた。
[　　]

問10【国際法】　国際法に関する記述として適当でないものを、次の①〜④のうちから一つ選べ。
現社13本試32
①　慣習国際法(国際慣習法)とは、国家間の慣行が法として認められた不文法である。
②　国家間の合意を明文化した文書には、条約や協定、憲章、規約、議定書など様々な名称のものが存在する。
③　国際司法裁判所は、紛争当事国が裁判を行うことに同意しない限り、裁判を行うことができない。
④　条約が国連総会で採択された場合には、それと同時に条約としての効力が発生するので、各国の批准は必要ない。
[　　]

問11【国際刑事裁判所①】　国際刑事裁判所(ICC)についての記述として誤っているものを、次の①〜④のうちから一つ選べ。13追試35
①　日本は設立条約に加入していない。
②　アメリカは設立条約に加入していない。
③　戦争犯罪を行った個人を裁くことができる。
④　特定民族のジェノサイド(集団殺害)を行った個人を裁くことができる。
[　　]

問12【国際刑事裁判所②】　国際刑事裁判所において裁かれる行為とは言えないものを、次の①〜④のうちから一つ選べ。07本試10
①　暴力や暴力による脅迫などによって、航空機を支配する行為
②　国際的な武力紛争で捕らえた敵国の戦闘員に対して、拷問する行為
③　国民的・民族的・人種的または宗教的な集団を破壊するために、その集団の構成員を殺すという、ジェノサイド(集団殺害)行為
④　一般住民に対する広範なまたは組織的な攻撃の一部として、奴隷の状態におくという、非人道的な行為
[　　]

問13【勢力均衡】　勢力均衡は安全保障の一つの方法である。これについての記述として最も適当なものを、次の①〜④のうちから一つ選べ。10本試16
①　対立する国を含め、相互に侵略しないことを約束し、違反国に対しては共同で制裁を加えて戦争を防ごうとする方法である。
②　国家群の間の力関係を同盟によってほぼ対等にすることで、強力な国や国家群からの攻撃を防ごうとする方法である。
③　国家の権限をさまざまな国際機関に分散させることで、武力の行使を相互に抑制させる方法である。
④　国際政治において他を圧倒する唯一の超大国が、核兵器を利用した抑止力によって、戦争を防ぐ方法である。
[　　]

問14【集団安全保障②】 安全保障を主たる目的としている、現存する国際的な機関として正しいものを、次の①～④のうちから一つ選べ。 14追試 2
① EC(欧州共同体)　　　　　　② ICC(国際刑事裁判所)
③ NATO(北大西洋条約機構)　④ WTO(ワルシャワ条約機構)　　　　　　　　　　　　[　　]

問15【戦争の違法化】 戦争の違法化を推し進めた条約A～Cと、その内容についての説明ア～ウとの組合せとして正しいものを、下の①～⑥のうちから一つ選べ。 08本試20
A 国際連盟規約　　　B 不戦条約　　　C 国際連合憲章
ア 集団安全保障の考え方を基礎とする初めての国際機構の設立を定めた。
イ 加盟国との間の特別協定に基づいて創設される軍により、軍事的強制措置をとることを認めた。
ウ アメリカのケロッグとフランスのブリアンが提唱したものであり、国家の政策の手段としての戦争を放棄することを定めた。

① A－ア　　B－イ　　C－ウ　　　　　② A－ア　　B－ウ　　C－イ
③ A－イ　　B－ア　　C－ウ　　　　　④ A－イ　　B－ウ　　C－ア
⑤ A－ウ　　B－ア　　C－イ　　　　　⑥ A－ウ　　B－イ　　C－ア　　　　　　[　　]

問16【国際連盟による紛争の平和的解決手段】 国際連盟が提供した紛争の平和的解決手段として正しいものを、次の①～④のうちから一つ選べ。 10追試22
① 国際刑事裁判所の設置
② 常設国際司法裁判所の設置
③ 安全保障理事会による停戦の勧告
④ 平和維持軍(PKF)による停戦の監視　　　　　　　　　　　　　　　　　　　[　　]

問17【主権尊重と国際社会の秩序維持】 主権尊重の原則と国際社会の秩序維持との関係についての記述として正しいものを、次の①～④のうちから一つ選べ。 16追試 2
① 国際司法裁判所(ICJ)は、紛争当事国の同意がなくても、国家間紛争の裁判を行うことができる。
② 国際原子力機関(IAEA)は、核拡散防止条約で核兵器保有を認められた国の核関連施設であっても、強制的に査察することができる。
③ 国際連合に加盟している国家は、自衛のためであっても、武力の行使を慎む義務がある。
④ 国際連合に加盟している国家は、自国の利益に反する内容であっても、国連安全保障理事会の決定に従う義務がある。　　　　　　　　　　　　　　　　　　　　　　　　　　　　　　　　[　　]

問18【国際連合②】 平和と安全を維持するための国連(国際連合)の仕組みに関する記述として正しいものを、次の①～④のうちから一つ選べ。 17本試16
① 国連安全保障理事会が侵略国に対する制裁を決定するためには、すべての理事国の賛成が必要である。
② 国連憲章は、国連加盟国が安全保障理事会決議に基づかずに武力を行使することを認めていない。
③ 国連が平和維持活動を実施できるようにするため、国連加盟国は平和維持軍を編成するのに必要な要員を提供する義務を負っている。
④ 国連憲章に規定されている本来の国連軍は、これまでに組織されたことがない。　　　　[　　]

問19【国連の主要機関】 国際連合(国連)についての記述として誤っているものを、次の①～④のうちから一つ選べ。 08追試13
① 総会では、多数決制が採用されている。
② 総会では、NGO(非政府組織)も投票権をもっている。
③ 安全保障理事会の非常任理事国は、総会での選挙により選ばれている。
④ 経済社会理事会は、国連の専門機関と連携して活動を行っている。　　　　　　　　　[　　]

➡ 解答解説 p.78　　155

問20【国連の専門機関など】　次の国際機関に関する記述ア～ウのうち、正しいものはどれか。当てはまる記述をすべて選び、その組合せとして最も適当なものを、後の①～⑦のうちから一つ選べ。 22本試22

ア　WHO は、世界の人々の保健水準の向上や国際的な保健事業の推進に関する活動を行っている。

イ　UNICEF は、発展途上国を中心に子どもの教育や権利保障に関する活動を行っている。

ウ　UNHCR は、迫害や紛争などによって生じる難民の保護に関する活動を行っている。

①　ア　　　　　　②　イ　　　　　　③　ウ　　　　　　④　アとイ

⑤　アとウ　　　　⑥　イとウ　　　　⑦　アとイとウ　　　　　　　　　　　　　　　　　　[　　]

問21【国際連合憲章①】　国際連合(国連)憲章についての記述として最も適当なものを、次の①～④のうちから一つ選べ。 12追試 1

①　植民地主義を非難して、すべての植民地を直ちに独立させるよう求めた。

②　国際司法裁判所を設置して、国際紛争の裁判による解決を義務づけた。

③　安全保障理事会が軍事的強制措置を含む決議を行うことを認めていない。

④　総会において単独の加盟国が拒否権を行使することを認めていない。　　　　　　　　[　　]

問22【国際連合憲章②】　武力行使の禁止に関連する国連憲章の規定についての記述として正しいものを、次の①～④のうちから一つ選べ。 10追試23

①　個別国家による武力の行使は禁止されているが、武力によって威嚇することは許されている。

②　集団的自衛権の行使は禁止されているが、個別的自衛権の行使は認められている。

③　安全保障理事会が国際平和の回復に必要な措置をとる場合には、その措置は国連加盟国の空軍、海軍または陸軍による行動を含むことができる。

④　安全保障理事会が侵略行為を認定する場合には、同理事会は直ちに軍事的措置をとらなければならない。　　[　　]

問23【安全保障理事会①】　国際連合(国連)の主要機関である安全保障理事会(安保理)についての記述として誤っているものを、次の①～④のうちから一つ選べ。 09本試 4

①　安保理の常任理事国は、手続事項以外の事項について、拒否権をもっている。

②　安保理は、国際社会の平和と安全の維持または回復に必要な軍事的措置を決定する場合には、あらかじめ総会の承認を得なければならない。

③　国連加盟国は、安保理の決定を、国連憲章にしたがい受諾しかつ履行しなければならない。

④　安保理は、侵略行為の中止を求める自らの決定を実施するために、国連加盟国がいかなる非軍事的措置をとるべきかを決定することができる。　　　　　　　　　　　　　　　　　　　　　　　　　[　　]

問24【安全保障理事会②】　国連安全保障理事会における表決についての次の事例A～Cのうち、決議が成立するものとして正しいものはどれか。当てはまる事例をすべて選び、その組合せとして最も適当なものを、下の①～⑦のうちから一つ選べ。 19本試 2

A　実質事項である国連平和維持活動の実施についての決議案に、イギリスが反対し、ほかのすべての理事会構成国が賛成した。

B　手続事項である安全保障理事会の会合の議題についての決議案に、フランスを含む5か国が反対し、ほかのすべての理事会構成国が賛成した。

C　実質事項である国際紛争の平和的解決についての決議案に、すべての常任理事国を含む9か国が賛成した。

①　A　　　　　　②　B　　　　　　③　C　　　　　　④　AとB

⑤　AとC　　　　⑥　BとC　　　　⑦　AとBとC　　　　　　　　　　　　　　　　　　[　　]

問25【「平和のための結集」決議】　1950年には、総会にも国際の平和と安全のための集団的措置に関する権限が与えられた。この内容を示すものとして最も適当なものを、次の①～④のうちから一つ選べ。 05本試 7

①　総会は、朝鮮戦争を契機に、「平和のための結集」決議を採択した。

②　総会は、キューバ危機を契機に、ソ連の除名決議を採択した。

③　総会は、ベトナム戦争の解決のため、インドシナ半島への国連軍の派遣を決定した。

④　総会は、カンボジア紛争の解決のため、START(戦略兵器削減条約)を締結した。　　[　　]

問26【PKO協力法】 国際連合(国連)の平和維持活動について、PKO協力法(国連平和維持活動協力法)に基づいて自衛隊が派遣された国や地域として**誤っているもの**を、次の①～④のうちから一つ選べ。 13追試 4
① イラク　　　② カンボジア　　　③ ハイチ　　　④ 東ティモール　　　[　]

問27【国際紛争に対する国連の取り組み】 国際紛争に対する国連の取組みについての記述として最も適当なものを、次の①～④のうちから一つ選べ。 11本試22
① 総会が機能停止に陥った場合には、総会があらかじめ採択した「平和のための結集」決議に基づき、安全保障理事会が特別会を開くことができる。
② 紛争解決の最終的な手段として派遣するために、国連軍を国連内に常設している。
③ 紛争の激化しつつある地域において、停戦を実現させるため、武力による鎮静化を主たる任務とする停戦監視団を設置することがある。
④ 兵力引き離しなどによって紛争の拡大防止を図るため、平和維持軍(PKF)を派遣する場合がある。
[　]

問28【安全保障理事会の機能不全への対応】 安全保障理事会を中心とする集団安全保障体制は、冷戦期には安全保障理事会の常任理事国の拒否権行使により機能しないことが多かった。これに対処するために国連が発展させてきた活動についての説明として最も適当なものを、次の①～④のうちから一つ選べ。 08追試14
① 事務総長の命令に基づき、多国籍軍を派遣した。
② 「平和のための結集」決議に基づき、NATO(北大西洋条約機構)軍を派遣した。
③ バンドン会議(アジア・アフリカ会議)における「平和10原則」に基づき、UNF(国連軍)を派遣した。
④ 安全保障理事会の決議に基づき、PKF(国連平和維持軍)を派遣した。
[　]

問29【国際機構の表決方法に関する考え方】 次の記述 α・β は、国際機構の表決方法に関する考え方をまとめたものである。例えば国際通貨基金(IMF)では、加盟国によって出資額に大きな差があり、各加盟国はその額に応じて投票権をもつから、その表決方法は β に合致する。国際連盟総会(連盟総会)、同理事会(連盟理事会)、国際連合総会(国連総会)、同安全保障理事会(安保理)の表決方法は、α・β のいずれかに合致するか。その組合せとして最も適当なものを、後の①～⑥のうちから一つ選べ。 現社22追試 8

国際機構の表決方法に関する考え方
α　主権国家はその大小強弱貧富を問わず平等とみなされ、その帰結として、各国が投じる票はすべて等しいものと取り扱われる。
β　国際機構は、国際平和の維持や国際経済の安定といった特定の問題に対処するために創設されるので、その問題に対処する能力や責任の大きさなどに応じて、各国が投じる票について異なる取扱いが認められることもある。

① α―連盟総会、連盟理事会、国連総会、安保理　　β―合致するものはない
② α―連盟総会、連盟理事会、国連総会　　　　　　β―安保理
③ α―連盟総会、国連総会、安保理　　　　　　　　β―連盟理事会
④ α―連盟総会、連盟理事会　　　　　　　　　　　β―国連総会、安保理
⑤ α―連盟総会、国連総会　　　　　　　　　　　　β―連盟理事会、安保理
⑥ α―合致するものはない　　　　　　　　　　　　β―連盟総会、連盟理事会、国連総会、安保理
[　]

問30【国連の現状】 国連の現状についての記述として**誤っているもの**を、次の①～④のうちから一つ選べ。 06追試24
① 分担金の滞納によって、財政危機に陥っている。
② 安全保障理事会では、常任理事国に拒否権が認められている。
③ 内部機関の活動については、権限の重複が存在する。
④ 総会では、議決について加重投票制がとられている。
[　]

2 国際政治の動向／国際紛争と難民問題

重要事項の整理

● 冷戦期の世界

(1) 冷戦体制の確立

①❶[　　　　　　]会談(1945年)……第二次世界大戦の処理に関する、アメリカ・イギリス・ソ連の首脳会談
　　→ ヨーロッパ大陸での支配権をめぐり、アメリカ・イギリス(西側)はソ連(東側)と対立を深める

②❷[　　　　　　]演説(1946年)……イギリスの**チャーチル**元首相がソ連を批判

西側	対立点	東側
1947年：トルーマン・ドクトリン ……共産主義勢力の封じ込め政策	政治	1947年：コミンフォルム(共産党情報局) ……東欧などの共産党員の情報機関
1947年：❸[　　　　　　] ……ヨーロッパに対する経済援助計画	経済	1949年：コメコン(経済相互援助会議) ……社会主義国を中心とした経済協力機関
1949年：北大西洋条約機構(❹[　　　]) ……アメリカと西欧諸国の安全保障条約	軍事	1955年：ワルシャワ条約機構(WTO) ……ソ連と東欧諸国の安全保障条約

③ドイツの分裂：**ベルリン封鎖**(1948年) → **東西ドイツ成立**(1949年) → ❺[　　　　　　]構築(1961年)

④米ソの代理戦争……1950～53年：**朝鮮戦争**　　1960～75年……❻[　　　　]戦争

(2) 緊張緩和と多極化

①フルシチョフの「**スターリン批判**」(1956年) → **平和共存政策**を提唱(1959年)

②❼[　　　　]危機(1962年) → 米ソ間にホットライン設置 → 緊張緩和(デタント)へ

③「❽[　　　　]の春」(1968年)……チェコスロバキアでの自由化・民主化 ← ソ連が鎮圧

④多極化……1960～70年代にみられる西側ヨーロッパ諸国や日本の台頭、中ソの対立、米中の接近など

(3) 第三世界の台頭……アジア・アフリカ諸国は非同盟・中立の立場を打ち出す

①❾[　　　　　　](1954年)……インドのネルー首相と中国の周恩来首相が発表

②アジア・アフリカ(バンドン)会議(1955年)……**平和10原則**を発表

③第1回❿[　　　　　　]首脳会議(1961年) → 発展途上国は**第三世界**(❿[　　　　　　])を形成

(4) 冷戦の終結

①ソ連の⓫[　　　　　　]侵攻(1979年) → 米ソ対立が激化し、**新冷戦**とよばれる時代を迎える

②ソ連で⓬[　　　　　]が書記長に就任(1985年)……**ペレストロイカ**(改革)、**グラスノチ**(情報
公開)、**新思考外交**(対外協調路線)を実施 → 1989年2月：ソ連、アフガニスタンから撤退

③ドイツの統一……❺[　　　　　]崩壊(1989年11月) → **東西ドイツ統一**(1990年)へ

④⓭[　　　　]会談(1989年12月)……米ブッシュ大統領とソ連ゴルバチョフ書記長が冷戦の終結を宣言

⑤ソ連崩壊(1991年) → **独立国家共同体(ＣＩＳ)**が発足

● 冷戦後の世界／国際紛争と難民問題

(1) 冷戦後の国際社会の課題

①冷戦後、民族紛争や宗教対立が表面化 → 多くの**難民**が発生

②テロの脅威……⓮[　　　　　　　　　]事件(2001年9月11日)など、世界各地でテロが発生
　　　　　　　　　　　　　　　　　→ アメリカ、アフガニスタンを攻撃(2001年)

③イラク問題……**湾岸戦争**(1991年) → **イラク戦争**(2003年) → 新政権の発足後、テロが頻発

(2) 地域協力の発展：**欧州連合(EU)**やNATOの東欧への拡大、**欧州安全保障協力機構(ＯＳＣＥ)**など

(3) 紛争や対立の事例

①ヨーロッパ・南アメリカ地域……フォークランド紛争、北アイルランド問題、旧ユーゴスラビア紛争、
　　　　　　　　　　　　　　　　　　コソボ紛争、チェチェン紛争など

②アジア・アフリカ地域……カシミール紛争、パレスチナ紛争、東ティモール紛争、ソマリア内戦、
　　　　　　　　　　　　　　　ルワンダ内戦、スーダン内戦など

(4) **難民条約**……難民の保護を規定し、迫害する恐れのある国への難民の送還を禁止

・⓯[　　　　　　]……国境を越えずに国内に留まって避難している人々であり、難民とは区別される
　　　　　　　　　　　・難民条約上、保護の対象外

・**国連難民高等弁務官事務所(ＵＮＨＣＲ)**……難民だけではなく、⓯[　　　　　　]も支援対象とする

解答　❶ヤルタ　❷鉄のカーテン　❸マーシャル・プラン　❹ＮＡＴＯ　❺ベルリンの壁　❻ベトナム　❼キューバ　❽プラハ
❾平和5原則　❿非同盟諸国　⓫アフガニスタン　⓬ゴルバチョフ　⓭マルタ　⓮アメリカ同時多発テロ　⓯国内避難民

国際政治

☑トライ

問1 【冷戦】 1980年代前半は米ソ関係の緊張が一時的に高まった時期であり、80年に開催されたモスクワ・オリンピックにおいて西側諸国のボイコットなども起こった。緊張が高まるきっかけの一つとなった事件として最も適当なものを、次の①～④のうちから一つ選べ。 15本試28
　① 米ソ間でキューバ危機が発生した。
　② 東ドイツがベルリンで東西を分ける壁を構築した。
　③ ソ連がアフガニスタンに侵攻した。
　④ アメリカがビキニ環礁で水爆実験を行った。　　　　　　　　　　　　　　　　　　　　[　　]

問2 【国際政治の動向】 独立した諸国が植民地主義を批判し、「平和10原則」を唱えた会議として正しいものを、次の①～④のうちから一つ選べ。 06追試18
　① 京都会議　　　　　　　　② サンフランシスコ会議
　③ パグウォッシュ会議　　　④ バンドン会議　　　　　　　　　　　　　　　　　　　　[　　]

問3 【地域紛争】 次の図は世界で起きたいくつかの紛争や戦争の場所を示したものである。図中の場所A～Cと説明ア～ウとの組合せとして正しいものを、下の①～⑥のうちから一つ選べ。 10本試17

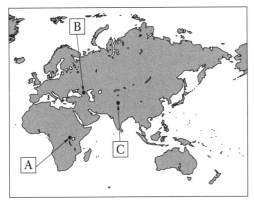

　ア　領土帰属を争う隣国同士が戦争や核開発競争を行い、テロ事件も引き起こされた。
　イ　連邦国家内で、独立を求める共和国に対して連邦政府が軍を投入した。
　ウ　ベルギーからの独立後、多数派と少数派の間で内戦が起こり、大規模な虐殺が行われ多くの難民が発生した。

　① A－ア　　B－イ　　C－ウ　　　② A－ア　　B－ウ　　C－イ
　③ A－イ　　B－ア　　C－ウ　　　④ A－イ　　B－ウ　　C－ア
　⑤ A－ウ　　B－ア　　C－イ　　　⑥ A－ウ　　B－イ　　C－ア　　　　　　　　　[　　]

問4 【難民問題①】 難民条約についての記述として正しいものを、次の①～④のうちから一つ選べ。
16本試22
　① 経済的理由で国外に逃れた人々は、難民条約で保護の対象となる。
　② 国内避難民は、難民条約で保護の対象となる。
　③ 難民条約は、冷戦終結後に多発した紛争による難民問題に対応するために締結された。
　④ 難民条約は、迫害されるおそれのある国に難民を送還してはならないと定めている。　　　[　　]

問5 【難民問題②】 難民受入れをめぐる記述として誤っているものを、次の①～④のうちから一つ選べ。
20本試10
　① 日本は、難民条約の採択された年にこの条約に加入した。
　② 日本は、出入国管理及び難民認定法に基づいて難民を受け入れている。
　③ 第三国定住は、難民を最初の受入国から別の国に送り、そこで定住を認める仕組みである。
　④ 国内避難民は、紛争などから逃れつつも国境を越えていない人々であり、難民条約上の保護対象に含まれない。　　　　　　　　　　　　　　　　　　　　　　　　　　　　　　　　　　　[　　]

問6【冷戦構造の形成】 冷戦構造形成につながるアメリカの支援についての記述として正しいものを、次の①
～④のうちから一つ選べ。 11追試25

① トルーマン・ドクトリンは、共産主義勢力を封じ込めるため、イタリアとフランスに経済・軍事援助を行うことを提唱したものである。

② トルーマン・ドクトリンは、第二次世界大戦後の混乱を食い止めるため、東西ドイツに経済・軍事援助を行うことを提唱したものである。

③ マーシャル・プランは、第二次世界大戦後の欧州の経済・社会の混乱を食い止めるため、経済援助を行ったものである。

④ マーシャル・プランは、社会主義化の原因となる経済・社会の混乱を取り除くため、東欧に経済援助を行ったものである。　　　　　　　　　[　　]

問7【冷戦期における国際社会の動向】 東西両陣営の対立する冷戦期における国際社会の動きについての記述として**誤っている**ものを、次の①～④のうちから一つ選べ。 09本試6

① アジア、アフリカ、中南米の一部の国は、非同盟・中立を掲げて、外交を展開した。

② ソ連を中心とする社会主義諸国は、ワルシャワ条約機構を設立して、NATO(北大西洋条約機構)に対抗した。

③ 国連は、マーシャル・プランに基づき、米ソ間の緊張緩和をめざす努力を続けた。

④ アメリカとソ連は、戦略兵器開発競争に歯止めをかけるために、戦略兵器制限交渉(SALT)を進めた。　　　　　　　　　[　　]

問8【東欧の民主化】 1980年代のヨーロッパで起こった民主化についての記述として**誤っている**ものを、次の①～④のうちから一つ選べ。 06本試18

① チェコスロバキアで、「プラハの春」と呼ばれる運動が起こり、共産党政権が崩壊した。

② ポーランドで、自主管理労組「連帯」が自由選挙で勝利したことで、非共産勢力主導の政権が成立した。

③ ソ連で、ゴルバチョフ共産党書記長が、ペレストロイカやグラスノスチを提唱し、国内改革を推進した。

④ 東ドイツで、反政府デモが各地で起こり、社会主義統一党の書記長が退陣して、改革派が政権を引き継いだ。　　　　　　　　　[　　]

問9【冷戦の終結】 冷戦終結に関連する出来事についての記述として**誤っている**ものを、次の①～④のうちから一つ選べ。 19本試11

① ベルリンの壁が崩壊し、東西ドイツの統一が実現した。

② マルタで米ソ首脳会談が行われ、冷戦の終結が謳われた。

③ ハンガリー動乱が起こり、それから半年の間に東欧諸国の社会主義体制が相次いで崩壊した。

④ ソビエト連邦を構成していた大部分の共和国が独立国家共同体(CIS)を結成した。　　　　[　　]

問10【アジア・アフリカ諸国の台頭】 アジア・アフリカ諸国が先進諸国に対抗するべく従来の国際秩序の変革を試みた例として、発展途上国が行ったことの記述として最も適当なものを、次の①～④のうちから一つ選べ。 09本試5

① 発展途上国への先進国による軍事介入を禁止するために、サンフランシスコ平和条約の作成を促した。

② 先進国の大量のエネルギー消費を抑制して世界秩序を環境重視の方向に転換するために、トルーマン・ドクトリンの普及を促した。

③ 人民の自決権(民族自決権)を提唱して植民地の独立を促進するために、世界人権宣言の作成を促した。

④ 発展途上国にとって不利にならない国際経済の構造を実現するために、NIEO(新国際経済秩序)の樹立に関する宣言の採択を促した。　　　　　　　　　[　　]

問11【アメリカの動向】 アメリカで発生した同時多発テロ事件以降の同国の動向をめぐる記述として正しいものを、次の①～④のうちから一つ選べ。 17追試7

① アフガニスタンを攻撃し、その後タリバン政権が崩壊して暫定政府が樹立された。

② 宇宙空間を利用した防衛システムの構築を目的として、戦略防衛構想(SDI)を打ち出した。

③ ヨーロッパ諸国の経済復興を援助するためにマーシャル・プランを実施した。

④ 弾道弾を迎撃するミサイルの配備を制限する弾道弾迎撃ミサイル(ABM)制限条約を締結した。　[　　]

国際政治

問12【戦後の国際政治】 第二次世界大戦の後の国際政治に関連した記述として**誤っているもの**を、次の①〜④のうちから一つ選べ。 10本試11
① アメリカはトルーマン・ドクトリンなど、東側陣営を封じ込めるための政策を実施し、共産主義勢力の拡大を阻止することに努めた。
② 日本は戦争の放棄を国家理念として掲げたが、国際政治の変化の中で日米安全保障条約により警察予備隊を創設した。
③ アメリカとの緊張関係にある中で、ソ連のフルシチョフが平和共存路線を掲げた。
④ 相次いで独立を果たした旧植民地諸国はバンドン会議で「平和10原則」を発表し、内政不干渉、国際紛争の平和的解決などを主張した。 [　　]

問13【さまざまな国際紛争①】 武力紛争に関して、各国の状況に関する記述として最も適当なものを、次の①〜④のうちから一つ選べ。 現社13本試35
① イラクのクウェート侵攻を契機とする湾岸戦争において、アメリカを中心とする多国籍軍の攻撃によってイラクのフセイン政権は崩壊した。
② コソボでは、セルビア人勢力とアルバニア系住民との対立から、人々が居住地から追放されたり、虐殺されたりした。
③ アメリカにおける同時多発テロの発生に伴い、アメリカなどはアフガニスタンでテロリストの掃討作戦を行うために、タリバン政権と協力した。
④ チュニジアでは、民主化運動に伴い内戦が勃発し、カダフィ政府軍側が市民に対して攻撃や迫害を行った。 [　　]

問14【新国家の設立】 以下の文章の主題と密接な関連性をもつ出来事として最も適当なものを、次の①〜④のうちから一つ選べ。 13本試31改
　　国家の分裂は、その過程で民族紛争を激化させ、民衆の生活を破壊することが多く、また、紛争が周辺諸国に波及すれば国際平和への脅威ともなる。ある民族への深刻な抑圧や人権侵害が繰り返されるような場合は、民族自決による新国家の設立が国際社会からも支持されやすくなるだろう。

① アメリカ同時多発テロの発生　　② 南スーダン共和国の成立
③ 世界遺産の登録件数の増加　　④ 北極海における海氷の減少 [　　]

問15【冷戦期の独立問題】 冷戦終結をきっかけに大規模な武力衝突に発展した独立問題として最も適当なものを、次の①〜④のうちから一つ選べ。 14追試6
① 北アイルランド独立運動　　② チェチェン紛争
③ バスク独立運動　　④ キプロス紛争 [　　]

問16【地域・民族紛争への対応】 地域・民族紛争が起こった国への対応についての記述として最も適当なものを、次の①〜④のうちから一つ選べ。 11追試30
① 国際連合（国連）は、侵略行為をした国に対して軍事的強制措置をとらなければならない。
② 国連加盟国は、国連のPKO（平和維持活動）に対して要員を派遣しなければならない。
③ ユーゴスラビアでのコソボ紛争において、NATO（北大西洋条約機構）が空爆を行った。
④ 湾岸戦争において、アメリカを中心とした多国籍軍が安全保障理事会の決議による容認のないままに武力行使を行った。 [　　]

問17【さまざまな国際紛争②】 人種・民族紛争に関する記述として**適当でないもの**を、次の①〜④のうちから一つ選べ。 現社14本試24
① 旧ユーゴスラビア領内では、チェチェン共和国において独立運動が起こり、武力対立が激化したことがある。
② ルワンダでは、部族間対立により、内戦下での集団殺害（ジェノサイド）が行われた。
③ トルコやイラン、イラクなど複数の国に居住しているクルド人は、民族の独立を目指して運動し、それにより紛争が生じたことがある。
④ スーダンでは、南北の住民の間で対立が続いていたが、南部地域は、新国家として独立し、国連への加盟が認められた。 [　　]

問18【パレスチナ問題】 パレスチナ問題に関連して、次の図中の地区A～Cと、それについての説明ア～ウとの組合せとして正しいものを、下の①～⑥のうちから一つ選べ。 14本試33

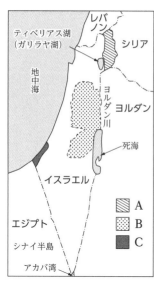

ア　この地区で展開された、国連(国際連合)のPKO(平和維持活動)に、日本の自衛隊員が派遣されたことがある。

イ　この地区では、イスラエル人の入植者が撤退した後も、イスラエルとの軍事衝突が断続的に起こった。

ウ　この地区では、テロの防止を理由に、イスラエルがパレスチナ人居住区を包囲する分離壁を構築した。

① A―ア　　B―イ　　C―ウ
② A―ア　　B―ウ　　C―イ
③ A―イ　　B―ア　　C―ウ
④ A―イ　　B―ウ　　C―ア
⑤ A―ウ　　B―ア　　C―イ
⑥ A―ウ　　B―イ　　C―ア

[　　]

問19【さまざまな国際紛争③】 大量虐殺や難民問題が発生した国名A～Cと、それぞれの国で発生した戦争ないし紛争についての記述ア～ウの組合せとして正しいものを、下の①～⑥のうちから一つ選べ。 05追試38

A　アフガニスタン　　　　B　東ティモール　　　　C　ルワンダ

ア　1976年に隣国に軍事併合され、抵抗活動への弾圧が長年続き、多くの犠牲者を出してきたが、住民投票の結果、2002年に独立を達成した。

イ　1979年の大国による侵攻から内戦に発展し、難民が流出したが、2001年の国際的介入によって、人権を抑圧してきた政権が崩壊した。

ウ　1990年に多数派と少数派との対立が内戦に発展し、1994年に大量虐殺が起こり、その混乱の中で難民が流出した。

① A―ア　　B―イ　　C―ウ　　　　② A―ア　　B―ウ　　C―イ
③ A―イ　　B―ア　　C―ウ　　　　④ A―イ　　B―ウ　　C―ア
⑤ A―ウ　　B―ア　　C―イ　　　　⑥ A―ウ　　B―イ　　C―ア

[　　]

問20【さまざまな国際紛争④】 民族紛争の例である次のA～Cと、それらの説明である下のア～ウとの組合せとして正しいものを、下の①～⑥のうちから一つ選べ。 16本試21

A　コソボ紛争
B　パレスチナ問題
C　チェチェン紛争

ア　多民族が暮らす連邦の解体過程で建国された共和国の自治州で、内戦が発生し、アルバニア系住民に対する迫害が行われた。

イ　ロシア南部のカフカス地方で、独立を宣言した少数民族に対し、ロシアが独立を認めず軍事侵攻した。

ウ　国家建設をめぐる民族間の紛争が発端となり、数次にわたる戦争や、インティファーダという抵抗運動が起こるなど、争いが続いてきた。

① A―ア　　B―イ　　C―ウ　　　　② A―ア　　B―ウ　　C―イ
③ A―イ　　B―ア　　C―ウ　　　　④ A―イ　　B―ウ　　C―ア
⑤ A―ウ　　B―ア　　C―イ　　　　⑥ A―ウ　　B―イ　　C―ア

[　　]

国際政治

問21【さまざまな国際紛争⑤】 民族・宗教を原因とする対立として最も適当なものを、次の①～④のうちから一つ選べ。 06追試20
① カシミール紛争
② 朝鮮戦争
③ フォークランド(マルビナス)紛争
④ 湾岸戦争 [ ]

問22【さまざまな国際紛争⑥】 世界ではさまざまな対立や紛争が発生している。現実に発生した対立や紛争についての記述として最も適当なものを、次の①～④のうちから一つ選べ。 08追試15改
① キューバ危機は、キューバ国内における中国系企業の国有化をきっかけに発生した。
② 旧ユーゴスラビア紛争は、旧ユーゴスラビア連邦に対するソ連の武力介入をきっかけに発生した。
③ パレスチナ問題は、パレスチナに住むインド人の人権侵害をめぐる問題である。
④ 北方領土問題は、択捉島、国後島、色丹島、歯舞群島の領有帰属をめぐる問題である。 [ ]

問23【難民問題③】 難民に関連する記述として正しいものを、次の①～④のうちから一つ選べ。 18追試13
① 難民条約上の難民には、貧困から逃れるために国境を越えてきた人々も含まれる。
② 日本は、難民条約に加入していない。
③ 難民と並んで国内避難民も、国連難民高等弁務官事務所は支援の対象としている。
④ 難民条約は、第一次世界大戦と第二次世界大戦の間の時期に採択された。 [ ]

問24【難民問題④】 難民についての記述として正しいものを、次の①～④のうちから一つ選べ。 14本試34
① 難民条約では、これを批准した国は、帰国すると迫害される恐れがある人を保護しなければならないと定められている。
② 経済的理由で国外に逃れた人々や、国内避難民も、難民条約の保護の対象とされている。
③ 国際赤十字は、難民支援を行うために国連により設立された。
④ 難民条約は、冷戦終結後に生じた難民に対処するために採択された。 [ ]

思判表 問25【国連難民高等弁務官事務所】 国際連合(国連)の機関であるUNHCR(国連難民高等弁務官事務所)は、難民保護を行っている。次の図は、難民が流出した4か国における1980年から2003年までの難民人口の推移を示したものである。この図から読み取れる記述として最も適当なものを、下の①～④のうちから一つ選べ。 06本試21

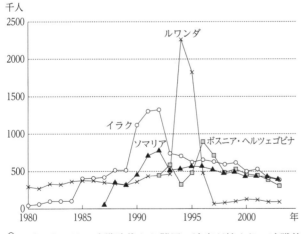

(注) 数値は各年末の値である。国内避難民やその他の援助対象者、および庇護国の市民権を取得した難民は含まれない。
(資料) UNHCR『世界難民白書 人道行動の50年史』(2000年)および2000年～2003年のUNHCRの各年報により作成。

① イラクでは、冷戦時代から難民の流出が始まり、冷戦終結前に難民人口が最大値に達し、その後もおおむね同じ水準で推移している。
② ソマリアでは、冷戦時代から難民の流出が始まり、難民人口はいったん減少したものの、その後は増加傾向にある。
③ ボスニア・ヘルツェゴビナでは、冷戦後に難民の流出が始まり、難民人口は最大値に達した後、おおむね減少傾向にある。
④ ルワンダでは、冷戦後に難民の流出が始まり、難民人口が最大値に達した後も、高い水準で推移している。 [ ]

❸ 軍備管理と軍縮／日本の外交と国際平和への役割

重要事項の整理

● 軍備管理と軍縮

(1) 核兵器の開発と軍拡……アメリカ・ソ連・イギリス・フランス・中国が核実験 ➡ 核兵器を保有

※1954年、アメリカの水爆実験によって❶[　　　　　]が被曝

・現在、インド、パキスタン、北朝鮮が核兵器を保有し、イスラエルも核兵器保有疑惑がある

(2) さまざまな反核運動……ストックホルム・アピール(1950年)、原水爆禁止世界大会(1955年)、❷[　　　　　]宣言(1955年)、パグウォッシュ会議(1957年)など

(3) 核軍縮と核不拡散への取り組み

多国間	年	アメリカ・ソ連
❸[　　　　]条約(ＰＴＢＴ))	1963	
❹[　　　　]条約(ＮＰＴ)	1968	
ＮＰＴは米・ロ・英・仏・中を核兵器国とし、その他の国には国際原子力機関(ＩＡＥＡ)の査察を義務づけている	1969~79	❺[　　　　]交渉(ＳＡＬＴⅠ・Ⅱ)
	1987	中距離核戦力(ＩＮＦ)全廃条約➡2019年失効
	1991/93	❻[　　　　]条約(ＳＴＡＲＴⅠ・Ⅱ)
❼[　　　　]条約(ＣＴＢＴ)→未発効	1996	
	2010	新ＳＴＡＲＴ条約

● 日本の外交と国際平和への役割

(1) 戦後日本の外交

・サンフランシスコ平和条約(1951年)……日本の主権回復

・❽[　　　　]宣言(1956年)……日ソ国交正常化 ➡ 日本の国連加盟

・❾[　　　　]条約(1965年)……日韓国交正常化　・❿[　　　　]声明(1972年)……日中国交正常化

(2) 外交三原則：①自由主義国との協調　②国連中心主義　③⓫[　　　　]の一員としての立場の堅持

(3) 国際社会の課題と取り組み

・課題：国家間の紛争や宗教対立、テロ、難民問題のほか、飢餓、感染症、貧困、犯罪、環境汚染など

・取り組み：⓬[　　　　](ＵＮＤＰ)が1994年に「⓭[　　　　]」を提唱

・⓮[　　　　](非政府組織)……国境なき医師団、アムネスティ・インターナショナルなど

解答　❶第五福竜丸　❷ラッセル・アインシュタイン　❸部分的核実験禁止　❹核兵器拡散防止　❺戦略兵器制限　❻戦略兵器削減　❼包括的核実験禁止　❽日ソ共同　❾日韓基本　❿日中共同　⓫アジア　⓬国連開発計画　⓭人間の安全保障　⓮ＮＧＯ

☑ トライ

問1 【安全保障】 安全保障にかかわる制度や枠組みに関する記述として最も適当なものを、次の①~④のうちから一つ選べ。 現社14追試 6

① 国際連盟は、国際平和の維持などを目的として設立され、原則として多数決による意思決定の方式を採用した。

② 国際連合(国連)は、安全保障について、同盟関係に基づく勢力均衡によって国際平和を維持する枠組みを採用した。

③ 包括的核実験禁止条約(CTBT)は、地下核実験以外のあらゆる核実験を禁止している。

④ 核拡散防止条約(NPT)は、非核兵器保有国が新たに核兵器を保有することを禁止している。　　[　　]

問2 【国際社会の諸問題】 国際社会はさまざまな領域で問題を抱えてきた。その典型的な事例の説明として最も適当なものを、次の①~④のうちから一つ選べ。 06追試 9

① 核拡散防止条約によって、核兵器の保有が限定されたが、非締約国による核兵器保有や開発の疑惑が跡を絶たない。

② 国連海洋法条約によって、沿岸国に排他的経済水域が認められなかったため、大陸棚などの資源占有・開発をめぐって紛争が跡を絶たない。

③ 戦争犯罪などを裁く国際刑事裁判所は、国連安保理(国際連合安全保障理事会)常任理事国の反対によって、設立されなかった。

④ 地雷の使用・生産などを禁止する対人地雷全面禁止条約は、国連安保理常任理事国の反対によって、採択されなかった。　　[　　]

問3【軍縮・軍備管理①】 核兵器の廃絶と軍縮に向けた取組みの例として**誤っているもの**を、次の①〜④のうちから一つ選べ。 06本試1改

① 日本政府は、核兵器について、「持たず、作らず、持ち込ませず」の非核三原則の立場をとっている。

② 部分的核実験禁止条約(PTBT)は、核兵器国が地下核実験を行うことを禁止していない。

③ 国際連合(国連)は、国際の平和と安全のために、核保有国であることを条件に安全保障理事会における拒否権の行使を認めている。

④ IAEA(国際原子力機関)は、加盟国との協定をもとに、原子力施設への現場査察を行っている。 [　　]

問4【核軍縮・核軍備管理条約】 核兵器の実験や保持などを制限または禁止する条約についての記述として**誤っているもの**を、次の①〜④のうちから一つ選べ。 11本試21

① 中距離核戦力(INF)全廃条約は、アメリカとソ連の間で核兵器の削減が合意された初めての条約である。

② 包括的核実験禁止条約(CTBT)は、あらゆる場所での核爆発を伴う核実験の禁止をめざして採択された。

③ 非核地帯を設定する条約は、ラテンアメリカ、南太平洋、東南アジアなどの各地域で採択された。

④ 核拡散防止条約(NPT)は、アメリカ、中国、ロシアの3か国以外の核保有を禁止する条約である。 [　　]

問5【軍縮・軍備管理②】 第二次世界大戦後の軍縮や軍備管理のための条約について、採択あるいは調印された年が最も新しい条約として正しいものを、次の①〜④のうちから一つ選べ。 15追試10

① クラスター爆弾禁止条約　　② 対人地雷全面禁止条約

③ 化学兵器禁止条約　　④ NPT(核兵器の不拡散に関する条約) [　　]

問6【戦略兵器削減条約】 戦略兵器削減条約(START ⅠおよびⅡ)についての記述として正しいものを、次の①〜④のうちから一つ選べ。 14本試32

① 相手国のミサイルを空中で迎撃するミサイルの配備を制限した。

② 配備済みの戦略核弾頭を削減した。

③ 中距離核戦力を全廃した。

④ 両国の保有できる戦略核弾頭数の上限を設定した。 [　　]

問7【NGO①】 NGO(非政府組織)の役割についての記述として**適当でないもの**を、次の①〜④のうちから一つ選べ。 07追試9

① 開発の分野で、政府の大規模援助では対応しにくい、現地の人々の必要にきめ細かく対応した援助を行う。

② 環境の分野で、条約で合意された有害物質の排出基準が遵守されない場合、その国の政府に対し条約による制裁を行う。

③ 人権の分野で、政府によって報告されない人権侵害を国際社会に訴え、間接的に圧力をかけようとする。

④ 貿易の分野で、世界市場における価格変動の生産者への影響をやわらげるため、安定価格での取引を推進しようとする。 [　　]

問8【NGO②】 NGO(非政府組織)の例として正しいものを、次の①〜④のうちから一つ選べ。 09追試16

① JICA(国際協力機構)　　② WHO(世界保健機関)

③ 国際復興開発銀行(IBRD)　　④ 国境なき医師団(MSF) [　　]

問9【人間の安全保障①】 人間の安全保障の実践例として**適当でないもの**を、次の①〜④のうちから一つ選べ。 14本試36

① 人々を感染症から守るため、ある政府が他国の公衆衛生分野に援助を行う。

② 他国による侵略を防ぐため、複数の国の軍隊が共同で訓練する。

③ 森林の環境を守るため、NGO(非政府組織)が植林活動や環境教育を行う。

④ 民族紛争における人権侵害を防ぐため、国連が紛争当事者の行為を監視する。 [　　]

問10【軍縮・軍備管理③】 国際社会における核軍縮に関する記述として**誤っているもの**を、次の①～④のうちから一つ選べ。 20追試26
① 包括的核実験禁止条約（CTBT）が国連で採択されたが、未発効である。
② アメリカとロシアの間で戦略攻撃兵器削減条約（モスクワ条約）が2002年に署名され、戦略核弾頭の削減を行うことに合意した。
③ アメリカとロシアの間で新戦略兵器削減条約が2010年に署名され、戦略核弾頭のさらなる削減を行うことに合意した。
④ 核兵器禁止条約が国連で採択され、日本もこの条約に加入している。　　　　　　　　　[　　]

問11【ＮＧＯ③】 ＮＧＯの例であるＡ～Ｃと、それらの主な活動の記述ア～ウとの組合せとして最も適当なものを、下の①～⑥のうちから一つ選べ。 16本試25
Ａ　アムネスティ・インターナショナル
Ｂ　パグウォッシュ会議
Ｃ　赤十字国際委員会
ア　不当に投獄されている「良心の囚人」の救援活動をはじめ、人権擁護活動を行う。
イ　主に科学者で構成されており、核兵器の廃絶を目的としたさまざまな活動を行う。
ウ　主に武力紛争の被害者を救護するため、医療活動をはじめとする人道援助活動を行う。

① Ａ－ア　Ｂ－イ　Ｃ－ウ　　② Ａ－ア　Ｂ－ウ　Ｃ－イ
③ Ａ－イ　Ｂ－ア　Ｃ－ウ　　④ Ａ－イ　Ｂ－ウ　Ｃ－ア
⑤ Ａ－ウ　Ｂ－ア　Ｃ－イ　　⑥ Ａ－ウ　Ｂ－イ　Ｃ－ア　　　　　[　　]

問12【戦後のアメリカの対外政策】 第二次世界大戦以降におけるアメリカの対外政策についての記述として正しいものを、次の①～④のうちから一つ選べ。 12本試36
① トルーマン大統領は、「鉄のカーテン」演説を行った。
② 地下以外での核実験を禁止する部分的核実験禁止（停止）条約に調印しなかった。
③ イラクのクウェート侵攻によって生じた湾岸危機に対して軍事行動をとらなかった。
④ オバマ大統領は、プラハで核廃絶をめざす演説を行った。　　　　　　　　　　[　　]

問13【アムネスティ・インターナショナル】 国際的なNGO（非政府組織）の一つであるアムネスティ・インターナショナルについての記述として最も適当なものを、次の①～④のうちから一つ選べ。 05追試23
① 当初は戦時の傷病兵保護などを目的に設立された組織であったが、その後、平時の傷病者の救護活動も行うようになっている。
② 政治権力による迫害の防止を目的に組織され、政治・宗教上の理由で拘束されている人々の釈放を要求するほか、死刑や拷問などに反対している。
③ 核実験への抗議運動を契機に生まれた団体であり、酸性雨や海洋汚染、オゾン層破壊など、地球規模の環境問題に取り組んでいる。
④ キリスト教信仰に基づいて設立された団体であり、青年の人間教育・社会奉仕を目的とする活動を行っている。　　　　　　　　　　　　　[　　]

問14【人間の安全保障②】 人間の安全保障の観点からは、脅威にさらされている個人一人一人の視点を重視する対外政策が推進される。このような対外政策の例として最も適当なものを、次の①～④のうちから一つ選べ。 07本試1
① 国際空港や高速道路などの基盤整備のために、ODA（政府開発援助）を供与する。
② 地域の平和と安全を確保するために、地域的取決めの締結や地域的機構の設立を推進する。
③ 貧困対策、保健医療、難民・国内避難民支援などの分野におけるプロジェクトを支援するために、基金を設置する。
④ 国際法に違反した国家に対し、より迅速かつ柔軟に軍事的措置をとるために、国連（国際連合）安全保障理事会の機能を強化する。　　　　　　[　　]

国際政治

章末問題④

第1問　国際協力サークルに所属している大学生たち（A～E）が、世界的な課題に取り組んでいる組織やその関連団体に寄付をすることにして、候補を書き出しながら話し合っている。次の会話文を読み、下の問い（問1～7）に答えよ。

 現社21本試第2日程・第4問

（一部改題）

> ア
>
> 人の心のなかに平和の砦を！
> 教育、文化、科学を通じた国際交流の促進が、平和の砦になる。そのため、この組織は、世界遺産保護の分野をリードしてきた。

> イ
>
> 危機の現場へ迅速に！
> この組織は、苦境にある人々の命を守るために活動を続けてきた。その貢献が評価されてノーベル平和賞を受賞している。

> 国連難民高等弁務官事務所
>
> 世界では2秒に1人が故郷を追われている！
> この組織は、命からがら逃れる人たちの移動からキャンプでの生活まで、サポートしている。

> ウ
>
> みんなの健康を守ろう！
> 個々人の生活に関わる問題についても、一国のみでは対処できない場合がある。この組織は、健康のために、指針や基準を示す。

A：　ア　の活動のために寄付するのはどうかな。世界遺産が_a紛争地域で破壊されてしまった事例もあるし、保存のための努力が必要だと思う。

B：紛争が引き起こす深刻な問題としては、難民問題もあるよ。_bヨーロッパなどでも難民問題については大きな関心がもたれているようだよ。日本でも、一定程度は_c難民を受け入れてきたけれど、先進国のなかでは少ない方だよね。_d国外での出来事と国内政治との関連性も踏まえて、日本としての今後の対応のあり方についても考えてみたいな。

C：_e武力紛争については、戦闘に巻き込まれて負傷した人々を守るために、危機的な状況でも現地で医療を提供し続けることも重要だよ。　イ　の活動のために寄付したいな。

D：そもそも武力紛争に至る前に、交渉や_f国際裁判などの平和的な方法で対立を解決できればいいと思うんだけど、難しいのかなあ。それと、武力紛争とは直接関わらなくても、世界的な取組みが求められる課題はあるよ。例えば、感染症についても国境を越えた対策が必要だよね。疾病の撲滅事業の奨励・促進を任務の一つとしている　ウ　の活動のために寄付するのはどうだろう。

E：寄付先について多様な候補が出てくるのは、今日の世界的な課題が多岐にわたっていることの証と言えそうだね。

問1　【国際的な組織・機関】　上の会話文中の　ア　～　ウ　に入る語句の組合せとして最も適当なものを、次の①～⑧のうちから一つ選べ。 現社21本試第2日程21

①	ア UNESCO	イ MSF	ウ FAO
②	ア UNESCO	イ MSF	ウ WHO
③	ア UNESCO	イ アムネスティ・インターナショナル	ウ FAO
④	ア UNESCO	イ アムネスティ・インターナショナル	ウ WHO
⑤	ア UNFPA	イ MSF	ウ FAO
⑥	ア UNFPA	イ MSF	ウ WHO
⑦	ア UNFPA	イ アムネスティ・インターナショナル	ウ FAO
⑧	ア UNFPA	イ アムネスティ・インターナショナル	ウ WHO

［　　］

国際政治

問 2 【世界の紛争・対立】 下線部 a に関して、様々な地域の紛争や対立に関する記述として最も適当なものを、次の①～④のうちから一つ選べ。 現社21本試第 2 日程22

① イラン、イラク、トルコなどの国々に居住するクルド人によって、分離・独立や自治獲得などを目指す運動が各地で展開されている。

② 1990年代の激しい紛争を経て、2008年にセルビアからの独立を宣言したのは、ボスニア・ヘルツェゴビナである。

③ パレスチナ紛争が続くなか、国連総会の決定によって、パレスチナは国連加盟国として認められた。

④ 1990年代に、民族や宗教の違いなどを理由としてロシアから独立しようとする動きによって、クリミア半島で紛争が生じた。 [　　]

問 3 【欧州統合】 下線部 b に関して、欧州統合をめぐる出来事に関する記述として最も適当なものを、次の①～④のうちから一つ選べ。 現社21本試第 2 日程23

① 欧州連合(EU)では、常任の欧州理事会議長(EU 大統領)の職がマーストリヒト条約によって創設された。

② イギリスでは、EU からの離脱を問う国民投票によって、残留派が勝利を収めた。

③ 共通通貨ユーロの導入国における金融システムの安定化などを目的とした活動を行っていた機関の一つに、欧州経済共同体(EEC)があった。

④ 第二次世界大戦後に制度化されていった欧州統合は、欧州石炭鉄鋼共同体(ECSC)の設立から始まった。 [　　]

問 4 【難民問題】 下線部 c に関して、会話文中の B さんが難民条約の規定を参照したところ、条約上、国家が保護することを義務づけられている「難民」に該当するには、厳格な条件が設けられていることに気付き、困窮した人々に保護が十分に与えられるのか疑問を抱いた。 B さんが難民条約に基づいて作った次の枠内のまとめ(一部抜粋)を読んで、その「難民」の定義に該当する事例として最も適当なものを、下の①～④のうちから一つ選べ。 現社21本試第 2 日程24

難民条約第 1 条における「難民」の定義(以下の三つの条件を満たすこと)
・人種、宗教、国籍、特定の社会的集団の構成員であること、または政治的意見を理由に迫害を受けるおそれがあるという恐怖を有する者
・上記の恐怖のために、国籍国の外にいる者
・国籍国の保護を受けることができない、または上記の恐怖のために国籍国の保護を受けることを望まない者

---

① G国民の X さんは、同国での経済危機の影響によって失業してしまった。そこで、極度の生活苦から家族を救うため、新たな働き口を求めて H 国の大都市に移り住んだ。

② 自国政府の政策への批判をインターネット上で書き込んだ I 国民の Y さんは、秘密警察に逮捕され拷問を受けた。裁判等で救済されることも期待できないため、隙を見て逃げ出し、 J 国内の知人の家に匿ってもらった。

③ K国民の Z さんが住んでいた山間の集落で、民族間の対立から大規模虐殺が起こった。自らも生命の危険を感じ、500kmほど離れた K 国の首都に逃れた。

④ L国の軍事施設が M 国による空爆を受け、その巻き添えになって L 国民の W さんの住まいも焼失した。 W さん一家は、隣国の N 国に設けられた一時避難キャンプに逃げ込んだ。 [　　]

問 5 【冷戦後の世界と日本】 下線部 d に関して、次の ┃ I ┃～┃ Ⅲ ┃には、冷戦後の国際政治上の出来事 P ～ R を年代順に並べたものが、┃ α ┃・┃ β ┃には、日本政治上の出来事 S・T を年代順に並べたものが入る。 ┃ I ┃と ┃ α ┃に入る出来事の組合せとして最も適当なものを、次ページの①～⑥のうちから一つ選べ。

現社21本試第 2 日程25

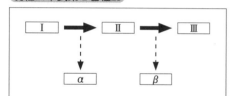

┃ I ┃～┃ Ⅲ ┃に入る出来事
P　湾岸戦争が勃発
Q　アメリカで9.11同時多発テロが発生
R　イラク戦争が勃発

┃ α ┃・┃ β ┃に入る出来事
S　PKO 協力法が成立
T　テロ対策特別措置法が成立

①	I－P	α－S	②	I－P	α－T	③	I－Q	α－S
④	I－Q	α－T	⑤	I－R	α－S	⑥	I－R	α－T　　[　　]

問6【PKO】 下線部 e に関して、国連は平和維持活動（PKO）を行っている。国連 PKO の予算分担率と人員派遣数について示した次の**表1・表2**から読み取れることとして最も適当なものを、後の①～④のうちから一つ選べ。 現社22本試 5

表1　PKO 予算分担率：上位10か国（2019年）　　（%）

順位	国名	分担率	順位	国名	分担率
1	アメリカ	27.9	6	フランス	5.6
2	中国	15.2	7	イタリア	3.3
3	日本	8.6	8	ロシア	3.0
4	ドイツ	6.1	9	カナダ	2.7
5	イギリス	5.8	10	韓国	2.3

（注）　分担率は、小数点第2位を四捨五入して示している。
国際連合文書（A/73/350/Add.1）により作成。

表2　PKO への人員派遣数：上位10か国　　（人）

順位	1990年11月末時点 （全46か国から計10,304） （上位10か国から計8,675）		2020年3月末時点 （全119か国から計82,670） （上位10か国から計46,322）	
	国名	人員派遣数	国名	人員派遣数
1	カナダ	1,002	エチオピア	6,659
2	フィンランド	992	バングラデシュ	6,437
3	オーストリア	967	ルワンダ	6,313
4	ノルウェー	924	ネパール	5,655
5	ガーナ	892	インド	5,433
6	ネパール	851	パキスタン	4,462
7	アイルランド	839	エジプト	3,185
8	イギリス	769	インドネシア	2,856
9	スウェーデン	720	ガーナ	2,784
10	フィジー	719	中国	2,538

Troop and Police Contributors
（"United Nations Peacekeeping"
Webページ）により作成。

① 2019年の PKO 予算分担率によれば、PKO 予算の80%以上が、上位5か国によって負担されている。
② 2019年の PKO 予算分担率によれば、国際連合安全保障理事会の常任理事国の分担率を合計すると、PKO 予算の70%以上を占める。
③ 2019年の PKO 予算分担率、および2020年3月末時点の PKO への人員派遣数のいずれにおいても、上位10か国に入っている国際連合の加盟国はない。
④ 1990年11月末時点では、PKO に従事する人員の半数以上は、アジア・アフリカ以外の国から派遣されていたが、2020年3月末時点では、半数以上がアジア・アフリカの国から派遣されている。　　[　　]

問7【国際裁判】 下線部 f に関して、次の文章の　エ　と　オ　に入る記述A～Dの組合せとして最も適当なものを、次ページの①～⑨のうちから一つ選べ。 現社21本試第2日程26

　国際裁判は、国際紛争を処理する手続の一つであり、一般に、第三者機関が国際法を適用し、紛争の各当事者を法的に拘束する判断を下すものとして、定義されている。代表的な国際裁判機関として、国際司法裁判所がある。国際裁判は、当事者の現実の力関係によってではなく、客観的立場から公平に、法に基づいて問題を解決しようとする点に、大きな意義が認められる。しかし、紛争処理という国際裁判の機能には限界もある。例えば、　エ　。

　もっとも、国際裁判が果たす機能は、個別的な紛争の処理にはとどまらない。すなわち、国際法を適用して判決が示されるなかで、法規範の内容が明確化・具体化され、それを通じて、国際社会における国際法の役割が高まるのである。　オ　。このことは、法の発展という国際裁判の機能の表れと言える。

➡ 解答解説 p.85　　**169**

A　国際司法裁判所の判決に従わないと、他国から政治的・道徳的な非難を受けるが、いかなる国家も判決に従う義務は課せられていない

B　諸国は、国際裁判で直接取り上げられない事案においても、国際法規則の解釈にあたって、国際司法裁判所の判決を参照している

C　国際司法裁判所が裁判を行うためには、その事件の当事国の同意が必要である

D　国際司法裁判所の判決を履行しない国家に対しては、国連総会が強制措置をとることが、国連憲章上、想定されている

① エ―A　オ―B　　② エ―A　オ―C　　③ エ―A　オ―D
④ エ―B　オ―D　　⑤ エ―C　オ―A　　⑥ エ―C　オ―B
⑦ エ―C　オ―D　　⑧ エ―D　オ―B　　⑨ エ―D　オ―C　　　［　　］

第2問　生徒X、生徒Y、生徒Zは、大学のオープンキャンパスに参加し、法学部の模擬授業を受けることにした。次に示したのは、オープンキャンパスの案内である。これに関して、後の問い(問1～4)に答えよ。

23本試・第3問　　　　　　　　　　　　　　　　　　　　　　　　　　　　　　　(一部改題)

2022年度夏季・共通大学法学部オープンキャンパス案内

Ⅰ　スケジュール

　9：40～10：00　　学部長挨拶

　10：10～11：00　　模擬授業1

　11：10～12：00　　模擬授業2

　　　　　　　　⋮

Ⅱ　模擬授業概要

1．模擬授業1：J教授

> **戦争と平和**
>
> ・ₐ核兵器による世界的危機について考える。
> ・ᵦ今日でも継続する紛争を知る。
> ・ᵪ戦争の違法化の試みについて考える。
> ・ᵨ現在の日本の安全保障に関する法制度について考える。

　　　　　　　　⋮

問1【核軍縮・核軍備管理条約】下線部aに関連して、生徒Xと生徒Yは、模擬授業1で核兵器に関するさまざまな条約について学習した。核兵器に関する条約についての記述として**誤っているもの**を、次の①～④のうちから一つ選べ。**23本試17**

① 部分的核実験禁止条約では、大気圏内核実験や地下核実験が禁止された。

② 包括的核実験禁止条約は、核保有国を含む一部の国が批准せず未発効である。

③ 核拡散防止条約によれば、核保有が認められる国は5か国に限定されることとなる。

④ 第一次戦略兵器削減条約では、戦略核弾頭の削減が定められた。　　　　　　　［　　］

問2 【中東の紛争と対立】　生徒Xと生徒Yは、模擬授業1で取り上げられた下線部bに関心をもち、中東での紛争と対立について話し合っている。次の**会話文中の空欄** ア ～ ウ に当てはまる語句の組合せとして最も適当なものを、後の①〜⑧のうちから一つ選べ。 23本試18

　　X：パレスチナ地方では、ユダヤ人が中心となってイスラエルを建国したのちに第一次中東戦争が始まったよ。その結果として、多くの人々が難民となったんだ。その後も対立が続き、紛争が生じているね。

　　Y：けれど、和平の動きがみられないわけではないんだ。第四次中東戦争ののち、イスラエルとエジプトとの間で和平条約が締結されているよ。さらに、イスラエルとパレスチナ解放機構との間で ア が成立し、パレスチナ人による暫定統治がガザ地区と イ において開始されたんだ。

　　X：でも、 ウ が イ で分離壁の建設を進めるなど、イスラエルとパレスチナの対立は終結していないよね。

① ア　オスロ合意　　　　イ　ゴラン高原　　　　　ウ　パレスチナ自治政府
② ア　オスロ合意　　　　イ　ゴラン高原　　　　　ウ　イスラエル政府
③ ア　オスロ合意　　　　イ　ヨルダン川西岸　　　ウ　パレスチナ自治政府
④ ア　オスロ合意　　　　イ　ヨルダン川西岸　　　ウ　イスラエル政府
⑤ ア　プラザ合意　　　　イ　ゴラン高原　　　　　ウ　パレスチナ自治政府
⑥ ア　プラザ合意　　　　イ　ゴラン高原　　　　　ウ　イスラエル政府
⑦ ア　プラザ合意　　　　イ　ヨルダン川西岸　　　ウ　パレスチナ自治政府
⑧ ア　プラザ合意　　　　イ　ヨルダン川西岸　　　ウ　イスラエル政府　　　　　　　　[　　]

問3 【国際平和を維持するしくみ】　生徒Xと生徒Yは、模擬授業1で扱われた下線部cについて話し合っている。次の**会話文中の空欄** ア ・ イ に当てはまる語句の組合せとして最も適当なものを、後の①〜④のうちから一つ選べ。 23本試19

　　X：国際連盟は紛争の平和的解決と ア の一環としての制裁とを通じて国際社会の平和と安全を保障しようとしたよね。国際連盟規約において戦争に課された制約は限定的で、戦争の違法化を進める動きが生じたんだ。

　　Y：それを進めた国際規範に、 イ があるよね。これは、国際関係において国家の政策の手段としての戦争を放棄することを目的としたものだよ。しかし、第二次世界大戦の勃発を抑止できなかったよね。

　　X：その後、国際連合憲章では、国際関係において武力による威嚇または武力の行使を禁止しているんだよ。これによって、 イ に比べて制度上禁止される国家の行為は拡大したんだ。21世紀になっても武力紛争はなくなっていないので、武力による威嚇や武力の行使の違法化をもっと実効性のあるものにすべきではないのかな。

① ア　勢力均衡　　　イ　不戦条約　　　② ア　勢力均衡　　　イ　国際人道法
③ ア　集団安全保障　イ　不戦条約　　　④ ア　集団安全保障　イ　国際人道法　　　[　　]

問4 【日本の安全保障】　生徒Zは、模擬授業1で話題となった下線部dについて調べた。日本の安全保障に関する記述として最も適当なものを、次の①〜④のうちから一つ選べ。 23本試20

① 日本の重要影響事態法による自衛隊の海外派遣に際しては、日本の周辺地域においてのみ自衛隊の活動が認められる。

② 日本のPKO協力法による国連平和維持活動に際しては、自衛隊員の防護のためにのみ武器使用が認められる。

③ 日本は武器の輸出に関する規制として、防衛装備移転三原則を武器輸出三原則に改めた。

④ 日本は安全保障に関する重要事項を審議する機関として、内閣総理大臣を議長とする国家安全保障会議を設置した。　　　[　　]

➡ 解答解説 p.85〜86　　**171**

1 国際経済のしくみ

● 国際分業

(1) 自由貿易の理論：❶[　　　　　　　]（イギリス）……各国が貿易に制限を設けず、自由に貿易することを主張
　　・❷[　　　　　　]説……各国が自国に有利な生産条件の商品の生産に❸[　　　]→ 国際分業により多くの商品を生産
　　※経済発展の段階により、不平等が生まれることもある

(2) 保護貿易の理論：❹[　　　　　　]（ドイツ）……自国の幼稚産業の保護を主張 → 国際経済の発展を阻害する恐れもある
　　・保護貿易の例……輸入品への高関税、セーフガードなど

(3) 国際分業の類型
　　①❺[　　　]的分業……先進国（製品）⇔ 発展途上国（原材料）
　　②❻[　　　]的分業……先進国（製品）⇔ 先進国（製品）

特化前	ぶどう酒1単位の生産に要する労働量	毛織物1単位の生産に要する労働量
ポルトガル	80人	90人
イギリス	120人	100人

特化後	ぶどう酒の生産	毛織物の生産
ポルトガル	170人の労働者で2.125単位	—
イギリス	—	220人の労働者で2.2単位

①比較生産費説

● 国際収支

(1) 国際収支：国際間の経済取引の勘定を一定期間記録したもの
　Ⅰ 経常収支
　　①❼[　　　　　　　]……商品の輸出入を集計したもの
　　　輸出＞輸入なら貿易黒字、輸出＜輸入なら貿易赤字に
　　②❽[　　　　　　　]……海外旅行先での支出、外国貨物船での輸送費、特許権の取得・使用料など
　　③第一次所得収支……対外投資で得た配当や利子（投資収益）、非居住者への雇用者報酬など
　　④第二次所得収支……消費財の無償援助や外国人労働者の母国への送金など
　Ⅱ 金融収支
　　①❾[　　　　　　　]……海外での工場建設などの投資
　　②❿[　　　　　　　]……利子・配当を目的にした投資
　　③その他……外貨準備など
　Ⅲ 資本移転等収支……社会資本のための無償援助など

(2) 日本の国際収支の特徴
　　・1970年以降：二度の石油危機の時期を除き、経常収支は⓫[　　　]（プラス）
　　→ 2000年代：第一次所得収支の黒字が増加
　　→ 2011～15年：貿易収支は⓬[　　　]（マイナス）
　　※資源価格の高騰や円安の影響により、近年の貿易収支はマイナス傾向

[経常収支 213,810]
[資本移転等収支 ▲4,001]
[金融収支 233,037]
[誤差脱漏 23,228]

[貿易・サービス収支 ▲94,167]
[第一次所得収支 349,240]
[第二次所得収支 ▲41,263]

[❼] ▲65,009 — [輸出 1,003,546] [輸入 1,068,555]
[❽] ▲29,158

（2023年、▲はマイナス）（単位：億円）

[直接投資 228,423]
[証券投資 278,262]
[金融派生商品 65,026]
[その他投資 ▲381,117]
[外貨準備 42,444]

①国際収支の体系（財務省資料）

● 為替相場のしくみ

①⓭[　　　　　　]取引……自国通貨と外国通貨を交換する取引
②為替相場（⓮[　　　　　　]）……自国通貨と外国通貨との交換比率
③為替相場の変動の原因と影響

	原因	
・デフレ　・国内の金利が上昇 ・輸出の増加　・対外投資の減少		・インフレ　・国内の金利が下落 ・輸入の増加　・対外投資の増加
⓯[　　　　　]（円の価値が上昇）		⓰[　　　　　]（円の価値が下落）
・輸出が落ち込み、輸入が増加する ・企業が海外に投資しやすくなる ・海外旅行が安くなり、海外旅行客が増加する	影響	・輸出が伸びる一方で、輸入が減少する ・日本への投資が増える ・日本への旅行が安くなり、日本への外国人観光客が増加する

解答 ❶リカード ❷比較生産費 ❸特化 ❹リスト ❺垂直 ❻水平 ❼貿易収支 ❽サービス収支 ❾直接投資 ❿証券投資
⓫黒字 ⓬赤字 ⓭外国為替 ⓮為替レート ⓯円高 ⓰円安

国際経済

☑トライ

問1 【経済学者の思想とその社会背景】 経済学について、経済学者は資本主義経済の仕組みを分析すると同時に、自らが生きる時代の社会問題を念頭において考察を行ってきた。次の経済学者A～Cと、それぞれの代表的な主張・提言をもたらす契機となった社会状況ア～ウとの組合せとして最も適当なものを、下の①～⑥のうちから一つ選べ。 12追試18

A　マルクス　　　B　リカード　　　C　リスト
ア　作業場で労働者に過酷な労働条件が強制され、資本家による労働者の搾取(さくしゅ)が問題視された。
イ　国の保護貿易政策によって、その国の人々が、自由貿易政策をとった場合よりも高い価格で商品を買わざるをえなくなった。
ウ　工業化の段階にさしかかった国の国内工業の育成が、先発の工業国と自由貿易を行ったことによって阻害された。

① A－ア　B－イ　C－ウ　　　　② A－ア　B－ウ　C－イ
③ A－イ　B－ア　C－ウ　　　　④ A－イ　B－ウ　C－ア
⑤ A－ウ　B－ア　C－イ　　　　⑥ A－ウ　B－イ　C－ア　　　　　[　　]

問2 【比較生産費説①】 自由貿易と国際分業とに関する基礎理論である比較生産費説について考える。次の**表**は、A国、B国における小麦と鉄を、それぞれ1単位生産するために必要な労働者数を示している。これらの財の生産には労働しか用いられず、各国内の労働者は、この二つの産業で全員雇用されるとする。また、両国間では、小麦2単位に対して鉄1単位の比率で交換できるとする。この**表**から読み取れる内容として正しいものを、下の①～④のうちから一つ選べ。 15追試14

	小麦1単位の生産 に必要な労働者数	鉄1単位の生産に 必要な労働者数
A　国	6人	6人
B　国	1人	4人

① いずれの財の生産においても、A国よりもB国の方が労働者一人当たりの生産可能な量が少ない。
② いずれの国においても、小麦よりも鉄の方が労働者一人当たりの生産可能な量が多い。
③ A国が、小麦1単位の減産に代えて増産する鉄をすべてB国の小麦と交換すれば、A国の小麦の量は減産しない場合よりも増える。
④ B国が、鉄1単位の減産に代えて増産する小麦をすべてA国の鉄と交換しても、B国の鉄の量は減産しない場合と変わらない。　　　　　[　　]

問3 【国際収支の推移】 次の図は、日本の貿易収支、サービス収支、第一次所得収支、第二次所得収支の推移を示したものである。図中のA～Dのうち第一次所得収支を示すものとして正しいものを、下の①～④のうちから一つ選べ。 14本試6改

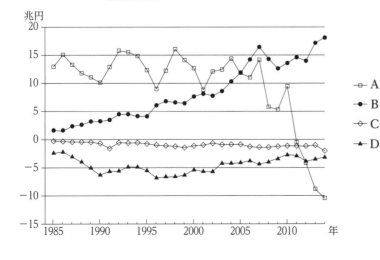

(注) 1996年からは国際収支マニュアル第6版に基づく。1995年以前は国際収支マニュアル第5版に基づくため、第一次所得収支は所得収支を、第二次所得収支は経常移転収支を示している。
(資料) 財務省Webページにより作成。

① A
② B
③ C
④ D
　　　　　[　　]

問 4 【経常収支①】 経常収支についての記述として正しいものを、次の①～④のうちから一つ選べ。
15本試25
① 経常収支には、旅行や輸送によって生じる収支が含まれる。
② 経常収支に、雇用者報酬は含まれない。
③ 経常収支に、消費財の無償援助は含まれない。
④ 経常収支には、直接投資が含まれる。　　　　　　　　　　　　　　　　　　　　　　[　　]

問 5 【サービス貿易】 日本に住む学生が、外国のサービスを日本で購入する例として最も適当なものを、次の①～④のうちから一つ選べ。14追試8
① 卒業旅行のために、マレーシアの航空会社の航空券を、その会社のホームページで買った。
② 通学のために、イタリアのメーカーの自転車を、郊外のショッピングモールで買った。
③ フランス語習得のために、フランスで出版された童話の本を、市内の書店で買った。
④ 一人暮らしのために、タイで製造された掃除機を、近所の家電販売店で買った。　　　[　　]

問 6 【直接投資】 直接投資についての記述として最も適当なものを、次の①～④のうちから一つ選べ。
11本試 4 改
① 投機目的の資本移動の増加は、直接投資額の増加を意味する。
② 企業の自国内での設備投資は、直接投資である。
③ 資本を回収する場合は、証券投資の方が直接投資よりも困難である。
④ 金融収支は、均衡状態から対外直接投資が増えると黒字になる。　　　　　　　　　　[　　]

問 7 【為替相場の変動①】 為替相場の変動によって、輸出企業の売上げが影響を受けることがある。1 ユーロ＝131円であるとき、日本のある電気機械の企業が自社製品をユーロ圏で販売し、2 億ユーロの売上げがあった。その半年後に 1 ユーロ＝111円になったとき、この企業が同じ数量の同じ製品をユーロ圏で販売し、相変わらず 2 億ユーロの売上げがあったとすれば、円に換算した売上げはどのくらい増加または減少するか。正しいものを、次の①～④のうちから一つ選べ。12本試18
① 20億円増加する。　　　② 40億円増加する。
③ 20億円減少する。　　　④ 40億円減少する。　　　　　　　　　　　　　　　　　　[　　]

問 8 【円高】 円高についての記述として誤っているものを、次の①～④のうちから一つ選べ。13追試19
① 1985年のプラザ合意をきっかけにして円高が急速に進み、輸出依存の日本経済は一時的に不況に陥った。
② 円高・ドル安は、アメリカ国内での、日本からの輸入品のドル建て価格の低下につながる。
③ 1985年のプラザ合意をきっかけにして円高が急速に進み、海外への直接投資が増加した。
④ 外国為替市場で、各国通貨に対する需要と供給によって為替レートが決まり、ドルより円に対する需要が多ければ円高・ドル安となる。　　　　　　　　　　　　　　　　　　　　　　　[　　]

問 9 【円高と企業の海外進出】 円高の進行によって、日本企業の海外への事業展開は拡大した。その理由として最も適当なものを、次の①～④のうちから一つ選べ。07本試26
① 海外へ投資する際にかかるコストが低下した。　　② 海外からの輸入が減少した。
③ 海外へ輸出する際にかかるコストが低下した。　　④ 海外からの投資が増加した。　[　　]

問10 【為替相場の上昇要因】 ドルに対する円の為替相場を上昇させる要因として最も適当なものを、次の①～④のうちから一つ選べ。06本試29
① 日本からアメリカへの輸出が増加する。　　　　② アメリカの短期金利が上昇する。
③ 日本銀行が外国為替市場で円売り介入を行う。　④ 投資家が将来のドル高を予想して投機を行う。
　　　　　　　　　　　　　　　　　　　　　　　　　　　　　　　　　　　　　　　[　　]

問11 【為替相場の下落要因】 変動為替相場制の下で、ある国の為替レートの下落を引き起こす当該国の要因として最も適当なものを、次の①～④のうちから一つ選べ。09追試33
① 中央銀行による高金利政策　　　② 経常収支の黒字
③ 政府による外国通貨の売却　　　④ 物価水準の上昇　　　　　　　　　　　　　　　[　　]

問12【経済学者の主張】 次の経済学者A〜Cと、その主張の内容ア〜ウとの組合せとして最も適当なものを、下の①〜⑥のうちから一つ選べ。 14追試19

A フリードマン　　　　B リスト　　　C リカード

ア 自由貿易を行えば、国際分業を通じてすべての貿易参加国が利益を得る。

イ 物価の安定と市場機能の保全のため、通貨の安定的供給が必要である。

ウ 自国内の幼稚産業を育成するため、保護貿易政策を行う必要がある。

① A−ア　　B−イ　　C−ウ　　　　② A−ア　　B−ウ　　C−イ
③ A−イ　　B−ア　　C−ウ　　　　④ A−イ　　B−ウ　　C−ア
⑤ A−ウ　　B−ア　　C−イ　　　　⑥ A−ウ　　B−イ　　C−ア　　　　[　　]

問13【比較生産費説②】 国際分業のメリットを説明する比較生産費説について考える。次の**表**はA、B各国で、工業製品と農産品をそれぞれ1単位生産するのに必要な労働者数をあらわす。これらの生産には労働しか用いられないとする。また、各国内の労働者は、この二つの産業で全員雇用されるとする。この**表**から読みとれる内容について、下の文章中の ア 、 イ に入る語句の組合せとして正しいものを、下の①〜④のうちから一つ選べ。 11本試7

	工業製品	農産品
A 国	2人	4人
B 国	12人	6人

いずれの産業においてもA国はB国よりも労働生産性が ア 。ここで農産品の生産をA国が1単位減らしB国が1単位増やすとする。すると生産量の両国の合計は、農産品では変わらないが工業製品については イ 増える。

① ア 高い　イ 1.5単位　　② ア 低い　イ 1.5単位
③ ア 高い　イ 0.5単位　　④ ア 低い　イ 0.5単位　　　　[　　]

問14【国際収支】 2008年のリーマン・ショックは、各国の国際収支にも影響を与えたとみられる。次の**表**はその前後における日本の国際収支表から経常収支の項目を抜粋したものである。この**表**から読みとれる内容として正しいものを、下の①〜④のうちから一つ選べ。 12本試20改

（単位：千億円）

	2007年	2008年	2009年
経常収支	249	149	136
貿易・サービス収支	98	19	21
貿易収支	142	58	54
輸　　出	800	776	511
輸　　入	658	718	457
サービス収支	−44	−39	−33
第一次所得収支	165	143	126

（注）　表中の数値は、小数点以下を四捨五入している。
（資料）　財務省 Web ページにより作成。

① 財の輸出・輸入による収支は赤字に転じた。
② 海外旅行などに伴う収支の赤字が拡大しており、日本から海外への旅行者の増加が考えられる。
③ 投資収益などの所得の受払いによる資金の純流入の黒字は継続した。
④ 経常収支の黒字は、2007年よりも2009年の方が財やサービスの輸出入が占める割合が高まった。

[　　]

問15【経常収支②】 経常収支に関連する記述として正しいものを、次の①〜④のうちから一つ選べ。 10追試33改

① 経常収支と資本移転等収支の合計が黒字であれば、金融収支は必ず赤字になる。
② 海外への投資額が海外からの投資額を上回ると、金融収支は黒字となる。
③ 1990年代に入って日本のサービス収支は、海外への旅行者の増加により、赤字から黒字となった。
④ 2000年代に入って日本の国際収支は、経常収支が赤字化した。

[　　]

➡ 解答解説 p.88　　**175**

問16【日本の直接投資】　次の図は日本のアジア NIES（新興工業経済地域）、ASEAN（東南アジア諸国連合）4 か国、中国への直接投資の推移を表したものである。図中の A ～ C に当てはまる国・地域名の組合せとして正しいものを、下の①～⑥のうちから一つ選べ。 08本試31

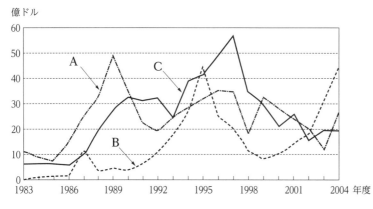

（注）　アジア NIES は韓国、シンガポール、台湾、香港を指す。ASEAN 4 か国は ASEAN 加盟国のうち、インドネシア、タイ、フィリピン、マレーシアを指す。

（資料）　ジェトロ（日本貿易振興機構）「日本の制度・統計（貿易・投資・国際収支統計）」（ジェトロ Web ページ）により作成

①	A	アジア NIES	B	ASEAN 4 か国	C	中　国
②	A	アジア NIES	B	中　国	C	ASEAN 4 か国
③	A	ASEAN 4 か国	B	アジア NIES	C	中　国
④	A	ASEAN 4 か国	B	中　国	C	アジア NIES
⑤	A	中　国	B	アジア NIES	C	ASEAN 4 か国
⑥	A	中　国	B	ASEAN 4 か国	C	アジア NIES

[　　]

問17【購買力平価説】　為替レートの決まり方を説明する考え方の一つとして、購買力平価説がある。購買力平価説によれば、仮に 2 国を取り上げた場合、この 2 国通貨間の為替レートは、どちらの通貨を用いても同一商品を同じだけ購買できるような水準になる。ここで、日本とアメリカで販売されている同一のスマートフォンが当初日本では 1 台 9 万円、アメリカでは 1 台900ドルで販売されていた。その後、価格が変化して、日本では 8 万円、アメリカでは1,000ドルになった。このスマートフォンの価格に関して購買力平価説が成り立つ場合、円とドルとの為替レートはどのように変化したか。正しいものを、次の①～④のうちから一つ選べ。 19本試15
①　当初 1 ドル＝100円だった為替レートが 1 ドル＝80円となり、円高ドル安となった。
②　当初 1 ドル＝100円だった為替レートが 1 ドル＝80円となり、円安ドル高となった。
③　当初 1 ドル＝100円だった為替レートが 1 ドル＝125円となり、円高ドル安となった。
④　当初 1 ドル＝100円だった為替レートが 1 ドル＝125円となり、円安ドル高となった。　　[　　]

問18【為替相場の変動の影響】　日米貿易における外国為替相場の影響について考える。いま、日本で生産・販売されている商品がアメリカに輸出され、為替レートでドル換算された金額で販売されると想定する。国内価格1900円、1 ドル＝100円の為替レートで輸出されている状況が、国内価格1800円、1 ドル＝90円の為替レートに変化した場合についての記述として正しいものを、次の①～④のうちから一つ選べ。 11追試19
①　円高ドル安であり、アメリカでの販売価格が上がる。
②　円高ドル安であり、アメリカでの販売価格が下がる。
③　円安ドル高であり、アメリカでの販売価格が上がる。
④　円安ドル高であり、アメリカでの販売価格が下がる。　　[　　]

問19【国際金融の動き】　他の状況が一定であるという仮定の下で、アメリカの通貨であるドル、イギリスの通貨であるポンド、韓国の通貨であるウォンの関係についての記述として最も適当なものを、次の①～④のうちから一つ選べ。 14追試 9
①　イギリスの対アメリカ輸出が増加すると、ドル高ポンド安となる。
②　韓国の対イギリス輸出が減少すると、ウォン高ポンド安となる。
③　ドル高ウォン安になると、アメリカの韓国からの輸入品のドル建て価格は下落する。
④　ウォン安ポンド高になると、イギリスの韓国からの輸入品のポンド建て価格は上昇する。　　[　　]

問20【**為替相場の変動②**】 同じ商品でも、外国での価格を為替レートで円換算した額と、日本の国内価格の間で相違がみられることがある。ある人が日本からアメリカに旅行したところ、日本ではいずれも2000円で販売されている商品Aおよび商品Bが、アメリカにおいては商品Aは10ドル、商品Bは15ドルで販売されていることを見いだした。ここで次の図は1980年から1990年にかけての米ドルの対円相場の推移を示したものである。商品Aおよび商品Bについて、日本での価格と、アメリカでの価格を為替レートで円換算した額を比較した結果の記述として**誤っているもの**を、下の①～④のうちから一つ選べ。 09本試35

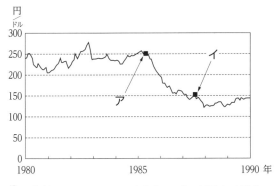

(注) 為替レートはインターバンク相場東京市場のスポットレートの月末値。
(資料) 日本銀行『経済統計年報』(各年版)により作成。

① 旅行をしたのがアの時点ならば、商品Aは日本での価格の方が安い。
② 旅行をしたのがアの時点ならば、商品Bは日本での価格の方が安い。
③ 旅行をしたのがイの時点ならば、商品Aは日本での価格の方が安い。
④ 旅行をしたのがイの時点ならば、商品Bは日本での価格の方が安い。 [　]

問21【**短期資本移動**】 短期の資本移動に関連する記述として最も適当なものを、次の①～④のうちから一つ選べ。 10追試36
① 短期の資本移動の中には、ヘッジファンドの急激な流入・流出のように世界経済を不安定化させるものがある。
② 短期の資本移動が大量に発生したために、1980年代にアメリカは財政赤字と経常収支赤字が併存する「双子の赤字」に陥ったことがある。
③ 短期の資本移動を規制するために、GATT(関税及び貿易に関する一般協定)のウルグアイ・ラウンドが開始された。
④ 短期の資本移動が投機的利益を追求してなされる場合には、商品の価格変動に影響を与えない。
[　]

問22【**国際決済のしくみ**】 国際貿易の決済手段として、為替がある。二国間貿易の為替による決済の仕組みを説明した次の図中のA～Cと、その内容についての下の記述ア～ウとの組合せとして正しいものを、下の①～⑥のうちから一つ選べ。 20本試21 倫政

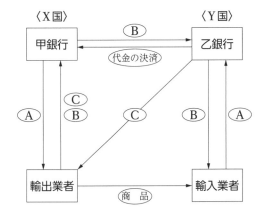

(注) 代金の決済は、複数の為替取引の相殺を活用して行われる。Cは、輸出業者の依頼によって乙銀行から甲銀行に送られる場合がある。

ア 支払いを確約する信用状(L/C)
イ 為替手形・船積み書類
ウ 自国通貨

① A－ア　　B－イ　　C－ウ
② A－ア　　B－ウ　　C－イ
③ A－イ　　B－ア　　C－ウ
④ A－イ　　B－ウ　　C－ア
⑤ A－ウ　　B－ア　　C－イ
⑥ A－ウ　　B－イ　　C－ア　　[　]

❷ 国際協調と国際経済機関の役割／地域的経済統合

● 国際的な通貨体制の変遷

Ⅰ. ブレトンウッズ体制

①❶[　　　　　　　　　]（IMF）……経常収支の赤字国に短期的な融資を実施

　※為替相場安定のためにSDR（特別引出権）を創設（1969年）

②❷[　　　　　　　　　　]（IBRD）……世界銀行。発展途上国への長期間の融資を実施

③固定相場制（1ドル＝360円）を採用し、ドルを❸[　　　　　]（キー・カレンシー）とした

　→ ドルと金の交換（金1オンス＝35ドル）を保証

ドル不安が深刻化

Ⅱ. ニクソン・ショック～キングストン体制

①ニクソン・ショック（1971年8月）……アメリカのニクソン大統領が金とドルとの交換停止を発表

　→ ブレトンウッズ体制が崩壊

②❹[　　　　　　　]合意（1971年12月）……固定相場制の復活：1ドル＝308円、金1オンス＝38ドル

　→ ドル不安が続き、1973年に変動相場制に移行

③❺[　　　　　　　]合意（1976年）……変動相場制への移行を正式に承認

アメリカの双子の赤字が拡大

❻[　　　　]合意（1985年）……G5の協調でドル高を是正 → 日本は円高不況に

・❼[　　　　]の枠組み

　①1970年代～：G7による先進国首脳会議……第1次石油危機をきっかけに発足

　　※1997年にロシア参加、G8（主要国首脳会議）に → ウクライナ問題を受けて2014年からロシア不参加

　②2000年代～：❽[　　　　]（20か国・地域）……世界金融危機やギリシャ財政危機などに対応

● 国際貿易とGATT・WTO体制

(1)　1948年：GATT（関税および貿易に関する一般協定）……「自由・無差別・多角」を原則とする

(2)　1995年：WTO（❾[　　　　　　　]）発足……GATTの紛争解決能力を強化

GATT体制（1948年～1994年）	
ケネディ・ラウンド （1964年～1967年）	・鉱工業品関税の引き下げ ・補助金やダンピングなどの非関税障壁に関する検討
東京ラウンド （1973年～1979年）	・鉱工業品関税の引き下げ ・補助金やダンピングなどの非関税障壁の軽減に合意
❿[　　　　　]・ラウンド （1986年～1994年）	・サービス貿易、農業貿易への枠組み拡大 ・著作権などの知的財産権に関するルール作り
WTO体制（1995年～）	
ドーハ・ラウンド （2001年～）	・従来の分野に加えて、貿易手続きの透明化・簡素化などに関する協議 ⇒2001年に中国、2012年にロシアがWTOに加盟

● 地域的経済統合の動き

・地域的経済統合……自由貿易圏の拡大をめざし、共通の利害関係をもつ国家間で行われている

　→ ⓫[　　　　]（自由貿易協定）や⓬[　　　　]（経済連携協定）が増加

　①欧州：⓭[　　　]（欧州連合）……マーストリヒト条約で1993年にEC（欧州共同体）がEUに

　　→ ECB（欧州中央銀行）が設立され、1999年には単一通貨⓮[　　　]を導入（2002年から流通）

　　→ ⓯[　　　　]条約の調印（2007年）……⓭[　　]大統領と⓭[　　]外相を設置

　②東南アジア：ASEAN（東南アジア諸国連合）……AFTA（ASEAN自由貿易地域）を設立

　③北米：NAFTA（北米自由貿易協定）……アメリカ・カナダ・メキシコによる自由貿易協定

　　→ 2020年、アメリカ・メキシコ・カナダ協定（⓰[　　　　]）に移行

　④南米：MERCOSUR（南米共同市場）……関税同盟（域外に共通関税を設定・域内では関税を撤廃）

　⑤APEC（アジア太平洋経済協力）……緩やかな政府間協議の枠組み

　　⓱[　　　]（環太平洋パートナーシップ）協定はアメリカが離脱し、11か国で再締結（CPTPP）

　　RCEP（地域的な包括的経済連携）協定は日中韓・ASEAN・オーストラリア・ニュージーランドが締結

解答　❶国際通貨基金　❷国際復興開発銀行　❸基軸通貨　❹スミソニアン　❺キングストン　❻プラザ　❼サミット　❽G20
❾世界貿易機関　❿ウルグアイ　⓫FTA　⓬EPA　⓭EU　⓮ユーロ　⓯リスボン　⓰USMCA　⓱TPP

☑トライ

問1【国際通貨体制】 第二次世界大戦後の国際通貨体制についての記述として最も適当なものを、次の①〜④のうちから一つ選べ。 `11追試27`
① ブレトンウッズ体制は、金とドルの交換を前提にし、ドルと各国の通貨を固定相場で結びつけるものである。
② スミソニアン協定により、各国通貨の平価調整が行われ、長期的・安定的な固定相場制が実現された。
③ キングストン合意により、金の公定価格が廃止され、固定相場制だけが各国の為替制度とされた。
④ 変動相場制は、為替市場の時々の通貨需要・供給によって、金と各国通貨価値との平価が決まるものである。 [　　]

問2【ＩＭＦの役割】 IMF(国際通貨基金)の役割についての記述として最も適当なものを、次の①〜④のうちから一つ選べ。 `09追試32`
① 関税引下げや非関税障壁の撤廃により、自由貿易を促進する。
② 経常収支の赤字国に対して短期融資を行い、為替相場の安定を図る。
③ 各国通貨に金との交換を義務づけることで、通貨価値の安定を図る。
④ 経済復興を成し遂げるために、地域経済統合を推進する。 [　　]

問3【1970年代以降の世界経済の出来事】 1970年代以降に世界で生じた出来事をめぐる記述として**誤っている**ものを、次の①〜④のうちから一つ選べ。 `13本試 3`
① アメリカでは、レーガン政権の下で高金利政策がとられ、財政赤字と資本収支の赤字とが並存する「双子の赤字」現象が生じた。
② 中国では、改革・開放政策の下で沿岸部を中心に経済特区が設けられ、外国資本の導入が図られた。
③ 経済通貨統合に向けて、EC(欧州共同体)において、EMS(欧州通貨制度)が発足した。
④ キングストン合意において、変動相場制が承認されるとともに、金に代わってSDR(特別引出権)の役割を拡大することが取り決められた。 [　　]

問4【ＧＡＴＴ・ＷＴＯ】 WTOおよびその前身であるGATT(関税及び貿易に関する一般協定)をめぐる次の出来事A〜Dを古い順に並べたとき、**3番目**にくるものとして正しいものを、下の①〜④のうちから一つ選べ。 `13本試32`
A ウルグアイ・ラウンドの結果、サービス貿易や知的財産権保護に関するルールが成立した。
B ブロック経済化を防止するため、物品の貿易に関して、加盟国間の最恵国待遇の原則が導入された。
C 異なる国・地域の間で貿易自由化や投資促進を図るEPA(経済連携協定)を、日本が締結し始めた。
D UNCTAD(国連貿易開発会議)の第1回総会において、一次産品の価格安定や、発展途上国製品に対する特恵関税の供与などの要求がなされた。

① A　　② B　　③ C　　④ D [　　]

問5【貿易自由化政策①】 自由貿易をめぐる交渉や政策についての説明として最も適当なものを、次の①〜④のうちから一つ選べ。 `07本試 7`
① GATT(関税及び貿易に関する一般協定)の基本原則とは、自由貿易主義・無差別最恵国待遇主義・二国間主義の三原則をいう。
② ケネディ・ラウンドでは、農業やサービス貿易、知的財産権にも交渉対象が拡大された。
③ 東京ラウンドでは、工業製品の関税を一括して引き下げる方式が初めて提案された。
④ WTO(世界貿易機関)は、ウルグアイ・ラウンドでの合意をうけ、GATTを発展させて設立された国際機関である。 [　　]

問6【貿易自由化政策②】 貿易自由化政策の内容を表す記述として**適当でない**ものを、次の①〜④のうちから一つ選べ。 `08追試33`
① 為替制限を強化する。　　② 輸出補助金を廃止する。
③ 輸入禁止措置を緩和する。　　④ 関税を引き下げる。 [　　]

国際経済

問7【プラザ合意】 プラザ合意に関連する記述として**誤っているもの**を、次の①～④のうちから一つ選べ。　11追試28

① 日本、アメリカ、西ドイツなどは、G5（先進5か国財務相・中央銀行総裁会議）において為替市場で協調してドル売りを行うことに合意した。

② 日本では急速に円高が進み、輸出依存企業を中心に大きな打撃をこうむり円高不況に陥った。

③ 急速なドル安が進んだため、為替レートの安定をめざし、ルーブル合意による政策協調が行われた。

④ 急速な円高による輸入増大から、日本の貿易収支が赤字になり、産業空洞化が懸念された。　　[　]

問8【地域的経済統合】 経済統合についての記述として**最も適当なもの**を、次の①～④のうちから一つ選べ。　12本試19

① FTA（自由貿易協定）は、二国間や地域で自由貿易をめざすもので、投資や知的財産権に関する協定を含む経済統合の最高度のものである。

② EEC（欧州経済共同体）で導入された関税同盟は、域内関税と域内輸入制限を撤廃し、域外共通関税を設定するものである。

③ 単一欧州議定書による市場統合は、非関税障壁を撤廃してモノの移動を自由化し、サービス・カネの移動について加盟国の規制を残すものである。

④ マーストリヒト条約で計画された経済通貨同盟は、加盟国の経済政策を調整し、固定相場を維持することを目的とするものである。　　[　]

問9【地域的経済統合の例①】 地域的経済統合の例として**最も適当なもの**を、次の①～④のうちから一つ選べ。　11本試6

① AFTA（東南アジア諸国連合自由貿易地域）　② OPEC（石油輸出国機構）

③ NIES（新興工業経済地域）　④ OECD（経済協力開発機構）　　[　]

問10【地域的経済統合の例②】 地域的経済統合の具体例の説明として**適当でないもの**を、次の①～④のうちから一つ選べ。　06追試26

① ASEANの原加盟国は、環太平洋諸国の経済協力を構想するために提起されたAPEC（アジア太平洋経済協力会議）に参加した。

② メルコスール（南米南部共同市場）は、アルゼンチン、ブラジルなど4か国によって、域内の自由貿易を促進するために結成された。

③ コメコン（経済相互援助会議）は、社会主義的国際分業の原則を決定し、中国も社会主義的な計画経済の国際的発展の観点から、これに参加した。

④ NAFTA（北米自由貿易協定）は、アメリカ、カナダ、メキシコによって、域内の自由貿易地域形成をめざして調印された。　　[　]

問11【さまざまな国際機構】 国際的・地域的な機構についての記述として**誤っているもの**を、次の①～④のうちから一つ選べ。　13本試33

① UNEP（国連環境計画）は、地球環境保全のための国際協力を推進する機関である。

② G20首脳会議では、世界金融危機への対応や為替相場の安定について各国の政策の協調が図られている。

③ アフリカ、中東、ラテンアメリカなどの産油国で構成するOPEC（石油輸出国機構）は、原油の価格設定や生産調整を協調して行う組織である。

④ EU（欧州連合）では一元的な金融政策を実施するため、全域にわたって共通通貨ユーロが導入されている。　　[　]

問12【EU】 EU（欧州連合）についての記述として**誤っているもの**を、次の①～④のうちから一つ選べ。　14本試31

① 加盟国間で関税だけでなく、非関税障壁の撤廃も進めている。

② 21世紀に入ってからも、加盟国が増加している。

③ 政治統合を先行させ、次に経済統合を進展させている。

④ 経済通貨同盟の下で、共通通貨を発行している。　　[　]

問13【国際金融に関する合意や協定】 国際金融に関する合意や協定の名称A～Cと、それらについての記述ア～ウとの組合せとして正しいものを、下の①～⑥のうちから一つ選べ。 16追試4

A キングストン合意　　　　B プラザ合意　　　　C ブレトンウッズ協定

ア アメリカへの資本流入によるドル高を背景に、為替相場がドル安に誘導された。

イ 変動相場制が承認されるとともに、金に代わってSDR(特別引出権)の役割を拡大することが取り決められた。

ウ 金とドルとの交換を前提にし、ドルと各国の通貨とが固定相場で結びつけられた。

① A－ア　B－イ　C－ウ　　　　② A－ア　B－ウ　C－イ
③ A－イ　B－ア　C－ウ　　　　④ A－イ　B－ウ　C－ア
⑤ A－ウ　B－ア　C－イ　　　　⑥ A－ウ　B－イ　C－ア　　　　[　　]

問14【国際通貨制度の変遷】 1930年代以降の国際通貨制度の変遷に関連する記述として誤っているものを、次の①～④のうちから一つ選べ。 21本試第1日程22

① 1930年代には、世界的な不況の中で金本位制が崩壊すると、各国は輸出の増大によって不況を克服しようとして為替の切下げ競争に走った。

② IMF協定(1944年)では、為替相場の安定による自由貿易の拡大を促すために、すべての加盟国に自国通貨と金との交換を義務づけた。

③ 1960年代には、アメリカの貿易収支の悪化やベトナム戦争による対外軍事支出の増大などによりドルが世界に流出する中、ドルの信認が低下することによってドル危機が発生した。

④ 変動相場制への移行開始(1973年)の後、主要国は首脳会議や財務相・中央銀行総裁会議において通貨・経済問題を協議することで、為替相場の安定を図ろうとしている。　　　　[　　]

問15【国際復興開発銀行のしくみ】 国際復興開発銀行(世界銀行)についての記述として最も適当なものを、次の①～④のうちから一つ選べ。 05本試34

① 第二次世界大戦前、アメリカのウォール街の株価暴落に端を発した世界恐慌に対処し、世界経済を復興させるために設立された。

② 第二次世界大戦後、IMF(国際通貨基金)、GATT(関税と貿易に関する一般協定)とともに、世界経済の復興や発展に尽力した。

③ 国際連合(国連)の専門機関ではないが、国連の指導の下で発展途上国の開発のための融資を行っている。

④ 当初は活動の重点を発展途上国の開発援助においていたが、現在では先進国の失業対策においている。　　　　[　　]

問16【国際経済体制】 国際経済体制についての記述として誤っているものを、次の①～④のうちから一つ選べ。 18本試12

① 1930年代には、為替切下げ競争やブロック経済化が起こり、世界貿易が縮小し、国際関係は緊張することとなった。

② IMF(国際通貨基金)は、各国通貨の対ドル交換比率の固定化により国際通貨体制を安定させることを目的として設立された。

③ アメリカの国際収支の悪化により、1960年代にはドルに対する信認が低下するドル危機が発生した。

④ スミソニアン協定は、ドル安是正のための政策協調を目的として合意された。　　　　[　　]

問17【GATT】 GATT(関税及び貿易に関する一般協定)についての記述として誤っているものを、次の①～④のうちから一つ選べ。 11追試26

① 最恵国待遇などによって無差別主義を採用した。

② 輸入数量制限の撤廃や関税の引下げによって貿易の自由化を行ってきた。

③ ラウンド(多角的貿易交渉)において関税の引下げを果たしてきた。

④ 東京ラウンドにおいてサービス貿易の自由化を進めた。　　　　[　　]

問18【ＷＴＯ①】 WTOの基本原則は、自由、無差別、多角の三つであり、無差別は最恵国待遇と内国民待遇とに分けられる。これらのうち内国民待遇の原則に反する行動の例はどれか。最も適当なものを、次の①～④のうちから一つ選べ。 `16追試 3`

① あるWTO加盟国から輸入される自動車に 3 パーセントの関税をかけ、別のWTO加盟国から輸入される自動車に 5 パーセントの関税をかける。

② 国産ビールに 5 パーセントの酒税をかけ、外国産ビールに10パーセントの酒税をかける。

③ 国内の牛肉生産者を保護するため、外国から輸入される牛肉の数量を制限する。

④ ある国との貿易自由化を促進するため、その国と自由貿易協定（FTA）を締結する。　　　[　　]

問19【ＷＴＯ②】 WTO（世界貿易機関）についての記述として正しいものを、次の①～④のうちから一つ選べ。 `20本試22`

① GATT（関税及び貿易に関する一般協定）の基本原則の中には、最恵国待遇原則があったが、この原則はWTOには引き継がれていない。

② GATTのウルグアイ・ラウンドでは、知的財産権の国際的保護に関するルールについて交渉されたが、このルールはWTOで採用されていない。

③ WTOの紛争処理手続においては、加盟国が一国でも反対すれば、協定違反の有無に関する裁定は採択されない。

④ WTOのドーハ・ラウンドは、農産物の輸出国と輸入国との間の利害対立もあり、交渉全体の妥結には至っていない。　　　[　　]

問20【世界貿易に関する出来事】 世界貿易の活発化についての記述として正しいものを、次の①～④のうちから一つ選べ。 `10本試15`

① 単一通貨を発行して貿易を円滑にするために、EFTA（ヨーロッパ自由貿易連合）が結成された。

② 日本の対米輸出を伸ばすために、日米包括経済協議が行われた。

③ 貿易を促進するため、ラウンドにおいて関税引下げ交渉が行われた。

④ 先進国の産品を安価に輸入できるようにするため、特恵関税制度が導入された。　　　[　　]

問21【2000年代以降の世界経済の動向】 世界経済について、2000年代以降にみられた情勢の記述として最も適当なものを、次の①～④のうちから一つ選べ。 `13本試14`

① 新興国の経済発展が、穀物や原油の価格の上昇要因の一つとなった。

② IMF（国際通貨基金）の融資先が、世界金融危機に伴い先進諸国に絞り込まれた。

③ WTO（世界貿易機関）による多角的な貿易自由化の進展を背景として、地域的経済統合の動きが鎮静化した。

④ 中国の経済力の高まりを背景として、人民元の切下げが行われた。　　　[　　]

問22【ゲーム理論（国家間協力）】 国家間の協力が必ずしも実現しないことを説明する際に、次の**表**であらわされるゲームを考えることができる。このゲームでは、A国とB国の二つの国家があり、お互いに相談できない状況で、それぞれが協力か非協力かのどちらかを同時に選択する。その結果として、それぞれの国は**表**中の該当するマスに示された点数を得る。例えば、A国が「協力」、B国が「非協力」を選んだ場合、A国は 1 点、B国は 9 点を獲得することになる。このゲームの特徴について、**表**から読みとれる内容として正しいものを、下の①～④のうちから一つ選べ。 `08本試18`

		B 国	
		協　力	非協力
A 国	協　力	A国に10点 B国に10点	A国に 1 点 B国に 9 点
	非協力	A国に 9 点 B国に 1 点	A国に 2 点 B国に 2 点

① A国にとって、最も高い点数を得る可能性があるのは、「非協力」を選んだ場合である。

② A国にとって、最も低い点数しか得られない可能性があるのは、「非協力」を選んだ場合である。

③ A国にとって、B国が「非協力」を選択する場合、「非協力」を選択した方がより高い点数を得られる。

④ A国にとって、B国が「協力」を選択する場合、「非協力」を選択した方がより高い点数を得られる。　　　[　　]

問23【国際的な政策協調】 先進国を中心とする政策協調についての記述として正しいものを、次の①〜④のうちから一つ選べ。 07追試 6

① G7(先進7か国財務相・中央銀行総裁会議)は、通貨問題など国際経済問題を協議するために開始された。

② サミット(先進国首脳会議)は、冷戦の終焉をうけて世界規模の問題に対応するために開始された。

③ IMF(国際通貨基金)は、南北問題に対応して開発援助受入国の構造改革を推進するために設立された。

④ DAC(開発援助委員会)は、国連(国際連合)の下で発展途上国援助の調整と促進を行うために設立された。 [　]

思判表 問24【貿易のしくみ】 次の図A〜Cは、三つの国X〜Zがそれぞれ、他の二つの国に対して、繊維製品の輸入にどれだけの関税を課しているかを示したものである。矢印は繊維製品が移動する方向を表し、矢印の根元が輸出国を、先が輸入国を表す。矢印の先の数値は、輸入国が繊維製品に対して課している関税率を示している。各図の状況が、下のア〜ウで説明されている。A〜Cとア〜ウとの組合せとして正しいものを、下の①〜⑥のうちから一つ選べ。 14追試 5

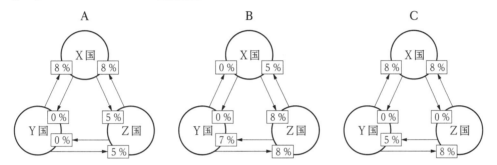

ア X国とY国とが、FTAを結んでいる。

イ X国は発展途上国で、特恵関税が認められている。

ウ 三つの国はいずれもWTOに加盟している先進国で、最恵国待遇が適用されている。

① A−ア　　B−イ　　C−ウ　　　　② A−ア　　B−ウ　　C−イ
③ A−イ　　B−ア　　C−ウ　　　　④ A−イ　　B−ウ　　C−ア
⑤ A−ウ　　B−ア　　C−イ　　　　⑥ A−ウ　　B−イ　　C−ア 　　　[　]

思判表 問25【地域的経済統合と企業経営】 地域的経済統合の代表的な形態としてFTA(自由貿易協定)やEPA(経済連携協定)がある。日本の企業経営者が下のように発言すると想定して、その発言内容が現実のFTAやEPAのあり方に照らして適当でないものを、次の①〜④のうちから一つ選べ。 12追試 8

① 「政府がメキシコとEPAを結んでくれたから、メキシコ市場でアメリカやカナダと対等に近い条件で競争できるようになって助かったよ。」

② 「海外の専門的人材を活用したいわが社としては、日本が最近のEPAで看護師や介護福祉士の候補者などを受け入れ始めているのは興味深いわね。」

③ 「日本以外の国々の間で結ばれたFTAやEPAからも、WTO(世界貿易機関)の最恵国待遇の原則を通じて利益を受けることができるわね。」

④ 「ウチは国内市場で勝負しているから、EPAが結ばれると輸入品との競争が激しくなってかえってつらいかもな。」 [　]

問26【地域協力】 地域協力についての記述として正しいものを、次の①〜④のうちから一つ選べ。 12本試35

① ARF(ASEAN地域フォーラム)は、アジア太平洋地域の安全保障に関して多国間で協議を行う機関である。

② APEC(アジア太平洋経済協力会議)に、中南米の国は参加していない。

③ EUの機構改革を内容としているリスボン条約は、加盟国での批准作業が終了していないため未発効である。

④ ASEAN+3に、日本は含まれていない。 [　]

国際経済

❸ グローバル化する経済／南北問題と日本の役割

重要事項の整理

● グローバル化する経済

(1) 国際経済と日本

　①日米間の❶[　　　　　]の拡大

　　・1950年代：繊維製品　1960年代～：鉄鋼　1970年代～：カラーテレビ・自動車　1980年代：半導体

　　　→ その後、サービス分野などにおける日本市場の閉鎖性をめぐる**経済摩擦**へと発展

　　・1989年～：**日米構造協議**　1993年～：❷[　　　　　　　　]協議などで協議

　②❸[　　　]との貿易の拡大（2000年代以降）→ 知的財産権の侵害や食の安全などの問題が表面化

　　　→ アメリカに代わり、日本の最大の貿易相手国となる

(2) 経済の❹[　　　　　　　]化……ヒト・モノ・カネが国境をこえて地球規模で自由に移動すること

　　→ 世界規模での市場原理の導入にともない、国際分業や地域的経済統合が加速

　①金融の多様化と世界的な金融危機の発生

　　・デリバティブ（金融派生商品）が発達 → ❺[　　　　　　　　　]による証券投資が活発化

　　……投機的資金が短期的に移動 → 通貨危機・金融危機をもたらす

　　　【例】1997年：❻[　　　　]通貨危機……タイの通貨危機がインドネシアや韓国などに波及

　　　　　　2008年：❼[　　　　　　　]・ローン問題 → リーマン・ショックから**世界金融危機**へ

　②企業の❹[　　　　　]化

　　・❽[　　　　　　　]……複数の国に拠点をもつ企業 ← 現地法人との合弁会社やM&Aなどで拡大

　　進出先への影響：雇用の創出、技術移転などの経済効果

　　自国内への影響：❾[　　　　　　]をまねき、国内の雇用が減少

● 南北問題と日本の役割

(1) **南北問題**……先進国と発展途上国の間に存在する格差

　①背景：特定の一次産品の生産に特化する**モノカルチャー経済**、基礎教育の不足、劣悪な衛生状態

　②現状：Ⅰ ❿[　　　]問題……発展途上国間の経済的格差

　　　　・⓫[　　　　　　　　]（LDC）……発展途上国の中でも資源に乏しく、開発も遅れている国

　　　　・新興国……NIES（新興工業経済地域）や⓬[　　　　　]諸国では開発が進む

　　　　　※アジアNIES……韓国・香港・台湾・シンガポール

　　　　　⓬[　　　　　　　]……ブラジル・ロシア・インド・❸[　　　]・南アフリカ

　　　　Ⅱ ⓭[　　　　　]問題……工業化のために外資を導入した発展途上国で発生

　　　　　→ デフォルト（債務不履行）やリスケジューリング（返済繰り延べ）の危険

　　　　・重債務貧困国（HIPC）……⓫[　　　　　　　]で⓭[　　　　　　]が深刻化している国

(2) 南北問題への国際的な取り組み

　①資源ナショナリズムの台頭

　　……1960年：OPEC（石油輸出国機構）の設立 → 石油メジャー（国際石油資本）に対抗

　②⓮[　　　　　]（新国際経済秩序）樹立宣言（1974年）……天然資源の恒久主権などが盛り込まれる

　③国際機関による支援

　　・⓯[　　　　　　]（国連貿易開発会議）……1964年：第1回総会での**プレビッシュ報告**

　　　→ 特恵関税制度の導入、一次産品の価格安定など、貿易を通じての発展途上国支援を提案

　　・⓰[　　　　　]（経済協力開発機構）……DAC（開発援助委員会）を設け、発展途上国支援を拡大

　　　　　　　　　　　　　　　　　　　　　└→ ODA（政府開発援助）の拡充を図る

　　・ミレニアム開発目標（MDGs）……2000年に国連総会で採択され、2015年までの達成目標を明記

　　　※現在、2016年から2030年までの新たな目標として、**持続可能な開発目標（SDGs）**が策定されている。

(3) 日本のODA……**開発協力大綱**（2015年閣議決定、2023年改定）に基づいて実施

　　　　　　　　└── ODA大綱（1992年決定、2003年改定）に代わる新たな枠組み

　・二国間援助：┌①贈与……無償資金協力・技術協力（青年海外協力隊）

　　　　　　　　└②借款（有償資金協力）

　・多国間援助：国際機関を通じた援助

解答　❶貿易摩擦　❷日米包括経済　❸中国　❹グローバル　❺ヘッジファンド　❻アジア　❼サブプライム　❽多国籍企業　❾産業の空洞化　❿南南　⓫後発発展途上国　⓬BRICS　⓭累積債務　⓮NIEO　⓯UNCTAD　⓰OECD

国際経済

☑トライ

問1【企業の海外進出】 世界経済の一体化とともに、企業の活動範囲も世界規模で拡大した。企業が外国に進出する理由として**適当でないもの**を、次の①～④のうちから一つ選べ。 07本試 4
① 進出先の国における法人税率の引上げ　② 進出先の市場における販路の拡大
③ 進出先における低賃金労働力の利用　④ 進出先の政府が提供する経済特区の利用　[　　]

問2【産業の空洞化】 産業構造の転換に関連する現象として、製造業を中心とする産業の空洞化がある。他の条件を一定とした場合に、ある国における産業の空洞化を促進する要因であるとは**言えないもの**を、次の①～④のうちから一つ選べ。 13本試12
① 国内における労働力人口の減少
② 対外直接投資の対象となる国における賃金水準の上昇
③ 対外直接投資の対象となる国における法人税率の引下げ
④ 外国為替市場における自国通貨の価値の上昇　[　　]

問3【日本企業の海外進出の動向】 日本企業による海外直接投資の1990年代以降の動向についての記述として最も適当なものを、次の①～④のうちから一つ選べ。 06追試36
① アジアNIES(新興工業経済地域)との間で貿易摩擦が発生した結果、同地域に生産拠点を設ける自動車メーカーが相次いだ。
② 巨大な市場や低い労働コストが誘因となって、改革開放政策を推進している中国に、生産拠点を設ける動きが盛んになった。
③ EU(欧州連合)における地域的経済統合の進行に対応して、域外向けの輸出を主目的に、EU諸国に生産拠点を新設する自動車メーカーが相次いだ。
④ 為替相場の安定によって、アメリカでの生産拠点の新設はなくなり、いったん移転させた生産活動を、国内に回帰させる動きが盛んになった。　[　　]

問4【世界的な企業間競争】 市場メカニズムを通じた経済の活性化の要請が近年の日本において強調される背景の一つに、多くの商品の市場が国境を越えて拡大し、日本企業が、こうした商品の品質や価格をめぐって、より多くの外国企業と競争するようになっていることがあげられる。このような場面での企業間の競争をめぐる記述として最も適当なものを、次の①～④のうちから一つ選べ。 09追試10
① 日本が輸入品にかける関税を引き上げると、商品価格の上昇が輸入の増大を招いて、国産品との価格引き上げ競争を引き起こす。
② 通信・輸送技術の進展は、日本企業と外国企業との競争を激化させる要因となる。
③ 日本企業が、生産拠点を賃金水準の低い国に移転させると、当該企業の商品の価格競争力は低下する。
④ 日本国内の企業に、生産設備への新たな投資による環境汚染防止を義務づけると、日本企業が国内で製造した財の輸出先での価格競争力は高まる。　[　　]

問5【財政危機・金融危機】 財政危機や金融危機についての事例の記述として**誤っているもの**を、次の①～④のうちから一つ選べ。 17本試31
① 第二次石油危機後のメキシコでは、累積債務問題が表面化した。
② 住宅バブルが崩壊したアメリカでは、サブプライムローン問題が表面化した。
③ ギリシャ財政危機では、財政状況が悪化したギリシャの国債利回りが高騰した。
④ アジア通貨危機では、資本流出に見舞われたタイの自国通貨が高騰した。　[　　]

問6【国際機関の活動】 国際機関が行ってきたことについての記述として最も適当なものを、次の①～④のうちから一つ選べ。 09本試 8
① UNCTAD(国連貿易開発会議)は、発展途上国の輸出品に対する特恵関税の導入を要求した。
② OECD(経済協力開発機構)は、原油価格の下落を防ぐための貿易協定を採択した。
③ WTO(世界貿易機関)は、発展途上国に経済開発のための融資を行っている。
④ UNICEF(国連児童基金)は、発展途上国における児童の就労を促進している。　[　　]

➡ 解答解説 p.92～93　185

問7【東・東南アジアの動向】 1980年代以降の東・東南アジア地域にみられた動向についての記述として**誤っているもの**を、次の①～④のうちから一つ選べ。 10本試38
① 高い経済成長を遂げ、世界経済の成長センターと呼ばれるようになった。
② 地域経済統合が進展し、域内の複数の国で共通の通貨が使用されるようになった。
③ 民主化を求める運動が活発になり、いくつかの国において開発独裁体制が崩壊した。
④ ASEAN(東南アジア諸国連合)が拡大し、加盟国が10か国になった。　　　　　[　　]

問8【BRICS】 NIESは1980年代から新興工業経済地域の呼称として使われるようになったものである。これに対して、近年、BRICSと呼ばれる新興工業国が登場してきた。BRICSに該当する国として正しいものを、次の①～④のうちから一つ選べ。 15本試26
① インドネシア　　　② シンガポール　　　③ インド　　　④ サウジアラビア　　　[　　]

問9【各国の経済規模と乳児死亡率】 次の図は、2012年の日本、インド、韓国、ブラジル、メキシコにおける一人当たりGNI(国民総所得)と乳児死亡率との関係を示したものである。図中のA～Cに当てはまる国名の組合せとして正しいものを、下の①～⑥のうちから一つ選べ。 09本試1改

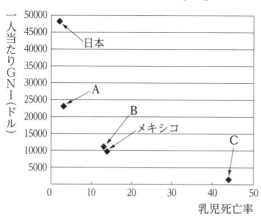

(注)　乳児死亡率とは、出生児1000人当たりにおいて、満1歳に達する前に死亡した数を指す。
(資料)　矢野恒太記念会編『世界国勢図会2014/15年版』により作成。

① A　インド　　　　B　韓　国　　　　C　ブラジル
② A　インド　　　　B　ブラジル　　　C　韓　国
③ A　韓　国　　　　B　インド　　　　C　ブラジル
④ A　韓　国　　　　B　ブラジル　　　C　インド
⑤ A　ブラジル　　　B　インド　　　　C　韓　国
⑥ A　ブラジル　　　B　韓　国　　　　C　インド
　　　　　[　　]

問10【人間開発指数(HDI)】 生徒Xと生徒Yは、人間開発指数(HDI)をもとに、人々の生活を把握することにした。人間開発指数の説明として**誤っているもの**を、次の①～④のうちから一つ選べ。 21本試第1日程1
① この指数は、国連開発計画によって発表されている。
② この指数は、人間の基本的ニーズの充足をめざす中で導入された。
③ この指数は、寿命、知識、生活水準をもとに算出されている。
④ この指数は、ミレニアム開発目標の一つとして策定された。　　　　　[　　]

問11【発展途上国と国際機構】 発展途上国の経済発展のために国際機構が行ったことの記述として**誤っているもの**を、次の①～④のうちから一つ選べ。 11追試31
① 国連の経済社会理事会で、下部組織としてDAC(開発援助委員会)が設置された。
② 国連の資源特別総会で、NIEO(新国際経済秩序)の樹立に関する宣言が採択された。
③ 南北問題についての協議を行うために、UNCTAD(国連貿易開発会議)が創設された。
④ 発展途上国への技術協力と開発のための資金援助を行うために、UNDP(国連開発計画)が創設された。
　　　　　[　　]

問12【ODA①】 ODA(政府開発援助)に関連して、日本のODAについての記述として最も適当なものを、次の①～④のうちから一つ選べ。 09本試9
① 発展途上国に対する資金援助を目的としているため、専門家派遣などの技術協力は含まれない。
② 発展途上国における経済発展の支援を目的としているため、資金の返済を必要とする円借款は含まれない。
③ 援助額の対象地域別割合をみると、中南米地域に対するものが最大となっている。
④ ODA総額のGNIまたはGNP(国民総生産)に対する比率は、国連が掲げる目標水準を下回っている。
　　　　　[　　]

問13【インフラ開発やODA】 アジアのインフラ開発やODA(政府開発援助)に関連する記述として最も適当なものを、次の①〜④のうちから一つ選べ。 24本試27

① 中国が取り組む一帯一路構想は、現代のシルクロードとして、陸路のみによる経済圏構築をめざしているものである。

② 中国が主導して設立されたアジアインフラ投資銀行への参加は、アジア諸国に限定されている。

③ 自然災害や紛争による被災者の救援のために日本のODAとして行われる食料や医療品の無償援助は、国際収支の第二次所得収支に含まれる。

④ ODAは発展途上国の経済発展のために行われるものであり、日本では開発協力大綱によって日本の国益を考慮せずに行うことが示されている。 [ ]

問14【対米貿易の推移】 次の図は、1984年から2005年までのアメリカの輸入額における、日本、アジアNIES(新興工業経済地域)、ASEAN4か国、中国からの輸入額の割合の推移を示したものである。図中のA〜Cに当てはまる国・地域名の組合せとして正しいものを、下の①〜⑥のうちから一つ選べ。 09追試37

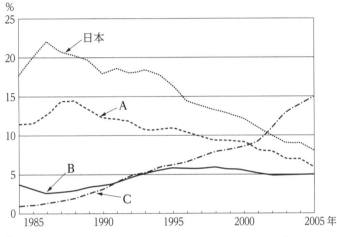

(注) アジアNIESは韓国、シンガポール、台湾、香港を指す。ASEAN4か国はASEAN加盟国のうち、インドネシア、タイ、フィリピン、マレーシアを指す。
(資料) *IMF, Direction of Trade Statistics*(各年版)により作成。

①	A アジアNIES	B ASEAN4か国	C 中　国
②	A アジアNIES	B 中　国	C ASEAN4か国
③	A ASEAN4か国	B アジアNIES	C 中　国
④	A ASEAN4か国	B 中　国	C アジアNIES
⑤	A 中　国	B アジアNIES	C ASEAN4か国
⑥	A 中　国	B ASEAN4か国	C アジアNIES

[ ]

問15【金融危機】 金融危機について、1970年代以降の出来事の記述として最も適当なものを、次の①〜④のうちから一つ選べ。 11本試32

① ニクソン大統領が金・ドル交換停止を宣言し、従来の変動相場制から固定相場制へと為替制度を変更する国が相次いだ。

② 日本では大手の金融機関の倒産が相次いだため、護送船団方式が強化された。

③ タイの通貨バーツの下落をきっかけとして、アジア各国では投機資金の流出が連鎖的に起こり次々と通貨危機が発生した。

④ サブプライム・ローン問題を契機に、IMF(国際通貨基金)により資本の自由な移動が原則として禁止された。 [ ]

問16【経済のグローバル化】 経済のグローバル化を特徴づける現象の説明として正しいものを、次の①〜④のうちから一つ選べ。 15本試11

① 製造業企業が、複数の国に子会社や系列会社を設置するという、世界的規模での間接投資を展開している。

② ヘッジファンドが世界的規模で大口資金を集め、投機的な性格の強い投資を展開している。

③ 海外で事業展開するため、自社と同じ事業範囲の海外企業を買収する、企業のコングロマリット化が進行している。

④ 貿易の自由化を世界中で推進するための国際機関として、WTO(世界貿易機関)とともにGATT(関税及び貿易に関する一般協定)が設立されている。 [ ]

国際経済

問17【企業活動のグローバル化】 企業活動のグローバル化についての記述として**適当でないもの**を、次の①～④のうちから一つ選べ。 15本試29

① 企業が海外展開を進めることにより、その企業の本国では産業の空洞化が生じる場合がある。

② 企業の海外進出によって技術が伝わり、進出先の国で生産力や所得が増大する場合がある。

③ 多国籍企業の中には、その売上高が日本のGDPを上回る企業がみられるようになった。

④ 多国籍企業による発展途上国の資源に対する支配は、資源ナショナリズムが高まるきっかけの一つとなった。　　　　　　　　　　　　　　　　　　　　　　　　　　　　　　　　　　　　　[　]

問18【国際機関や国家の国際協調】 国際協調に関連する国際機関および各国の取組みについての記述として正しいものを、次の①～④のうちから一つ選べ。 12追試10

① 国際連合は、各国における労働者の権利保護や労働条件の改善に取り組む機関としてILO(国際労働機関)を創設した。

② OECD(経済協力開発機構)は、先進諸国による開発援助の推進や調整を図る機関としてDAC(開発援助委員会)を創設した。

③ すべての核兵器保有国は、NPT(核拡散防止条約)を批准している。

④ 日本は、国際人権規約を留保を付さずに批准している。　　　　　　　　　　　　　　　　[　]

思判表 問19【ＯＥＣＤ加盟国の経済規模】 次の表はOECD(経済協力開発機構)加盟国の2012年のGDPと一人当たりGDPを示したものである。表中のA～Cの国名の組合せとして正しいものを、下の①～⑥のうちから一つ選べ。 06追試28改

国　名	GDP (億ドル)	一人当たり GDP(ドル)
アメリカ	162,446	51,163
A	59,602	46,838
ドイツ	34,260	41,376
フランス	26,112	39,617
イギリス	24,716	39,367
イタリア	20,134	33,069
カナダ	18,214	52,283
スペイン	13,221	28,278
メキシコ	11,837	9,795
B	11,296	23,052
オランダ	7,701	46,073
C	4,899	12,820

(資料)　矢野恒太記念会編『世界国勢図会2014/15年版』により作成。

① A　日　本　　　B　韓　国　　　C　ポーランド
② A　日　本　　　B　ポーランド　C　韓　国
③ A　韓　国　　　B　日　本　　　C　ポーランド
④ A　韓　国　　　B　ポーランド　C　日　本
⑤ A　ポーランド　B　日　本　　　C　韓　国
⑥ A　ポーランド　B　韓　国　　　C　日　本

　　　[　]

問20【発展途上国の現状】 発展途上国についての記述として最も適当なものを、次の①～④のうちから一つ選べ。 12本試34

① 先進国からの開発援助の調整を行うため、発展途上国によってOECD(経済協力開発機構)が創設された。

② BRICs(ブリックス)と呼ばれる、経済発展が著しいブラジル、ロシア、インド、中国は、4か国で自由貿易協定を締結した。

③ 発展途上国はUNCTAD(国連貿易開発会議)において、一次産品の価格安定や途上国製品に対する関税の撤廃を先進国に求めた。

④ 発展途上国の経済発展をめざすため、発展途上国内に、NIEs(新興工業経済地域)と呼ばれる経済特区が創設された。　　　　　　　　　　　　　　　　　　　　　　　　　　　　　　　　　　　[　]

問21【日本の国際協力】 日本の国際協力についての説明として最も適当なものを、次の①～④のうちから一つ選べ。 08本試24

① アジア太平洋地域の経済交流を促進するため、APEC(アジア太平洋経済協力会議)に参加している。

② アフリカ地域の最貧国の発展支援のため、内閣府にDAC(開発援助委員会)を設置している。

③ 発展途上国に技術協力などの支援を行うため、自衛隊の組織として青年海外協力隊が設けられている。

④ 国際社会の平和と安定に貢献するため、国連憲章の規定するUNF(国連軍)に自衛隊が参加している。　　　　　　　　　　　　　　　　　　　　　　　　　　　　　　　　　　　　　　　[　]

問22【発展途上国の動向】 第二次世界大戦後の発展途上国についての記述として正しいものを、次の①〜④の
うちから一つ選べ。 13追試33

① 一次産品に特化したモノカルチャー経済をとっていた多くの発展途上国では、戦後の貿易自由化により、
交易条件が改善された。

② 1980年代には、発展途上国の累積債務問題が表面化し、中南米諸国にはデフォルト(債務不履行)を宣言
する国も現れた。

③ 発展途上国は、先進国の支援の下に、相互の経済協力について政策協議を行うために、OECD(経済協
力開発機構)を設立した。

④ 発展途上国間で、天然資源をもつ国ともたない国との経済格差が問題となったため、国連資源特別総会
は、資源ナショナリズム反対を決議した。 [　]

問23【国家間格差】 国家間格差に関する記述として最も適当なものを、次の①〜④のうちから一つ選べ。
18本試20

① 国連総会において、先進国の資源ナショナリズムの主張を盛り込んだ新国際経済秩序樹立宣言が採択さ
れた。

② 国連貿易開発会議は、南南問題の解決を主目的として設立された。

③ 日本の政府開発援助は、必ず返済しなければならない。

④ 現地生産者や労働者の生活改善や自立を目的に、発展途上国の原料や製品を適切な価格で購入するフェ
アトレードが提唱されている。 [　]

思判表 問24【ＯＤＡ②】 次の図は、欧州・中央アジア地域、サハラ以南アフリカ地域、東アジア・太平洋地域におけ
る、ＯＤＡ(政府開発援助)受取国の純受取額の推移を表している。1980年代以降の開発援助の動向を念頭に、
図中のＡ〜Ｃに当てはまる地域名の組合せとして正しいものを、下の①〜⑥のうちから一つ選べ。
12追試7

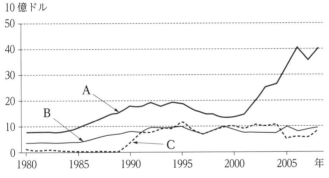

(資料) World Bank, The *Complete World Development Report* 1978-2010(2010年、DVD-ROM 版)により作成。

① Ａ 欧州・中央アジア地域　　Ｂ サハラ以南アフリカ地域　　Ｃ 東アジア・太平洋地域
② Ａ 欧州・中央アジア地域　　Ｂ 東アジア・太平洋地域　　Ｃ サハラ以南アフリカ地域
③ Ａ サハラ以南アフリカ地域　　Ｂ 欧州・中央アジア地域　　Ｃ 東アジア・太平洋地域
④ Ａ サハラ以南アフリカ地域　　Ｂ 東アジア・太平洋地域　　Ｃ 欧州・中央アジア地域
⑤ Ａ 東アジア・太平洋地域　　Ｂ 欧州・中央アジア地域　　Ｃ サハラ以南アフリカ地域
⑥ Ａ 東アジア・太平洋地域　　Ｂ サハラ以南アフリカ地域　　Ｃ 欧州・中央アジア地域

[　]

問25【ＯＤＡ③】 生徒Ｙのグループは日本のＯＤＡ(政府開発援助)の実施状況について調べた。日本のＯＤＡ
についての記述として正しいものを、次の①〜④のうちから一つ選べ。 21本試第1日程25

① 日本は、国際機関を通じた多国間援助は実施していないが、発展途上国を対象とした二国間援助を実施
している。

② 日本は、返済義務のない無償の援助のみを実施している。

③ 日本のＯＤＡ支出額は、2001年以降、先進国の目標とされる対ＧＮＩ比0.7パーセント以上を維持して
きた。

④ 日本のＯＤＡ支出額は、1990年代の複数年で世界第一位を記録した。 [　]

章末問題⑤

第1問　生徒Xはアメリカで働いている父親とビデオチャットをした。以下はその会話の一部である。この会話文を読み、次の問い（問1～7）に答えよ。

父：やあ、元気かい。

X：うん。父さんも変わりない？　少し調べてみたら、このスマートフォンは日本メーカーのものだけど、組立は発展途上国・新興国で行われていて、先進国に輸出されているみたい。アメリカの企業も似たようなことをしているの？

父：そうだね。アメリカの多国籍企業は積極的に海外展開してきたからね。ただし、2018年くらいから激化したアメリカと中国との貿易摩擦が、企業活動に与えた影響は無視できないね。

X：貿易については、先週の「政治・経済」の授業でも、a自由貿易の利益を学習したよ。それなのに、アメリカはなぜ自国中心の貿易政策を主張したといわれているのかな。

父：アメリカの貿易政策の背景にはさまざまな要因があるけれど、技術革新の進展やb経済のグローバル化などの影響による、アメリカの中間層の所得の伸び悩みと国内での経済格差の拡大という指摘は見逃せないね。その層を中心に、経済のグローバル化に対する不満が高まったという指摘があるよ。

X：経済のグローバル化ってよいことばかりと思っていたけど、マイナスの側面もあるんだね。まだまだ知らないことばかりだよ。c世界の経済状況やd通貨危機、e経済統合に密接に関連する国際問題について、もっと調べてみたくなったよ。

父：よい意気込みだね。たとえばf為替相場や物価の変動に関する問題は、各国のg国際収支を変化させる重要な国際問題だと思うよ。

21本試第2日程・第3問　　　　　　　　　　　　　　　　　　　　　　　　　　　　（一部改題）

問1【比較生産費説】　下線部aに関連して、生徒Xは授業で学習した、国際分業と貿易に関する経済学の考え方である比較生産費説について復習をした。次の表は、a国とb国における、α財とβ財についての労働生産性（一定の時間における労働者一人当たりの財の生産量）を示したものである。ここでは、各国の総労働者数は、a国が200人、b国が180人であり、各財への特化前は、両国ともにα財とβ財の生産にそれぞれ半数ずつが雇用されているとし、各財への特化後も、両国ともにすべての労働者が雇用されるとする。また、両財は労働力のみを用いて生産され、両国間での労働者の移動はないこととする。この表から読みとれる内容として正しいものを、下の①～④のうちから一つ選べ。21本試第2日程20

	α財	β財
a国の労働生産性	1単位	3単位
b国の労働生産性	6単位	3単位

（注）　特化前も特化後も、表中の各単位のα財もしくはβ財の生産に必要な一定の時間と、労働者一人当たりの総労働時間とは一致するものとし、このことは両国とも同じとする。

①　a国がα財の生産に特化し、b国がβ財の生産に特化すれば、特化しない場合に比べ、両国全体でα財の生産量は640単位増加し、β財の生産量は570単位増加する。

②　a国がβ財の生産に特化し、b国がα財の生産に特化すれば、特化しない場合に比べ、両国全体でα財の生産量は640単位増加し、β財の生産量は570単位増加する。

③　a国がα財の生産に特化し、b国がβ財の生産に特化すれば、特化しない場合に比べ、両国全体でα財の生産量は440単位増加し、β財の生産量は30単位増加する。

④　a国がβ財の生産に特化し、b国がα財の生産に特化すれば、特化しない場合に比べ、両国全体でα財の生産量は440単位増加し、β財の生産量は30単位増加する。　　　[　　]

問2【国際収支①】　下線部bに関連して、生徒Xは、経済のグローバル化によって、人々の雇用や生活がさまざまな影響を受けると考え、経済の国際的なやりとりについて調べることにした。次ページの図は、A国とB国との間で一年間に行われた経済取引をドル換算で表したものである。A国がB国以外の国との取引を行わなかったとすると、A国の貿易・サービス収支、第一次所得収支、第二次所得収支の金額の組合せとして正しいものを、後の①～⑧のうちから一つ選べ。21本試第1日程21

（単位：億ドル）

	貿易・サービス収支	第一次所得収支	第二次所得収支
①	−10	−40	−15
②	−10	−40	20
③	−10	50	−15
④	−10	50	20
⑤	25	−40	−15
⑥	25	−40	20
⑦	25	50	−15
⑧	25	50	20

A国 ← 株式の配当40億ドル ← B国
A国 → 医薬品のための無償資金援助5億ドル → B国
A国 ← 特許使用料25億ドル ← B国
A国 → 外国人労働者による家族への送金10億ドル → B国
A国 ← 国債の利子10億ドル ← B国
A国 → 電気機器の輸入代金35億ドル → B国

（注）　外国人労働者はA国の居住者とする。　　　　　　　　　　　　　　　[　　]

問3【為替相場の動向】　下線部 c に関連して、生徒Xは1929年の世界恐慌について調べた際に、これ以降も経済危機をはじめ世界経済の画期となる出来事が何度か起きているのではないか、そして、それらの出来事と授業で学習した為替相場の動きとが何らかの関連をもっているのではないかと考えたため、さらに調べてみることにした。次の図は、1973年以降の米ドルの対円相場の推移を示したものである。この図から読みとれる記述として最も適当なものを、下の①〜④のうちから一つ選べ。**21本試第2日程25**

（1米ドルにつき円）

（注）　図の数値は、インターバンク相場東京市場ドル・円スポット17時点／月中平均。
（出所）　日本銀行 Web ページにより作成。

① 　第二次石油危機が発生した年からアジア通貨危機が発生した年までの全期間を通じて、1米ドル当たり100円のレートを突破する円高を記録したことは一度もない。
② 　ルーブル合意が交わされた年と中国がWTO（世界貿易機関）に加盟した2001年との米ドルの対円相場を比較すると、1米ドル当たり100円以上、円高が進行した。
③ 　第一次石油危機が発生した年からプラザ合意が交わされた年までの全期間を通じて、1米ドル当たり100円のレートを突破する円高を記録したことは一度もない。
④ 　単一通貨ユーロが導入された年とギリシャ財政危機が顕在化した2010年との米ドルの対円相場を比較すると、1米ドル当たり100円以上、円高が進行した。　　　　　　　　　[　　]

国際経済

問4【通貨危機】 下線部 d に関連して、生徒 X はアジア通貨危機の発端となったタイについて関心をもった。そこで、タイの通貨バーツと当時のタイの状況および通貨危機についての要点を**メモ**にまとめた。また、アジア通貨危機が起こった1997年の前後それぞれ5年間のタイの外国為替レート(1米ドルあたりのバーツ)、経常収支、外貨準備の値を調べ、その推移を作図した。生徒 X が作成した図として適当なものを、外国為替レートについては後の図アか図イ、経常収支については後の図ウか図エ、外貨準備については後の図オか図カより選び、その組合せとして最も適当なものを、下の①〜⑧のうちから一つ選べ。 22本試23

メモ

○アジア通貨危機の前、タイのバーツも含めて、アジアの通貨の中には市場においてヘッジファンドなどによる売り圧力がかけられているものがあった。タイ政府は、通貨の下落を阻止するために、外貨準備を用いて買い支えようとしたが、結局は通貨危機に陥ってしまった。
○経済基盤が脆弱で、経常収支赤字が継続している国は、通貨危機が起こりやすいといわれている。

外国為替レート

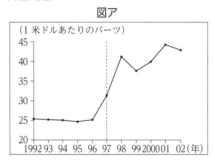

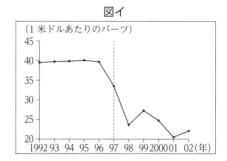

経常収支

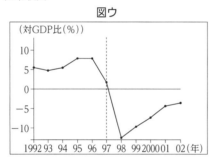

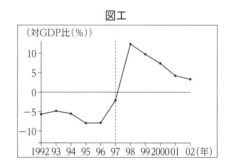

外貨準備

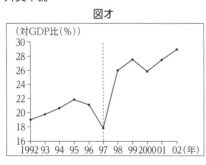

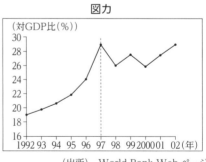

(出所)　World Bank Web ページにより作成。

	外国為替レート	経常収支	外貨準備		外国為替レート	経常収支	外貨準備
①	図ア	図ウ	図オ	⑤	図イ	図ウ	図オ
②	図ア	図ウ	図カ	⑥	図イ	図ウ	図カ
③	図ア	図エ	図オ	⑦	図イ	図エ	図オ
④	図ア	図エ	図カ	⑧	図イ	図エ	図カ

[　　]

問5 【地域的経済統合】 下線部 e に関連して、生徒Xは、学校で生徒Yと世界の経済連携について議論した。次の会話文中の空欄 ア ・ イ に当てはまる語句の組合せとして最も適当なものを、後の①〜④のうちから一つ選べ。 22本試24

X：世界のいろんな地域での経済連携についての話題が、ニュースで取り上げられることが多いね。

Y：そうだね。経済分野では最近、 FTA(自由貿易協定)やEPA(経済連携協定)のような条約を結ぶ動きがみられるね。日本も2018年には、EU(欧州連合)との間にEPAを締結したし、 ア に参加したね。 ア は、アメリカが離脱した後に成立したものだよ。

X：でも、このような動きは、WTO(世界貿易機関)を中心とする世界の多角的貿易体制をかえって損ねたりはしないかな。GATT(関税及び貿易に関する一般協定)は、ある締約国に貿易上有利な条件を与えた場合に他の締約国にもそれを適用する イ を定めているよ。このような仕組みを活用して、円滑な貿易を推進した方がいいような気がするなあ。

Y：本当にそうかな。FTAやEPAといったそれぞれの国や地域の実情に応じたきめの細かい仕組みを整えていくことは、結果として世界の自由貿易の促進につながると思うよ。これらは、WTOを中心とする世界の多角的貿易体制を補完するものと考えていいんじゃないかな。

① ア TPP11(環太平洋パートナーシップに関する包括的及び先進的な協定) イ 最恵国待遇原則
② ア TPP11(環太平洋パートナーシップに関する包括的及び先進的な協定) イ 内国民待遇原則
③ ア APEC(アジア太平洋経済協力会議) イ 最恵国待遇原則
④ ア APEC(アジア太平洋経済協力会議) イ 内国民待遇原則 [ ]

問6 【購買力平価説】 下線部 f に関連して、生徒Xは、次の図と図に関する説明を用いて、各国の物価水準の比率から外国為替レートを理論的に求める購買力平価説を学んだ。この説に基づいて算出される外国為替レート(1ドル＝α円)を基準として考えるとき、20××年○月△日における実際の外国為替レートの状態を表す記述として正しいものを、後の①〜④のうちから一つ選べ。 22本試16

図

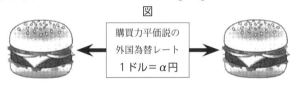

購買力平価説の
外国為替レート
1ドル＝α円

アメリカにおける
「SEIKEI バーガー」の
販売価格5ドル

実　　際　　の
外国為替レート
1ドル＝99円

日本における
「SEIKEI バーガー」の
販売価格600円

【図に関する説明】
・両国で販売されている「SEIKEI バーガー」はまったく同じ商品であり、それぞれの販売価格は、同一年月日(20××年○月△日)のもので時差は考えない。
・両国の物価水準は「SEIKEI バーガー」の販売価格でそれぞれ代表される。

① 実際の外国為替レートは、1ドル当たり120円の円安ドル高である。
② 実際の外国為替レートは、1ドル当たり120円の円高ドル安である。
③ 実際の外国為替レートは、1ドル当たり21円の円安ドル高である。
④ 実際の外国為替レートは、1ドル当たり21円の円高ドル安である。 [ ]

問7 【国際収支②】 下線部 g に関連して、生徒Xは日本の国際収支を調べ、その一部の項目を抜き出して次の表を作成した。表中のA、B、Cは、それぞれ1998年、2008年、2018年のいずれかの年を示している。表に関する後の記述ア〜ウのうち、正しいものはどれか。当てはまるものをすべて選び、その組合せとして最も適当なものを、後の①〜⑦のうちから一つ選べ。 23本試6

(単位：億円)

	A	B	C
貿易収支	58,031	11,265	160,782
サービス収支	−39,131	−10,213	−65,483
第一次所得収支	143,402	214,026	66,146
第二次所得収支	−13,515	−20,031	−11,463

(出所) 財務省 Web ページにより作成。

ア A、B、Cにおいて経常収支に対する第一次所得収支の比率が一番大きいのはBである。

イ A、B、Cを貿易・サービス収支額の小さいものから順に並べると、A→B→Cの順になる。

ウ A、B、Cを年代の古いものから順に並べると、C→A→Bの順になる。

① ア ② イ ③ ウ ④ アとイ ⑤ アとウ ⑥ イとウ ⑦ アとイとウ [ ]

➡ 解答解説 p.96

国際経済

共通テスト・センター試験出題傾向

※20年度以前はセンター試験、21年度以降は大学入学共通テスト「政治・経済」の出題内容（21年度は第1日程）をもとに作成。

	本 試													押さえておくべきポイント
	12	13	14	15	16	17	18	19	20	21	22	23	24	
第1章　公共の扉														
❶公共的な空間をつくる私たち	−	−	−	−	−	−	−	−	−					
❷(A)公共的な空間における人間としてのあり方生き方	−	−	−	−	−	−	−	−	−					
❷(B)公共的な空間における基本的原理	−	−	−	−	−	−	−	−	−					
第2章　民主政治の基本原理と日本国憲法														
❶(A)政治と法の機能	●			●	●	●	●	●	●	●	●		●	国家の三要素
❶(B)人権保障と法の支配	●	●		●	●		●	●	●		●	●	●	社会契約説、人権宣言や条約の内容
❷議会制民主主義と世界の政治体制	●	●		●			●	●	●					主要国の政治制度の違い、ミャンマー情勢
❸(A)日本国憲法の基本原理														
・明治憲法下の政治	●		●											天皇機関説
・日本国憲法の制定と憲法改正問題	●	●			●	●		●	●			●	●	国民主権に関する規定、憲法改正
❸(B)平和主義と自衛隊		●	●	●				●			●			文民統制、日米安全保障条約
❹基本的人権の保障と新しい人権														
・平等権	●				●									婚外子相続差別訴訟、外国人の権利
・自由権	●				●			●	●	●			●	三菱樹脂訴訟、愛媛玉ぐし料訴訟
・社会権	●	●	●				●		●				●	朝日訴訟、堀木訴訟、教育を受ける権利
・基本的人権を確保するための権利	●						●						●	参政権、公務員の労働三権の制限
・新しい人権	●							●			●	●	●	環境権、プライバシー権、知る権利
❺国会の組織と立法	●	●			●	●	●			●			●	衆議院の優越
❻内閣の機構と行政	●				●				●	●			●	行政改革の具体的内容
❼裁判所の機能と司法制度	●	●			●	●	●						●	司法制度改革、違憲判決、裁判員制度
❽地方自治制度と住民の権利	●	●		●	●		●		●				●	地方分権改革、NPO、住民投票
❾(A)政党政治と選挙制度	●	●			●		●	●					●	一票の格差、選挙制度
❾(B)民主政治における世論の役割					●					●				
第3章　現代経済のしくみと特質														
❶経済社会の発展	●	●			●	●		●			●			有効需要の原理、社会主義国の市場経済化
❷経済主体と経済活動														
・経済主体と企業の種類			●		●	●				●			●	3つの経済主体
・株式会社の種類としくみ			●		●	●	●			●			●	企業の社会的責任、会社法の改正
❸市場経済の機能と限界														
・市場機構と需要・供給曲線		●	●	●	●	●	●	●			●	●	●	需要曲線と供給曲線の関係
・独占・寡占と市場の失敗		●	●	●	●	●	●					●		寡占市場の特徴、外部経済・外部不経済
❹経済成長と景気変動														
・国民所得と経済成長		●	●	●	●			●	●	●			●	国民所得の項目の内容と計算方法
・景気循環		●			●				●				●	景気循環の4つの波
❺金融のしくみとはたらき														
・金融機関の機能と役割	●	●			●						●	●	●	日本銀行の役割、金融政策の内容
・今日の金融をめぐる動き		●	●	●						●				金融自由化（ビッグバン）の具体的内容
❻財政のしくみとはたらき														
・財政の機能と役割、公債	●	●	●							●	●			財政の機能と役割、公債
・租税の種類としくみ	●	●												日本の税制、税の種類とその特徴
❼(A)物価の動き					●		●			●	●			経済成長と物価の関係